数字出版概论
（第二版）

● 刘银娣 编著

·广州·

图书在版编目（CIP）数据

数字出版概论/刘银娣编著. --2 版. --广州：华南理工大学出版社，2024.9.
ISBN 978-7-5623-7782-5

Ⅰ. G237.6

中国国家版本馆 CIP 数据核字第 2024C7U352 号

数字出版概论（第二版）

刘银娣　编著

出 版 人：柯　宁
出版发行：华南理工大学出版社
　　　　　（广州五山华南理工大学 17 号楼，邮编 510640）
　　　　　http://hg.cb.scut.edu.cn　E-mail：scutc13@scut.edu.cn
　　　　　营销部电话：020-87113487　87111048（传真）
策划编辑：王　磊
责任编辑：刘文峰
责任校对：洪　静　盛美珍
印　刷　者：广州一龙印刷有限公司
开　　本：787mm×960mm　1/16　印张：19　字数：358 千
版　　次：2024 年 9 月第 2 版　印次：2024 年 9 月第 1 次印刷
定　　价：68.00 元

版权所有　盗版必究　印装差错　负责调换

前　言

　　距离本书第一次出版，已经过去六年了。这六年以来，技术层面，互联网、大数据、云计算、物联网、元宇宙、人工智能等新一代信息技术快速发展，数字化正在成为重塑全球数字经济格局、改变数字出版业生态和竞争格局的重要手段。法律和政策层面，2020年11月11日，中国人大网公布了《全国人民代表大会常务委员会关于修改〈中华人民共和国著作权法〉的决定》，2021年6月1日《中华人民共和国著作权法》（2020修正）正式施行。2021年12月28日，国家新闻出版署印发《出版业"十四五"时期发展规划》，指出"迫切需要积极适应新一轮科技革命和产业变革趋势，深化改革创新，转化增长动能，更好抢占数字时代出版发展制高点；迫切需要用好国内国际两个市场两种资源，增强走出去实效，讲好中国故事，传播好中国声音"。2022年10月16日，中国共产党第二十次全国代表大会顺利召开，党的二十大报告提出："要加快构建新发展格局，着力推动高质量发展"。经济和文化层面，国家数据局发布的《数字中国发展报告（2023年）》显示，数字中国建设取得突出成效，数字经济保持稳健增长，数字经济核心产业增加值占GDP比重达到10%左右，数字文化建设全面推进，数字阅读用户达到5.7亿人。数字社会更加普惠可及，网民规模达到10.92亿。这六年以来，数字出版宏观环境和产业环境发生巨变，因此，本教材也势必需要做出较大的调整和修正。

　　本教材围绕"培养什么样的数字出版人才、怎样培养数字出版人才、为谁培养数字出版人才"，将党的二十大精神融入教材中，确保本教材意识形态的引领性、前瞻性，提高政治站位。党的二十大报告指出，"法治社会是构筑法治国家的基础。弘扬社会主义法治精神，传承中华优秀传统法律文化，引导全体人民做社会主义法治的忠实崇尚者、自觉遵守者、坚定捍卫者"。笔者在实际的教学过程中，发现学生对于数字出版相关法律了解甚少，因此，本教材新增了很多关于

数字出版最新法律法规政策的内容，教导学生遵守数字出版相关法律法规，同时也学会运用这些法律法规保护自己。数字出版产业发展日新月异，本教材还与时俱进，增加了很多关于新的数字出版业态的内容。具体而言，与第一版教材相比，本版教材进行了如下修订：第一章第一节关于数字出版概念的演进，做了较大的修订，将学者的观点分成"数字介质说""数字传播说"和"'数字技术+出版流程'说"三类，对数字出版的三大要素也进行了一些修订，使其更符合新的数字化环境。第二章是在原书第一章第三节的基础上新增的章节。这一章结合新的数字出版产品和服务，依照受众对象和媒体内容的划分方法，主要介绍了数字大众出版产品和服务，包括电子书、有声书、网络文学等；数字专业出版产品和服务，包括按需印刷出版物、数据库、数字期刊、开放存取等；数字教育出版产品和服务，包括教育电子产品、虚拟教室、电子书包、智能教辅等。除此之外，还介绍了一些以新型技术应用为主要特征，很难以内容类别去区分和定义的数字出版产品与服务，包括现实型出版物、融媒体出版物以及AIGC出版物等。第三章在原书第一章的基础上进行了修订。在制度环境部分，增加了一些新的政策环境的内容，尤其强调了党的十八大以来数字出版制度环境的一些变化。在技术环境部分，增加了"技术发展与出版新机会"的内容。在读者环境部分，增加了"读者面临新的信息困境"的内容。在第四章"数字出版技术"的第二节新增了"流媒体技术"；第三节对加密技术进行了更加详细的阐述。第五章"数字出版市场"第一节增加了"数字出版市场的专有特征"；第二节的"数字出版资源"增加了"数据资源"和"数据资源融合"的资源优化配置方式。第六章的"数字出版产业价值链及盈利模式"改为了"数字出版产业价值链和商业模式"，新增了第二节"数字出版商业模式及其要素"。第七章"数字出版产品策划与开发"第三节新增了"智慧出版策略"。第八章"数字出版产品定价模式与策略"第二节新增了"阅读类App定价模式"。第九章"数字出版产品分销渠道与策略"新增了第四节"数字出版产品分销渠道策略"。第十章"数字出版产品促销"第三节"创新促销策略"新增了"大数据营销策略"和"情感营销策略"。第十一章新增了第一节"数字出版法律管理"。第十二章"数字出版前沿探讨"第三节"人工智能技术在数字出版业的应用"，根据最新人工智能出版发

前　言

展现状进行了全新的调整，并新增了第四节"融合与连接：Web 3.0 时代社交阅读升级的'两翼'"。全书修订字数约为 10 万字，修订比例占到全书的 30%以上。

本书主要作者是刘银娣，修订者也主要是刘银娣。其中，前言，第一、二、三、四、五、六、十、十一、十二章由刘银娣修订，另外四章由华南理工大学新闻与传播学院研究生朱籽媛修订。

需要指出的是，作为新兴产业和专业，数字出版的学科体系处于创建阶段，再加上受实践经验、研究深度和资料掌握程度以及作者本身能力的限制，缺点甚至错误在所难免，敬请各位读者批评指正。

本书在修订出版过程中得到了华南理工大学出版社编辑王磊、刘文峰，华南理工大学新闻与传播学院院长陈刚以及华南理工大学教务处的大力支持和帮助。与此同时，本书的编著，可谓是"站在前人的肩膀上"，参考了徐丽芳、张立、张新新等数字出版专家的理论研究成果，在此谨向他们表示衷心的感谢。

刘银娣
2024 年 5 月于广州

目 录

第一章 数字出版的概念与特征 1
第一节 数字出版的概念 1
一、出版 2
二、数字出版的概念演进 2
三、数字出版的三大要素 7
第二节 数字出版相关概念辨析 8
一、电子出版 8
二、网络出版 9
三、互联网出版 10
四、移动出版 11
第三节 数字出版的特征 12
一、基于出版流程的数字出版特征分析 12
二、基于数字出版要素的数字出版特征分析 13
本章小结 15
思考与练习题 15

第二章 数字出版产品与服务 16
第一节 数字大众出版产品与服务 17
一、电子图书 17
二、有声书 18
三、网络文学 20
第二节 数字专业出版产品与服务 21
一、数据库 22
二、数字期刊 24
三、按需印刷出版物 24

  四、开放存取 ……………………………………………………… 25
  五、知识服务与知识付费 ………………………………………… 31
 第三节 数字教育出版产品与服务 ……………………………………… 33
  一、教育电子产品 ………………………………………………… 33
  二、立体化教材产品及服务 ……………………………………… 35
  三、电子书包和智慧课堂 ………………………………………… 35
  四、智能教辅 ……………………………………………………… 36
 第四节 其他数字出版产品与服务 ……………………………………… 37
  一、虚拟现实、增强现实、混合现实、扩展现实出版物 ……… 37
  二、融媒体电子书 ………………………………………………… 40
  三、人工智能生成内容 …………………………………………… 40
 本章小结 ………………………………………………………………… 42
 思考与练习题 …………………………………………………………… 42

第三章 数字出版发展环境与历程 ……………………………………… 43
 第一节 数字出版发展环境 ……………………………………………… 43
  一、宏观制度的积极支持 ………………………………………… 45
  二、技术发展与内容生产模式的演进 …………………………… 48
  三、读者阅读需求和内容消费行为变化及影响 ………………… 52
 第二节 数字出版发展历史 ……………………………………………… 54
  一、国外数字出版发展历史 ……………………………………… 54
  二、我国数字出版发展历史 ……………………………………… 57
 第三节 数字出版发展现状 ……………………………………………… 59
  一、国外数字出版发展现状 ……………………………………… 59
  二、我国数字出版发展现状 ……………………………………… 62
 第四节 国内外出版集团数字化转型路径比较 ………………………… 65
  一、国内外出版集团数字化转型的相似之处 …………………… 66
  二、国内外出版集团数字化转型的区别 ………………………… 67
  三、推进我国出版集团数字化转型的建议 ……………………… 69

本章小结 71
思考与练习题 71

第四章 数字出版技术 72
第一节 数字内容组织技术 72
一、标记语言 73
二、标识符 74
三、元数据 75
第二节 数字内容编排技术 75
一、版式设计与编辑技术 76
二、多媒体技术 76
第三节 数字内容出版技术 79
一、数据库出版技术 79
二、数字版权管理技术 80
第四节 数字内容技术标准 85
一、数字内容描述标准 85
二、数字内容组织标准 86
三、数字内容发布标准 87
本章小结 88
思考与练习题 88

第五章 数字出版市场 89
第一节 数字出版市场的构成及其细分 89
一、数字出版市场的构成 89
二、数字出版市场细分 91
三、数字出版市场的专有特征 93
第二节 数字出版资源 94
一、数字出版资源的含义 94
二、数字出版资源的构成 95
三、数字出版资源优化配置 97

第三节 数字出版市场需求 …… 99
 一、数字出版市场需求的含义 …… 99
 二、数字出版市场需求的特征 …… 100
第四节 数字出版市场调查与预测 …… 102
 一、数字出版市场调查的内容 …… 102
 二、数字出版市场调查的程序 …… 104
 三、数字出版市场预测 …… 104
本章小结 …… 105
思考与练习题 …… 105

第六章 数字出版产业价值链及其商业模式 …… 106
第一节 数字出版产业价值链的构成与结构 …… 106
 一、价值链理论 …… 107
 二、数字出版产业价值链的构成 …… 107
 三、数字出版产业价值链的结构 …… 108
 四、构建我国数字内容产业价值链的建议 …… 110
第二节 数字出版商业模式及其要素 …… 113
 一、商业模式的概念 …… 113
 二、商业模式九要素 …… 113
 三、数字出版商业模式创新 …… 117
第三节 基于数字出版产业价值链的盈利模式 …… 119
 一、基本价值链定位模式 …… 119
 二、价值链拓展模式 …… 121
 三、价值链分拆模式 …… 121
 四、价值链整合模式 …… 122
本章小结 …… 123
思考与练习题 …… 123

第七章 数字出版产品策划与开发 …… 124
第一节 数字出版产品及其生命周期 …… 125

一、数字出版产品特点 …………………………………………………… 126
　　二、数字出版产品生命周期 ……………………………………………… 127
　第二节　数字出版产品开发 ………………………………………………… 128
　　一、新作者挖掘 …………………………………………………………… 128
　　二、数字内容获取 ………………………………………………………… 129
　　三、数字出版产品排版设计 ……………………………………………… 132
　　四、数字出版产品的发布 ………………………………………………… 133
　第三节　数字出版产品策略 ………………………………………………… 134
　　一、定制策略 ……………………………………………………………… 134
　　二、多媒体融合策略 ……………………………………………………… 136
　　三、立体化开发策略 ……………………………………………………… 137
　　四、智慧出版策略 ………………………………………………………… 138
　本章小结 ……………………………………………………………………… 140
　思考与练习题 ………………………………………………………………… 141

第八章　数字出版产品定价模式与策略 ……………………………………… 142
　第一节　数字出版产品定价制度与定价影响因素 ………………………… 143
　　一、数字出版产品定价制度 ……………………………………………… 143
　　二、数字出版产品定价影响因素 ………………………………………… 144
　第二节　数字出版产品定价模式 …………………………………………… 150
　　一、电子书定价模式 ……………………………………………………… 150
　　二、数字连续出版物定价模式 …………………………………………… 152
　　三、阅读类 App 定价模式 ………………………………………………… 157
　第三节　数字出版产品定价方法 …………………………………………… 160
　　一、渗透定价法 …………………………………………………………… 161
　　二、差别化定价法 ………………………………………………………… 161
　　三、捆绑定价法 …………………………………………………………… 163
　　四、尾数定价法 …………………………………………………………… 163
　第四节　我国数字出版物定价的原则与建议 ……………………………… 164
　　一、我国数字出版物定价的原则 ………………………………………… 164

二、促进我国数字出版市场良性发展的建议——基于定价的角度 …… 166
本章小结 …… 168
思考与练习题 …… 168

第九章 数字出版产品分销渠道与策略 …… 169
第一节 数字出版分销渠道构成 …… 169
一、数字出版产品分销渠道的概念 …… 169
二、数字出版分销渠道的类型 …… 170
第二节 电子书分销模式 …… 173
一、直接销售模式 …… 173
二、一级渠道分销模式 …… 176
三、多级渠道分销模式 …… 179
第三节 数字期刊分销模式 …… 180
一、数字科技期刊分销模式 …… 180
二、数字消费类期刊分销模式 …… 182
第四节 数字出版产品分销渠道策略 …… 184
一、多渠道销售策略 …… 184
二、构建自媒体营销矩阵 …… 186
三、社群营销策略 …… 189
本章小结 …… 192
思考与练习题 …… 192

第十章 数字出版产品促销 …… 193
第一节 数字出版产品促销概述及组合 …… 193
一、数字出版产品促销概述 …… 194
二、数字出版产品促销组合 …… 195
第二节 常规促销策略 …… 196
一、广告 …… 197
二、销售促进 …… 198
三、公共关系 …… 198

第三节 创新促销策略 ·· 200
  一、服务策略 ·· 200
  二、体验营销 ·· 202
  三、互动营销 ·· 204
  四、打造 Publish + 的数字化营销模式 ······························ 205
  五、大数据营销策略 ·· 206
  六、情感营销策略 ·· 209
  本章小结 ·· 212
  思考与练习题 ·· 212

第十一章 数字出版产业管理 ·· 213
第一节 数字出版法律管理 ·· 213
  一、数字出版法律关系 ·· 214
  二、数字版权授权模式 ·· 217
  三、数字出版环境下的著作权利益平衡原则 ·························· 221
  四、著作权的法律限制 ·· 222
第二节 数字出版行政与行业管理 ·· 228
  一、数字出版行政管理 ·· 228
  二、数字出版行业管理 ·· 231
第三节 数字出版标准化管理 ·· 233
  一、数字出版标准的含义和范畴 ···································· 233
  二、我国数字出版标准化管理体制与机构 ···························· 234
  三、我国数字出版标准建设发展的原则 ······························ 235
  本章小结 ·· 235
  思考与练习题 ·· 236

第十二章 数字出版前沿探讨 ·· 237
第一节 大数据技术在数字出版业的应用 ·································· 237
  一、基于大数据的传统出版模式变革 ································ 238
  二、出版业运用大数据面临的挑战 ·································· 242

  三、欧美传统出版企业大数据应用策略探析 …………………… 244
  四、出版业大数据应用策略建议 ………………………………… 248
 第二节 虚拟现实技术在数字出版业的应用 …………………………… 250
  一、虚拟现实技术在大众出版领域的应用 ………………………… 250
  二、VR 应用于出版业面临的挑战 ………………………………… 253
  三、VR 出版的发展趋势 …………………………………………… 255
 第三节 人工智能技术在数字出版业的应用 …………………………… 256
  一、人工智能驱动的出版模式创新 ………………………………… 256
  二、人工智能为出版业带来的发展机遇 …………………………… 260
  三、人工智能应用于出版业面临的挑战 …………………………… 262
  四、出版业人工智能应用建议 ……………………………………… 263
 第四节 融合与连接：Web 3.0 时代社交阅读升级的"两翼" ……… 265
  一、"社交+阅读"模式的兴起与反思 …………………………… 265
  二、智能融合：万物皆媒，生活无处不阅读 ……………………… 266
  三、深度连接：从孤立封闭走向开放共享 ………………………… 269
 本章小结 ……………………………………………………………………… 272
 思考与练习题 ………………………………………………………………… 273

参考文献 ……………………………………………………………………… 274

第一章　数字出版的概念与特征

> **教学目标与教学重难点**

目标：了解数字出版的概念；了解数字出版物的概念和包含的范围；了解数字出版与电子出版、网络出版、互联网出版概念的异同；了解数字出版的特征。

重难点：能够准确判断数字出版物的范围；能够辨析数字出版相关概念之间的区别与联系；能够从不同的角度分析数字出版的特征。

数字出版自出现以来，一直处于快速发展阶段。随着技术不断进步、理念不断创新、投入不断加大、受众面不断扩大，新的数字出版形态也不断涌现。数字出版的特征也在发展过程中越来越突显出来。

第一节　数字出版的概念

从1946年世界上出现第一台电子计算机起，研究人员就开始了将计算机用于文献信息处理的可行性和实验性开发。但是直到1961年，美国化学文摘服务社用计算机编制《化学题录》，才由此产生了数字出版物的雏形。《化学题录》电子版是世界上最早的电子出版物，奠定了美国数字出版的早期基础。其后，1966年，法律数据公司律商联讯LexisNexis创办；1971年，重要的医学信息参考服务系统Medline正式发布；20世纪80年代早期，更是出现了几种科技期刊的全文在线版本，如《内科医学年刊》和《新英格兰医学期刊》等。这些数字出版物的出现都远远早于万维网的问世。尽管如此，因为数字出版的形态一直在不断变化，所以目前尚没有关于数字出版和数字出版物的公认的定义。

那么，到底什么是数字出版呢？在对数字出版做出定义之前，让我们先来看看它的相关概念。

一、出版

出版一词，英文为"publish"，《大英百科全书》对其的解释除了出版图书以外，还有向公众传播、公之于众以及让某人的作品为公众所接受这三层含义。而要实现这三层含义，便利的大规模复制是基本条件，因此出版可以说是有文字以后随着出版印刷术的发明而发展起来的。

很多人都对出版做出过定义。

1971年修订的《世界版权公约》第六条给出版下的定义是："可供阅读或者通过视觉可以感知的作品，以有形的形式加以复制，并把复制品向公众传播的行为。"

《辞海》对其的解释是："把著作编印成图书报刊的工作。"

罗紫初梳理了各国学者对出版所下的定义，并指出："所谓出版，就是将经过加工提炼的知识信息产品，通过某种生产方式大量复制在一定的物质载体上，并进行广泛传播的过程。"

尽管各位学者对出版的定义略有不同，但是总的来说，关于出版的概念都包含了以下几个方面。首先，是要有作品，这是出版的原材料。其次，要有编辑加工环节，这是将个人作品转变为公众可以接受的作品的一个重要环节。编辑加工之后，还要有便利的复制技术，这是作品公之于众的基础条件。最后，就是作品的公之于众，也就是发行或者传播环节。

二、数字出版的概念演进

我国数字出版概念的产生最早可追溯到20世纪90年代关于电子出版概念的界定。其后，2002年北京大学谢新洲教授在《数字出版技术》一书中最早提出数字出版的概念。不过，在该书中，谢新洲仍然提出一种观点："电子出版是数字出版的另一种提法，两者在本质上是一致的"。2005年，数字出版这一概念在我国开始流行，我国学者也开始将数字出版的概念与电子出版相区别。其中，中国出版科学研究所自2005年起每年发布中国数字出版产业年度报告。但究竟如何准确界定其所包含的范畴仍存在争议。《中国大百科全书》《辞海》等权威工具书也尚未收录和编写相应的条目，加之整个传媒业产业融合的趋势日渐明显，新闻出版界、信息产业界、文化娱乐界以及政府部门、立法机构分别从不同的角度做出了解释，不同领域的研究者都在试图给数字出版下定义。这就造成了对数字出版理解的多元局面，大体有如下观点。

1. 数字介质说

数字介质说强调从数字出版所凭借的载体和介质出发定义数字出版。例如谢新洲（2002）认为，"所谓数字出版，是指在整个出版过程中，从编辑、制作到发行，所有信息都以统一的二进制代码的数字化形式存储于光、磁等介质中，信息的处理与传递必须借助计算机或类似设备来进行的一种出版形式。"徐丽芳（2005）也提出了类似的观点，指出所谓数字出版，就是指从编辑加工、制作生产到发行传播过程中的所有信息都以二进制代码的形式存储于光、磁、电等介质中，必须借助计算机或类似设备来使用和传递信息的出版。她还特别指出，在出版实践中，数字出版习惯上也指利用数字技术从事图书、期刊和报纸等印刷模拟出版物的制作和生产。事实上，在2010年以前的数字出版概念流派中，数字介质说占据了主流地位，多名学者均对数字介质说青睐有加，并持续加以研究和论述，具体如表1-1所示。

表1-1 数字介质说主要学者及观点

时间/年	作者	观点
2002	谢新洲	数字出版是在整个出版过程中，从编辑、制作到发行，所有信息都以统一的二进制代码的数字化形式存储于光、磁介质中，信息的处理与传递必须借助计算机或类似设备来进行的一种出版形式
2004	周荣庭	数字出版就是对数字内容创建、管理和传送的过程。数字出版或数字化出版，是在整个出版过程中，从编辑、制作到发行，所有信息都以统一的二进制代码的数字化形式存储于光、磁等介质中，信息的处理与传递必须借助计算机或类似设备来进行的一种出版形式。数字出版数字化出版
2005	徐丽芳	数字出版，就是指从编辑加工、制作生产到发行传播过程中的所有信息都以二进制代码的形式存储于光、磁、电等介质中，必须借助计算机或类似设备来使用和传递信息的出版
2019	苗守艳	数字出版是采用数字信号技术将相关的信息内容进行编辑、复制和传播，出版物的阅读需用计算机或相应的阅读设备的新兴出版行为

数字介质说强调了数字出版产品所依附的介质,与"电子出版"的概念有很多相似之处。随着数字出版产品形态的进一步丰富和发展,数字介质说也进一步发展,但是总体而言,都是在强调数字技术在出版产品生产及阅读使用中的核心作用。

2. 数字传播说

2010年以前,除了数字介质说大为流行外,也有一些机构和学者强调数字出版传播所借助的通道或途径,从数字传播的角度定义数字出版。例如澳大利亚通信、信息技术和艺术部(Department of Communications, Information Technology and the Arts, DCITA, 2005)提出了一个数字出版的定义:"数字出版是依靠互联网并以之为传播渠道的出版形式。其生产的数字信息内容建立在全球平台之上,通过建立数字化数据库达到在未来重复使用的目的。"该定义强调了互联网在数字出版上的基础作用,认为数字出版产品的生产、复制和传播都离不开全球化的互联网技术和平台。却咏梅(2005)指出:"数字出版,是指以互联网为流通渠道,以数字内容为流通介质,以网上支付为主要交易手段的出版和发行方式"。数字传播说主要学者及观点如表1-2所示。

表1-2 数字传播说主要学者及观点

时间/年	作者	观点
2005	却咏梅	数字出版,是指以互联网为流通渠道,以数字内容为流通介质,以网上支付为主要交易手段的出版和发行方式
2005	澳大利亚通信、信息技术和艺术部	数字出版是依靠互联网并以之为传播渠道的出版形式。其生产的数字信息内容建立在全球平台之上,通过建立数字化数据库达到在未来重复使用的目的
2016	罗秉雪	狭义来看,数字出版的概念仍应建构在传统意义上的出版内容范畴之内,是以数字技术对传统文本内容进行转化和呈现,将数字技术与内容融合,以内容为核心,以数字技术为支撑的文本传播活动

与强调生产环节中数字技术应用的数字介质说不同,数字传播说的学者强调从数字出版产品传播所借助的数字化渠道或平台出发定义数字出版。随着数字传播技术的不断发展和数字传播平台的快速演化,该学说也面临着需要不断扩展其边界的困难,因此,持该学说的学者相对较少。

3. "数字技术+出版流程"说

随着数字化技术应用于出版的各个流程，越来越多学者发现数字出版的特有属性在于出版各个环节对数字技术的运用。于是很多学者不再以单纯的出版介质或流通渠道来定义数字出版，而是从出版流程综合应用数字化技术的角度定义数字出版。例如，周海英（2009）认为，真正的数字出版是依托传统的资源，用数字化这样一个工具进行立体化传播的方式。数字出版有两层含义：一是指最终产品还是纸介质的印刷物，但制作过程已经完全计算机化、网络化、自动化，其各个环节均使用数字化的设备和器材；二是指最终产品是磁盘、光盘、网络传播形态和其他电子传播形态的完全意义上的数字出版。周海英的定义强调了制作过程的数字化。他认为只要制作过程采用了数字化技术，即使最终形态是纸介质的印刷物，也同样属于数字出版。张立（2006）梳理了大量数字出版相关的概念，在对数字出版相关概念进行辨析后，指出："广义上说，只要是用二进制这种技术手段对出版的任何环节进行的操作，都是数字出版的一部分。它包括原创作品的数字化、编辑加工的数字化、印刷复制的数字化、发行销售的数字化和阅读消费的数字化。"他认为，数字出版在这里强调的不只是介质，还包括出版流程。长期以来，人们习惯于以出版物的形式来划分传统出版和数字出版，这其实是一种认识上的误区。因为纸质出版同样可能是数字出版的一部分，即不论终端阅读介质是什么，只要记录在介质上的内容是数字化的，并且记录的方式是数字化的，这种出版活动就一定是数字出版。相反，如果把模拟的内容以模拟的方式记录在磁带上，这种出版活动则不能称为数字出版。其指出，在今天，纯粹意义上的传统出版已不复存在，即使纸质出版物，其出版流程也都离不开数字技术的应用。随着数字技术的进一步发展，未来将不再有传统出版与数字出版的划分。张立对数字出版的定义重点强调了出版流程的数字化而非最终产品的数字化。2010年原新闻出版总署出台的《关于加快我国数字出版产业发展的若干意见》提出了数字出版的规定性内涵、法定定义和法定解释，明确了对数字出版的定义："数字出版是指利用数字技术进行内容编辑加工，并通过网络传播数字内容产品的一种新型出版方式。"该定义主要指出了数字出版的两个主要方面：用数字技术进行内容编辑以及网络传播。

持"数字技术+出版流程"说的学者非常多，主要学者及观点如表1-3所示。

表1-3 "数字技术+出版流程"说主要学者及观点

时间/年	作者	观点
2006	张立	只要是用二进制这种技术手段对出版的任何环节进行的操作,都是数字出版的一部分。它包括原创作品的数字化、编辑加工的数字化、印刷复制的数字化、发行销售的数字化和阅读消费的数字化
2007	郝振省	数字出版是用数字化(二进制)的技术手段从事的出版活动
2009	周海英	真正的数字出版是依托传统的资源,用数字化这样一个工具进行立体化传播的方式
2009	张建明	数字出版包括原创作品、编辑加工、印刷复制、发行销售和阅读消费的数字化,涉及出版所有环节。从广义上说,只要使用二进制技术手段对出版的任一环节进行操作,都属于数字出版的范畴
2010	国家新闻出版署	数字出版是指利用数字技术进行内容编辑加工,并通过网络传播数字内容产品的一种新型出版方式
2011	唐沔,陈丹	数字出版是各种出版物在网络上(包括无线网络)直接创作、编辑、生产制作及传播,从"出版的数字化"和"数字化的出版"两方面理解
2013	方卿,曾元祥	数字出版是基于数字技术的出版产品及服务生产与传播的新兴出版业态
2017	于正凯	数字出版是以版权为核心,以数字网络为技术和载体,包括编辑、发行、传播的全过程

"数字技术+出版流程"说认为数字出版是一个综合运用数字手段实现出版目的的过程,包括数字化的内容生产、数字化的信息传播以及数字化信息的阅读和使用等全过程。官方和多位知名学者均持该学说。该学说不仅涉及对技术、内容、传播渠道的限定,而且突出了出版产品的主要形态和特征,为数字出版划定了较为清晰的范围。

三、数字出版的三大要素

各专家、学者和机构对数字出版概念认识的不统一，在某种程度上是由其专业领域以及研究对象和目标的不同造成的，很难说谁的观点更为准确和严谨。这里首先综合出版的定义以及各位专家学者对数字出版的定义，然后总结数字出版的几个要素。

1. 数字出版是利用数字技术手段将已有的内容产品编辑加工为适合大众消费的内容商品的社会文化活动

对原始信息进行开发是创作而不是出版行为。归根结底，数字出版仍然是一项出版活动。与出版一样，其劳动对象同样是已有的内容产品，而不是原始信息。作者创作内容产品后，还需要数字出版机构利用数字技术手段，按照符合大众消费的标准对其进行编辑加工。不过，在数字环境下，编辑的工作职能也发生了巨大变化。随着数字技术的普遍使用，编校环节已经基本实现了自动化与数字化，编辑的工作模式迎来从简单的案头工作向创意性工作的转变。编辑不仅是内容产品的加工者和把关者，也是文化消费的引导者。

2. 数字出版是运用数字技术手段对编辑加工好的内容产品进行大量生产、复制和销售的经济文化活动

正如张立所言，只要是用二进制这种技术手段对出版的任何环节进行的操作，都是数字出版的一部分。数字出版与传统出版的最大不同就是它将数字技术嵌入出版的各个环节当中，利用数字技术可以低成本、快速、便利地对编辑加工好的内容产品进行大量生产、复制、销售和传播。它既是一项文化活动，也是一项经济活动。它可以在传播文化的过程中更好地实现内容产品的商业价值，在实现商业价值的过程中传播、推广优秀文化。

3. 数字出版是将内容产品向最大范围的受众进行以阅读为取向的传播活动

和传统出版一样，数字出版同样是一个将内容产品公之于众的传播行为。正如郝捷说的，数字时代的编辑需要从"文化选择者—文化把关人—文化创造者"重构为"文化选择者—文化把关者—文化推广者"，数字时代的出版需要更加重视传播这个过程和环节。"无传播，不出版"，传播行为的范围较为宽泛，在此特别强调其是一种以阅读为取向，而不是以视、听、玩为取向的传播活动。

综合上述三个特征，可对数字出版概念做如下表述：所谓数字出版，就是将内容产品利用数字技术手段进行编辑加工、生产、复制和销售，向最大范围的受

众进行以阅读为取向的广泛传播的社会、文化和经济活动，其最终产品可以是依赖数字技术手段生产的纸介质的印刷物，也可以是以数字化方式呈现的内容产品。按照这一规定，按需印刷、定制出版都属于数字出版的范畴，而不以传播为目的的私人网络日志、私人博客以及不属于出版领域的数字电视、手机音乐、网络游戏等都排除在数字出版范畴之外。

第二节　数字出版相关概念辨析

电子出版、网络出版、互联网出版和移动出版的概念经常与数字出版混用。但是实际上，这四个概念与数字出版还是有很大区别的，因此本节主要对这四个名词的概念进行辨析。

一、电子出版

电子出版对应的英文单词是 electronic publishing，简称 e-publishing。"电子出版"的概念根据考证最先见于 1978 年 4 月，厄夸特在卢森堡举办的"科技社会下的出版未来"研讨会上首次提出了"electronic publishing"的概念。当时主要是指把电子计算机技术用于出版物的印前编辑工作，还不是指出版全过程的数字化，概念等同于电子排版系统。

电子出版最初是指电子出版物的生产，电子出版物最初的载体是磁带，后来陆续使用软盘、光盘、磁盘为载体或通过计算机网络发行。由于电子出版概念出现得最早，以致后来的所有跟计算机有关的出版活动都被人们广泛地称为电子出版，包括代替铅排的激光照排系统和互联网出版等。

国内外关于电子出版的概念还是基本趋于统一的，都非常强调其数字技术属性，对于其最终介质形态也有明确规定，将最终形态为纸介质的出版活动排除在外。例如《大英百科全书》对电子出版的定义是"在计算机网络或磁盘上出版，以计算机可读的形式生产文献，并通过网络或其他载体等发行"。微软的电子百科全书《因卡塔》则认为，"电子出版是出版以计算机网络来分销的信息或者以计算机来使用的信息"。黄凯卿对电子出版的概念也进行了深刻的描述，其指出："电子出版是个广泛的概念，它不仅指利用多媒体技术、计算机技术进行的出版活动，也指利用互联网等新型工具进行的出版活动。电子出版是指以数字代码方式将图、文、声、像等信息编辑加工后存储在磁、光、电介质上,通过计算机或其他具有类似功能的设备读取使用,并可复制(或下载)发行的大众传播媒体。电子出版既包括图书、期刊、报纸等出版物在生产过程中的计算机编辑排版,也指采用电子技术手段从事出版物生产制作,并且最终产品也是电子(数字)形式出版物的出版活动,还包括以电子(数字)形式出版和传播信息的其他任何活动,如文本、超文本、可视图文(video text)、电子邮件、电视、广播等的制作、传递、浏览、阅读、下载、联网打印等。很明显,网络出版也是电子出版的一种方式。"黄凯卿这一关于电子出版的定义显然较为宽泛,不仅包括采用电子技术手段从事出版物生产制作,并且最终产品也是电子(数字)形式出版物的出版活动,还包括以电子(数字)形式出版和传播信息的其他任何活动,也包括在生产过程中采用计算机编辑排版制作传统图书、期刊、报纸等出版物的出版活动。他的这一电子出版概念,包括了数字出版以及互联网出版。

2008年3月17日,原新闻出版总署以署长令的形式正式公布《电子出版物出版管理规定》(下称《规定》)。该《规定》所称电子出版物,是指以数字代码方式,将有知识性、思想性内容的信息编辑加工后存储在固定物理形态的磁、光、电等介质上,通过电子阅读、显示、播放设备读取使用的大众传播媒体,包括只读光盘(CD-ROM、DVD-ROM等)、一次写入光盘(CD-R、DVD-R等)、可擦写光盘(CD-RW、DVD-RW等)、软磁盘、硬磁盘、集成电路卡等,以及其认定的其他媒体形态。这一概念则主要对电子出版所采用的技术手段以及最终产品形态做出了规定,将互联网出版排除在电子出版以外。

本书主要采用原新闻出版总署关于电子出版概念的认识,认为电子出版就是以数字代码方式将知识信息编辑加工后存储在固定物理形态的磁、光、电等介质上,并通过电子技术设备和手段复制、显示和传播以阅读为取向的知识信息产品的活动。这一概念没有把"电子出版"概念泛化,混同于"网络出版"和"桌面出版",既有助于行政管理,也有助于企业自身的定位。

二、网络出版

网络出版对应的英文单词是 network publishing。网络出版的概念是在1994年引入的。因为"网络"的概念极为宽泛,只要能形成一种网状系统的组织,都可以被称为"网络",因此,和数字出版一样,迄今为止尚没有一个统一的、权威的、能够被人们公认的概念。目前对"网络出版"的不同表述有:网络出

版、网页出版（web publishing）、泛网络出版（network publishing）、在线出版（online publishing）、联机出版、多媒体出版等。这几种称谓的内涵有共同所指，即都是指通过网络进行的数字出版活动，只是侧重点不同。关于网络出版的概念也是众说纷纭。

有人认为网络出版是传统出版流程的延续。例如沈彬就认为"网络出版尽管在表现形式上不同于传统出版，但在出版的内涵上并没有发生实质性的变化""完整的网络出版流程包括获取原始素材、制作数字内容和传播数字内容，并通过有偿提供数字内容的复制品来获取利益"。

也有学者认为网络出版是电子出版的特殊形式。例如匡文波就认为"网络出版物亦是电子出版物的一种类型，与之对应的是封装型电子出版物，两者的主要区别在于前者是通过计算机网络出版发行的，即其创作、交稿、审稿、编辑、出版、发行等都可在计算机网络中进行；而后者是通过书刊等渠道发行的"。

还有很多学者对网络出版的主体进行了限定。例如张志刚就认为网络出版是指"具备固定域名和合法资格的出版机构，将作品依据互联网定期或不定期地向大众传播的过程。这里的网络出版包括发行"。此观点把概念又进一步延伸为网络出版的主体是"具备合法资格的出版机构"，将网上发行囊括在内，而互联网原创、博客出版这些新兴出版形式则被摒除在外。

随着数字和网络技术的不断发展，又产生了手机出版。很多学者认为手机出版也是网络出版的一种形式，对网络出版是这样界定的："以数字化为技术手段通过互联网、移动电话、交互式电话在内的所有电子信息渠道进行图、文、声等的一种传播流程，称为网络出版。"这里已经把网络出版延伸到手机出版领域了。

值得指出的是，网络出版还处在理论和实践的探索之中，对网络出版概念存在不同的理解应是网络出版发展中必须经历的过程。综合上述网络出版的各种定义，笔者认为网络出版是数字出版的一种形式，其特指依靠网络并以之为传播渠道的一种出版形式。

三、互联网出版

与网络出版相比，关于互联网出版的定义则较为明确。原信息产业部和原新闻出版总署在 2002 年共同颁布了《互联网出版管理暂行规定》。在《互联网出版管理暂行规定》中明确指出，"本规定所称互联网出版，是指互联网信息服务提供者将自己创作或他人创作的作品经过选择和编辑加工，登载在互联网上或者通过互联网发送到用户端，供公众浏览、阅读、使用或者下载的在线传播行为。"其还特别强调"本规定所称互联网出版机构，是指经新闻出版行政部门和电信管理机构批准，从事互联网出版业务的互联网信息服务提供者。"

《互联网出版管理暂行规定》中关于互联网出版的概念可以说是一个狭义的概念。从狭义上讲，互联网出版是指出版单位通过互联网向大众传播信息的过程，即出版主体限定为传统出版单位。事实上，从广义上讲，经过编辑加工的知识信息产品通过互联网向大众传播的过程都可以称为互联网出版。在广义的概念下，博客、播客、印客都是互联网出版行为。

那么因特网出版是否等同于互联网出版呢？很多人都将这两个概念等同起来，事实上二者是有区别的。因特网出版强调了因特网作为出版媒体的主流特性，而互联网出版则还包括那些不在因特网中的电子邮件服务器和数据库服务（例如 UUCP 或 BINet 网络，没有采用 TCP/IP 协议），但通过一些网络设备的信息转换处理，最终也可以为网络用户所获取。可见，互联网出版的外延更为广泛。

四、移动出版

移动出版是随着包括平板电脑、手机、电子书阅读器等移动数字阅读设备的发展而产生的一个新兴的出版概念。在 iPad、Kindle 这些平板电脑和电子阅读器获得巨大的市场占有率之前，移动出版曾经被称为手机出版。

关于移动出版的概念，目前同样没有一个统一、明确的表述。刘鲁川、孙凯认为"移动出版是指内容提供商通过手机、iPad 等手持终端向受众（用户）提供的阅读服务，其形态既有手机报、e-book、电子杂志等传统出版物的衍生产品，也包括影视、音乐、有声读物等数字化产品。"这一定义着重强调了阅读终端，较为宽泛。朱音则认为移动出版是将图书、报纸、杂志等内容资源进行数字化加工，运用数字版权保护技术（DRM），通过互联网、无线网以及存储设备进行传播，用户在移动设备上通过阅读软件实现阅读或听书等功能，实现随时随地阅读。

因为笔者一直强调出版的阅读导向，因此更倾向于朱音的观点，认为移动出版是将内容信息产品通过数字化技术手段编辑加工，通过移动网络进行传播，使用户在移动设备上通过阅读软件实现阅读功能的出版活动。

第三节　数字出版的特征

在数字出版的特征方面，《关于加快发展我国数字出版产业发展的若干意见》中也有所提及，认为数字出版具有内容生产数字化、管理过程数字化、产品形态数字化和传播渠道网络化的特征。具体而言，其主要特征表现如下。

一、基于出版流程的数字出版特征分析

作为有别于传统出版的新兴出版形式，"数字化"是数字出版区别于传统出版的主要特征，也是数字出版发展的重要推力。数字出版强调在内容生产、复制、传播、管理、消费等出版流程对数字技术应用，数字化流程构成了数字出版的核心。

1. 内容生产数字化

内容生产数字化是指数字出版物借助二进制代码等数字化手段，将出版内容存储于相应的介质中。数字出版物的使用者可以借助数字化的内容生成机制，获取自身需要的数字化出版产品。数字出版内容生成过程的数字化使内容个性化定制成为可能，从而增强了数字内容的吸引力，也丰富了数字出版的内容。

2. 产品形态数字化

产品形态数字化是指数字出版物最终主要依赖数字技术进行呈现。数字出版的最大优势在于其产品形态的数字化以及由此带来的产品传播、使用的便捷。从目前来看，尽管按需印刷也是一种数字出版产品形态，但是总体而言，其所占的市场份额比较小。数字出版物主要以电子图书、数字报纸、数字期刊、网络原创文学、网络教育出版物、数据库出版物、有声书、移动出版产品等形态出现，这些多样化的出版物形式本质上都是数字化产品的不同表现形态。

3. 传播渠道网络化

传播渠道网络化，顾名思义指的是数字出版物的传播依托于网络。传播渠道网络化是数字出版一个突出的特点，与传统出版相比，网络传播渠道具有更为丰富的传播途径、更为完善的实现方式、更为快捷的传播速度、更为广阔的传播范围、更为优质的内容体验。

4. 管理过程数字化

管理过程数字化指的是数字出版物的版权管理以及编辑发行营销管理需要借助较为先进的数字化技术实现，尤其是数字化的出版内容需要获得数字版权管理（DRM）系统的支持。只有数字出版业的"黄金"——版权得到有效保护，才能保证数字出版产业的持续发展。

5. 作品使用和消费数字化

作品使用和消费数字化指的是数字出版产品的读取、显示和阅读往往需借助特殊的终端来实现。在数字出版时代，作品内容以数字形态表现，这种形态与传统的纸质印刷不同，不能为使用者直接读取而必须借助数字化的转化手段。这种数字化手段需要借助数字化终端，使用数字化解决方案和数字化格式标准来实现。

二、基于数字出版要素的数字出版特征分析

隅人、保华在《数字出版的使命与特征》一文中，从数字出版生产要素的角度总结了数字出版的特征。

1. 数字出版时代内容创作者的特征

在数字出版时代，作者可以比较容易地获得信息，也可以很容易地通过微博、博客发布自己的看法。与此同时，网络提供的信息容易出现情感化、片面化倾向。提供可靠的信息参考源对作者大有帮助，这就进一步突显编辑选择的重要性。当然，因为内容创作者以及内容产品海量增长，所以编辑选择的难度也加大了，选择的权重加强了。

除此之外，自2016年开始，人工智能技术逐渐得到社会公众的关注，越来越多的行业开始尝试运用人工智能驱动行业转型发展，出版行业也不例外。人工智能作为内容创作者的一员，既丰富了内容创作者的类型，也可能带来出版内容超载、同质化内容生产等问题。其特征和影响也还需要进一步观察和探讨。

2. 数字出版时代内容提供者的特征

随着以"云计算""云存储"为代表的信息存储技术的发展，数据的重要性日趋加强，有人提出数据即服务。对于数字出版来说，内容即服务。读者可以随时随地通过任意设备获取自己需要的内容，内容可按需获取，并可实现碎片化、单元化、动态化。这对内容提供者有强大的计算能力和投送能力的要求，内容资源汇聚得越多，内容提供者的影响力就越强。数字网络的特征，使内容提供服务

发生马太效应，最终内容提供业务会集中到少数供应商手里。出版行业规模壁垒将会进一步加强，亚马逊等内容聚合平台在产业链中的地位将会进一步提高。

3. 数字出版时代内容出版者的特征

出版的核心在于选择，在数字出版环境下，选择仍然非常重要。编辑作为出版的核心角色，面临更大的机遇和挑战。然而，这个时候的选择不是筛选，而是一种向前过滤，编辑留下的是其认为有文化和商业价值的图书。编辑需要学会吸引读者的技巧和方法，将挑选出来的内容产品尽可能地放在搜索引擎、内容平台上比较靠前的位置。因此，编辑需要给待出版的内容贴上合适的标签。选择出版的内容，选择内容间的相关性，选择内容间的关联方式，选择针对不同的受众呈现的内容，选择针对不同的渠道呈现的形态。这些对于编辑的要求大大提升，编辑不仅要进行内容产品选择、加工，而且要学会网络营销技巧，引导受众阅读。

4. 数字出版时代内容呈现终端的特征

个人电脑、笔记本电脑、电子书阅读器、平板电脑、智能手机甚至网络电视都逐渐成为阅读终端。终端的分散化和类型的多样化，导致内容制作的复杂化和成本的高昂，内容仍然是出版最为重要的生产要素之一，然而内容的呈现方式也很重要。终端应用的交互和呈现能力，使内容加工的难度和重要性也大大提高，因为这决定了用户的使用体验。

5. 数字出版时代读者阅读的特征

在数字出版时代，读者的阅读也产生了极大的变化。碎片化阅读、多维度立体阅读、基于搜索的阅读、体验式阅读等多种阅读形式的发展，使出版逐渐由生产者主权向消费者主权转化。阅读特征的变化，决定了出版者和内容提供者服务必须个性化，当然还要便捷化、精准化、丰富化。

除了以上特征外，在经济上，数字出版具有双边市场的特征，除了出版者与内容提供者之间的交易，还存在产品出版者和产品消费者之间的交易。出版者能够在平台上展示多少产品，并将其提供给消费者以获取利益，取决于其与内容提供者之间的交易量。数字出版被包含在文化产业之中，同时又与传媒产业、信息产业有部分重叠，其范围日益扩大，其边界也日益模糊。除了经济上的特殊性外，数字出版还呈现科技文化融合的特征，技术与内容融合、平台与服务融合、读者与用户融合、生产与消费融合。随着数字技术的进一步发展和数字出版形态的日益丰富，未来还有待进一步拓展对于数字出版特征的认识。

第一章　数字出版的概念与特征

本 章 小 结

本章先探讨了数字出版的概念，总结了数字出版的几大要素。其后，主要对电子出版、网络出版、互联网出版和移动出版这四个经常与数字出版相混淆的概念进行了辨析。最后，分析了数字出版的各种形态，并从不同的维度分析了数字出版的特征。

□ 思考与练习题

1. 什么是数字出版？数字出版包含哪几大要素？
2. 数字出版的概念进行了怎样的演进？
3. 电子出版、网络出版、互联网出版和移动出版之间的区别和联系是什么？
4. 从出版流程看，数字出版呈现哪些特征？
5. 从出版要素的角度，数字出版呈现哪些特征？

第二章　数字出版产品与服务

> **教学目标与教学重难点**

　　目标：掌握数字出版产品分类方法；能够区分数字大众出版、数字专业出版、数字教育出版产品和服务的概念以及包含的范围；了解不同内容类别的数字出版产品的发展历程。

　　重难点：能够准确判断数字出版物的类别；能够辨析不同类别数字出版产品和服务之间的区别与联系；能够预计不同类别的数字出版产品和服务的发展方向。

　　数字出版自出现以来，一直处于快速发展阶段。技术不断进步、理念不断创新、投入不断加大、受众面不断扩大，使新的数字出版产品与服务也不断涌现。

　　数字出版产品与服务既包括内容产品，这是数字出版的核心和基础；也包括有形产品，例如电子书阅读器等；还包括无形的数字出版服务，例如知识服务等。数字出版产品与服务并不是割裂的，而是有机统一的——数字出版产品是数字出版服务的载体，数字出版服务是数字出版产品的本质。

　　按照不同的分类标准，数字出版物可以归入不同的类别。按照载体的不同，数字出版物可分为只读光盘（CD-ROM、DVD-ROM 等）、一次写入光盘（CD-R、DVD-R 等）、可擦写光盘（CD-RW、DVD-RW 等）、软磁盘、硬磁盘、集成电路卡、网络出版物以及利用数字技术生产和复制的印刷出版物等。按照媒体信息类型，数字出版物可以分为文本型、图像型、音频型、视频型和多媒体型等等。按照受众对象和媒体内容，数字出版产品和服务又可以分为面向大众的数字出版产品和服务、面向教育的数字出版产品和服务、面向专业的数字出版产品和服务。

　　本书主要采用依照受众对象和媒体内容的划分方法，主要介绍数字大众出版产品和服务，包括电子书、有声书、网络文学等；数字专业出版产品和服务，包

第二章　数字出版产品与服务

括按需印刷出版物、数据库、数字期刊、开放存取等；数字教育出版产品和服务，包括教育电子产品、虚拟教室、电子书包、智能教辅等。除此之外，还介绍了一些以新型技术应用为主要特征，很难以内容类别去区分和定义的数字出版产品与服务，包括现实型出版物、融媒体出版物以及 AIGC 出版物等。

第一节　数字大众出版产品与服务

大众出版通常是指以一般读者为主要对象，通过市场化运作，大规模、工业化生产、销售的图书、杂志等大众读物。从类型上来说，大众出版物主要专注于少儿、文学、社科、生活、艺术等细分领域的出版。数字大众出版产品与服务指的是面向大众销售的数字化的出版产品与服务。其形态主要包括电子图书、有声书、网络文学等。

一、电子图书

电子图书，英文为 electronic book，又称为 e-book，是以互联网为流通发行渠道，以电子文本为阅读内容，以网上支付为交换、购买手段，以数字阅读设备为阅读终端的一种出版物形式。电子图书尚缺乏统一的标准格式，目前流行的电子图书格式包括 PDF、CEB、HTML 等。

电子图书经历了由封装型向网络型的发展过程。20 世纪 90 年代中晚期以前，以软磁盘和光盘为载体的电子图书占据了主流地位。但是时至今日，电子图书的主流已转化为通过互联网免费或者付费传送，读者可以利用电脑、阅读器、Pad 甚至手机等多种开放式阅读终端阅读的数字出版物。典型的如亚马逊的 Kindle，现已提供超过 10 万种电子书。

从内容上来看，电子图书的产生有几种途径。第一种是商业公司、图书情报单位或者学术研究机构扫描现有的纸版图书生成电子图书，例如斯普林格公司生产的 SpringerLink 电子图书、世界两大著名 IT 出版商 O Reilly & Associates, Inc. 和 The Pearson Technology Group 开发的 Safari Tech Books Online、由 IEEE 与 John Wiley & Sons 公司合作推出的电子书数据库 IEEE-Wiley eBooks Library、国内最大的中文电子图书资源库超星电子图书、北京大学方正公司开发的数字图书系统方正 Apabi 数字图书馆、北京书生数字技术有限公司于 2000 年创办的"书

生之家数字图书馆"等。第二种是个人爱好者把现有纸版图书经过扫描、识别或录入后，生成电子图书供爱好者共享。这种做法最早可以追溯到1971年7月由迈克·哈特（Michael Hart）发起的古登堡计划（Project Gutenberg）。目前该计划已通过互联网向公众免费提供一万多种已进入公共领域的经典书籍。还有日本的青空文库，也将古典名作与超过著作权保护期的3000余种作品在网上向读者无偿开放。国内的E书时空、北极星书库等也属于这类。第三种是版权所有者或合法版权获得者利用出版过程中制版使用的电子文本制成电子图书，以商品或纸版图书附属品的形式发放。一般认为国内第一本线下出版和网上收费下载同时进行的图书是人民时空于1999年10月18日推出的《中国经济发展五十年大事记》。现在我国已有一百多家出版社开始了电子图书与纸质新书同步出版的尝试，而由日本讲谈社、新潮社、读卖新闻集团等14家知名新闻出版机构与索尼公司联手组成的电子图书服务"Publishing Link"甚至计划将一些畅销小说先于纸质书籍发行。最后一种是与纸质图书几乎完全脱离关系的电子图书。例如阅文集团就是以原创电子图书为其主要产品，全国70%左右的网络原创文学作品都是在阅文集团的平台创作、发布和销售。美国畅销小说作家斯蒂芬·金的作品《骑弹飞行》也仅在网上出版，不发行印刷版本。

二、有声书

有声书的历史最早可以追溯到20世纪50年代。由芭芭拉·科恩·霍尔德里奇（Barbara Cohen Holdridge）和玛丽安·罗尼·曼特尔（Marianne Roney Mantell）创立的凯德蒙录音（Caedmon Records）于1952年制作了第一张唱片，录制了作家狄兰·托马斯（Dylan Thomas）的作品《威尔士孩子的圣诞节》。在同一时期，美国盲人基金会和国会图书馆开展有声读物计划，为盲人和视力障碍者提供有声书，该计划仍在持续。与此同时，美国听力图书馆制作了大量儿童文学有声书作品，已经成为知名的儿童有声读物出版商和兰登书屋音频出版集团的一部分。到1970年代末，在音乐产业的推动下，录音带的增长促使工厂安装的汽车播放器和随身听型便携式播放器的流行。很快，一些公司将全本图书录制在盒式磁带上，并直接销售给消费者和公共图书馆。1986年，哈伯·柯林斯（Harper Collins）收购了凯德蒙唱片公司，西蒙·舒斯特（Simon & Schuster）同年成立了音频部门。文学作品有声读物简本的制作工作已基本就绪，所有主要的图书出版商都进入了这一领域，在这十年中建立了独特的分销渠道。

第二章　数字出版产品与服务

20 世纪 70 年代后期，美国有声书出版商协会（Audio Publishers Association，APA）确定了有声书（audiobook）这个专业术语作为行业标准用语，有声书的说法从此在欧美流行起来。根据 APA 对有声书的界定，有声书指的是将不低于 51% 的文字内容，复制和包装成盒式磁带、密度光盘或者单纯数字文件等形式销售的录音产品。根据有声书载体的差异，可将其分为实体有声书（physical audiobooks）和数字有声书（digital audiobooks）。数字有声书具有便捷的可下载性，因此也被称为可下载的有声书。

当代有声书市场的崛起离不开有声书巨头 Audible 公司的崛起。唐纳德·卡茨（Donald Katz）在 1995 年创办了 Audible 公司并始终专注于有声书市场，多年来积极打造数字化平台。2008 年，亚马逊（Amazon）收购 Audible 公司并将已有的电子书和有声书资源之间的渠道打通，从而拓展其线上图书产业版图。目前，Audible 已成为全球最大的有声书生产商和销售商。随后，全球兴起有声书平台创办热潮，瑞典的"讲故事"（Storytel）、中国的"喜马拉雅"等有声书平台迅速获得市场青睐，市场销售数据和用户数量迅速增长。整体而言，有声阅读越来越受到市场的关注，并被越来越多的读者接受。APA 于 2021 年 6 月 1 日发布的年度报告指出，2020 年在全球新冠疫情流行的情况下，美国出版商的有声读物收入仍然获得了 12% 的增长比率，这也是美国有声读物市场实现两位数增长的第九年。2023 年 4 月 23 日，中国新闻出版研究院发布了《第二十次全国国民阅读调查报告》。该报告通过对成年国民听书习惯的调查发现，超过三成的成年国民养成了听书的习惯，2022 年，我国有三成以上（35.5%）的成年国民有听书习惯。从城乡对比来看，2022 年我国城镇成年居民的听书率为 37.1%，农村成年居民的听书率为 31.5%，城乡差异逐步缩小。

随着智能终端和移动网络的发展和普及，有声读物已从印刷书籍的外围副产品转变为数字出版和阅读的中心；从实体发展为纯数字形式；从仅仅用于满足视障群体的需求，到逐步成为大众娱乐休闲的一种渠道。尤其是虚构类有声书，不仅数量庞大，形式多样，阅读量也遥遥领先。虚构类图书指的是以非现实元素为背景创作的图书，主要包括小说、诗歌、散文等。其与非虚构类图书相区分，后者是基于一定的事实和信息创作的图书，包括历史、科学、人文、传记等。虚构类读物大都注重情节变化，前后文连贯性强，但信息密度偏低，适合音频收听。而且故事与阅听之间存在天然的连接，是进行声音化制作最好的文本素材类型之一。因此，虚构类有声书是目前有声图书最重要的门类之一。

目前，亚马逊通过其有声书平台 Audible 发布了大量虚构类图书的有声书版本。打开亚马逊平台的虚构类图书，在其商品形式列表里可以看到大部分虚构类图书都配备了有声书版本。可以预见，未来国内虚构类图书的有声书版本也会越来越普遍，这对于虚构类有声书的生产也提出了更高的要求。

三、网络文学

网络文学的前身可以追溯至20世纪八九十年代美国先锋小说界的"超文本小说"（hypertext fiction），其原意是将"互联网上的'超文本'和'超链接'（hyperlink）概念应用于小说创作的实验"，它的文本是一种有限节点的"树状结构"，即"单入多出的有限路径组合"的"文本树"（text tree）。1998年被认为是中国"网络文学元年"，然而实际上，网络文学及其概念的产生要更早一些。中文的网络文学最早发祥于因特网（Internet）上的 Alt. Chinese. Texts 新闻组。真正使网络文学为越来越多国人所了解、关注的，当归功于1999年仲夏，台湾网络作家"痞子蔡"（原名蔡智恒）读博士时在 BBS 上发表的网络文学作品《第一次的亲密接触》，该作品也成为中国第一部传统意义上的由出版商出版发行的网络文学代表作品。之后，这种由"网人在网络上发表供网人阅读的文学"逐渐形成"网络文学"概念。

"网络文学"并不是简单的"文学+网络"式的二元结构，而是一个跨学科的学术概念。鲍远福（2015）提出可以从三个方面去理解网络文学的内涵：第一种是"前网络文学"，即传统形态的纸质文本转换为电子数据形式的"网络文本"；第二种是"过渡性"的网络文学作品；第三种是狭义的或审美意义的网络文学。欧阳友权（2008）从广义和狭义上对网络文学作出定义，其指出，"广义的网络文学是指经电子化处理后所有上网的文学作品。从中观的意义上看，网络文学是指发布于互联网上的原创文学，即用电脑创作、在互联网上首发的文学作品。这个层面的网络文学不仅有媒介载体的不同，还有创作方式、作者身份和文学体制上的诸多改变。从狭义上说，最能体现网络文学本性的是网络超文本链接和多媒体制作的作品。"王震（2023）梳理了对于网络文学概念的争论，指出早期有关网络文学概念的争论中实际已经隐含着诸如媒介化、消遣性等未来网络文学发展新趋势的评价规则和标准，认为网络文学的概念需要包含文学性、媒介性、消遣性的特征。

随着网络文学成为一个产业，网络文学出版的概念应运而生。长江出版传媒集团的周百义较早对其概念作出解释："网络文学出版，就其字面意义上来说，包括两层意思,其一指早期学界对于网络文学概念的强调实际上都在突出'文学性'的某一个侧面,用数字化方式显示的网络文学作品以物理形态的纸介质出版,其二是将网络文学作品通过数字化方式公之于众"。王一鸣(2023)指出网络文学出版是21世纪以来数字技术、文学艺术和出版业结合的产物,很大程度上颠覆了既有的出版生产机制和传播机制,由此带来网络文学出版主体、客体、过程、制度等要素的巨大变化,使网络文学出版内涵和外延的极大拓展。其借鉴系统论、场域理论相关思想,解释网络文学出版的基本概念。其认为网络文学出版是一个不断变化的动态过程,而非静态结果;是一种开放性的内容资源和文化场域,而非封闭的文本作品或产业领地;是一种复合型的融合媒介,而非单一的产品形态;是一种新型的生产关系和传播关系,而非传统的"作者—编辑—读者"三元关系的网络化。

目前,我国网络文学出版市场非常繁荣。在网络文学出版活动中,网络文学企业作为经营主体通过建立针对写手的版权制度、针对读者的榜单制度、针对产品价值最大化的增值制度三大经营机制,实现网络文学产品商业价值最大化。网络文学还成为我国对外传播中国文化、讲好中国故事的重要平台。2014年,海外中国网络文学爱好者自发建立的翻译网站问世。这一网站以连载玄幻类网络文学的英译版为主,不到一年便吸引百万读者,成功催生出多个语种的翻译群体与翻译网站,引发关注。近10年,中国网络文学"出海"成绩日益亮眼。据2023年5月"中国国际网络文学周"发布的最新数据,2022年中国网络文学海外市场规模超过30亿元,累计向海外输出网文作品1.6万余部,海外用户超1.5亿人。对海外读者来说,中国网络文学在全球网络文学领域独具吸引力,不仅好看好读,而且数量多种类全,有源源不断的好作品出现。历史悠久、底蕴深厚的中华文化和丰富多样、鲜活生动的中国故事,更是赋予这些作品以独特魅力。

第二节 数字专业出版产品与服务

专业出版是指与职业和行业有关的出版,是最专、最深、最细分的出版,也叫学术出版或科技出版。按照职业和行业为分类标准,通常包括四大类:财经、法律、科技和医学。专业出版是最早进行数字化转型的领域,数字专业出版产品与服务的形态也比较丰富,主要包括数据库、数字期刊、按需印刷出版物、开放存取出版物以及知识服务和知识付费等。

一、数据库

"数据库"一词最早出自美国,20世纪50年代美国就有利用电子计算机进行数据库存储和检索的军事机构,这个机构被称为"数据基地",也就是所谓的数据库。数据库是发展历史最悠久的一种数字出版产品,最早产生于20世纪50年代末60年代初。1959年,美国匹兹堡大学卫生法律中心建立了世界上第一个全文检索系统——法律情报检索系统。当前,作为技术和出版形式的数据库,其影响已经渗透于各种其他形态的数字出版之中。1966年,国际上著名的联机检索服务系统DIALOG建立,并于1972年投入商业运营。当时这些联机数据库开展了最早的各自独立的网络出版服务,直到1991年,这些联机检索服务市场才基本被光盘出版物取代,同时,基于Web的数据库服务悄然出现,时至今日已经形成相当规模的数据库生产和服务产业。

当前,世界各国的数据库产业已经发展成为涉及科技、经济、医药卫生、法律和文化教育等各个领域的行业。下面介绍几种较为典型的以数字出版形式出现的数据库。

1. 书目数据库

书目数据库是主要用于存储目录、题录和文摘等书目线索的数据库。书目数据库早在20世纪60年代就出现了,例如《化学题录》《科学文摘》等都是书目数据库的杰出代表。目前,最成功的书目数据库是美国OCLC的WorldCat联合目录数据库。WorldCat数据库是OCLC的一个由1万多个成员馆参加的联合目录数据库,是世界上有关书目信息最大和最丰富的数据库,目前拥有7000多万条图书和其他资料的书目数据,覆盖400多种语言,以英语为主。WorldCat数据库涉及各学科领域,数据每天都在更新,且增长速度快。2004年初,OCLC启动了Open WorldCat计划,将WorldCat的书目数据陆续加入Google和Yahoo两大搜索引擎中。非OCLC成员馆的编目员只要登录WorldCat的首页,就可以检索到书目数据,不能下载但能浏览。我国代表性的联合编目数据库有三种:一是以北京大学图书馆为核心的中国高等教育文献保障系统(简称CALIS),是高校图书馆的全国性联机编目中心;二是以国家图书馆为主的全国图书馆联合编目中心(以下简称国图);三是大书商、发行商以购书配编目数据的方式向各图书馆提供书目数据即联采统编(以下简称统编)。这些书目数据库都提供题名、责任者、主题、分类号、ISBN号、丛编等常用检索点。

第二章 数字出版产品与服务

2. 全文数据库

全文数据库是指将一个完整信息源的全部内容转化为计算机可以识别、处理的信息单元而形成的数据集合。自 1973 年美国米德公司建成世界上第一个面向公众查询的大型全文数据库 Lexis 至今，全文数据库已经成为全球文献数据库的重要发展方向。目前国外较有影响力的全文数据库有美国 EBSCO 公司的综合数据库产品 Academic Search Elite、荷兰著名商业出版公司的 Elsevier Science 以及著名的科技出版集团德国施普林格（Springer-Verlag）推出的科学、技术和医学（science，technology & medicine，STM）方面的在线信息资源建设的网络全文库 SpringerLINK 等。我国也有一些使用面较广、影响力较大的全文数据库，如维普科技期刊、中国知网学术总库、万方数据库资源系统等。

3. 引文数据库

引文数据库是将各种参考文献的内容按照一定规则记录下来，集成一个规范的数据集，通过建立著者、关键词、机构、文献名称等检索点，满足作者论著、专题文献、期刊、专著文献、机构论著以及个人、机构发表论文被引等情况的检索。一般认为，正式的引文分析始于 20 世纪 50 年代初美国科学情报社制作出的高质量的引文数据库 SCI（科学引文索引）。1961 年第一期《科学引文索引》问世，1997 年 SCI 又发行了 Web 版数据库 Science Citation Index Expanded（SCIE），该数据库被认为是世界范围内最权威的科学技术文献索引工具。我国于 20 世纪 80 年代引入了 SCI，于 1995 年开始正式面向用户提供检索服务，并出版了我国第一本《科学引文索引》（简称 CSCI），1997 年我国第一张引文检索光盘（简称 CSCD）问世。目前，除 CSCD 外，我国建成的专业引文数据库和有引文索引功能的综合性数据库很多，主要有《中国科技论文与引文数据库》（简称 CSTPC）、《中文社会科学引文索引》（简称 CSSCI）等。

4. 事实数值型数据库

事实数值型数据库，即把由大量的事实、规则、概念、数值、运算公式、规划等组成的知识存储起来进行管理的数据库。事实数值型数据库包括人口数据库，名录数据库，自然资源数据库，社会调查数据库，金融、证券系统数据库等，总是以特定的事实或数字回答用户的查询。其优势在于它提供的不是原始文献的出处，而是可以直接加以利用的原始事实性信息。近年来，事实数值型数据库这种知识、经验、规则和事实的集合越来越受机构重视，很多机构都建立了这种数据库，例如电子部情报所的"中国集成电路数据库"、国防科技信息中心的"国防工业经济信息数据库"以及原化工部的"化工产品数据库"等。

5. 多媒体数据库

多媒体数据是指多种媒体，如数字、正文、图形、图像、声音和视频等的有机集成。其中数字、字符等是格式化数据，文本、图形、图像、声音、视频等是非格式化数据。多媒体数据库的概念自 1983 年由 D. Tsiehritzis 和 S. Christodoulakis 等提出，至今已经历了 40 多年的发展，而且已有一些原型和实际产品诞生。由于多媒体数据库可以统一存储和管理声音、图形、图像及文本，因此其能够表达的信息范围大大扩展，但同时也导致了许多问题。这是一种有潜力但是尚未发展成熟的数据库类型。

二、数字期刊

数字期刊可以定义为通过数字技术生产、复制、传播和发行的杂志、快报、通信等。数字期刊可以说是数字出版和电子传播的先锋。这是因为 STM 期刊出版以及大多数学术出版的特性是创作者并不指望直接从出版活动中获得经济收益，而是通过出版以获得声望或者晋升。对于阅读者而言，其也不打算为获取出版物直接付费，他们往往通过自己所在机构的图书馆订阅以实现阅读。STM 期刊的作者和读者的共同愿望是加快研究文献出版和传播的速度。而对于出版者而言，这同样是他们的追求，同时，降低生产和复制成本也成为他们的重要目标。压力促成变革，20 世纪 90 年代，世界著名的期刊出版商纷纷寻觅解决办法，并最终在 20 世纪末逐渐完成从纯印刷出版到印刷—数字混合出版，再到今天的纯数字出版的过渡。

数字期刊的分类方法有很多种。例如按照期刊内容，可以分为电子杂志和专业数字期刊。"悦读网"就是大型电子杂志阅读平台，"读览天下"也是中国最大的正版电子杂志平台。而前面提到的重庆维普期刊等则是重要的专业数字期刊数据库。按照出版形式，数字期刊又可分为混合型数字期刊，即同时出版印刷版和电子版的数字期刊，例如大众消费类杂志《VOGUE 服饰与美容》、专业期刊《出版发行研究》等。还有一种是纯数字期刊，即仅发布数字版本，而不发布印刷版本的数字期刊，例如徐静蕾主办的数字杂志《开啦》等。

三、按需印刷出版物

按需印刷（print on demand，POD）是先进的数字、技术和原色（tonerbased）印刷技术相结合的新型印刷工艺，其操作过程是将图书内容数码化后，用电子文件在专门的激光打印机上高速印制书页，并完成折页、配页、装订等工序。按需打印是一种随着印刷设备的小型化和人性化而产生的新的印刷模式，其所需硬件包括数字印刷设备和网络技术平台。按需印刷实现了 1 册即可起印，与传统印刷在印制成本上相比，印量只要在 1500 册以内，数字印刷都有价格优势，特别适用于定向较窄、专业性强、可变性强、批量较小的印刷品。

事实上早在 20 多年前，美国的出版公司就开始试着推广按需印刷服务。目前，这种方式在美国、英国、日本、德国、加拿大等国得到了应用。美国最大的图书批发商英特拉姆公司于 1997 年创立了一家闪电印刷公司，亚马逊网上书店则与该公司合作共同推出按需印刷服务。1999 年，日本 140 余家出版社和书店联合组成"电子屋"，合资建立了数码印刷服务中心。除上述国家之外，法国、德国、英国、意大利、西班牙、加拿大、以色列等国也已在发展或正在积极筹划发展按需出版系统。在中国，知识产权出版社是较早实行按需印刷服务的出版社之一。这些由出版社或书店开展的按需印刷服务在保存一些即将绝版的书籍、满足高度细分化的图书市场需求、延长图书的生命周期等方面无疑有着重要意义。

四、开放存取

21 世纪初随着《布达佩斯开放存取宣言》（Budapest Open Access Initiative）、《开放存取出版贝塞斯塔宣言》（Bethesda Statement on Open Access Publishing）与《柏林开放存取宣言》（Berlin Declaration on Open Access to Knowledge in the Sciences and Humanities）三大宣言相继发布，倡导破除价格垄断与获取限制的开放存取运动在全球范围内得到越来越多科研工作者的支持。2003 年 5 月，瑞典隆德大学图书馆率先整合 350 本期刊，创立了开放存取期刊目录平台（Directory of Open Access Journals，DOAJ）并向全球科研人员免费提供高质量的全文电子学术资源。截至 2020 年，该平台已收录来自 133 个国家的 14 808 本开放存取期刊及超 500 万篇文献。此后，世界范围内越来越多的高校与科研机构与出版商合作开展开放存取实践，为科研论文的发表提供更加开放、高效、优质的出版平台。

目前在国际开放存取实践中，以金色 OA 与绿色 OA 两大实现路径最为常见。金色 OA 也称开放存取期刊，是由作者支付文献处理费（article processing charge，APC）将论文上传至 OA 平台，从而实现开放存取出版后，同步开放。绿色 OA 即开放存取仓储，直接绕开出版商的版权限制，作者存储论文至公共知识库从而实现学术成果的开放存取。在这一过程中论文受到出版商"禁锢期"的局限,绿色 OA 平台论文往往与出版社发表论文存在 6～12 个月的延缓期,因此无法实现当即出版当即开放的时效性。

随着全球范围内开放存取运动的蓬勃发展,"公开、自由、共享"的理念重塑了学术出版。各国学者、学术出版机构和政府机构不再将"开放、透明"的理念局限于论文的发表环节,而是将该理念向论文发表前的评审环节与发表后的评论反馈环节延伸。推动同行评审、交互评论、评价体系等学术出版全流程开放的呼声愈发强烈,学术出版各环节开放的实验成果也日益丰富。

1. 开放同行评审:"公开、公正、透明"淘汰劣质论文

同行评审是学术文献出版最为重要的环节和制度之一。该制度起源于 17 世纪的英国,其核心宗旨在于将作者期待发表的论文提交至第三方专家评判其学术价值以确保学术出版公正性。传统的同行评审主要分为单盲评审(审稿人单方面匿名)和双盲评审(审稿人与作者双方保持匿名)两种形式。由于营造的封闭评审环境存在评审周期过长、审稿态度不公正、审稿意见不准确等现实问题,该制度被越来越多的专家学者诟病,且与"自由开放、客观真实"的科研精神渐行渐远。基于此,学术期刊质量控制内部机制呼唤开放的声音越来越强烈。在一项"学术论文公开同行评议的接受度"调查研究中,调查结果显示过半数中国学者对学术论文公开评审持支持意见,由此看来,推动同行评审制度的"改革开放"在学术共同体内部已具有普遍的民意基础。同时伴随着数字出版、数字加密、多人协作编辑等技术的日益进步,部分学者对于开放同行评审后个人隐私泄露的心理障碍,也在技术的保障下得以疏解。在各种机遇逐渐成熟的背景下,全球范围内的开放同行评审实践大胆尝试,探索出了各种不同的开放式同行评审形式。

目前学界对于开放同行评审仍然缺乏一个统一精准的定义。刘春丽等学者在考察了不同开放评审平台后总结了开放同行评审的特征,包括评审者姓名公开、评审结果公开、网上开放同行评论。这从某种程度上反映了开放评审层次逐渐深入的动态进程,但由于学科属性和文化差异等复杂因素的影响,来自不同国家、不同领域的期刊在开放评审时表现出更多的自主性与灵活性。例如 PLoS ONE 和《心理学报》在基于开放评审的环节和要素上就各有侧重,智能集体评审的兴起、在线公开评审会的出现也在不断丰富同行评审的模式。

作为最早尝试开放同行评审的期刊之一,PLoS ONE 早期采用的同行评审策略较为保守,只实现了底层即评审者姓名的公开,编辑在选择审稿人、决定稿件

去留的问题上仍然有较大的控制余地。国内《心理学报》2014 年初探索出了一条评审者姓名公开与评审结果公开的中间路径，采用了"公开审稿意见"这种开放同行评审的变式，即在稿件发表后将审稿意见匿名公开，并同时提供作者对审稿意见的回应。此外，审稿意见还会进入期刊自建的开放数据库中，逐渐汇集成蕴藏大量优秀文献与审稿意见的心理学学术交流"仓库"。

近年来，西方学术出版界中还提出了允许评审人在线互动的智能集体评审模式。该模式是在公开匿名审稿意见的基础上，每一篇论文都由多名评审人在 72 小时内在线评议，评审人相对于作者匿名，多名评审人的姓名则互相开放可见。评审专家的意见会被同行看到，彼此之间的讨论交流促进了评审意见全面中肯，极大程度上避免了敷衍潦草评议等不负责现象。目前智能集体评审的实验范围还不太广，仅有期刊 Synlett 在进行智能集体评审试验，该模式还未大规模被其他期刊采纳。但从实验效果来看，明显表现出比独立匿名评审更高的审稿质量与审稿效率。

在借鉴国外集体评审先进经验的基础上，国内的集体评审实践成果也日益丰富。近年来，南京大学中国社会科学评价中心尝试启动"CSSCI 期刊（集刊）论文评测项目"，向全国高校、科研机构及期刊编辑部遴选各学科领域专家担任论文评审委员会委员，不定期从 CSSCI 数据库中抽选论文交由评审委员评议打分，并组织专家在微信工作群中就论文的评议情况展开讨论。经过几年来对组织流程的细化及审议评价的规范化，2020 年 4 月 9 日，这一项目的升级版"CSSCI 论文评测系统（CSSCI Artlcle Evaluation System，CAES）"正式上线。该系统为评价中心自主研发的论文同行评议系统，可以实现国内主流人文社科类期刊与数千名来自不同学科领域的知名专家直接对接，评审委员经过信息认证后即可对文献从创新程度、完备程度、成果价值、难易程度四项指标按相同权重采取十分制打分，最终取平均分作为文献评议的结果。这一创新实践通过构建学术共同体同行评议的方式，不仅极大缩短论文评议的时间，还能对论文内容质量展开更加全面的评价，避免落入纯量化评价的陷阱。

随着网络直播与各行各业联系愈发紧密，将传统纸质期刊与网络平台相结合的学术直播评审模式让论文评审工作更加开放透明。2020 年 6 月 29 日，《上海对外经贸大学学报》联合"学术志"微信公众平台全网首创 C 刊在线论文公开评审会，该评审会邀请了四位资深编辑对经济学、管理学、法学及社会学的论文展开审稿，通过与观众互动的形式实时反馈审核意见。观众在观看直播时不仅能对专家的评审工作起到监督的作用，敦促评审的透明性、公正性，还能从评审意

见中学习投稿经验。这一新颖的评审方式既让作者明确了期刊投稿审核流程，同时也让审稿人更加了解作者的创作意图，为双方自由平等地开展学术交流打造了更加开放的平台。

2. 深化开放存取：开展全球合作，降低付费门槛，打破"垄断墙"

近年来，国内外开放存取运动正迎来一轮新的变革。2018年9月，旨在解决金色OA出版过程中高额APC费用问题，打破出版商高价垄断订阅期刊局面，以扩大知识传播与公共存取的开放存取S计划（Plan S）在欧洲科研资助机构联盟（cOAlition S）等多组织共同倡导下制定。

S计划有利于在全球范围内开展开放存取合作。2018年12月，国家自然科学基金委、国家科技图书文献情报中心等组织机构就公开声称中国将支持开放存取S计划。截至2020年3月9日，累计有24家组织正式加入cOAlition S，包括英国研究与创新署、荷兰科学研究组织等政府机构，另有来自南非、澳大利亚、约旦、加拿大等六大洲不同国家的28个学术组织表达对S计划的强烈兴趣，并陆续签署了支持该计划的意向书。

在OA期刊的出版费用方面，S计划将建立更加公平、公正、透明的APC收费标准并接受社会监督。作者通过金色OA发表论文的付费门槛大大降低，只需支付小部分费用以覆盖OA平台的维护成本。出版巨头长期以来的高价APC策略将会受到S计划的阻碍。同时，对于一些发展中国家课题经费难以支撑APC的科研工作者，S计划成员将为其提供必要的财政补助，极大地降低其论文发表成本。

一直阻碍绿色OA发展的版权归属问题也有了转向，S计划明确表示作者在支付APC后有权决定文章去向，可以第一时间将论文最终稿存储至符合S计划标准的数据库中，论文不再受6~12个月的禁锢期限制。此外，对于组织成员资助的科研项目，成果一经发表即进入数据库并同步网络开放存取。这也意味着传统订阅期刊模式下出版商垄断版权的局面或将被逐渐淘汰。

在S计划框架下，由不同国家的高校、图书馆、科研机构所组成的科学共同体围绕降低付费门槛、补贴APC发表论文、破除出版商版权垄断等议题展开深入合作，与支持该计划的出版商谈判，同时争取国际组织支持。2019年8月，世界卫生组织的加入为S计划的"全球化"策略注入强大动力。在S计划的支持下，未来将会有更多科研论文自发表之日起即可免费在线获取。

3. 开放交互评论：搭建集公共评审与知识科普于一体的学术交流社区

一旦收到录稿通知进入论文发表环节，许多作者便会感觉如释重负，这种心理从一定程度上反映了当前学术出版领域重视出版前评审而忽视出版后评论的现象。但事实上，论文的成功发表并不应该代表出版环节的真正结束，而应该意味着论文进入公共视野后的新一轮评判开始。如果说开放同行评审是通过开放的方式在出版前严格把控期刊论文质量，开放存取运动实现了科技期刊出版环节的自由分享，那么对论文发表后的交互评论进行开放正是对前面两大开放实践的重要补充和进一步延伸。

在传统纸质学术出版时代，学术期刊并未真正充当连接读者与作者的桥梁，读者在阅读文献时对于文章中存在疑惑的地方，只能选择向作者发邮件求助，这一过程十分漫长甚至往往等不到任何反馈结果。新媒体的强势崛起大大加快了科研成果的传播速度，越来越多的同行读者渴望能与作者展开深入探讨，但长期以来 OA 期刊忽视了线上交互的建设和价值。因此基于 OA 平台开放后台读者评论并融入实时交互研讨，不仅可以提供了一个"尊重作者、关注读者"的开放式知识交流场景，还能实现论文的"公共评审"，为作者的学术创作贡献民智。2018 年我国从国家层面推动 OSID 开放科学计划（Open Science Identity），旨在以全媒体思维，提供轻量化的期刊获取和精准化的知识服务，推动科研交流协作，试图构建多场景的深度学术交流社区。OSID 平台天然的"学术社交"属性很快吸引了一大批科研工作者入驻，并对自己感兴趣的学术领域关联标记。在平台方的精细化运营和激励措施下，一方面，越来越多的学术观点和学术争鸣围绕论文实现深度垂直圈层传播，扩大科研成果的传播范围，帮助作者结交更多的学术圈同仁，为以后开展学术合作或共享学术资源拓宽人脉；另一方面，读者基于论文的创新性、学术性、可读性以及规范性展开在线实时评论，这些点对点即时评论在质量上具有一定的参考价值，将其作为出版后评价的辅助或监督手段，能提供更加全面真实的反馈。

开放交互评论除了有利于科学共同体内部的互动交流外，也能帮助普通大众增进对科学的理解，学习更多的科学知识。得益于 OA 期刊的迅速发展，目前越来越多的普通民众能够直接通过期刊官方微信公众号的定制推送，自由获取感兴趣的期刊内容。由于读者与作者在专业知识储量上存在鸿沟，因此在面向公众的开放出版中，相比学术交流价值，期刊的教育科普价值应该摆在更加突出的位置。OSID 开放科学计划并非只对科研人员开放，而是将所有潜在读者都纳入到平台体系中，在 OSID 的多知识应用场景定位中同样包含了知识的科普场景。每篇论文都有一个专属 OSID 二维码作为"身份证"，记录了作者信息与论文信息等。直接用手机扫描 OSID 码，即可收到一条包含作者对论文的语音讲述、精彩学术问答、关注学术圈、获取本文相关数据等多个栏目的推送通知。读者不仅能在语音讲述中了解到相关科学的前沿动态，还能通过在线问答环节向作者提问，与作者进一步互动沟通，尤其在临床医学研究领域，普通民众对于健康问题的求助更加常见。通过一问一答的互动形式，读者能以低成本、高效率的方式获取专业的科学知识，而当优质的问答内容进入精选评论区公开展示，作者也能收获到普通民众对于科研工作的认可与支持。借力 OSID 问答功能，那些枯燥晦涩的问题得到了相关领域专家既严谨专业又生动直白的回答，味同嚼蜡的科学知识通过开放交互评论被公众更好地理解和学习，学术论文实现了出版期刊外的科普价值延展。

4. 开放评价体系：构建系统化、多元化评价体系

基于论文引用量与影响因子的单一评价标准助长了科研领域的浮躁风气，许多科研工作者一味追求发表论文，而忽视了研究成果的落地转化，造成科学研究与社会发展需求严重脱节。2020 年 2 月 24 日，教育部、科技部联合印发《关于规范高等学校 SCI 论文相关指针使用，树立正确评价导向的若干意见》，对破除论文"SCI 至上"提出明确要求。寻求系统化、多元化的评价模式已成为学术出版业不可回避的话题。

事实上，以论文为导向的封闭式评价机制也显然有悖开放科学运动中公开、透明的主旨，不利于学科的长远发展。在开放科学环境下，围绕学科属性建立更加多元的评价指标尤为迫切。例如，人文社会科学中大量发表在互联网、新媒体以社会需求为导向的学术成果被广大用户所认可，却不能被纳入评价体系就非常不合理。2017 年浙江大学在新发布的《浙江大学优秀网络文化成果认定实施办法（试行）》中首次明确规定在微信公众号平台发布文章阅读量达到"10 万+"水平的，可以被认定为在国内核心期刊发表。这种更加包容开放的评价标准尽管备受争议，但也不无道理。作为依靠公共财政扶持的学术事业，反哺公众是其应尽的义务。学术评价不能以渠道和载体为标准，更应信奉"内容为王"的准则，科研成果能以喜闻乐见的方式面向公众传播，并受到读者广泛追捧和喜爱完全可以从侧面证明其学术质量。因此，OA 期刊中访问量、下载量、被引量；社交媒体中学术博客的阅读量与优质评论；线上教学视频、学术讲座视频点击率等网络优秀科研成果均可按照不同权重计入评价中，构建成一个开放的科学成果评价体系。这不仅可以鼓励科研工作者做好本职研究工作，还面向社会公众传递优秀文化成果，形成优质学术引领社会文化发展的良好氛围。

2013 年 3 月《自然》(*Nature*) 在一期以"学术出版的未来"为主题的特刊

中，从科研机构、出版集团、公众等不同视角阐明学术出版在网络时代的发展趋势。杰森·普瑞曼（Jason Priem）认为，智能算法的优化将驱动学术出版的传播、推荐与评价系统日益完善；艾尔玛·斯万（Alma Swan）指出，未来的开放存取出版不会让版权成为障碍，并会在降低出版成本的基础上为作者提供更多期刊选择。这些讨论而今都已成为学术出版领域的开放实践。

目前学术出版各环节的开放措施与能力仍然相当有限，在开放同行评审过程中，多数专家表示审稿人负担过重、审稿工作分布不平衡、审稿内容存在主观偏见等问题长期存在；开放存取S计划也并非一帆风顺，受到了少数出版商联合抵制，cOAlition S不得不宣布将原定于2020年1月1日生效的S计划推迟一年，为研究人员与出版商提供更多时间适应期刊转型；交互评论与评价体系的开放建设更是一个长期的过程。但是，随着开放科学运动的不断深入和开放科学实践的日益丰富，未来，更加规范的面向学术出版全流程开放的开放出版必然是学术出版的重要发展方向之一。例如2020年新型冠状病毒的暴发就再次凸显了研究人员自由获取科研成果的必要性。继世界卫生组织后越来越多的国际科研机构也纷纷加入到开放存取的队伍中，为开展全球学术合作提供可能；开放交互评论与评价体系也在政府、OA期刊与社会组织的统筹规划下逐渐深入。围绕优质科技期刊，构建以开放同行评审为前提、开放存取出版为途径、开放交互评论为补充、开放评价体系为导向的新型全方位开放出版模式，正是学术出版在以"透明公开、客观公正"为主题的开放科学运动与数字化智能化技术浪潮下的必由之路。

五、知识服务与知识付费

1. 知识服务

"知识服务"的概念在国内最早是由图书情报学界提出的。国内图书情报学界早在20世纪90年代末就引入"知识服务"（knowledge service）这一概念，探索数字图书馆在信息环境下的发展路径。知识服务正式进入出版学者的研究视野，最早可以追溯到2000年，姜新祺提出未来出版的营销理念将是"知识服务"，即从关爱读者出发，以促进知识传播为目的，在满足读者对知识需求的过程中实现企业的目标。2003年，董颖研究了知识服务的机制，提出知识服务是知识与服务的融合，狭义的知识服务指的是将知识资产转化成知识产品及服务，通过因特网对知识产品和服务加以销售和推广，并且在同用户进行交互的过程中，基于知识为用户提供服务。知识服务是自上而下的，是在理解用户最终目的

的基础上解决问题。知识服务提供商将筛选和确定的相应属性（内容、载体、付费和渠道）等加入自己的出版产品中，从而向用户交付定制的、持续的卓越价值。2004 年，王明亮研究了科技期刊出版的知识服务化，知识服务出版日渐受到学者和业界的重视。很多出版企业也开始了面向知识服务的改革。例如 2012 年电子工业出版社牵头，对基于内容动态重组的知识服务出版模式展开实践探索。外语教育与研究出版社开发了在线英语学习系统 e-Learning。人民军医出版社建立了全军医学数字集成应用系统。培生教育集团（Pearson）开发了一整套数字学习流程和教学解决方案，为合作学校提供包括教育内容、教育信息技术、学习方法、评测系统等所有与教育相关的服务，从而满足用户不断增长的在线学习和移动学习需求。2012 年，爱思唯尔（Elsevier）开发 ClinicalKey 超级医学平台，将传统的 STM 出版业务与大数据技术结合，整合内外资源，其中包括自有的 500 多种期刊、1000 多种书籍及 13 000 多个视频等权威的内容，以及第三方资料及数据。平台能够匹配与用户搜索相关度最高的内容，为诊断治疗、预防护理、疾病管理和预测等多种临床决策提供支持。

2. 知识付费

共享经济的理念影响着人类对知识盈余价值的理解，也推动着知识变现的发展。随着互联网的发展，知识的传播从原来的有偿获取变为网上免费获取，最终形成了知识付费平台打造的知识内容变现。简单来说，知识付费指的是以互联网平台为依托的知识的接收者为阅览知识付出资金的现象。知识付费让知识的获得者间接向知识的传播者与筛选者给予报酬，而不是让参与知识传播链条的人通过流量或广告等其他方式获得收益。2016 年是知识付费平台增长较为快速的年份，不少业内人士都把 2016 年称作消费元年。艾媒咨询 2022 年发布的《2022 年中国知识付费行业报告》显示，2021 年中国知识付费市场规模达到 755 亿元，较 2015 年增长约 42 倍。2022 年"樊登读书"App 联合上海图书馆（上海科学技术情报研究所）共同发布的《2022 年阅读趋势研究报告》表明，2023 年国内各类知识付费平台用户规模突破 4.77 亿。各类知识付费网络平台，包括知乎、得到、喜马拉雅、知识星球、罗辑思维、帆书等蓬勃发展，当然也有一些知识付费平台在竞争中慢慢被淘汰。

知识付费既是一种内容产品，也是一种商业模式。在理论上，不仅适合出版业，而且也适合很多其他行业。知识付费的商业模式主要是通过提供付费的专业知识、技能和经验等，满足用户的需求。从在线教育、知识分享到各类专业领域的咨询服务，知识付费商业模式的应用范围不断扩大。这种模式不仅可以提高用户的知识水平和技能，还可以增强用户黏性，提高转化率，是一种极具发展潜力的商业形态。目前知识付费主要分为三种形态。第一种模式是销售盈利模式，即卖课程和产品，通过专业内容将用户引流到社交平台卖服务和产品。卖课程的典型代表是樊登读书，其依托抖音平台进行视频展示，通过橱窗卖书、卖课程获取佣金收入。另外，"得到"App通过邀请各领域专家提供音频课程，满足了用户对知识和信息的需求；"混沌大学"则提供在线研修项目，帮助用户提升专业技能。这些平台商业模式的核心都是卖课程。卖产品则主要是将用户引流到电商平台，通过直播带货的方式获得变现，例如罗辑思维采取的就是这种模式。第二种模式是服务盈利模式，即通过微博、抖音将用户引流到一些知识付费平台，例如CSDN、知识星球、微信、知乎等，建立社群并开展后续代运营或咨询顾问服务。第三种模式是广告盈利模式，即通过内容引流后以第三方广告获利。小红书的很多博主采取的就是这种盈利模式。代金飞（2023）预计，未来的知识付费策略将朝着更加个性化和多元化的方向发展。例如，通过人工智能技术，为每个用户提供定制化的学习体验；利用虚拟现实技术，让用户可以身临其境地感受知识的魅力；借助在线直播等方式，增强用户与知识提供者之间的互动效果。

第三节　数字教育出版产品与服务

教育出版是指与学习、教育及培训有关的出版，如各类教科书、工具书、教辅读物、课程练习册、中小学生习题集等。教育出版通常以知识深浅程度和学习门类为分类标准，主要分基础教育和高等教育两大门类，后者还包括职业教育和终身学习读物的出版。20世纪80年代以来，随着多媒体技术和数字技术在教育领域的应用发展，新技术在教育出版领域的应用日益增多。进入21世纪，教育电子产品、立体化教材产品及服务、电子书包、智能教辅等形态层出不穷，数字教育出版产品与服务的形态也日趋丰富。

一、教育电子产品

教育电子产品严格来说是一种数字化学习设备，属于教育服务行业和数码产品行业的市场构成部分，常见的有学习机（学生电脑、早教机、点读机、点读笔）、电子词典等。王建（2012）基于如下理由认为其是数字教育出版产品的一种形态：一是其都拥有含有版权的内容，而且内容是其核心价值所在；二是它们的物理形态是为表现内容与功能的统一而设计和制造的，实质上与书籍的物理载体的功能一致，区别是它们服务于教育，而书籍载体服务于阅读；三是与传统出版物一样，也要面向大众发行传播。教育电子产品完全符合"信息知识、存储载体、信息知识的表述方式、复制手段、向公众广泛持久传播"的出版物内核，因此，其也是一种重要的数字教育出版形态。

1. 学习机

学习机是一种集电子、计算机、通信技术于一身的电子设备，它具备强大的计算、处理、存储能力，可用于学习、测试、评估、娱乐等多种用途。学习机通常由屏幕、键盘、操作系统、学习软件等组成，并可根据不同的用户需求进行定制和升级。学习机最早出现在20世纪80年代，当时主要是针对儿童市场，用于启蒙教育和游戏娱乐。随着科技的发展和教育的变革，学习机得到了广泛的应用和推广。现在，学习机已经成了现代化教育的重要组成部分，被广泛应用于教育、培训、考试等领域。目前市场上比较受青睐的学习机包括作业帮碳氧学生平板电脑、希沃（seewo）学习机、小度大屏护眼学习机、读书郎（readboy）学习机、步步高家教机、科大讯飞AI学习机等。未来，随着人工智能和云计算等技术的不断发展，学习机将更加智能化、云化、可穿戴化、跨平台化和个性化，为学习者提供更加全面、便捷、高效的学习体验。

2. 电子词典

电子词典是指将传统的词典中的内容转换为数字格式存储的文件，并且将它们保存在存储器中。用户使用时只需要通过键盘输入需要查询的条目，电子词典通过自身携带的处理器，按照一定的编码查询方式便可以找到相关条目的解释，并在显示屏上显示从而让用户了解。电子词典在中学生和大学生中应用比较广泛。电子词典将传统的印刷词典转化成数码方式进行存储，可以进行快速查询。其体积小、重量轻、携带方便、检索快速，一经推出便迅速占领了学生语言学习数码产品市场。电子词典内置的词典早期由生产厂家自行编录，但由于准确度不够，差错频出，后期都让位于出版社授权的词典，如牛津、朗文、现代汉语词典等。随着现代科技的发展，电子词典一方面实现了扫描查询等创新功能，一方面也朝着综合学习数码产品的方向发展，且与AI技术相结合。目前市场较受欢迎的电子词典包括阿尔法蛋AI词典笔、科大讯飞AI翻译笔、好记星英语点读笔电子词典扫描笔、作业帮全科学习笔等。

二、立体化教材产品及服务

立体化教材是指通过多种教学资源的提供和整合而提出的某课程的整体教学解决方案,它能最大限度地满足教师教学需要和学生学习需要,通常包括以教科书为中心的多种资源。相对传统教材,立体教材是以教学设计思路为指导思想,在科学规范的知识结构设计模型与资源构建框架下,对各种相关信息载体及教学资源进行整合开发而成,并通过知识内容的动态呈现以实现个性化高效学习的教材。中国高等教育出版社是国内较早进行立体化教材建设的出版社。其建设的"数字高教"平台就基于高教社数字化产品和服务的特点对教学资源进行归类,形成关于教材、课程、题库资源库、学术期刊等不同领域的多条数字化产品线。随着信息技术的不断发展,"文华教育"深度融合数字出版与传统出版,对立体教材的模式进行升级,率先原创"互动教材"的概念,将教学内容开发为视频、音频、动漫、图文、游戏、小程序、AR/VR 等富媒体,发布到移动端、PC 端、纸质版等多种介质,并基于二维码、视觉识别等交互技术实现跨介质互动,把多种介质融合为一体。相较于传统的教材,"互动教材"的资源构建形式在媒体与载体的使用上都更加多样化与数字化。从"互动教材"的实践经验来看,有效运用多媒体技术来辅助教与学,不但可以提高教与学的质量和效率,还能提升用户的学习体验。未来,立体化教材产品和服务的形态也会进一步发展和演进。

三、电子书包和智慧课堂

1. 电子书包

电子书包(e-schoolbag)是指计算机、上网本、专用阅读器等电子设备,就是将学生书包里的教材、作业本、课内外读物、字典等全部数字化后,整合在一个轻便的移动终端中。电子书包最早出现于 20 世纪末。1999 年新加坡率先推行电子书包,研制了一种名叫"无线电子簿"的电子书包系统,在新加坡德明中学进行试点,163 位学生使用电子书包上课,开创了电子书包试点的先河。2003 年美国微软提出了"电子书包"项目,美国政府也开始大力倡导。之后日本、韩国、马来西亚等国家先后进行了电子书包试点推广。我国电子书包试点始于 21 世纪初。2001 年北京市 20 所学校实施了"绿色电子书包"试点项目。二十年来,尽管我国电子书包项目在推行的过程中遭遇过质疑甚至反对,但是其一直在

融合教育与出版资源过程中曲折发展，目前其与传统教材还是一种共存状态。人民教育出版社是我国最早开展数字教材研发的企业之一，其开发的"人教数字教材""人教电子书包""人教学习网"，拥有广大的试点学校和平台用户。上海外语教育出版社是上海地区最早开展数字出版业务的企业，目前建有20多个产品服务网站，如"外教社有声资源网""外教社基础英语教学网""外教社高等英语教学网""外教社网友书屋""新理念外语备课中心""新理念数字资源商店""外教社手机词典中心"等，集教材出版、资源库建设、教学平台、网络课件、数字教材研发、教学软件和教学系统研发、网络书店、外语竞赛、大学英语四六级考级等线上和线下的外语出版和教学服务为一体。

2. 智慧课堂

随着技术的发展和资源的进一步整合，电子书包逐渐发展成为智慧课堂的一部分。智慧课堂指的是在信息技术的支持下，通过变革教学方式方法，将技术融入课堂教学中，构建个性化、智能化、数字化的课堂学习环境，从而有效培养学生能力的新型课堂。目前支持智慧课堂教学的信息化设备基本上都是平板电脑，不同的是学习系统有封闭式和开放式之分。封闭式最典型的就是电子书包系统；开放式最典型的就是原生平板电脑，可以随意安装、打开、卸载其他应用，教师不能通过软件控制学生设备。智慧课堂需要将教育出版资源与信息技术平台和硬件、软件服务进行深度整合，是信息化教学、学习环境的重要组成部分。我国较有影响力的智慧课堂包括中国教育出版网打造的中教通智慧课堂等。该产品以知识管理为核心，无缝对接学校的日常教学活动，借助云计算、数据挖掘和分析、人工智能、移动终端等为"因材施教"提供可行性方案。包含及时回答、娱乐管控、自我规划、课前预习、互动课堂、智能作业、实时统计、错题收集、学情管理九大功能。覆盖13省区域、80多所学校，有50 000多名师生应用。

四、智能教辅

智能教辅，顾名思义，是在传统教辅的基础上加入了智能元素的教学辅助产品和服务。目前流行的智能教辅产品通常采用"纸质学习材料＋数字化交互方式"结合的新型学习模式，内容的承载形式不再局限于纸质资料，更多的是通过数字化内容的形式来呈现。例如人民教育出版社与中教云联合出品的人教智能教辅，不仅解决了纸质教辅缺乏交互性、个性化等问题，也将学习资源多媒体化、微型化、多元化的优势发挥到极致。

资源共享、快速检测、科学评价、个性推荐等，都是数字化智能教辅的核心竞争力。其带来的全新学习模式容易激发学生学习兴趣，家长也能够方便地了解学生学习情况，配合教师进行指导；教师更容易收集和掌握学生的学习情况，分析存在的问题，找到解决办法，提高课堂教学效率，提升学生学习效果。就人教智能教辅而言，它是人民教育出版社出品的唯一数字化教辅产品，在新一代信息技术支撑下，以人教版等多个版本教材及与教材相匹配的各类教学资源为核心，已经满足了信息化、智能化环境下教、学、测、练、管等教学要求。

第四节 其他数字出版产品与服务

除了以上三个专业领域的数字出版产品和服务以外，还有一些以新型技术应用为主要特征，很难以内容类别去区分和定义的数字出版产品与服务，包括增强现实、混合现实、扩展现实和虚拟现实出版物，融媒体出版物以及 AIGC 出版物等。与传统出版相比，在数字技术的支持下，数字出版的出版手段、传播媒介与呈现形式更加多元化，为数字出版的高质量发展提供了技术支持。

一、虚拟现实、增强现实、混合现实、扩展现实出版物

1. 虚拟现实出版物

虚拟现实（virtual reality，VR）技术以声音和视觉为主导，通过计算机模拟虚拟环境而给人以环境沉浸感，是一种多源信息融合的、交互式的、三维动态实景和实体行为的系统仿真。一般而言，在此仿真系统中，用户必须头戴 VR 眼镜、VR 头显或运动追踪设备和手柄等硬件才能获得一个模拟现实世界的 360°视图。在传统出版行业寻求变革之际，同时具备沉浸感、交互性和构想性特征的 VR 技术进入了出版行业的视野之中，出版领域也利用 VR 技术进行了广泛的创新实践。

在出版领域，增强现实技术可以将数字内容与纸质出版物相结合，为人们提供更加丰富的阅读体验，因此，VR 在各个出版领域都有广泛应用。例如在教育出版领域，广州华锐互动公司将 VR 技术应用于机电专业的培训中，创建一个虚拟的环境，模拟真实的机械和电气设备的操作环境。这不仅保证了学生实践操作

和训练的安全性,也帮助学生更深入地了解机械和电气设备的内部结构和工作原理,更好地理解课程内容,提高学习效率和质量。在新闻出版领域,《纽约时报》成为全球首个开设 VR 报道的世界级权威媒体。2015 年 11 月,《纽约时报》推出了一款名为 NYT VR 的 App,在 Apple Store 以及 Google Play 应用商店都可以下载。通过 NYT VR 应用,用户可以访问《纽约时报》的沉浸式 VR 视频库,包括《纽约时报》原创 VR 视频——The Daily360 栏目。在大众出版领域,2018 年,由中国 Pinta Studios 制作的 VR 动画短片《烈山氏·幻觉》入围了第 75 届威尼斯国际电影节 VR 竞赛单元,通过全景视频形式讲述了神农尝百草的神话故事。同年,Steam 平台上线了国产制作的 VR 游戏《三国虎将传》,通过游戏形式讲述了三国的故事。在童书出版领域,《孩子的科学》图书研发了移动终端并达成了多功能展示使用,图书中有庞大的真实图片与原创插画,读者不仅可以留存纸质图书,还可利用手机加入到立体真实的三维动画和互动科学游戏,进而获得真实有趣的阅读感受。

2. 增强现实出版物

增强现实(augmented reality,AR)技术是一个新兴的多学科交叉的研究领域,是虚拟现实发展到一定程度而产生的。美国学者罗纳多·阿祖玛(Ronald Azuma)对增强现实是这样定义的:增强现实是真实环境与虚拟环境的无缝融合、实时交互,并具有良好的三维虚实配准功能。

增强现实与虚拟现实既有密切的联系,也有很多区别。二者的联系主要表现在增强现实是随着虚拟现实的发展和实际应用而产生的。二者的区别则主要表现在沉浸感方面。虚拟现实往往需要借助一些硬件设备将使用者的视觉与真实环境隔离,使其与现实环境完全绝缘而沉浸在一个由计算机控制的信息空间当中。而增强现实不仅不会隔离周围的真实环境,而且还重点强调使用者在真实环境中的存在感,并努力使计算机产生的虚拟物体与真实环境融为一体,从而增强使用者对真实环境的感知能力。

增强现实书籍主要是指以传统纸质读物为对象,通过运用增强现实技术在终端设备进行显示的虚拟图像类电子书籍。将增强现实技术应用到虚拟模型中,并叠加到真实书籍中的方式,可以让读者在阅读实体书籍的同时,利用手持设备看到书中描绘的场景。这种方式可以更加直观地展示书中的内容,便于读者更好地理解,进而提高阅读的趣味性和有效性。增强现实技术数字出版产品被广泛应用于教育领域和童书出版领域。例如江苏凤凰电子音像出版社设计的虚拟应用场景就是通过应用增强现实技术,让使用者在模拟场景下的电脑主机内模拟操作,尝试搭建主机硬件设备。在这一场景中，可以利用增强现实技术的优势，对电脑主机的各个硬件组成进行识别，向相关者反馈相应结果。此外，还可以利用增强现实技术，帮助学生更加直观地了解路由器的情况和设置过程。还有出版社将AR技术应用在一些童书产品。例如《侏罗纪世界：3D实境AR互动恐龙百科》将AR（增强现实）技术与科普知识相结合，打造划时代儿童科普书，带给读者非凡的阅读体验，激发其学习乐趣，探索打开科普世界的最新方式。

3. 混合现实出版物

保罗·米尔格拉姆（Paul Milgram）等在1994年提出一个从虚拟环境到真实环境的连续体，叫作虚拟-真实联合体。他们将真实环境和虚拟环境分别设于联合体的两端，最左边的叫真实环境，靠近真实环境的是增强现实；最右边的叫虚拟环境，靠近虚拟环境的是增强现实；中间的称为"混合现实（mixed reality，MR）"。在以保罗·米尔格拉姆为代表的学者看来，混合现实介于虚拟现实和增强现实之间，是虚拟现实技术的进一步发展。该技术通过在虚拟环境中引入现实场景信息，在虚拟世界、现实世界和用户之间搭起一个交互反馈的信息回路，以增强用户体验的真实感。

在电影《哈利·波特》中，魔法世界有一份"活"的《预言家日报》，报上的人物能直接与阅读者视频对话。在现实世界里，借助MR技术，报纸、杂志和图书等平面媒体上的内容也能转变为活动的视觉图像展现在读者眼前。作为MR出版的应用代表和探路者，MR"魔法报刊"在我国多地已经完成实验室研发，并投入实际应用。2016年5月14日，第十二届中国（深圳）国际文化产业博览交易会乌鲁木齐馆内，《新疆经济报》与新疆云联智慧网络有限公司联合制作的"概念版魔法报纸"正式亮相，它将虚拟现实（VR）、增强虚拟现实（AR）技术引入传统纸媒，让人可以借助手机和智媒互动，身临其境认识并体验新事物。

4. 扩展现实出版物

扩展现实（extended reality，XR）是一个更综合的概念，涵盖了虚拟现实和增强现实，并将它们扩展到更广泛的体验范围。XR旨在创造一个混合了真实世界和虚拟元素的交互环境，用户可以与虚拟对象实时交互，同时保留对真实世界的感知。XR可以是增强现实和虚拟现实的任意组合，并且可以适应不同的应用场景和需求。因此，理论上，VR出版物、AR出版物、MR出版物均属于XR出版物。

二、融媒体电子书

融媒体电子书特指是在传统出版物的基础上,通过融合多媒体技术和互动式设计手段,如文字、图片、音频、视频等多种形式,同时利用交互式设计,如点击跳转、触摸动画等,以此提高读者的参与度,使读者能够更加丰富、生动地体验阅读的一种电子图书。与传统图文并茂不同,融媒体电子书可以将文字、图片、音频和视频等多种比传统图书更加生动、直观的形式融为一体,同时又可以随时随地获取,大大方便读者的学习和享受。整体而言,相对于普通电子书,融媒体电子书具有创新性和前瞻性,也是数字出版发展的重要方向之一。

目前,制作融媒体电子书的软件越来越丰富,操作也非常便利,越来越多的出版社和作者开始借助多媒体技术制作这样的书籍,以应对数字时代的阅读需求。例如一些历史主题的融媒体电子书,通过音频和视频的形式为读者呈现历史事件,使读者能够更加深入地了解历史背景。融媒体电子书还可以为读者提供更具个性化的阅读体验。传统纸质书籍的内容是固定不变的,而融媒体电子书可以根据读者的喜好和需求进行个性化定制。读者可以自由选择和调整文字字体、背景颜色和亮度等参数,以及添加标记和笔记等,使阅读过程更加舒适和便捷。

融媒体电子书通常可以通过手机、平板电脑等数字设备进行阅读,并支持各种操作系统。这样,读者就可以随时随地获取知识,不仅可以看到文字和图片,还可以听到声音、观看视频,甚至参与到互动式游戏中。但是融媒体电子书也面临着一些挑战和争议。其中一个挑战是电子设备的眩光对视力的影响。长时间盯着电子设备的屏幕容易造成眼睛疲劳和视力下降。另外,融媒体电子书与传统纸质书籍相比,还存在着版权保护和阅读体验的差距等问题。

三、人工智能生成内容

人工智能生产内容(artificial intelligence generated content,AIGC)是继专业生产内容 PGC 和用户生成内容 UGC 后一种新的内容生产方式,指以物联网为代表的 web3.0 时代的内容生产模式。AIGC 根据一定的逻辑进行词语和句子的自然语言处理(natural language processing,NLP)和自然语言生成(natural language generation,NLG)实现自动化生成。内容生成与内容发布的主体已成为人工智能驱动下的机器创作,且具有多模态的虚实共生特征,能够根据人类的反

第二章　数字出版产品与服务

馈强化自主学习（reinforcement learning from human feedback，RLHF）并保持持续更新。其特点是去中心化、弥合人机对话的鸿沟，达到模拟真人交流。

出版是典型的内容创意重工业，生产原创、系统、完整的头部精品，以专业生产内容（PGC）传承人类知识文化创意。2022年底以来，生成式预训练（generative pre-training transformer，GPT）创新扩散，使人工智能生成内容科技实现了降本增效提质的飞跃。国外的Chat GPT、Mid Journey，国内的百度文心一言、腾讯混元、科大讯飞星火等大语言模型（large language model，LLM），只需用户以自然语言给出提示词（prompt），即可输出具有一定独创性的文本、图片、音频、视频等多模态内容。极低的使用门槛、极高的内容质量，使AIGC创新迅速扩散，引发新一轮"内容革命"。

出版类企业对AIGC等深度触及内容生产根本的人工智能内容科技创新扩散极为敏锐。例如2023年独家连载于微信读书的刑侦小说《马一鸣从警记》就运用了AIGC技术。该书主要使用了AI工具辅助策划、编校、推广和封面设计，不仅为出版行业带来了新的模式与方向，也凸显出了人工智能技术对于这一领域的巨大价值。在出版类搜索引擎中集成AIGC功能，即在浏览器中嵌入AI插件，就可以帮助用户在最短的时间内快速提取作品内容的要点信息；在出版流程的办公应用中嵌入"AI创意支持"，便能轻松享受AI创意带来的排版版式设计惊喜。中文在线运用AIGC将海量网络小说转化为有声书、动漫、短剧等形态，以极低成本、极短时间完成IP衍生，实现"指数级别的效率提升"。掌阅科技应用生成式人工智能（Chat GPT）推出"阅爱聊"App，在"聊人"场景中，用户可通过和作品中的人物角色聊天完成阅读；在"聊书"场景中，用户可以从某个话题引入阅读相关图书内容。在阅读陪伴场景中，主营少儿读物的荣信文化将科大讯飞"语音复刻"技术运用在"AI智能点读笔"产品中，父母忙碌时可运用"AI声音定制"功能为孩子伴读，营造虚拟在场的情境。长江传媒开发的"数字伴读机器人"、中原传媒创建的虚拟数字人"海燕姐姐"，构建了阅读场景中的人机亲密关系。

当然，AIGC在出版业的应用也会带来很多风险，例如可能造成剽窃行为更加隐蔽、主体责任界定困难、作品署名存在争议、信息安全面临风险。出版业应在使用限度方面给予AIGC合理发展空间并明确使用场景，在责任归属方面规范AIGC标识并明确编辑主体责任，在制度保障方面更新行业标准细则以适应智能传播环境，在生态治理方面协调Chat GPT内容治理的多元主体关系。

本 章 小 结

本章主要描述了数字出版产品和服务的形态。本章按照受众对象和媒体内容,将数字出版产品和服务分为面向大众的数字出版产品和服务,包括电子书、有声书、网络文学等;面向专业的数字出版产品和服务,包括按需印刷出版物、数据库、数字期刊、知识服务和知识付费等;面向教育的数字出版产品和服务,包括教育电子产品、虚拟教室、电子书包、在线学习社区等。除此之外,还介绍了一些以新型技术应用为主要特征,很难以内容类别去区分和定义的数字出版产品与服务,包括现实型出版物、融媒体出版物以及 AIGC 出版物等。

□ 思考与练习题

1. 目前有哪些主要的数字出版物形态?各种不同的数字出版物形态有哪些特征?
2. 开放存取的发展历程是怎样的?其面临哪些挑战和机遇?
3. 电子书包和智慧课堂有什么区别和联系?
4. VR 出版物、AR 出版物、MR 出版物和 XR 出版物有什么区别和联系?
5. 你如何看待 AIGC 在出版业的应用?其面临着哪些风险?
6. 结合目前数字出版物的具体形态,请预测一下未来数字出版物形态创新的方向。

第三章　数字出版发展环境与历程

教学目标与教学重难点

目标：了解国内外数字出版形成和发展的背景和环境；了解国内外数字出版的发展历史和发展现状；了解国内外数字出版企业数字化转型路径的异同。

重难点：预测未来国内外数字出版产业的发展趋势。

出版业在人类文明的发展历程中，一直是不可或缺的一员。回顾出版业的发展历史，我们不难发现，出版业的每一次变革几乎都与这两个要素有关：出版介质——决定以什么载体记录出版内容并让人阅读；出版工艺——决定以什么样的方式制作出版物。伴随着出版介质从甲骨文到简策书，从简策书到纸质书籍，从纸质书籍到磁带、唱片、光盘，从唱片磁带光盘到互联网、手机、电子纸；出版工艺从写刻到手抄拓印，从手抄拓印到雕版、活字、铅字印刷，从铅字印刷到激光照排、磁盘、光盘记录，再到今天的网络出版、手机出版、数码印刷、VR/AR 出版、智能出版，我们从传统出版走向数字出版。

第一节　数字出版发展环境

数字出版环境是数字出版企业组织运营及管理的基础，关于环境的分析方法很多，包括 P（politics）、E（economic）、S（society）、T（technology）宏观环境分析模型，基于该模型扩展后的 S（society）、T（technology）、E（economic）、E（education）、P（politics）、L（legal）、E（environmental）、D（demographics）宏观环境分析模型，还有 S（strengths）、W（weakness）、O（opportunities）、T（threats）这一基于企业宏观和内部环境的分析方法。除此之外，还有迈克尔·波特的钻石模型、现代营销学之父菲利浦·科特勒以企业市场占有率为基础的市场营销环境分析方法等。本章以迈克尔·波特的价值链理论为基础，将数字出版企业置于整个内容传播系统中，从主要相关利益群体在内容传播中的价值和承担的职能出发，将数字出版机构的环境分为制度环境、供求环境、竞争环境和技术环境，并先后对这四种环境进行深入分析。

数字出版环境是指数字出版机构在生存和发展过程中所必需的、独立于数字出版机构之外的、影响和制约数字出版机构企业行为的各种因素和力量的集合，如图 3-1 所示。

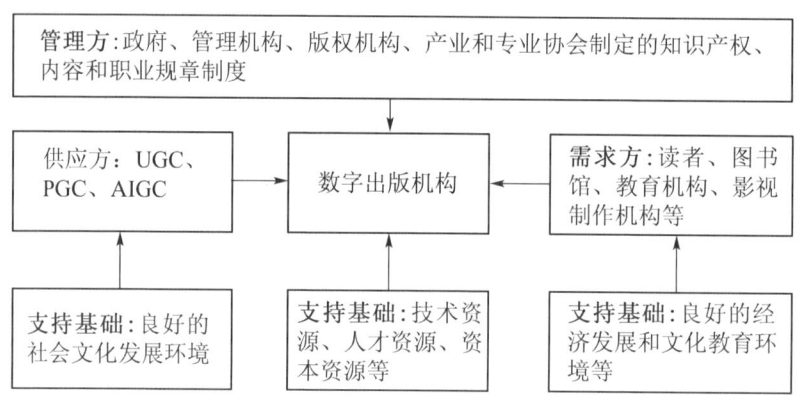

图 3-1　影响数字出版机构发展的因素和力量

图 3-1 从价值链的角度分析了影响数字出版机构发展的因素和力量。影响数字出版机构企业行为的因素包括管理方——其主要职能是制定数字出版机构发展的规则，这就构成了数字出版机构的制度环境；供应方和需求方——它们为数字出版机构的生产和发展提供必要的物质基础，共同构成数字出版机构的供求环境。数字出版机构在出版市场运行，同行业竞争者和潜在进入者的行为和状况对数字出版机构的企业行为也会产生一定影响，这就构成数字出版机构的竞争环境。技术是出版业产生和发展的重要基础，技术进步是推动出版产业向数字出版升级的重要条件，因此，技术也是影响数字出版机构行为的重要因素。数字出版机构的活动在很大程度上受外界环境的影响和制约，因此，对数字出版机构的环境进行定量和定性的分析是理解和把握数字出版环境的基础。本章以数字出版机构为中心，以数字出版价值链为基础，分析数字出版机构的发展环境。

第三章　数字出版发展环境与历程

一、宏观制度的积极支持

1. 逐步完善的社会主义市场经济体制

市场作为一种制度，为数字出版业的蓬勃发展提供了强有力的动力机制。亚当·斯密（Adam Smith）在《国富论》中指出，市场这只"看不见的手"在调节着资源的流动和配置，这也就意味着市场作为一种机制，本身也是企业发展的一种重要的制度环境。与西方国家不同，我国实行的是社会主义市场经济体制，这是一种史无前例的体制，也是中外经济学经典中从来没有的一个概念。改革开放以后，我国的广大理论工作者和实际工作者在解放思想、实事求是的思想路线指导下，坚持实践是检验真理的唯一标准，从社会主义初级阶段的实际出发，认真总结国内外改革和发展的经验教训，大胆突破传统理论观点的束缚，逐步提出和丰富了社会主义市场经济理论。经过几十年的努力，我国社会主义市场经济体制的改革目前已由建立阶段进入完善阶段，我国数字出版主体正是在这一逐步完善的社会主义市场经济体制下运营。数字出版主体按照其经营范围可以分为纯数字出版机构，例如阅文集团、中国知网等，以及正在进行和已经完成数字化转型的传统出版机构，例如中国出版集团、高等教育出版集团等。以上两种类型的数字出版机构尽管有着不同的经营范围，但都是在相同的市场经济条件下运作。

2. 鼓励和推动数字出版业发展的财税支持体系

较之战略性产业，数字出版产业的财税支持政策更多是对弱小产业，强调政策为新办企业和小微企业的成长营造良好的发展环境，主要从财政基金投入、税收、人才吸引等多方面共同发力。如上海率先将数字出版作为工商注册的行业准予登记，重庆为数字出版业提供房租先交后返优惠以减轻企业运行成本等。

（1）税收支持政策。税收政策是国家宏观调控资源的重要手段，美国、英国、德国、荷兰、法国都非常重视在经济上扶持数字出版业，给予税收优惠。2008年，原新闻出版总署发布的《国家新闻出版总署办公厅关于认定新闻出版行业高新技术企业有关问题的通知》就指出，"2009年初至2013年底国家将对在文化产业支撑技术等领域内，需要重点扶持的高新技术企业，按减15%的税率征收企业所得税"。2013年12月，财政部、国家税务总局发布《关于延续宣传文化增值税和营业税优惠政策的通知》，自2013年1月1日起至2017年12月31日，对出版物在出版环节执行增值税先征后退50%～100%的政策，并在附件中明确列出适用名单；对印刷、制作业务执行增值税先征后退100%的政策；免

征图书批发、零售环节增值税等。2018年6月,将这一政策延续至2020年12月31日;2021年3月,再次延续至2023年12月31日。这在很大程度上促进了我国数字出版高新技术企业的发展。

(2)政府资助政策。除了通过税收政策支持和鼓励数字出版业的发展,政府资助与财政补贴也是数字出版产业得以蓬勃发展的重要原因之一。近年来,我国每年都列出专项资金支持传统出版企业的数字化转型以及数字出版新技术的研发。2014年原国家新闻出版广电总局、财政部发布《关于推动新闻出版业数字化转型升级的指导意见》(下称《意见》)。《意见》明确表示,加大财政对新闻出版业数字化转型升级的支持力度,将新闻出版业数字化转型升级项目作为重大项目纳入中央文化产业发展专项资金扶持范围,分步实施、逐年推进。《意见》还要求加强数字出版人才队伍建设。同时,支持出版企业申报数字出版行业标准、国家标准乃至国际标准。我国建立数字出版业专项资金制度支持传统出版企业的数字化转型,这在很大程度上促进了我国数字出版高新技术企业的发展。

3. 规范而宽松的融资制度环境

资本是企业发展的重要资源,资本实力特别是可控资金数量在新闻出版企业的生存发展中往往起着举足轻重的作用。从国外大型新闻出版集团的发展历程来看,其无一不是通过运用多种融资方式获取企业的营运资金,实现了跨越式发展。数字出版业虽然不是典型的资本密集型产业,但是规模化的数字出版企业和重大数字出版项目对资本的需求量仍然很大。因此,充足的金融资本、开放的融资政策以及畅通的融资渠道是数字出版机构扩大再生产的有效保证。

2009年3月,原新闻出版总署出台了《关于进一步推进新闻出版体制改革的指导意见》,把开辟融资渠道问题作为一项重点工作进行了部署。其后,总署在推动跨媒体、跨地区、跨行业、跨所有制的战略重组的同时,积极开辟融资渠道,支持条件成熟的出版传媒企业,特别是跨地区的出版传媒企业上市融资。在国家政策允许的条件下,积极引导新闻出版企业采取内部融资、业内融资、业外融资、发行企业债券、引进外资、上市融资等方式进行融资。在企业资金渠道进一步放开的同时,财政和出版有关部门应根据实际情况出台相应的管理措施,对数字出版企业的融资行为加以规范和管理。

明晰的产权制度是数字出版产业规范而宽松的融资制度建立的基础。产权表现为人与物之间的归属关系,从更深层次的角度来看,这种人与物之间的归属关系其实体现的是人与人之间的分配关系。产权制度正是用于协调和规范人们之间的行动和如何分配物权的问题,明晰的产权制度是规范分配行为和格局的重要基础。融资制度正是以规范化的分配行为和规则为基础的,因此,明晰的产权制度也是数字出版产业规范的融资制度建立的基础。数字出版企业与其他行业一样,实行的是公司化管理,产权归个人或机构所有,因此,其融资行为完全可以依据自身及行业的实际情况而定,政府仅需制定健全的金融法律法规实施监管,这就为构建宽松的融资环境建立了基础。

完善的社会主义市场经济制度是数字出版业形成宽松的融资环境的市场基础。社会主义市场经济制度较为完善,拥有发达健全的资本市场、控制权市场、经理人市场,再加上功能齐全的各类金融机构,使数字出版业融资渠道多、融资效率高。因此,数字出版机构可以多渠道、高效率地募集资金。尤其是党的十八大以来,出版发行上市公司阵容持续壮大,经济效益整体提升,主业核心地位更趋稳固。截至 2021 年 12 月 31 日,内地共有出版发行上市公司 28 家,其中 2006—2011 年上市 12 家,2015—2021 年上市 16 家。16 家上市公司中,出版公司 9 家,报业公司 1 家,发行公司 6 家;直接上市 14 家,借壳上市 2 家。而 2012 年以前上市的 12 家公司中,有 6 家是通过借壳方式进入资本市场,2016 年以后上市的 13 家公司则全部直接上市。这说明在政府的大力扶持下,出版发行企业自身实力与竞争力明显提升。按我国四大经济区域划分,28 家上市公司中,东部地区占一半以上(16 家),中部地区 7 家,西部地区 3 家,东北地区 2 家;按公司所在地划分,北京、浙江、山东和广东各有 3 家,占整体比重的 42.9%。民营数字出版企业也积极进行融资。例如民营出版商"新经典文化"的"私有云"平台建设项目,项目总投资需要 10 亿~15 亿元,项目刚一建立,就迅速获得国际风险投资巨头红杉资本 1.5 亿元的投资。北京中文在线数字出版股份有限公司也已经正式挂牌上市,成为"国内数字出版第一股"。

4. 积极推动出版业融合发展的政策

2014 年 8 月,中央全面深化改革领导小组第四次会议审议通过了《关于推动传统媒体与新兴媒体融合发展的指导意见》;2015 年 3 月,原国家新闻出版广电总局、财政部联合发布《关于推动传统出版与新兴出版融合发展的指导意见》,推动了出版业转型升级与融合发展。2020 年 9 月,中共中央办公厅、国务院办公厅印发《关于加快推进媒体深度融合发展的意见》;2022 年 4 月,中宣部印发《关于推动出版深度融合发展的实施意见》,大力促进了新时代出版融合向纵深发展。

二、技术发展与内容生产模式的演进

1. 数字出版技术变迁

出版业虽然不是纯技术驱动型行业，但是不容否认，相关技术的进步对促进出版业的发展和产业提升功不可没。回顾出版业的发展历史，造纸术的发明为出版业的形成提供了重要的物质基础；印刷术，尤其是古登堡的活字印刷术的出现为出版产业的形成奠定了基础。对于现代出版业而言，以计算机技术和网络技术为基础的数字出版技术更是推动出版业发生重大变革，其不仅改进了出版产品的媒介形态，而且改变了出版产品的发行方式，推动了出版业的数字化和国际化发展。目前，数字出版技术是对现代出版业影响最为深远的技术。

（1）新科技革命与出版业技术创新。

发端于20世纪中叶的第三次科技革命，比以往任何一次科技革命都来得更加深刻、广泛，它对社会生产力的发展及人类社会的进步起着至关重要的推动作用。在这种背景下，只有以最先进的技术手段武装起来的传媒才能在激烈的竞争中取胜。进入21世纪以来，新闻出版、广播电影电视等传统大众传媒借助数字化传媒技术和网络平台，实现了传媒产业的大汇流，从单一载体传播到互联网时代的多媒体融合，使性质各不相同的信息纳入同一平台，包括文字图表、照片、声音、动画、影像、数据等，同时也使传统出版和影视业获取了参与新一轮市场竞争的技术支撑。

在这股科技浪潮中，我国出版技术也经历了一个跨越式的发展过程。在编辑环节，计算机技术在编辑出版中的广泛应用以及光纤通信技术的发展，改变了传统编辑的工艺流程。采编系统普遍应用数字化技术，对编辑过程中的各种信息进行加工、记录、再现，编辑的手工操作模式已变成计算机控制的信息处理。这种编辑模式，是一个系统的、整体的、通过符号编码进行操作的暗箱处理模式。编辑可通过计算机对作者提供的稿本进行审读，并利用计算机各种数据库提供的资料对稿件进行定性评估，确定稿件的文化、商业和学术价值，避免以往编辑由于专业的局限和视野的狭窄而带来的主观随意性。编辑可以根据自己的意图，在计算机屏幕上完成版式加工。异地组稿、校稿等事宜不必再用传统的书信邮件或出差开会等方式交流和传导，可方便快捷地在网络上完成。这种高度自动化的手段可以大大提高编辑的工作效率，使编辑得以从以往繁重的事务性劳动中解放出来，集中精力和时间进行创造性劳动。

在采编环节，除了编辑自动化技术以外，编辑一体化技术的使用也极大地促进了出版生产率的提高，该技术有助于出版社缩短出版周期，降低成本，提高出版物质量。采编一体化方案实现了印刷传媒信息的采集、编排、发送，一直到最后的输出统一管理；进而，从幕后的人事行政管理到第一线的采写、编排再到发行服务，也被纳入全面的网络管理系统。基于网络综合处理系统的全面应用，进一步推动了印刷媒体的全数字化出版和跨媒体出版。

（2）技术发展与出版新机会。

进入21世纪后，数字技术的发展更加迅猛，并进入了全新的应用阶段。数字技术的渗透使传统纸介质出版物编印发流程和出版企业经营管理均可在数字平台上进行，对于出版传播的发展具有划时代的意义。然而，数字技术对于出版更具有决定意义的影响在于出版产品的数字化，即促使了真正意义上的数字出版形态的产生，从而使人类出版完全跨入数字化时代。数字出版形态是随着数字技术的发展而逐步产生和发展的，先后出现了电子出版、网络出版、移动出版、融媒体出版、混合现实出版等典型形态。近年来，AIGC在出版业的应用又促进了更多的新型数字出版形态的形成。

①融媒体生产技术的普及丰富了数字出版物的形态。

融媒体生产技术包括互动式H5技术、可视化技术、全息投影技术等。这些技术易于学习，在数字出版产品生产中也有广泛应用。其中，交互式H5技术是最重要的融媒体生产技术之一。H5技术可以引入大量的交互元素，如触摸、重力感应、摇一摇等，使用户能以更自然的方式与页面交互；具有优秀的兼容性，可以在各种浏览器和设备上运用；开发周期短，修改方便，可以快速迭代开发，大大提高数字出版产品的开发效率。例如2021年由中国传媒大学电视学院制作并获评了"第六届中国数字出版创新论坛创新案例"的融媒体交互作品《鲜花献英烈》就是采取H5技术编辑完成的。该作品以第一人称的叙事视角，让读者跟随"少先队员"的足迹以沉浸化的方式一起回顾鸦片战争以来中国革命的历史征程。该产品还设置了云上献花环节，读者每向英烈献上一捧鲜花，系统便会自动生成一句习近平总书记关于英雄、英烈的金句，从而实现了传承红色基因、弘扬爱国精神与习近平新时代中国特色社会主义思想学习的深度有机融合。安徽人民出版社向中国共产党成立100周年献礼的重点融媒体出版物《乳娘》采用"传统出版＋融媒体"的形式，向音频、舞台剧等方向延伸，开发出集电子书、有声书、音视频节目于一体的融媒体出版物，用户可在手机等移动端收听、收看。项目以"技"切口反映大主题，以"媒"载体唱响主旋律，以"声"优势

增强感染力,通过多种类型的新媒体手段,将《乳娘》的感人故事更丰富、更形象、更沉浸地传递给受众,提供基于纸书又超越纸书的新阅读体验,实现图书出版价值、影响和社会效益向数字化延伸。可视化技术可以确保数字内容在信息传播阶段依靠融媒体平台达到可视化交互效果。例如有一些融媒体历史电子书将历史事件或故事内容转化为连环画的形式,从而实现了信息的趣味性传播。

②VR、AR、MR、XR是出版数字化转型升级的重要路径和方向之一。

VR、AR、MR、XR技术不仅能提供新的内容呈现与交互方式,更能带来新的知识体验和盈利模式,拓宽产业边界,给出版业带来新的机遇。VR、AR、MR、XR是一种带有全息化特征的数字新兴技术,能够在信息接收层面实现全息化阅读,由此驱动全息出版理念与实践的发展。目前,基于该技术的全息出版虽然远未普及,但是已经出现了大量优秀的代表性案例,比如国外《纽约时报》《东京新闻》等推出的 AR 新闻或 AR 报纸,我国浙江少年儿童出版社的《孩子的科学》、长江文艺出版社的《侏罗纪世界》等 AR 图书均引发了业界关注。VR、AR、MR、XR出版产品具有丰富的交互性与沉浸感,可以给用户带来良好的交互体验。

③人工智能技术赋能出版业深度变革。

自 2016 年开始,人工智能技术逐渐得到社会公众的关注,越来越多的行业开始尝试运用人工智能驱动行业转型发展,出版行业也不例外。在内容生产环节,人工智能不仅能够协助作家进行资料分析、用户研究和创作,甚至可以进行自动化的机器创作。在内容营销和销售环节,以英科特(Inkitt)和布克斯比(Booxby)为代表的出版数据分析平台正在努力将出版决策权从编辑经验让渡给算法。在内容消费环节,人工智能技术正在推动个性化阅读成为现实,未来不仅是"一千个人眼中有一千个哈姆雷特",而且是"一千个人可以看到一千个不同的哈姆雷特"。

人工智能的应用已是大势所趋,我们不能因循守旧,拒绝人工智能在出版业的应用。但是也不能抛弃出版的专业性、文化性和创造性,在拥抱人工智能的过程中,要努力实现技术和文化的平衡。

2. 内容生产模式的演进

互联网内容生产模式经历了专业生产内容(professional generated content,PGC)、用户生产内容(user generated content,UGC)、人工智能生产内容(AIGC)三种模式的演进。

(1) PGC。PGC 为专业生产内容模式,是指以 PC 为代表的 Web1.0 时代的内容生产模式。PGC 依赖静态和动态 HTML 网页技术，生成内容的主体是经过专业训练的专业人士，所生成的内容及传播渠道均具有专业化特点，用户与内容是无交互的单向度被动参与关系。在 PGC 时代，内容的创作和产出主要由专业的从业者完成。他们通过深厚的知识储备和专业技能，为读者提供高质量的内容。

从用户权利的角度来看，低阶的"信息获取权"是这一阶段最鲜明的特点。这一阶段用户权利的核心逻辑是"可消费、可生产"。"可消费"是通过信息获取权实现的，用户通过门户网站或搜索引擎获取信息的便捷度、易得度、速度大大提升，获取信息的成本降至最低，Web1.0 阶段，受众第一次感受到信息过载。"可生产"是通过信息的表达、展示与传播实现的，具有鲜明社交化属性的博客是这一阶段受众展示、表达自己的窗口，也是受众"生产"信息的路径。但值得注意的是，这一阶段的用户生产内容的门槛相对较高，专业技能和经验的积累需要较长时间。除此以外，PGC 模式的内容生产速度相对较慢，无法满足用户对实时信息的需求。最后，PGC 模式下内容的个性化定制程度较低，无法满足用户多样化的需求。

（2）UGC。随着互联网的普及和社交媒体的大量出现，UGC 模式兴起。UGC 为用户生成内容模式，是指以社交媒体为代表的 Web2.0 时代的内容生产模式。该模式集内容生成、内容接收、内容发布的主体为一体，特点是具有高度中心化。算法推荐是这一时期的标志性特征，用户与内容是相互交织、相交相融的关系。从用户权利的角度来看，一部分高阶的"经济权"在 Web2.0 时代开始显现。

UGC 模式允许任何人成为内容创作者，通过分享自己的观点、经验和知识，为其他用户提供有价值的内容。UGC 模式的兴起极大地降低了内容创作的门槛，使更多的人参与到内容生产中来。此外，UGC 模式也更加符合用户的个性化需求，因为内容的创作和产出是由用户自己决定的。当然，这种模式也存在一些问题。首先，由于信息泛滥，UGC 内容的质量无法得到有效保证。其次，UGC 模式下缺乏专业的审核机制，容易出现虚假信息、恶意攻击等问题。最后，UGC 模式下的内容生产也面临着版权、隐私等法律问题。

（3）AIGC。人工智能（artificial intelligence，AI）是计算机学科的一个重要分支。这个名词最早是由麦卡锡（McCarthy）于 1956 年在达特摩斯（Dartmouth）学会上正式提出，是研究、开发用于模拟、延伸和扩展人的智能的理论、方法、技术及应用系统的一门新的技术科学。AIGC 模式主要指利用人工智能技术，通

过机器学习和自然语言处理等算法,自动生成高质量、个性化的内容。AIGC 模式的出现,既保持了 PGC 模式的专业性和质量,又解决了 UGC 模式下的内容质量问题。同时,AIGC 模式还可以根据用户的个性化需求,自动生成符合用户喜好的内容,提供更好的用户体验。

当然,AIGC 模式也面临一些挑战。首先,人工智能技术的应用还存在一定的局限性,无法完全替代人类创作者的创造力和情感表达能力。其次,AIGC 模式下的内容创作仍然需要人类的参与,人工智能只是辅助工具。最后,AIGC 模式的应用也需要考虑伦理和法律等方面的问题,保证内容的合法性和道德性。

三、读者阅读需求和内容消费行为变化及影响

自 20 世纪末以来,数字出版领域的投资源源不断,因此数字出版产品的需求量也日益扩大,总的来说,数字出版产品的市场需求比较旺盛。但是,数字出版市场的阅读需求并未充分转化为消费需求,数字出版消费市场的疲软也给数字出版机构的发展带来了一些挑战。

1. 阅读的转向与泛化

历史上,甲骨被竹简替代,结果装订成册的经典著作得以珍藏;而随着竹简被纸张取代,大批印刷书籍开始填充家庭书架和图书馆。同样,电子纸张及其衍生物电子图书,也宣告了另一划时代的阅读革命的到来。毫无疑问,未来社会的人们会更多地使用"电子纸张"阅读,数字阅读势不可当。中国新闻出版研究院发布的第十四次全国国民阅读调查显示,2016 年我国成年国民数字化阅读率(网络在线阅读、手机阅读、电子阅读器阅读、Pad 阅读等)已经达到了 68.2%,较 2015 年上升了 4.2 个百分点。美国皮尤研究中心(Pew Research Center)于 2016 年底发布的美国成人阅读调查也揭示了同样的趋势,同时,其还揭示出,因为技术的发展,数字阅读的终端设备还发生了巨大变化,当美国人阅读电子书时,其越来越多地使用智能手机和平板电脑等多用途设备,而不是专用的电子阅读器。在这样的形势下,阅读领域再度发生翻天覆地的变化。书写文字转变为实时的、互动的、开放式的文本,以往被动的读者可能成为主动的读者,参与故事情节的设计和结局的安排,"我们没有了媒介意识,既看不到文字,也看不到胶片,只感知故事本身的力量"。这使阅读的形式和功能向一个全新乃至全然陌生的领域拓展,推动了阅读概念的泛化,需要重新定义"读"这一概念。阅读,不仅包括传统的独自一人集中注意力沉默地阅读印刷文学文本,还包括全息文

本、动画文本、超文本、互动文本等其他无法想象的文本形态的视觉加工处理和再创造。"阅读"概念的泛化也对传统的阅读推广形成了挑战，阅读推广的内容、目标也相应扩大和调整。

2. 读者付费数字阅读的意愿得到提高

2014年当当电子书下载册数（含云书架）接近6000万册，占据图书销量的20%，比2013年高10%，月活跃用户增长400%。2016年当当电子书呈爆发式增长，下载量超1亿册，同时用户总量同比增长55%。国民对数字阅读的选择有纸电同阅趋势。据当当《2016年国民图书阅读报告》，64%的读者选择看电子书，50%的纸书阅读者不排斥同时阅读电子书。与纸书不同，电子书用户更钟爱阅读小说、社科和经管励志图书。据网易云阅读发布的《2014年移动阅读报告》，高付费用户占网上付费阅读总付费用户的8.9%，贡献了70%的收入。掌阅公司靠正版内容已经可以实现盈亏平衡，因为"用户的付费意愿在大大增加，愿意付费的用户所增加的比例远超过行业整体的发展速度"，而且年龄越大的人越愿意为移动阅读产品付费。不过，数字阅读市场发展的最大瓶颈仍是盗版内容的存在以及用户付费习惯尚未完全养成。迄今，移动阅读的网民中总体付费阅读的比例仍然相对较低。"网上那么多免费阅读的书还看不过来呢，花钱买电子书？暂时不考虑。"仍然是很多读者的真实想法。

3. 读者面临新的信息困境

在信息社会，信息成为某种生产资料，获取信息成为一种竞争力。人们一方面比过去更加需要打破知识鸿沟，获取真正需要的有价值的信息；另一方面，又无处不感到信息带来的压力。

在社会竞争中，有价值的信息往往是稀缺的。在历史上的大多时期，信息生产者不够多，只有少数识字的精英阶层才有能力与时间生产信息并且消费信息。与此同时，通信方式的落后使得信息的传播速度极为缓慢，社会识字率低则意味着大量信息只能通过传播速度较慢的口语传播。大众媒体的兴起逐渐将人类卷入信息洪流当中，大众传媒组织成为实际的"把关人"，由他们对信息进行取舍，决定哪些内容最后能与受众见面，"把关人"起着决定继续或中止信息传递的作用，是信息有序化生产和传播的重要力量，但是与此同时也削弱了受众的思考能力，限制了受众对其他文化的选择。在网络化信息环境中，随着新信息、知识和技术的不断增长，信息过载日益成为一个备受关注的社会问题。人们每天都会接收到海量的信息，这些信息涵盖了各种各样的主题和形式，其数量、速度和复杂性已经超出人类认知能力的极限，人们面临着信息过载和注意力分散等认知挑

战,需要有序化的信息。而在使信息有序化的过程中,以信息、内容为处理对象的个人、组织和机构仍将发挥不可替代的作用。出版企业作为其中重要的一环,也将一直在其中扮演重要角色。出版企业在长期的历史发展过程中,发展出了选择、编辑加工、质量控制等一整套可以向读者传播高度组织化和可信内容的方法和活动。这些活动既满足了用户的信息需求,也使一些地方、民族、国家的文化、规范和价值得以形成并延续。未来,数字出版企业仍将履行这一职责。因此,读者面临的新的信息困境既给数字出版企业带来了挑战,使数字出版产品的传播面临更复杂的竞争环境,也给数字出版企业带来了新的发展机遇,因为人们对高质量的信息的需求比过去更为主动,也更为强烈。

第二节 数字出版发展历史

一、国外数字出版发展历史

数字出版产业始于西方发达国家。其中,欧美国家的数字出版产业是世界上起步最早的,从早期的电子期刊到电子书、电子数据库、电子报纸、网络出版物等等,这些新的出版物和出版形式大多数都发源于欧美国家。因此,要追寻数字出版的发展历程,首先要对国外数字出版发展历史进行梳理。

国外数字出版的发展主要分为以下几个阶段。

1. 萌芽时期(20世纪50—70年代)

数字出版的萌芽,最早可以追溯到1951年美国麻省理工学院的 P. R. Bagley 对利用计算机检索代码做文摘进行的可行性研究。这一研究和尝试促成了"电子出版物雏形"的诞生,如前面所提到的1959年美国匹兹堡大学卫生法律中心建立的全文法律信息检索系统,1961年美国化学文摘服务社用计算机编制的《化学题录》等。《化学题录》电子版是世界上最早的电子出版物,奠定了美国数字出版的早期基础。1966年,法律数据公司律商联讯 LexisNexis 创办,于1971年正式发布重要的医学信息参考服务系统 Medline。在萌芽时期,数字出版物多以计算机印制印刷型(为辅)和电子与印刷型形式同时存在(并行)这两种形式为主。

在数字出版的萌芽时期,古登堡计划的出现对促进数字出版的发展产生了巨大影响。古登堡计划最初是在1971年7月由伊利诺大学英文教授迈克·哈特发

第三章　数字出版发展环境与历程

起的。迈克·哈特首先将《美国独立宣言》全文录入计算机，并试着传送给 ARPANet 网络上的每一个人，这就是古登堡计划的第一份电子文件。之后，其又陆续将美国的一些法律文件——传上网，提供给网上工作者自行下载。迈克·哈特将此行动命名为古登堡计划，一方面，以此来纪念通过推广使用活字印刷术推动了印刷机革命的约翰内斯·古登堡；另一方面，也表明这一计划与古登堡活字印刷的发明一样，对人类的知识传播有革命性的意义。古登堡计划是世界上第一个数字图书馆，所有书籍都是由志愿者完成输入，并将其文本化的。古登堡计划中的大部分电子书籍都依照美国的版权法律，在公有领域发布。每本电子书中包括了法律措辞，只要使用了古登堡工程的商标，对书籍本身设限极少（例如修改后再发布，或者商业用途）。但如果没有使用商标，公有领域的书籍就可以不受限地再利用。古登堡计划也发布了一些受版权保护的书籍，根据版权所有者的说明，就有进一步的限制。最初的书籍都是英文的，到 2018 年已经有超过 25 种语言的书籍，主要包括英语、荷兰语、法语、意大利语和葡萄牙语等。与其他数字图书馆的项目不同，古登堡计划不会在其出版物上声明新的版权，从而鼓励自由再加工、再发布。截至 2018 年 3 月 5 日，古登堡计划共免费提供 56 000 多种电子图书，Kindle 电子书商店提供大部分古登堡计划图书的免费下载服务。

在这一时期，由于计算机技术的迅速发展，数据存储容量的扩大和磁盘机的应用为建立大型的文献数据库创造了条件。例如前面提到过的美国 OCLC 的 WorldCat 联合目录数据库的前身 OCLC online union catalog 就是在 1971 年建立的。OCLC、美国国会图书馆（LC）的机读目录著录标准和北美四个公用设施（North American Utilities，包括 OCLC、RLIN、WLN 和 ULTAS）等成为联机公共检索目录（online public access catalog，OPAC）产生的基础。早期的 OPAC 是一种磁介质书目数据库。OPAC 创立于 20 世纪 70 年代。当时，一些美国大学和公共图书馆在研究基金的资助下，开始研制联机编目系统。项目采用非营利性模式，主要为图书馆工作人员服务。首批采用 OPAC 的图书馆是加拿大的 Guelph 大学图书馆（1976）和 Waterloo 大学图书馆（1977）。早期 OPAC 延续传统图书馆卡片目录构建思路，提供与卡片目录相同的记录内容、记录格式及检索点。发展至今，OPAC 经历了从中心化、分布式到定制化系统三代产品的发展演化过程，OPAC 所提供的信息已经从电子目录扩展到统计资料、图像、音像和全文信息，服务对象也从单一的图书馆读者扩展到各类网络用户，形成面向所有用户的分散式信息管理系统。除了这两个重要的大型数据库外，美国的 DIALOG 系统、ORBIT 系统（书目情报分析联机检索系统）、BRS 系统（存贮和信息检索系统）

以及欧洲的 ESA – IRS 系统（欧洲航天局信息检索系统）等都是在此时期开始研制并逐步发展起来的，并且均在国内或组织范围内得到实际应用。

这一时期，关于数字出版的尝试主要集中在科技出版方面，尝试的主体也以图书情报机构为主，多为非营利性质。

2. 初步发展期（20世纪80—90年代初）

20世纪80—90年代初，国外数字出版获得了初步的发展。首先是在20世纪80年代早期，出现了几种科技期刊的全文在线版本（例如《内科医学年刊》和《新英格兰医学期刊》等），这些数字出版物的出现都远远早于万维网的问世。1982年创立于美国得克萨斯州的《沃斯堡明星电讯报》诞生，是世界上第一份网络报纸。1991年9月美国科学促进会（AAAS）和OCLC共同开发了世界上第一份联网杂志——《最新临床实践联机杂志》。1991年8月，物理学家保罗·金斯帕（Paul Ginsparg）在美国洛斯阿拉莫斯（Los Alamos）国家实验室建立了arXiv电子印本仓储（arXiv e-print archiving），目的在于促进科研成果的交流与共享，帮助科研人员追踪本学科最新研究进展，避免重复研究。这是世界上第一个电子印本仓储，也是世界上第一个开放存取项目，其为全球的物理学家和数学家提供了重要的研究信息平台。在这一时期，图书情报机构不再是数字出版的主角，商业出版机构也纷纷加入，与其平分秋色。例如1991年，爱思唯尔出版公司与几家主要大学合作进行了名为"大学认证项目"（the university licensing program，TULIP）的实验。这是一个合作研究项目，旨在测试用户桌面的期刊网络发行和使用系统。斯普林格出版社、贝尔实验室和旧金山大学也在1992年发起了名为"Red Sage Project"的研究项目，旨在长期合作，以了解和研究科学、技术和医学信息在电子、网络发行环境下的技术、法律、商业、经济和社会问题。当然，在这个时期，商业出版机构虽然陆续加入到数字出版大潮中，但并未真正认识到数字出版已经成为未来出版业发展的必然趋势，还将电子出版视为一个不得已而为之的沉重负担。

3. 快速发展期（20世纪90年代中期—21世纪初）

随着因特网的迅速发展，网络型数字出版物开始逐步增加。首先，仍然是科技期刊业率先向数字出版转移。国外大型科技出版集团纷纷调整战略，不再将电子期刊视为印刷期刊的附庸，而是以电子期刊为主要产品、印刷期刊为附带销售商品。甚至很多期刊开始取消印刷版，只发行电子版本。尽管围绕电子版权出现了大量的争端，图书业也纷纷开始了数字出版革命。20世纪90年代中晚期以前，以软磁盘和光盘为载体的电子图书占据了主流地位。始创于1992年的莫比斯国

第三章 数字出版发展环境与历程

际多媒体光盘大奖赛从侧面见证了该类型电子图书由兴盛而逐渐回落的发展历程。20世纪末，电子图书与火箭书等新名词联系在了一起，提起e-book，大家想到的是外观像书一样的手持式阅读器。在这一时期，专门的电子书手持式阅读器也如雨后春笋在国外纷纷涌现，如1998年出现的软书（softbook）和火箭书（Rocket-Book），1999年出现的玻璃书（Glassbook）、2000年出现的微软阅读器（MSReader）等。报业虽然反应稍微慢一些，但是到20世纪90年代中期以后，从小型的地区性周刊到大型的日报，都在试图通过大型商业性质的机构进行联机或通过因特网提供电子报刊服务。北卡罗那州的《罗利新闻与观察家报》于1994年实现计算机联网。美国有数百家报社推出了电子版报纸，如《纽约日报》（1994年6月）、《洛杉矶时报》《华盛顿邮报》等著名大报。

二、我国数字出版发展历史

我国的数字出版起步相对较晚，其发展历史可以分为两个阶段。

1. 初步发展阶段（20世纪80年代初—90年代中期）

尽管1981年，国家中医药管理局科技情报所就成功开发我国第一个中文在线数据库——中国药学文献数据库，这也可以认为是我国第一个数字出版产品，但是，早期我国数字出版的发展仍然是以封装型电子出版物为主。20世纪80年代中期，一些拥有计算机技术和设备的单位自发开展数字出版业务。其中，大学出版社由于对科技发展的敏感性和强烈的技术创新意识，对我国数字出版特别是早期电子出版的探索发挥了重要的作用。其中，最早开展电子出版业务的是华东地区和华北地区，如1986年，上海交通大学出版社出版了《计量经济分析软件包》；1988年，清华大学出版社、北京大学出版社也出版了一批教学软件。接着，武汉的华中理工大学出版社和武汉大学出版社、成都的成都科大出版社也开展了电子出版业务。1991年以后，我国电子出版物品种开始猛增，且内容分布更加广泛。

我国的电子期刊是从20世纪90年代初起步的。中文封装型文摘版电子期刊的代表《中文科技期刊CD-ROM光盘库》于1992年在国内率先发行，之后逐步开发出全文型电子杂志，如《大恒电脑光盘杂志》（1995年7月）、《中国学术期刊》（1996年1月）等。同时，一些期刊社还推出网络型电子期刊。如在中国内地出现的第一份网络型电子期刊《神州学人》创刊于1995年1月，由中国国家教育委员会主办，通过中国教育与研究网（CERNET）向全球发行，主要是为

出国留学人员服务。

我国报业的数字化起步于20世纪90年代中期。1993年12月6日,地方报纸《杭州日报·下午版》通过该市的联机服务网络——展望咨询网传送电子版。1994年5月《中国日报》开通了电子版,成为我国第一家全国性电子报纸,当时我国还没有接入互联网,但国内外的读者拨通长途电话,便可以在计算机屏幕上读到报纸内容。1995年7月,由美国报业传播机构总社创刊出版,以美国新闻、国际新闻、中国大陆新闻及台湾地区新闻为主要内容的《环球电子日报》被认为是因特网网上第一份中文电子报。1995年10月,中国首家汉语双语、全国性电子日报《中国贸易报·电子版》(文摘型)创刊,同时在图文电视、因特网及E-mail上发行。《计算机世界》《国际电子刊》分别于1995年11月和1996年8月推出电子版报纸并接入因特网提供在线服务。

20世纪90年代中期,数字出版相关法律法规也开始出台。1994年12月,原新闻出版总署向各省、自治区、直辖市新闻出版局下发了《关于加强电子出版物管理的通知》(新出音〔1994〕1048号),于1995年初对全国电子出版单位清查、登记、申办情况做了大量的调查研究。

2. 快速发展阶段(20世纪90年代中期—21世纪初)

20世纪90年代中期以后,我国数字出版产业进入快速发展阶段。这一阶段数字出版的发展以网络出版为主流。其中,电子图书的快速发展离不开原创文学网站的兴起和发展。国内的原创文学网站大致是在1997年后出现的,网易等公司提供的免费空间为初期书站的发展提供了物质基础。1998年,"文学城""黄金书屋""书路"等文学网站纷纷创办。在21世纪初,原创文学网站初步洗牌,很多著名的原创文学网站例如"幻剑书盟"等都是在此时建立的。除了原创电子图书,很多出版社也纷纷将自己的印刷出版物制作成网络版,并通过网络发行。例如1999年10月,《中国经济发展五十年大事记》制作了网络版,首创了国内具有正式版权的网络电子图书,并在"人民时空"网站第一次成功地通过互联网进行售卖。网上书店也是在这一时期兴起的。1996年,杭州新华书店创办我国第一家网上书店,其后,当当网、卓越网等著名网上书店纷纷成立。

我国网络期刊的快速发展始于20世纪90年代后期。其中,中国期刊网1999年6月开通,包含数千种核心和专业特色期刊的上千万条引文文献和几百万条题录摘要信息,是一个完全实用化的、与光盘局域网构成一体的信息服务系统。网络报纸的发展相对较晚,很多传统报纸都是在20世纪90年代后期21世纪初期发布网络版。其中,国内的网络型电子报大致有四种模式。一是在因特网上有独立的域名，其网络版内容是纸质媒体的翻版或者差别不大，如《羊城晚报》《南方日报》《科技日报》等。二是在因特网上有独立的网站，但其内容远远多于纸质报纸。这种模式是目前的主流，如国内信息量最大、更新速度最快的网络报纸是《人民日报》。三是建立跨地区行业的综合信息平台。四是多家媒体组成一个信息网络，如网络上的福建新闻中心就由《福建工商报》和东南电视台等多家媒体组成。

第三节 数字出版发展现状

一、国外数字出版发展现状

1. 国际大型出版集团积极推进数字出版进程

欧美国家的出版集团无一例外地均高度重视数字技术的运用，对网络化生存保持高度的敏感，通过各种方式积极地推进数字出版的进程。

首先，这些出版集团不仅仍然保持着传统出版业务，还利用网络营销手段积极推动传统出版的发展，实现纸质图书市场的扩容。例如企鹅集团、爱思唯尔集团、培生教育集团（Pearson）等均一改对谷歌图书扫描项目的抵触态度（2004年，当谷歌图书扫描项目启动时，谷歌和斯坦福大学、哈佛大学、牛津大学以及密歇根大学4家大学图书馆以及纽约公共图书馆签署了合作协议，并预计将花费6年时间对1000万册图书进行扫描以及编目。但是项目启动后不久，麦格劳·希尔（McGraw-Hill）、威利等出版集团就将谷歌告上法庭，要求法庭发布限制令，禁止谷歌继续扫描受到版权保护的图书。同时，代表作家利益的美国作家协会也对谷歌公司提出了诉讼。他们认为，谷歌公司在未经版权持有者允许的情况下，对其出版的图书内容进行扫描并将其中部分内容免费提供给网友，严重侵犯了作者和出版商的利益。2008年10月，作者和出版商就版权问题共同起诉谷歌的两起官司已经和解。如今，已有2万多家出版商与谷歌签约，允许谷歌扫描它们出版的图书全文），纷纷加入谷歌图书搜索计划，借助该计划提高其传统图书的销量。事实证明，这一发展战略是切实有效的，爱思唯尔集团2009—2013年的年度财务报表都提到，加入这一搜索计划使其学术图书销量增长了20%以上。

其次，这些出版集团积极推进传统出版产品向数字出版产品的转移。例如哈珀·柯林斯出版集团（Harper Collins General Books Group）是全球最早进行数字化转型的大众图书出版公司，2005年就启动了创建图书数字仓库的工作。在美国"自助出版"热潮涌现的时候，企鹅集团也迅速增加了自助出版业务。教育出版集团的先锋——培生教育集团更是早早推进教育出版的数字化转型，其不是简单地把纸质图书的内容做成电子版，而是将重点放在内容优化方面，将传统的内容与先进的技术相结合，来进行数据库管理和课程设计。科技出版集团是将传统出版产品向数字出版产品转移的先行者。少数大型科技出版集团已经完成了从传统出版机构向信息服务提供商的转型，例如汤姆森集团就是由传统科技出版机构向信息提供商转移的成功案例。汤森路透公司（Thomson Reuters Corporation）于20世纪末就制定了积极应用信息技术，为金融、法律、教育、医疗、科技等领域的研究人员和从业人员提供综合信息、服务和解决方案的发展战略。经过几年的发展，电子产品在其收益中的比例不断增长，2001年电子产品的收益占总收益的69%，2007年已经增长到了82%，其商业子部门汤姆森科技信息集团以电子解决方案为主要产品。

最后，这些出版集团还无一例外地建立了自己的大型图书数据库和网络销售平台，并利用亚马逊、KOBO、巴诺等著名数字图书销售平台销售电子书籍。

2. 合作型数字出版产业链初步形成

和我国一样，国外数字出版在发展之初同样遭遇过内容提供商和技术提供商对数字出版主导权的争夺。其后，内容提供商开始放弃或减少在终端阅读设备和数字出版平台这两方面的投入，牢牢地抓住内容这一核心资源；技术提供商则逐渐放弃对内容资源的争夺，转而集中精力开发数字出版平台和终端阅读设备。二者一改剑拔弩张的纯竞争关系，转而加强合作，初步形成了合作型数字出版产业链，共同促进数字出版产业的繁荣。例如前面提到的国外出版机构从一开始反对谷歌图书扫描项目，转而积极加入这一项目，利用谷歌的搜索平台促进传统图书销量，并与谷歌共享广告收益。苹果也是通过与内容提供商建立合作型数字出版产业链而获得巨大成功的典型案例。为了吸引更多内容提供商的加入，苹果采用开放的苹果商店来平衡与内容提供商的关系，一方面，为内容提供商销售其内容商品提供了新的平台，另一方面，苹果通过销售以及共享第三方内容提供商的内容产品也扩大了其主要产品 iPhone、iPad 的销量。

3. 缔造了新型数字出版商业模式

尽管大量的数字出版项目仍然处于亏损状态，但随着数字内容的不断丰富和传播平台的开发，除了由传统出版商主导定价和分成的代理制销售模式、微支付

第三章　数字出版发展环境与历程

模式、按需印刷模式外,许多新商业模式正在探索形成中,并取得了巨大成功。谷歌和苹果的收益分享商业模式就是其中的杰出代表。以苹果为例,与传统大多数移动运营商采用的"围墙花园模式"(walled garden model,即运营商在一定程度开放的基础上仍对合作伙伴封闭部分流程,以此保证其主导地位)不同,为了吸引更多内容提供商加入,苹果采用开放的苹果商店来平衡与内容提供商的关系。实践证明,基于收益分享协议的开放的苹果商店模式使苹果在短时间内迅速获得巨大成功。除了技术提供商以外,欧美的内容提供商也在售卖内容的基础上开始进行商业模式变革。例如欧美的科技出版集团纷纷采取"捆绑销售"和"批量交易"相结合的方式降低数字期刊出版成本,最大限度地攫取消费者剩余,增加收益。还有很多内容提供商一改通过向消费者售卖产品以获得收益的商业模式,转而向作者收费,例如"自助出版"和"开放存取"就是这种新型商业模式的典型代表。数字图书发行平台亚马逊也积极建立新型商业模式。2007年底,亚马逊电子阅读器 Kindle 的横空出世,改变了数字出版的市场格局,重新制定了数字出版基本商业模式和运营规则,即"终端+内容"的模式。亚马逊直接向出版商采购数字图书,自行定价,供读者付费下载。为了吸引更多读者购买电子书,亚马逊不惜赔本销售,将电子书价格定为 9.99 美元(美国纸质图书价格一般在 26 美元左右)。亚马逊将传统出版行业的期刊订阅模式移植到数字出版中,推出电子书订阅服务,用户每年只需付年费 79 美元,即可享有免运费等服务,并且可以进入亚马逊的线上图书馆,每月免费阅读一定数量的著作。

4. 逐步向服务行业转型

欧美国家让图书从油墨味十足的工业制造产品,悄悄实现向服务行业的转变。今天美国的出版商不再只关注产品内容,而是更加关注读者的需求,时刻考虑如何更有效地为读者服务。美国在教育出版、科技出版、旅游图书出版等领域,将出版与服务、培训、资讯相结合,在线教育、在线服务风起云涌。如美国培生教育集团,为了做新、做强、做大教育出版,收购了一个远程教育的电子大学网站,利用网络增强学习效果的评估、学习兴趣的跟踪和学习进程的把握,使其教育的功能更加强大。据统计,2007 年培生营业收入约 80 亿美元,其中 11 亿美元来自数字产品和服务。他们在满足读者需求的同时,赚取着巨大的商业利益。

5. 数字出版法律法规逐步健全

数字出版法律法规的完善是数字出版产业良性发展的必要保证。欧美发达国家都非常重视数字出版法律法规的建设,从 20 世纪 70 年代就开始了数字出版法律法规的制定,发展到现在,其数字出版法律法规逐步健全。例如美国数字出版法律制度就经历了很长时间的发展演变,最终形成了如今较为系统、完善的数字出版法律体系。美国的数字出版法律最早可以追溯到美国众议院关于《1976年版权法》的说明,即"表演和展览的设备或程序""包括所有种类的放大声音、形象的设备,所有种类的传输器械,所有类型的电子传送系统,以及其他所有的现在尚未使用甚至尚未发明的技术和系统"。20世纪90年代,美国开始为网络版权的适用提供依据,从《1995年知识产权与国家信息基础设施》白皮书、《1997年在线版权责任限制法》《澄清数字化版权与技术教育法》《1998年千禧年数字版权法》(DMCA)到《2009年数字消费者知情权法》等法案的发展,最终形成了较为系统完善的数字出版法律体系。从21世纪初开始,日本也通过修订旧的出版相关的法律以适应数字出版的发展需要,已经制定了一些新的数字出版相关法律,例如《IT基本法》《知识产权基本法》《文化艺术振兴基本法》等,逐步完善其数字出版相关法律法规。

二、我国数字出版发展现状

我国数字出版产业经过30多年的发展,规模不断扩大,产业链日益完善,数字出版形式也逐步多样化。当前,我国数字出版的发展主要呈现出了以下特点。

1. 传统出版机构加快数字化转型步伐

与20世纪末很多传统出版机构因为数字出版"叫好不叫座"的现状而对其持观望态度不同,21世纪以来,我国的传统出版机构意识到数字出版已经成为出版业的未来发展趋势,纷纷加快了数字化转型的步伐。例如高等教育出版社就提出了"向数字化内容服务业转型"的战略构想,定位于"内容服务商"而非简单的"内容提供商"。2007年4月18日,高等教育出版社内容管理平台上线;2007年8月,综合旗下几十个网站的高教社网站集成服务平台上线;2007年底前,集合多种媒体资源的个性化"网动图书"也正式推出。山东出版集团于2003年开始涉足数字出版和网络出版。安徽出版集团也开始从教育入手,开通了网络教育平台,并且推出其相关内容的手机彩信。陕西出版集团则与国家图书馆签订协议,建立"中国版本图书馆——文化教育音像出版物数据库",并将其打造成为国内权威性和完整性最高的数据库。

2. 数字内容传播渠道不断拓展，由网络传播走向多层次立体化渠道并存

近年来，随着我国"三网融合"进程的加快，数字出版在传统渠道互联网与移动网络的基础上，进一步拓展了数字卫星与有线电视两大网络，使数字出版传播渠道由传统的网络传播走向多层次立体化并存。2011年8月2日，由中国卫星通信集团公司等三家大型国有企业共同出资组建的"直播星数字信息技术有限公司"，更名为"航天数字传媒有限公司"。该公司在上游数字出版物内容的标准化编码与加密、中游卫星广播传输与网络回传信息处理、下游终端用户版权认证应用及运营服务三方面进行技术升级。渠道客户由三方面构成：一是为城市家庭提供高品质音、视频内容传输服务，作为既有渠道的有益补充；二是为渠道资源匮乏的偏远乡村提供传输服务，目前以农家书屋配套建设为主；三是为企业用户提供专属定制化的局域网，最终建成一个覆盖全国城市和乡村、具有自主知识产权创新技术的数字出版物传播新渠道。目前在全国5个区域发展了6000多个家庭用户，在农家书屋完成3000多个试点签约、发展10 000多个企业用户。此外，湖北新闻出版局力推利用有线电视网推广农村电视阅读，当地的长江出版集团将图书内容进行数字化处理，使用相对普及的有线电视网络，探索出一条数字内容传播的新渠道。

3. 技术提供商是数字出版的主体，内容提供商处于从属地位

从21世纪初开始，我国内容提供商与技术提供商就围绕着数字出版主导权展开了激烈的争夺，但截至目前，内容提供商仍然处于弱势地位，技术提供商则显然更为强势。

处于产业链上游的内容提供商似乎应该如印刷出版时代一样，在产业链中占据主导地位。然而，事实刚好相反，近年来，内容提供商在数字出版的实践过程中逐渐失去话语权。和欧美的内容提供商不同，中国内容提供商比较分散，尽管从2000年3月29日中国第一家出版集团——辽宁出版集团成立以来，目前我国已经成立了33家出版集团，在一定程度上实现了出版资源的整合和规模化发展，但是这些出版集团基本上势均力敌，没有一个可以与京东、当当、方正等技术提供商抗衡。目前，我国的内容提供商多是将其内容产品电子版授权第三方进行数字化创作、营销和销售，内容提供商仅仅参与版权输出的环节，通过提取销售分成，获得数字出版收益，而缺席数字出版产品的制作、定价、营销环节，在这种模式下，其在数字出版产业链中将逐渐失去竞争力，沦为环节之一参与者，而技术提供商则牢牢把握着数字出版的主导权。

4. 数字出版泡沫破灭，开始呈现良性发展态势

随着国内外出版行业数字化转型步伐的加快以及资本市场对数字出版产业未来的乐观预见，很多企业都加入到数字出版大潮中来，希望从中分得一杯羹。其中，大多数企业缺乏内容产业的发展基础和经验，这就造成了我国数字出版市场的虚假繁荣，产生了不小的泡沫。其中，在原创文学领域，随着网络阅读的盛行，在2003—2007年间，出现了数百家原创文学网站和读书频道，但最终大多数因为缺乏收益来源而悄然关闭。盛大通过对国内重要原创文学网站的收购，成立了盛大文学，将我国原创文学资源进行了整合，逐渐戳破了这个领域的泡沫。其后，腾讯高价收购了盛大文学，进一步增强了原创文学领域的产业集中度。除了原创文学领域，电子阅读器市场也产生过巨大的泡沫。伴随着亚马逊电子阅读器 Kindle 的成功，2008—2012年期间，在我国，无论是设备商、内容商，还是运营商，都打算进军电子阅读器市场，以求分得一杯羹。其中，2008年才进入电子书阅读器市场，被誉为国内亚马逊 Kindle 的汉王甚至于2010年成功在中小板上市。然而，上市不久，汉王就因为连连亏损而遭受股市重创，2011年不得不将其旗下产品全面降价。然而，降低市场价格谋求的是喘息的机会，内地电子书企业依旧停留在卖硬件的阶段，没有走内容为王的市场策略，因而，措施见效也并不明显。2012年12月7日，汉王科技不得不出售其业务，以1.16亿元出售全资子公司汉王智通给数字政通获得增加损益约8000万元。尽管如今的内地电子书的市场就犹如"美人迟暮"，但是泡沫被戳破后，我国电子书阅读市场也开始走向良性发展的道路。同样，在我国的科技期刊数据库市场也经历了同质化竞争后，重庆维普、万方和中国知网这几家期刊数据库公司也在积极与一些科技期刊出版商签订独家出版协议，实行产品差异化发展战略，走向良性发展道路。

5. 数字出版产业链仍不完善，尚缺乏成功的商业模式

数字内容产品提供商、数字内容服务提供商、终端设备提供商及读者构成了数字出版产业链的主体。我国数字出版业尚没有形成完整的数字出版产业链条。对于内容提供商而言，数字出版的内容资源与载体在某种程度上说是分离的，其通过转让或者租借内容资源，就可以获得一定的利润，还可以节省开发数字出版产品的成本，因此内容提供商缺乏发展数字出版的内在动力，未能真正发挥其位于产业链上端的主导性地位。而对于数字内容服务提供商和终端设备提供商而言，企业之间未能形成合理分工，终端设备提供商和网络运营商纷纷建立自己的数字出版网络平台，甚至将触角伸到内容领域（例如中国移动、中国联通都开发了手机报），试图通吃，未能专注于自己的优势领域。同时，由于数字作品的版

权不能得到有效保护,著作权人的权益得不到保障,网络传播商没有取得有版权的数字作品的合法传播权,广大网民缺乏良好的版权保护意识以及正确的数字消费观等,因此我国数字出版产业链仍不完善,无法进行正常的产业循环,数字出版业难以得到健康发展。

除了产业链尚不完善外,缺乏成功的商业模式也是制约我国数字出版产业发展的重要问题之一。对应于不同的出版物和不同读者,国外分别产生了不同的数字出版商业模式,例如科技出版领域的 B2B(businiess to business)数字图书馆模式和 POD(按需生产或印刷)模式、大众出版领域的收益分享的商业模式、教育出版的在线数字学习模式等。我国目前的数字出版商业模式还在探索之中,连国外最成熟的模式,在我国也没有企业做到成功与持续发展。

6. 数字出版法律法规逐步建立,但仍不够完善

版权保护是数字出版产业发展的关键所在。我国目前数字版权保护法律环境混乱。数字版权在我国主要还是依据《中华人民共和国著作权法》《信息网络传播权保护条例》进行保护,没有专门立法。这些法律虽然为了适应数字出版的发展进行了修订,但是很多规定只是原则性的,对具体保护方式等未进行规定,条款内容简单,缺乏可操作性。例如我国数字授权模式单一,无法满足海量授权的需求。数字出版准入许可制度还未建立,数字出版物权利管理信息立法缺失,传统著作权集体管理制度无法与数字出版准确衔接,以及由于数字出版法律法规分别由不同的管理部门制定,而导致了解释混乱,多头管理的情况。尽管近年来,我国数字出版法律法规逐步建立,但是仍然很不完善,无法满足数字出版发展的需求。

第四节 国内外出版集团数字化转型路径比较

自 2000 年我国第一家出版集团——辽宁出版集团成立后,截至 2014 年,我国已经成立了 33 家出版集团。这些出版集团借助规模、资源和政策的优势,已经成为我国出版企业数字化转型的先行军,其中浙江出版联合集团有限公司、时代出版传媒股份有限公司、海峡出版发行集团、中南出版传媒集团股份有限公司、新华文轩出版传媒股份有限公司等 5 家出版集团更是在 2013 年被原国家新闻出版广电总局列为首批数字出版转型示范单位。当前,我国出版集团数字化转型已经进入关键时期,而国外出版集团数字化转型更是先我们一步,已经进入成

果巩固的阶段。国内外出版集团数字化转型路径既有相似之处，也有很多区别，本节拟对二者的数字化转型道路进行比较，并探讨我国出版集团如何利用自身的优势和特点，建立适合自己的数字化转型道路。

一、国内外出版集团数字化转型的相似之处

国内外出版集团的数字化转型道路有很多相似之处，都以大型数字内容资源库的建设为起点，都为推进数字化转型建立了专门的数字出版公司或部门。与此同时，国内外出版集团还都在积极探索新型数字化营销方式。

1. 从已有内容的数字化做起，建立大型数字内容资源库

已有内容的数字化是数字化转型最为基础的工作，因此，国内外出版集团的数字化转型几乎都是从已有内容的数字化开始。国外的爱思唯尔、斯普林格等专业出版集团和培生、麦格劳·希尔等教育出版集团都从20世纪90年代开始已有内容的数字化，并在21世纪初即完成这一工作，建立了庞大的集成化数字内容资源库，为企业的数字化转型奠定了基础。数字化转型步伐最慢的大众出版集团，哈珀·柯林斯也从2005年建立自己的数字化仓库开始，陆续建立数字内容资源库。我国出版集团成立时间较晚，其数字化转型的历史也相对较短，然而，因为集团建立正值数字出版大潮席卷出版业之际，因此，几乎从集团建立伊始就开始了数字化转型的尝试。其数字化转型也是从已有内容的数字化开始，例如中国出版集团从组建之初就积极开展内容数字化的建设工程，对集团丰富的语料资源、文献资源、出版资源进行全方位的整合，目前已经建立了10多个知名数据库；中国科技出版传媒集团也从科技出版内容资源的数字化开始，努力实施专业化出版集团的数字化转型，全面建设各个大型专业出版数据库。

2. 成立专门的数字出版公司或部门

为了更好地推进企业的数字化转型，国内外出版集团都成立了专门的数字出版公司或部门。例如兰登书屋（Random House）于2000年成立了名为兰登风险投资（Random House Ventures LLC）的全资子公司，主要对那些有利于重塑传统出版概念、服务以及关系的在线和技术公司进行投资。该公司先后实施了收购新兴在线出版网站Xlibris 49%的股份、从手机内容供应商VOCEL获得少数股权、投资有声图书并确立其在有声图书市场的优势地位等帮助兰登书屋更好地实行其数字化转型战略的措施。培生教育集团早在1999年就成立了世界上最大的技术出版公司——培生技术集团，推进培生教育集团从传统的教材内容提供商向

内容服务和个性化解决方案提供商的转变。我国的 33 家出版集团也无一例外建立了数字出版相关部门或企业,例如中国出版集团就组建了中版集团数字传媒有限公司,负责统筹集团的内容资源数字化和集成、数字化交易与服务平台建设与维护、新媒体产品开发与应用等数字化项目和业务;中南出版传媒集团股份有限公司成立了新技术新媒体部,负责该集团新媒体业务的经营。

3. 积极探索新型数字化营销方式

在数字化转型的过程中,国内外出版集团还非常注重对于新型的数字化营销方式的探索。近年来,随着社会化媒体的蓬勃发展和社会化阅读的兴起,国内外出版集团纷纷实施了基于社会化媒体的营销方式。2007 年 8 月,哈珀·柯林斯正式推出"内部浏览(Browse Inside)"网站,该网站将数字化阅读、图书销售平台以及社交网络平台相结合,允许用户在线浏览图书的几页内容,同时也向我的空间(MySpace)、脸书(Facebook)等社交网站以及亚马逊等图书销售平台提供其数字仓库中的图书内容。爱思唯尔于 2013 年收购了开发免费的跨平台文献管理软件和在线学术社交网络平台的门德里公司(Mendeley),向用户提供基于社交网络的学术成果分享和合作服务,可追踪论文引用记录等。我国出版集团也大多都建立了自己的微博和微信账户,还积极探索"二维码 + 微视频"这种将社交媒体、视频与实体图书结合的营销方式。例如,江苏凤凰出版传媒股份有限公司推出了《解题高手(微视频版)》,通过二维码将微视频与纸质图书相结合,开创了"移动学习"新模式,使用者只要通过移动终端扫描图书中的二维码,即可免费观看与之相应的名师微视频讲解。

二、国内外出版集团数字化转型的区别

国内外出版集团的数字化转型道路既有相似之处,同时又有区别,因为二者建立的模式不同,其数字化转型动力、经营业务和经营模式也有较大区别。

1. 数字化转型动力不同:行政驱动 vs 市场驱动

我国出版集团主要依靠行政手段结合在一起,是一种集团化的物理形式,而非集团的实质主体。国外出版业则早在 20 世纪 50 年代就开始了利用并购、融资、重组等资本运作方式壮大企业规模,在 20 世纪 80 年代达到高潮,并陆续成立了多家出版集团,实现了出版企业的规模化经营。时至今日,国外出版集团仍然在不断通过并购、出售非核心业务等市场手段提高集团的竞争力。国内外出版集团成立的基因不同,因此,在向数字化转型的过程中,其发展动力也有明显区

别。我国出版集团的数字化转型主要由行政驱动,政府为推动数字出版的发展制定了《关于加快我国数字出版产业发展的若干意见》《关于发展电子书产业的意见》《关于推动新闻出版业数字化转型升级的指导意见》等多项涉及传统出版业向数字出版转型的政策,并为传统出版企业的数字化转型提供资金支持,资助金额少则几百万元,多达上千万元甚至上亿元。而国外的出版集团则完全是在市场的推动下成立和运作,其数字化转型也完全是被市场驱动,较少受到政策的影响,也几乎未获得政府的任何资金资助,面临着更大的盈利压力,因此可以看到其在数字化转型过程中更注重商业模式的探索。

2. 数字化经营业务不同:多元化 vs 专业化

国内外出版集团数字化经营业务也有较大区别,我国出版集团所开拓的数字出版业务呈现多元化的发展态势,国外出版集团的数字出版业务则呈现专业化的发展态势。如前所述,我国出版集团是由政府主导组建,其组建方式包括以省级出版社为主体,通过行政力牵引组建;以一个出版社为主体,在主管部门的系统内组建以及在国务院的部委系统内组建这三种方式。通过这三种方式组建的出版集团中,除了中国科技出版集团和中国教育出版集团外,其他出版集团均将涉及大众出版的文艺/文学出版社、少儿出版社,涉及教育出版的教育出版社、人民出版社和涉及专业出版的科技出版社等囊括其中,出版范围非常广,这也就导致在数字化转型中,其经营业务也呈现出多元化特征。例如浙江出版联合集团的数字化经营业务既包括"同步学"教育平台,也包括隶属于大众出版的与日本NTT签约开展的手机漫画业务,还包括隶属于专业出版的"浙江文化资源数据库"项目,这就使得集团的数字化业务过于分散,难以形成集约化的优势。国外出版集团则在 20 世纪末就开始了专业化的集团发展道路,其数字化经营业务也同样呈现专业化的经营特征。例如 2009 年 12 月 1 日,麦格劳·希尔出售了其曾经最引以为傲的产品《商业周刊》,专注探索研发侧重于内容的深度制作和提高附加值教育解决方案的在线教育交流平台。与之相反,为了更好地实现从出版商向专业信息服务和解决方案提供商的转变,汤姆森集团(The Thomson Corporation)于 2007 年 7 月 5 日以 77.5 亿美元出售了其一直运行良好的教育出版公司与书籍网络资讯公司,转而与路透(Reuters Group PLC)合并,成立汤森路透集团(Thomson Reuters)。

3. 数字化经营模式不同:全产业链经营 vs 专注于产业链某一环节的延伸和拓展

国内外出版集团在数字化经营模式方面也有较大区别。我国出版集团多是以项目的形式介入数字出版，上马的短期项目非常多，缺乏长期规划，因此，其经营模式显得较为随意，多采取全产业链经营模式，既涉足数字内容生产和集成，还建立了专门的数字内容销售和阅读平台，有些甚至还同时开发了数字阅读终端设备。例如重庆出版集团不但建设了大型数字资源数据库，还建立了原创文学网站"天健原创"和网上书城，2011年还推出了电子阅读器"读点经典电纸书"，业务范围覆盖产业链的各个环节。重庆出版集团并不是特例，调查显示，我国33家出版集团中，逾半的出版集团都采取全产业链经营的模式。国外出版集团则多专注于产业链某一环节的延伸和拓展，其中大多数出版集团都专注于内容的深度开发与加工。例如企鹅兰登书屋（Penguin Random House）就采取"立体化"出版策略，首先开启在版图书数字化工作，在此基础上又将这些内容进一步加工，开发有声图书。2010年，兰登书屋成立了新的知识产权创造与发展集团（IP Creation and Development Group），该集团主要负责与集团外的媒体公司合作推出能够被视频游戏、社交网络、手机平台等共享的原创故事内容。培生教育集团依托于传统内容资源优势，将海量信息资源数字化，建立起方便读者随时取用的在线信息资源库，并增加附加值服务。

三、推进我国出版集团数字化转型的建议

综合国内外出版集团数字化转型的异同、得失以及我国出版集团自身的特点，笔者提出以下建议，以进一步推进我国出版集团的数字化转型。

1. 借助政策的优势，逐渐开展以市场为导向的数字化转型

我国出版集团因为成立时间相对较晚，且是在行政力量的推动下组建，因此，与国外出版集团相比，市场化程度也相对较低。然而，近年来，在国家广播电视总局的推动下，中央财政每年都下拨文化产业发展专项资金以支持传统出版企业的数字化转型，同时文化和旅游部、科技部、工业和信息化部等中央部局和各级地方政府也对传统出版企业的新技术改造和数字出版项目的开展提供优惠政策和资金支持，为我国出版集团的数字化转型提供了巨大的政策和资金支持。我国出版集团在数字化转型的初级阶段，要善于借助政策的优势，以政府支持的项目为切入点，缓解集团数字化转型的资金压力，并通过数字出版项目建设带动集团整体的数字化转型。然而，出版集团的数字化转型成功最终并不是由完成的数字出版项目数量来衡量。政府政策也不能为我国出版集团参与国际竞争，获取国际数字出版产业的优势地位保驾护航，它只能是"引水"，最终能否引出甘甜的

"井水"则还是取决于出版集团能否适应市场的发展和变化,在完成其文化功能的基础上,应对激烈的市场竞争,获取应有的市场价值。因此,我国出版集团的数字化转型既要借助政策的优势,又不能一味依赖政策的优势,要结合自身的特点和资源优势,逐渐推进以市场为导向的数字化转型。

2. 以内容为核心,实现以专业化为基础的"立体化"发展模式

出版集团最核心的竞争力还是内容资源,然而,在数字技术的影响下,分散的内容资源无法形成足以与亚马逊、当当网等大型电商平台相抗衡的竞争优势。因此,我国出版集团应当以内容为核心,聚集专业化的数字内容资源,形成集约化的内容资源优势,向"立体化"方向发展。纵观国外出版集团的数字化转型历史,我们发现,其也经历过数字化业务范围较广的发展阶段。然而,这种发展道路不利于集中资源建立核心竞争力,因此,这些出版集团在明确自己的数字化转型目标后,纷纷抛弃那些非核心资源,转而对其专业化的内容资源进行深度加工,充分借助媒介融合和产业融合的力量,形成"立体化"发展模式。我国一些出版集团也开始了这种发展模式的探索,例如长江出版传媒于2013年集合其少儿出版资源,组建了长江少年儿童出版集团,业务囊括少儿类文化创意、数字出版、图书出版、教育培训和动漫开发,为少儿出版资源的"立体化"开发奠定基础,并在我国少儿出版市场形成了资源集聚效应。

3. 加强产业内合作,建立尽可能覆盖全行业信息的数字出版平台

从亚马逊、当当网、京东商城以及中国移动阅读基地等数字出版平台在数字内容定价和传播中日趋强势的地位,可以看到出版企业建立自己的数字出版平台的必要性和迫切性。如前所述,我国出版集团大多都意识到了这个问题,并正在建设或已经建成了出版集团自己的数字出版平台,例如中国出版集团的"大佳网"等。然而,仅凭一个出版集团的内容资源是无法将读者从亚马逊等大型数字出版平台吸引过来的,国外的多个出版集团也曾经分别建立过自己的电子书销售平台,然而最终因为流量和销售额过少而先后取消了这一业务。事实上,我国出版集团建立的这些平台也面临着这样的问题。因此,建议我国出版集团改变在平台建设上"单打独斗"的状态,加强产业内合作,将各个出版企业的信息资源整合成一个海量的数据资源库,建立尽可能覆盖全行业信息的数字出版平台。这样一方面可以帮助出版集团在与电商平台的合作和竞争中获得更多的优势和话语权;另一方面,"大数据"时代已经到来,海量内容数据资源库和海量读者行为数据资源库是出版业应用大数据的基础,出版集团只有联合建立一个尽可能整合全行业内容资源、覆盖全行业信息的平台,增加与读者直接接触的机会,才能获

第三章　数字出版发展环境与历程

取更加全面的海量数据，抓住"大数据"给出版业数字化转型带来的发展机遇，而不是被这一技术浪潮所抛弃。

本 章 小 结

数字出版环境是指数字出版机构在生存和发展过程中所必需的，独立于数字出版机构之外的，影响和制约数字出版机构企业行为的各种因素和力量的集合。本章首先基于迈克尔·波特的价值链理论，将数字出版企业置于整个内容传播系统中，从主要相关利益群体在内容传播中的价值和承担的职能出发，分别分析了数字出版机构的环境——制度环境、技术环境和市场环境。接着分析了国内外数字出版发展历史和现状。最后对国内外出版集团数字化转型路径进行了比较。

□ **思考与练习题**

1. 关于产业和企业环境分析的经典理论有哪些？
2. 什么是制度环境？我国数字出版业面临着怎样的制度环境？
3. 请分析我国数字出版业面临着怎样的技术环境？
4. 我国数字出版业与国外数字出版业的发展呈现了哪些不同的特点？
5. 请预测 5 年后国内外数字出版业的发展趋势。

第四章　数字出版技术

> **教学目标与教学重难点**

目标：了解目前主要的数字出版技术；掌握几种主要的数字内容组织技术、数字内容编排技术和数字内容发布技术的相关原理概念；了解国际国内数字出版技术相关标准；能够将这些技术概念运用到出版实践中。

重难点：理解元数据基础概念以及几种主要的标记语言，掌握简单基础的元数据语义编码；熟悉ONIX for Books和学习对象元数据两种数字内容描述标准以及ePub电子书格式标准。

数字出版技术指的是传统出版单位在数字出版转型过程中使用的技术以及新型数字媒体发展中应用的技术的总和。数字出版技术得益于一系列计算机技术的发展创新，如硬件技术、软件技术以及网络技术的升级拓宽。数字出版技术的发展颠覆了传统出版行业的工作流程，将编辑从繁杂的人工劳动中解放出来。

本章主要从数字内容组织技术、数字内容编排技术、数字内容出版技术以及技术标准等方面介绍数字出版领域的相关技术。

第一节　数字内容组织技术

不论是传统出版还是数字化出版，内容的揭示和利用的核心一直以来都是内容组织技术，目前数字出版领域的内容组织关键技术有标记语言、标识符和元数据等。

一、标记语言

标记语言指的是一种用来描述文件相关信息，包括组成部分、格式特征、内容结构等的电脑文字编码。标记语言不同于编程语言，它没有逻辑和行为能力，其关键在于识别，与文本内容信息进行区分，主要分为程序性标记语言和描述性标记语言，分别用来识别文本信息的外在格式和内容结构。目前，典型的描述性标记语言有 SGML 和 XML，HTML 是程序性标记语言和描述性标记语言两者的结合。

1. SGML

SGML 全称 standard generalized markup language，标准通用标记语言，是 1986 年国际标准化组织发布的一个国际标准。是一种"元语言"，后来出现的 XML 和 HTML 均是在 SGML 的基础上延伸转变而来的。

SGML 的出现改变了之前文本数据转换过程中数据丢失、无法被提取保存的问题。SGML 包括 SGML 声明（SGML declaration）、文件类型定义（document type definition）和文件实例（document instance）三部分。SGML 具有稳定性强、应用性广、完整度高的优点，不仅广泛运用在出版行业，在国防、通信等高科技领域也发挥了巨大作用。

2. HTML

HTML 全称 hyper text markup language，超文本标记语言。主要用于规定网页的显示与浏览。最新版本为 HTML5.0，一般称 HTML 语言编写的超文本文件为 HTML 文件，并通过一定的浏览器显示出来，非常适合 Web 网页的开发工作。

超文本标记语言包括标题（head）和主体（body）两部分，标题部分即网页框架信息，主体部分即网页里的具体内容。HTML 采用超集方式，执行格式化并显示数据，不仅简洁易操作，而且在任何类型的电脑和浏览器都可以通用。是一种功能强大、盛行至今的标记语言。

3. XML

XML 全称 extensible markup language，可扩展标记语言。由于 HTML 旨在完整呈现内容信息，因此会出现在新平台呈现同样内容与平台外观不相符的问题，为了避免修改原始内容信息，针对传输和存储数据的 XML 文件应运而生。

XML 文件最大的特点在于其强大的可扩展性，应用至数字出版领域中可实现"一次内容制作，多次发布"。XML 由于能够处理任何结构化和非结构化的数

据，因此能够实现文件内容、结构、样式的分离，便于数据在不同平台上的共享、传输与交换。另外，XML 用标引或标引属性的方式来存储数据，当用户检索所需要的数据时，XML 可以帮助用户按照标引或标引的数据进行检索，在一定程度上提高了文本数据的检索效率，达到有效检索的目的。

二、标识符

标识符，顾名思义，就是针对出版内容或者资源数据的识别提供的唯一标识。在传统出版阶段，标识符主要有国际标准书号、国际标准音像制品编码等，而在数字化技术日新月异的今天，连续出版物及单篇文献标识符 SICI、图书及图书内容标识符 BICI、数字对象标识符 DOI 已成为数字出版领域主流标识符，为数字内容资源的提取、传输、存储、读取提供强大的技术支持。

1. 连续出版物及单篇文献标识符

连续出版物及单篇文献标识符（SICI）是主要针对期刊资源设置的唯一识别标识符，它可识别期刊的结构和内部元素，包括三段：期刊标识段、内容标识段和控制段。它们都是用来描述期刊不同地方的数据元素，如期刊标识段是用来描述期刊日期的数据元素，内容标识段是用来识别期刊题名代码、位置等的数据元素，控制段是用来记录管理信息如期刊版本号与校验码等的数据元素。

2. 图书及图书内容标识符

类似 SICI，针对图书，美国国家信息标准协会发布了图书及图书内容标识符，是用来标识图书及图书具体内容的唯一识别符号。同样也分为三段，分别是图书标识段、内容标识段与控制段。

中国标准书号是目前我国出版领域使用的主要图书及图书内容标识符。中国标准书号有 13 位数字结构，采用国际标准书号标准，包括 EAN·UCC 前缀、组区号、出版者号、出版序号和校验码。中国标准书号适用范围很广，不仅可用于印刷图书小册子、盲文出版物等，而且也适用于录像制品、电子出版物以及混合媒体出版物等。

3. DOI

数字对象标识符（digital object identifier，DOI），动态互联网环境下，只描述物理位置的 URL 标识链接愈来愈不适用于数字资源的读取查看，而具有高协同性和互操作性的 DOI 不仅描述数字资源本身，而且能够适应动态互联网环境下大量分布式异构信息资源。负责开发和管理 DOI 系统的国际数字对象标识基金会（International DOI Foundation）在 2010 年将 DOI 正式批准为数字化环境下内容识别和管理的通用框架，即信息内容资源的唯一且永久的标识符。

2007 年，中国科学技术信息研究所和北京万方数据股份有限公司联合申请并取得中文领域的 DOI 注册和管理权，通过在中文数字资源中的 DOI 标准服务，向广大用户提供 DOI 注册与解析服务。不仅如此，中文 DOI 还通过建立一个可以共同参与的网络数字资源社区，给各类用户提供 DOI 增值服务。

三、元数据

元数据是用来描述、解释、定位各种类型信息资源的所有相关信息的集合数据，如书名、作者、出版周期、图书销售数据等不同类型的元数据，因此元数据也被称为数据的数据或信息的信息。

元数据可分为描述型元数据、管理型元数据和结构型元数据，它们所执行的功能是不同的。描述型元数据是用以描述诸如题名、作者、主题词等信息资源本质特征的元数据，都柏林核心元数据（Dublin Core Metadata Initiative）就是描述型元数据的代表。都柏林核心元数据是为网络数字信息资源特定的描述型元数据，也是目前比较普遍采用的元数据规范，在图书馆与数字出版领域广泛适用。管理型元数据是用来管理和维护诸如版本信息、使用权限等的信息资源数据。结构型元数据是针对信息资源对象组合方式以及系统间相互协调发挥作用的方式的信息数据。

在数字出版领域，元数据的重要性不言而喻。只有准确编辑并标记好每一个信息资源的所有相关信息，如书名、关键词、主题简介等，用户才能在网络中高效精准地搜索、提取、存储所需要的信息资源，出版商也能从中获取直接销售效益，同时也有利于数字资源内容的版权保护工作。

第二节　数字内容编排技术

数字技术高度融入是数字出版领域表现在出版内容生产加工过程的数字化转型。威廉·E. 卡斯多夫（William E. Kasdorf）曾说道："数字生产方式必须被引入生产流程中以确保内容从生产到分销都以数字化的方式处理。它必须在满足传统出版要求的同时满足发行该内容的纸质和数字版本的要求。"对数字内容进

行版式设计与内容编辑是整个数字出版物生产过程的核心，目前涉及的技术主要为桌面出版技术（desktop publishing，DTP）和多媒体技术。

一、版式设计与编辑技术

对数字内容的版式设计与编排目前主要采用桌面排版技术。该技术利用计算机系统进行文字编辑、图形图像制作、版面内容编辑等，在此过程中不仅需要用到色彩管理技术、光栅图像处理器技术、计算机直接制版技术等，还需要利用排版软件将文本和图形图像等要素按特定需求结合在一起，最终呈现完整的形态供读者阅读。按照不同的使用方式，排版技术主要分为批处理排版和交互式排版技术。

1. 批处理排版技术

批处理排版技术采用专门的命令语言输入内容编排和版面设计的要求。不同于交互式排版，批处理排版在软件运行过程中无法看到结果页面，因此，批处理排版技术多适用于小说或者工具书等内容较长但版式简单明了、易操作的出版物。

2. 交互式排版技术

交互式排版技术最大的优点是"所见即所得"，编辑人员可以直接在屏幕上进行文字编辑修改、图形图像制作以及版式设计等工作，并随时输出想要的结果，可以实现低门槛的自由排版设计。

二、多媒体技术

在信息技术高速发展的今天，信息呈现形式已不再是单一的文本阅读，图像、音视频、动画等的综合交互式多媒体在信息资源出版领域越来越常见。在出版领域，多媒体技术是指利用计算机和相关的软硬件设备工具对文本、图像、声音和动画等多种形式媒体进行数字化采集、获取、处理加工和存储传输的综合技术。

1. 文本技术

作为早期最基础的媒体类型，文本文件由字符组成，目前主流的文本文件格式有 TXT 格式、DOC 格式和 RTF 格式。

常见的电子书大多采用 TXT 格式，它是一种纯文字信息文件，存储量小且简单，用户通常在计算机的记事本程序中使用此文本格式。在这三种格式中，DOC 格式最为常见，应用范围最广，是基于微软公司针对办公开发的文字处理软件 Microsoft Word 而建立的一种文本格式。该格式用于各类文档的写作、存储与传输，并可实现跨平台传输、云储存。RTF 格式是富文本格式（rich text format），其最大优点是兼容性较好，可以在旧版程序中读取新版格式，并能够灵活实现格式转换。

2. 图像技术

图像和图形是内容传播中最直观的媒体类型，常见的图像文件格式有 JPEG 格式、GIF 格式、BMP 格式和 TIFF 格式等。其中，JPEG 格式和 GIF 格式都是独立于平台的图像格式。JPEG 格式包括标准 JPEG、渐进式 JPEG 和 JPEG 2000 三种呈现方式，其中 JPEG 2000 是新一代图像压缩标准，可实现有损压缩和无损压缩，提高图像传输质量。GIF 格式有存储静止图像和存储动画的两种版本。BMP 格式文件是位图图像文件，由位图文件头数据结构、位图信息数据结构、调色板和位图数据四部分组成。TIFF 格式是一种比较灵活的图像格式，可以压缩也可以不压缩，支持多种色彩模式和多平台。

3. 音、视频技术

作为另外两种直观的常见媒体类型，音、视频技术在数字出版领域的作用愈来愈重要。不论是有声读物还是各类视频，都占据了很大一部分数字出版市场，现今主要的音频格式有 MIDI 格式和 MP3 格式，视频格式有 MP4 格式、AVI 格式和 MOV 格式等。

MIDI 格式主要针对音乐文件，无论是简单还是专业的音乐制作都适用。MIDI 格式具有较强的伸缩性，可传输一些特定的数字音乐指令，比如以多大音量演奏哪个音符，被广泛应用各大平台和浏览器。MP3 格式是音频文件中最为常见的格式，其全称是动态影像专家压缩标准音频层面 3（moving picture experts group audio layer Ⅲ），具有高压缩率，且不会在大程度上减损音质，已成为网络上接受度和认可度最高的音频文件格式。

MP4 格式是目前视频文件格式的国际标准。MP4 格式既可以存储音频，也可以存储视频，具有很强的多媒体交互性，可实现高清晰视频、音频图像的合成应用。AVI 格式是一种音频视频交错格式，其是由微软公司开发的一种数字音视频格式，符合 RIFF 文件规范，可以实现语音与影像的同步播放。AVI 文件由文件头、数据块和索引块三部分构成。AVI 格式采取有损压缩方式，多应用在电视和电影的影像存储中。MOV 格式是由苹果公司发布的 Quick Time 影片格式，有

压缩和不压缩两种方式，可以用于保存音频视频文件。其目前不仅适用于 Mac OS 系统，同样也适用于 Windows 等主流操作系统。

4. 动画技术

数字动画制作技术主要指计算机上各式矢量动画编辑软件。目前运用最多最具代表性的是 Macromedia 公司发布的 Flash 软件，它是基于矢量的图形系统，不仅体积小，而且可以承载音频、动画、视频等多媒体，且画面质量不会受损。利用 Flash 可以设计创作出独特审美的网页导航界面和外观。Flash 由于集音频、视频、声音和图像动画为一体，因此不仅可以创建原始内容，而且可以在其他应用程序中相互传输。

通常所说的帧（frame）是 Flash 动画制作中的基础单元，按照使用方式不同，有逐帧动画和渐变动画之分。逐帧动画制作过程复杂，需要逐个分解动作，而渐变动画只是针对图像与图像之间的转换。

使用动画技术可以将文本、声音、图像等多种要素结合起来，能够让用户多感官浸入数字出版物中，多方位深度了解信息内容资源。因此，动画技术成为拓宽数字出版发展空间的重要技术。

5. 流媒体技术

虽然互联网应用的普及给用户带来更丰富的媒体内容，但在获取优质内容的过程中，还要考虑传输效率的问题。在流媒体技术出现之前，用户必须要先下载多媒体内容到本地计算机，在漫长的等待之后（因为受限于带宽，下载通常要花上较长的时间），才可以看到或听到媒体传达的信息。这个过程通常要耗费数十分钟甚至数十小时。流媒体技术的出现则在很大程度上缓解了传输效率的问题。流媒体是指在互联网上以数据流的方式实时发布音频、视频多媒体内容的媒体，而流媒体技术则是在 IP 网络上发布多媒体数据流的技术。流媒体技术有别于传统播放技术由客户端从服务器下载完整的文件后进行播放，而是采用了流式传输方式，将整个多媒体文件压缩解析成多个压缩包，向客户端实时有序地传送，用户可以一边解压播放先传送过来的压缩包，一边下载后续的压缩包，从而节省时间。

流媒体高速传输技术发展过程主要经历了传统流媒体传输、流媒体循序渐进下载、自适应流媒体传输这三个发展阶段。传统流媒体传输技术以实时流传输协议 RTSP 协议为代表。RTSP 属于一种控制协议，它存在于服务器和客户端从开始连接到结束断开连接，并可以同一时间通过控制命令来控制多个流媒体的传输。由于 RTSP 属于控制协议，所以数据包的传输还要依靠实时传输协议 RTP 和实时传输控制协议 RTCP 完成。由于采取了 RTP 协议，所以对实时流媒体传输有所延迟。第二阶段以基于超文本传输协议 HTTP 循序渐进式下载为代表。此方式是在播放之前先下载小部分存储在缓存区，然后在用户播放时后台也在不断下载，用户在暂停或者回放时都不影响视频流的下载直至下载完成，以此保证了用户体验质量。但是如果文件下载完成而用户并没有看完视频文件，就会造成带宽的浪费。第三阶段以基于超文本传输协议 HTTP 的流媒体自适应传输为代表。此方法是基于 HTTP 协议实现的，改进了 HTTP 的一些缺点，主要原理是因为流媒体文件通常比较大，所以先把流媒体文件分割成很小的一些片段，然后再进行传输。根据被分割的片段大小设置不同的码率，以适应不同的带宽条件，最终达到最优的整体传输质量，片段的组成和切换都在客户端的后台进行因此不会影响用户的体验质量。此方式流媒体播放完就会自动删除痕迹，不保存文件，所以不需要占用很多的缓存空间；码率的不同可以更好地适应带宽的变化，能够更好地保证用户的质量体验。

第三节　数字内容出版技术

数字内容出版是将数字信息技术高度融入传统出版流程，即将文本、图像、声音、视频等内容数字化的过程。实现这一过程的数字内容出版技术主要有数据库出版技术，且涉及检索技术以及数据文本挖掘技术。当然，数字内容出版的同时，也不应忽视数字版权管理的问题，这不仅是对数字内容的保护，更是知识版权意识建立的重要体现。

一、数据库出版技术

数据库出版技术是实现电子信息资源出版的关键技术，数据库将互联网上分散、繁杂的信息数据整合聚集起来，通过全文检索技术、中文分词技术、文本挖掘技术和内容组织技术等能够高效精准地获取用户所需的信息数据资源。

1. 全文检索技术

全文检索技术是一种面向全部文本信息的检索技术，它以计算机存储设备为载体，通过建立全文检索系统，能够精准定位扫描文本中每一个字词句。我们常用的搜索引擎便是全文检索技术中最重要的一种应用，全文搜索引擎搜索的结果是原始文献数据。

全文检索技术既可以检索数字集合等结构化数据,也可以检索文本、声音图像等非结构化数据。全文检索技术的实现依靠全文数据库的建立,全文数据库也是全文检索系统的重要组成部分,是一种海量信息数据库,用户能够通过全文搜索引擎精准匹配到自己所需的电子信息资源。

2. 中文分词技术

中文分词是指词与词之间的独立,文本挖掘是在中文分词的基础上进行的,中文分词技术是自然语言处理技术的一种。通过中文分词技术,计算机可以同人类一样理解文本的词义与语义。

中文分词技术与中文搜索引擎的发展密切相关,分词技术直接影响搜索引擎的精准度和速度,目前有三种主要的中文分词方法,分别是单汉字分词、双汉字分词和词典分词。中文分词技术的应用比较广泛,除了搜索引擎,还有语音合成、机器翻译、自动校对分类等。

3. 文本挖掘技术

文本挖掘技术是数据挖掘技术中的一种新兴技术,在海量的互联网信息数据中,不是所有信息都是有意义和被需要的,这就需要文本挖掘技术将有意义的信息数据挖掘出来。文本挖掘技术可以实现自动分词分类聚类、信息抽取、文本相似性检索等功能,其应用范围也很广,例如舆情监控、电子邮件归类整合和企业决策等。企业往往利用文本挖掘技术搜集与自身相关的商业情报,或是对企业历史商业信息文档的归类整合,进行相应的战略决策。

4. 内容组织技术

数字内容组织技术主要有前文所讲的标记语言、标识符和元数据。其中,标记语言主要用于识别和描述信息资源的结构与特征,有标准通用标记语言 SGML、超文本标记语言 HTML 和可扩展标记语言 XML。标识符主要用以识别数字内容,有连续出版物及单篇文献标识符 SICI、图书及图书内容标识符 BICI 和数字内容识别通用框架——数字对象标识符 DOI。元数据的建立是用来描述信息资源的数据和要素,应用比较广的元数据主要是都柏林核心元数据。

二、数字版权管理技术

随着数字和信息技术的发展,文字、图片、声音、视频等出版物都开始向数字化发展变迁。互联网技术、通信技术以及各种移动终端的普及,大大地拓展了

第四章 数字出版技术

数字出版物的载体和传播途径。然而，数字出版业在高速发展的同时，也面临了诸多问题亟待解决，其中最重要的问题之一——版权问题就是一个古老而又崭新的问题。版权是伴随着复制技术的产生而产生的，版权保护的根本目的是激励智力创造，促进文学、艺术、科学的繁荣。互联网、移动互联网的出现和迅速发展，为数字化作品的复制和传播提供了新的途径，互联网和移动互联网成了数字出版物的重要载体。但开放和共享是互联网的生命所在，这无疑使通过版权保护促进科技文艺发展与促进互联网繁荣健康发展二者之间形成了矛盾，也给数字版权管理带来了新的挑战。

1. 数字版权管理的含义和范围

（1）数字版权管理的含义。

数字版权管理（digital rights management，DRM）是对数字化内容进行知识产权保护与管理的工具。它以数字加密技术为基础，综合一系列软硬件技术，用以保证数字内容在整个生命周期内的合法使用，平衡数字内容价值链中各个角色的利益和需求。

（2）数字版权管理的发展历程。

第一个基于硬件的 DRM 系统（EPR 公司的 end-to-end 系统）和纯软件的 DRM 系统（IBM 公司的 infoMarket 系统）诞生于 1996 年。尽管这两个系统都不是很成功，但是它们的出现使数字版权保护技术从此成为新兴的热门课题，得到了工业界和学术界的普遍关注，被视为是数字内容交易和传播的关键技术，成为数字出版领域必需的技术。国内外许多著名的计算机公司和研究机构都纷纷进行 DRM 技术的研究与开发。最早开发 DRM 技术的两个公司，EPR 已经发展成为业界最为著名的 DRM 研究机构和产品提供商 InterTrust，IBM 则将 infoMarket 发展成为一个主流的流媒体版权保护系统 EMMS。

（3）数字版权管理的范围。

数字版权管理通常包括对软件、电子文本、数字图像、音频和视频等媒体文件的使用进行描述、识别、交易、保护、监控和跟踪等各个过程。DRM 系统的分类也颇为复杂。根据保护的对象，可以分为针对软件的 DRM 系统和针对电子图书、流媒体等一般数字内容的 DRM 系统。根据采用的安全技术，可以分为基于密码技术的 DRM 系统、基于数字水印技术的 DRM 系统以及两者结合的 DRM 系统。根据有无使用特殊的硬件，可以分为基于硬件的 DRM 系统和纯软件的 DRM 系统。

2. DRM 的系统模型

DRM 系统的结构多种多样,但在典型的 DRM 系统中,均包括以下几个逻辑子系统:内容加密系统、版权发布中心、密钥管理系统、内容传送系统、终端接收解密系统等部分。

图 4-1 是典型的 DRM 系统,图中的内容加密系统负责对数据资源进行加密,加密包括实时加密和非实时加密两种。内容加密系统把打包后的数据资源传送到内容传送系统中,再由内容传送系统把加密后的内容传输到用户终端。密钥管理系统负责内容加密密钥的存储和传送。版权发布中心负责根据用户对内容权限的请求生成版权对象,并在用户付费后,将版权对象发送到终端接收解密系统。终端接收解密系统从版权对象中得到解密密钥,解密内容并控制用户对内容的使用。

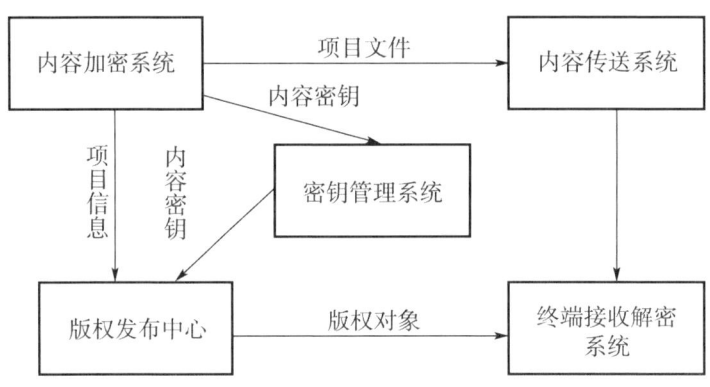

图 4-1 DRM 系统示意图

3. DRM 的主要技术

数字环境下,技术的进步使各种电子出版物更易于复制,盗版侵权事件常有发生。因此,数字版权管理(digital rights management,DRM)应运而生,其在数字出版时代的重要性和必要性更是不言而喻。数字版权管理技术利用一系列软硬件技术实现对数字内容的保护、控制与管理,现已成为越来越多的包括电子书、图片、电影音乐、软件等在内的数字内容提供者和著作人所采用的一套技术系统。数字版权管理的手段主要有两种,分别是加密技术和内容访问控制技术。

(1)加密技术。

加密技术是实现数字版权管理的重要工具之一,安全密钥是数字内容加密技术的核心。数字版权管理系统中的数字加密中心使用加密算法,对内容分发中心发送的信息内容和数据生成唯一的数字安全符,即安全密钥。数字加密中心工作流程如图4-2所示。

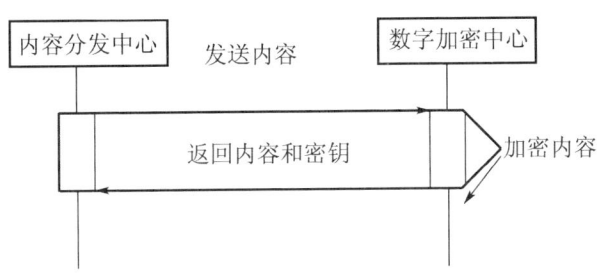

图4-2 数字加密中心工作流程

加密技术主要针对数字内容加密,数字加密中心在完成加密后不会保存加密内容和安全密钥,加密内容和安全密钥储存在内容发布中心。

加密技术分为对称加密技术和非对称加密技术。其中,对称加密技术指的是同时使用一个密钥对信息进行加密和解密操作的技术,该技术也被称为单密钥加密。数据发送方将明文原始数据和加密密钥一起经过特殊加密算法处理后,使其变成复杂的加密密文发送出去。接收方收到密文后,若想解读,则需要使用加密用过的密钥及相同算法的逆算法对密文进行解密,才能使其恢复成可读明文。在对称加密算法中,使用的密钥只有一个,收发双方都使用这个密钥对该条数据进行加密和解密。例如一些软件提供的安全密钥就是对称加密技术的一种应用场景。对称加密算法加密速度快、加密效率高,但是其安全性相对较低。如果一方的密钥被泄露,那么加密信息也就不安全了。非对称加密技术是1976年美国学者戴姆(Dime)和亨曼(Henman)为解决信息公开传送和密钥管理问题,提出的一种新的密钥交换协议。非对称加密允许在不安全的媒体上的通信双方交换信息,安全地达成一致的密钥,这就是"公开密钥系统"。与对称加密算法不同,非对称加密算法需要两个密钥:公开密钥(public key)和私有密钥(private key)。公开密钥与私有密钥是一对,如果用公开密钥对数据进行加密,那么只有用对应的私有密钥才能解密;如果用私有密钥对数据进行加密,那么只有用对应的公开密钥才能解密。因为加密和解密使用的是两个不同的密钥,所以这种算法叫作非对称加密算法。比特币就采用了非对称加密技术。区块链技术则综合运用了对称加密和非对称加密技术来保护个人信息、交易信息和其他敏感信息。

(2)内容访问控制技术。

内容访问控制技术是一种数字内容权限控制技术,涉及对数字内容的访问授权与版权管理，可以实现对数字信息资源的第一道防线保护，防止非法用户的访问使用和合法用户的越权访问。

内容访问控制包含主体、客体和权限三个要素，主体即网络用户，客体即信息数据资源，权限即用户是否在客体资源访问的授权访问范围内。内容访问控制技术基本模型如图4-3所示：

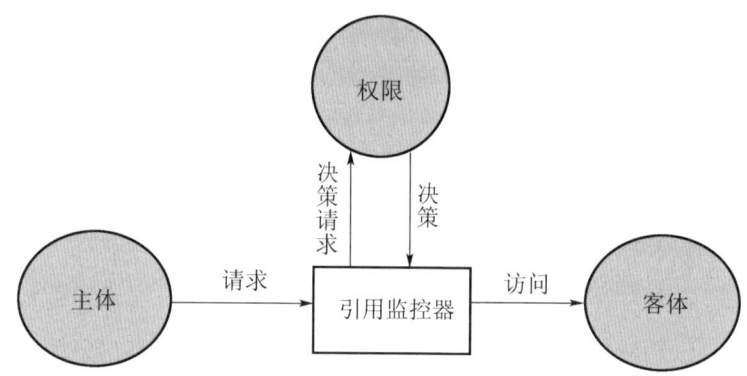

图4-3 内容访问控制技术基本模型

内容访问控制有三种类型，分别是自主访问控制、强制访问控制和基于角色访问控制，从不同层面实现对数字内容资源的有效精准保护与管理，防止重要信息资源的泄露和滥用。

4. 一些相对成熟的DRM解决方案

（1）Windows Media DRM标准和解决方案。

Windows Media DRM是由微软发布的DRM标准，这也是市场上应用范围较广的DRM标准之一。该系统包括打包、分发、建立许可证服务器、获取许可证、播放数字媒体文件这5个工作流程，具备灵活性、可扩展性、兼容性等特点。

（2）Apple DRM标准。

苹果公司基于Veridisc公司的标准开发了特有的DRM系统平台Fair Play。该平台被制作成具体的Quick Time多媒体软件，提供给苹果公司的各种多媒体播放设备和数字内容产品的网上商店。经过Fair Play加密的数字内容产品文件一般是MP4格式的文件，加密采用AES算法，密钥也会被同时封装在MP4格式的文件中。用户每次使用苹果内容商店购买数字内容产品，就会随机生成一个密钥用来加密主密钥，当用户确定下一台播放数字内容产品的设备时苹果内容商店就会发送这台播放设备的 ID 给主服务器。

(3) Apabi DRM。

Apabi DRM 是国内的北大方正公司于 2001 年针对电子书推出的 DRM 系统。该系统包括转换软件（Apabi Maker）、编辑软件（Apabi Writer）、许可证服务器软件（Apabi Rights Server）、电子商务系统软件（Apabi Retail Server）和客户端（Apabi Reader）。该系统提出了电子图书的权利描述与授权控制方法，利用密钥共享机制解决了版权保护的硬件适应性问题，并实现了在不可信环境下权利有效期的控制机制，具有版权保护易用性及适应性的特点，支持灵活的商业模式和复杂的个人计算环境。2009 年，北大方正公司推出的"U 阅迷你书房"使用文件、授权、唯一识别码三位一体的 DRM 保护方式来确保内容的安全，每个"U 阅"都有全球唯一硬件识别码。

第四节 数字内容技术标准

数字内容技术标准化是指在数字内容描述、组织和发布过程中使用公认的共同且可重复使用的规范性文件标准。数字内容技术标准可分为数字内容描述标准、数字内容组织标准和数字内容发布标准。数字内容技术标准化有利于整个数字出版行业水平的提高，是出版产业走向成熟的必然途径。

一、数字内容描述标准

数字内容描述标准目前只有数字内容标记、数字内容标识和元数据类相关标准。数字内容描述标准的设立旨在向广大用户准确传递信息内容资源，是数字出版的基础标准。

数字内容标记标准主要有前文所述的 SGML 标准通用标记语言、XML 可扩展标记语言和 HTML 超文本标记语言等。DOI 数字对象标识符和 SICI 连续出版物及单篇文献标识属于数字内容标识标准。而 DC 都柏林核心元数据和 LOM 学习对象元数据属于元数据标准。以下介绍两种主流的数字内容描述标准，分别是 ONIX for Books 标准和学习对象元数据。

1. ONIX for Books 标准

ONIX for Books（online information exchange for books）是针对图书及电子

图书在线信息交换的内容描述标准。它是一种国际标准，在图书、电子书和连续出版物的供应链和销售链中被广泛运用。ONIX for Books 标准能够对出版物所有信息、批发商、零售商、网络书店等出版商的发行交易信息进行有效整合，方便图书和连续出版物的宣传与销售。

ONIX for Books 标准最初由美国出版商协会（Association of American Publishers）提出。主要目的是使出版商能够向网络书商提供丰富的产品信息，包括消息头、产品记录、产品描述、产品营销、产品内容、产品出版、相关资料和产品供应的所有一系列详尽信息。它是以电子数据为形式的信息描述与传输，能够满足国际出版贸易和电子图书商业的发展需要，是事实上的国际图书与电子出版物的贸易标准。

2. 学习对象元数据

学习对象即用来教学或培训的实体或技术，学习对象元数据（learning object metadata）是美国电气电子工程师学会学习技术标准委员会制定的描述学习对象元数据的语法和语义标准，也是现今唯一公开认证的描述学习对象的元数据标准，包含 9 个类目和 77 个数据元素。学习对象元数据采取层级性数据元素，共有四级类目数据元素，构成元数据的基本框架。

学习对象元数据具有覆盖面广、通用性强、可扩展等特点。同时，学习对象元数据标准实行语义模型与绑定分离政策，并支持学习对象、元数据和学习者使用多语言，在数字出版教育实践中广泛应用。

二、数字内容组织标准

互联网大量独立分散的数字内容信息使用户应接不暇，由于个性差异，用户对数字内容提出了个性化需求，为了满足这一用户需要，数字内容组织标准应运而生。通过链接、导航、数据交换、索引等技术标准将纷繁复杂的数字信息内容组织整合起来。目前，开放统一资源定位器及信息检索应用服务定义和协议规范两种技术应用较普遍。

1. 开放统一资源定位器

开放统一资源定位器（open uniform resource locators，Open URL），是一种美国国家标准，旨在对网站的学术信息资源进行整合。Open URL 实行分离信息资源提供者与链接服务的提供者，以实现跨机构跨数据库的统一检索。

开放统一资源定位器最大的用途是使用户在客户端搜索查询不同的数据库时有统一的网页访问地址，在因特网上所有的数字内容资源都有自己专门的 URL

地址。Open URL 运行时，信息资源提供者可以传输包含标题、期刊 ISN、刊号和页码等的对象元数据到网络服务组件上，通过链接服务器定义用户上下文环境，再进行数据库对比匹配，最终生成契合度最高的目标链接。

2. 信息检索（Z39.50）应用服务定义和协议规范

信息检索（Z39.50）应用服务定义和协议规范是美国图书馆界为解决图书信息资源检索系统间的通信问题而设立的数字内容组织标准。它可以实现网络不同结构类型数据库之间的有效通信，实际举措有建立联合目录和目录公共查询系统、馆际互借系统等，有效地提高了数字资源信息的检索服务。

信息检索（Z39.50）应用服务定义和协议规范发展至今共发行了五个版本，已逐步实现了全球范围内的数字信息资源的检索与共享，且被各国国家图书馆普遍接纳采用。信息检索（Z39.50）应用服务定义和协议规范在开放公共查询目录 OPAC（online public access catalog）、图书馆之间或图书馆与出版商之间的集中编目、馆际互借和信息定题服务（SDI）中被广泛应用，是信息检索领域中重要的数字内容组织技术。

三、数字内容发布标准

为了方便读者和出版商获取、存储与管理数字信息资源，数字内容发布标准应运而生。以下介绍涉及数字出版格式的 ePub 格式标准和电子出版通用格式标准（IEC 62448-2009）。

1. ePub 格式标准

ePub（electronic publication）格式标准是一种开放式电子书格式。其基于 XML，可以实现平台系统与文本的兼容，能够适应多种阅读平台和设备，目前已发展至最新版本 ePub 3.0，并成为数字出版领域的主流发布标准。

ePub3.0 由 Publication 3.0、Content Documents 3.0、Open Container Format 3.0 和 Media Overlays 3.0 四个层次组成。它在以往版本的基础功能上增加了更多多媒体文件，并实现了文本与语音同步功能，增强了语义和社群互动性能，提升了用户的阅读体验。ePub 3.0 格式标准有以下三个特性：

（1）兼容性强。可支持多种媒体文件格式和技术以及使用 HTML、XML 等多语言，能够满足用户多媒体电子阅读需求。

（2）跨终端跨平台应用性较好。ePub 电子书格式标准出现以前，出版市场上有各样的电子出版物格式，且互不兼容，开发商又不能针对每一款设备平台开发出相应的电子出版物格式。而 ePub 3.0 格式标准能够自动适应调整排版的功

能解决了此问题，因此，得到了国内外众多终端厂商、平台设备开发制作商的认可和采纳。用户可以在iPhone、iPad、kindle等系列主流电子阅读器和软件上获取更优质的阅读体验。

（3）更强的交互性，实现无障碍阅读。采用ePub3.0格式标准的电子书能够使用户在电子书上添加下划线之类的标记，文字与语音也能同步进行，新增的许多语义功能不仅丰富了电子图书的内容，同时也增强了读者间的互动性。

2. 电子出版通用格式标准（IEC 62448-2009）

电子出版通用格式标准是为了方便数据交换而制定的一种国际标准化通用电子出版物格式。2009年，国际电工委员会（International Electrotechnical Commission，IEC）发布的IEC 62448-2009版格式标准成为规范全球多媒体电子出版和电子书的通用格式标准。

IEC 62448-2009在最初的2007版本基础上修改并增添了新的内容，它将多媒体电子出版物格式分为三类，分别是内容提交格式（submission format）、通用格式（generic format）和阅读器格式（reader's format），分别服务于编辑人员与作者、编辑人员与出版商、读者之间的电子数据交换。多媒体电子出版物通用格式具有易修改、扩展性强等特性，它涵盖的数据元素和结构体系适应性强，方便管理电子数据。市面上可见的BBeB Xylog和XMDF两种电子书格式就是IEC 62448-2009所认可的电子出版格式标准。

本 章 小 结

数字出版技术是指计算机技术、网络技术、流媒体技术、存储显示技术等高新技术与内容出版相结合，统一将所有的文本信息资源以二进制的形式存储在多媒体介质中。本章分别介绍了数字出版内容组织技术、数字内容编排技术、数字内容出版技术和数字内容技术标准四部分内容，对国内外主流的几种数字出版技术概况做了梳理概括。

□ 思考与练习题

1. 数字出版技术主要涉及哪些方面的技术？
2. 什么是标记语言？请分析SGML、HTML、XML三种语言的特点。
3. 什么是元数据？元数据在数字出版领域的应用有哪些？
4. 简要分析几种主要的多媒体技术，以及它们之间的联系。
5. 结合案例分析数字内容编排技术的工作流程。
6. 哪些技术可以实现对数字内容的版权管理与保护？

第五章　数字出版市场

> **教学目标与教学重难点**

目标：了解数字出版市场的含义和构成要素；了解数字出版市场细分、确定目标市场和进行市场定位的原因；了解数字出版市场的专有特征；了解数字出版资源的含义和构成；了解数字出版市场需求的含义和特征。

重难点：了解数字出版市场细分的方法；了解数字出版企业如何选择其目标市场和进行目标市场定位；了解数字出版资源优化配置的方法；能够设计有效的调查问卷了解数字出版市场需求和行为现状并分析问卷，对未来数字出版市场的情况进行预测。

数字出版物是商品，商品的经营离不开市场。数字出版物的生产要按市场要求来组织，产品价值要在市场中实现。数字出版市场非常广阔，数字出版企业如果不能有效细分市场，寻找到适合自己的目标市场，并将自己的市场定位传递出去，则最后只能是事倍功半。数字出版企业要充分利用自己的资源开拓和占领数字出版市场。同时，数字出版是以满足广大用户的内容需求为出发点的，因此，还需要了解市场需求，并通过市场调查和预测方法去了解现有需求，预测未来需求。

第一节　数字出版市场的构成及其细分

一、数字出版市场的构成

如前所述，数字出版物是一种文化商品，既然是商品，其经营就必然离不开

市场。可以这样说，数字出版物的生产、传播、销售等各个环节都是基于数字出版市场运作的。那么到底什么是数字出版市场？从产业的角度，所谓数字出版市场，就是围绕数字出版商品交换所进行的各种经济关系的总和。

数字出版市场主要由以下几个要素构成。

1. 数字出版物商品

数字出版市场的基本活动是数字出版商品的交换和传播，所发生的经济联系也是以商品的交换和传播为主要内容。对于数字出版商而言，数字出版商品是其劳动对象，是其与其他劳动者进行劳动价值交换的客体；对于读者而言，数字出版商品具备其所需要的使用价值。因此，一定量的可供交换的数字出版商品，是数字出版市场存在的物质基础。数字出版商品既包括内容产品，如电子书、数据库等；也包括各种商品化的数字出版资源要素，包括版权、资金、技术、信息、人才等。

2. 数字出版商

数字出版商是数字出版市场活动的主体，他们通过对数字出版商品生产、销售、传播等活动，满足自身的经济利益和经济需要。在传统出版市场中，出版商主要由出版物生产经营者、出版物批发者和出版物零售者组成。在数字出版环境下，生产、批发和零售的边界被打破，出版商主要由数字内容产品提供商、数字内容服务提供商以及数字阅读终端设备提供商组成，这三类数字出版商将数字出版商品带到数字出版市场进行交换和传播，并作为数字出版市场供求关系中的供应方而成为基本的市场要素之一。

3. 阅读需求

在传统出版市场环境下，读者的阅读需求需要历经出版物零售商—出版物批发商，才能最终为出版物生产经营者所了解，在这个传输过程中，既可能使读者的阅读需求"失真"，又存在着"滞后效应"。因此，通常情况下都是先由出版物生产经营者向市场提供一定量的出版商品，再由出版物批发商和出版物零售商去寻找既有阅读需求又具备支付能力的读者。在数字出版市场环境下，这个过程恰好相反，是先由数字内容提供商寻找到阅读需求，再根据读者的阅读需求组织数字出版商品的生产，并主动、精准地向那些具备实际消费能力的读者进行推送。在数字出版市场环境下，有阅读需求才会有数字出版商供应相应的数字出版商品，数字出版市场供求关系也由此而形成。因此，阅读需求也是形成数字出版市场的基本条件之一。

二、数字出版市场细分

市场细分是将某个产品市场上的买者划分成不同子市场的过程，细分市场由一个市场上有相似需求的顾客所组成，市场细分有助于企业分析机会、集中资源并及时调整营销策略，开拓新市场。企业在实行市场细分的过程中首先要选择一定的细分标准，在此基础上准确而恰当地细分市场，以便准确地选择目标市场，提高经济效益。数字出版市场的细分标准有很多，总的来说通常采用产品细分和客户细分两种主要市场细分标准。

1. *产品细分策略*

销售市场是一个商品品种不断扩大的海洋，产业和品种不是在综合，而是随时间的向后推移不断地被进一步细分，产品细分是一种重要的细分法则。因为不同的顾客具有不同的需求，顾客的需求有时较为抽象，很难描述，但是却可以通过对产品的不同需求表现出来。产品差异具有较高的可辨识性和稳定性，因此，数字出版市场普遍以产品差异为标准细分市场，采用产品细分策略。产品细分的策略包括产品形式细分策略和产品内容细分策略。

（1）产品形式细分策略。

产品形式是产品的重要特征之一，不同形式的产品可以满足顾客的不同需求，因此产品形式是数字出版商普遍采用的一种细分标准，通常将数字出版产品分为电子图书、数字期刊、电子杂志、数字报、数据库、在线解决方案等形式。目前，从全球的形势看，成功的数字内容提供商大多都专注于少数几种产品。其中，科技出版集团多专注于数字期刊及其数据库以及在线解决方案的生产，例如国外的斯普林格、美国化学学会等，国内的万方数据、重庆维普等。大众出版集团则要么专注于电子图书及其数据库的生产，例如国外的企鹅出版集团、自助出版商露露，国内的阅文集团、方正 Apabi、超星数字图书馆等；要么专注于电子杂志的生产，例如国外的桦榭集团和鲍尔集团，国内的龙源期刊网等。教育出版集团则更专注于电子教材和在线学习方案的生产，例如前面提到过的培生教育集团收购了"电子大学"这一在线学习平台，高等教育出版集团开发了"大学英语学习系统"。新闻出版集团则基本专注于数字报和数字新闻分发平台的建设，例如广州日报报业集团成立了大洋网，南方日报报业集团成立了南方网。

（2）产品内容细分策略。

内容是数字出版商品最核心的价值，也是数字出版市场最为重要的细分标

准。按照内容，数字出版市场首先可以分为商业出版（trade publishing）市场，又称为大众出版市场，主要指以大众消费类电子图书和电子杂志为主要商品的市场；专业出版市场，又称为 STM（science, technology & medicine）出版市场，主要指以专业的电子图书、期刊和在线解决方案为主要产品和内容的数字出版市场；教育（education）出版市场，主要指以电子教材、教辅、电子书包、在线学习平台、在线教育解决方案等为主要产品和内容的数字出版市场；新闻出版市场，主要指以社会新闻为主要内容，以数字报为主要产品形式的数字出版市场。当然，这四类数字出版市场又会根据内容和形式进行进一步的市场细分。例如，大众出版市场又分为大众图书出版市场和大众消费类杂志出版市场；大众图书出版市场又可以分为散文、小说、诗歌市场；而小说市场又可以按照内容进行进一步的细分，例如晋江文学原创小说就分为古代言情、现代言情、幻想现言、古代穿越、奇幻言情等 12 小类。教育出版市场则通常还可以按课程内容进行分类，例如细分为英语教育出版市场、数学教育出版市场等。专业出版市场的细分最为复杂，因为不同行业的专业人士对出版产品的内容有不同的要求，因此，通常都以学科或专业为标准进行多次细分，将专业出版市场划分为多个不同的细分市场。例如，斯普林格就采取三次细分方法，将其产品以学科为标准分为 269 个细分市场，出版 1700 多种同行评审学术期刊、26000 多种图书和 100000 多种参考工具以满足多个细分市场的需要。

2. 客户细分策略

在如今的营销环境下，企业实施市场细分的动因已不仅是拓展其经营的触角和确定市场突破的方向，还有强化企业与高价值客户间的互动关系，即建立客户关系。建立客户关系的关键点是了解客户，为了了解客户，企业需要收集信息并按照一定的标准细分客户，为不同类型的客户提供不同的服务。以产品为标准的市场细分模式主要着眼于顾客对产品的不同需求，以客户为标准的市场细分模式则主要着眼于顾客对服务的不同需求，旨在通过优质的、个性化的服务使客户和企业建立忠诚的关系，并吸引新的顾客。数字出版商也普遍以客户为标准进行市场细分，其客户细分的策略包括客户规模细分策略和客户地理区域细分策略。

（1）客户规模细分策略。

客户规模是一种重要的细分变量，直接影响到购买程序、购买类型、购买数量以及对特定营销组合的反应等。数字出版商将客户规模作为一种重要的细分标准，通常将客户分为个人客户和机构客户，并根据不同的客户规模制定不同的营销策略。

第五章 数字出版市场

（2）客户地理区域细分策略。

地理因素是一种应用广泛、传统的市场细分标准，将客户按照所处的不同地理位置分为不同的细分市场。数字出版打破了地域的限制，其业务可以通过互联网覆盖到全球各个地区，各个地区因为经济发展水平、消费习惯、运送成本和金融制度等方面的区别，需要的服务也不尽相同，因此地理因素也是数字出版商重要的客户细分标准之一。他们通常根据地域或者语言两个维度对数字出版市场进行细分，针对不同的地理区域市场，采取不同的营销策略。

三、数字出版市场的专有特征

作为社会主义市场经济体系中的一环，数字出版市场与其他商品市场一样，具有统一性、开放性、竞争性、有序性等一般特征。除此之外，数字出版物作为一种特殊的文化商品，也具有一些专有的特征。

1. 双边市场

双边市场定义为这样一类市场，其中两组参与者通过中间层（intermediary）或平台（platform）进行交易，而且其中一组参与者（end users，最终用户）加入平台的收益取决于加入平台双边市场的另一组参与者（最终用户）的数量。双边市场中有两类不同类型的用户，双方通过平台相互作用而产生价值，一边用户的参与规模与决策也会影响另一边用户的意愿和参与价值，平台上交易费用的分割则会直接影响各边的参与规模。在数字出版诸多特征中，出版平台的网络化是将数字出版产业引向双边市场的重要因素。网络为信息交流提供了便利，使双向沟通成为可能。数字出版时代，消费者可以将自己的要求意愿通过网络迅速传递给出版者，出版者也可以快速地收集读者的反馈信息，甚至可以根据客户的需求定期为客户提供个性化的信息和服务。网络创新了数字出版业务，在网络广告成为数字出版企业重要的收入来源的情况下，数字出版市场显现典型的双边市场特征。数字出版是由内容提供商、消费者、广告商与互联网构成的一平台多用户的双边市场结构，内容提供商、消费者和广告商三方终端用户通过互联网平台发生交易。

2. 资源聚合

数字出版是依托信息技术和网络环境而发展的出版业态，因而，要解决数字出版个性化服务难题，实现数字资源高效配置的资源聚合就非常重要了。数字出版的资源聚合包括内容资源、技术资源、人才资源的聚合。其中，内容聚合是数

字出版发展的核心环节,它在保证知识完整性和结构化前提下,能够将碎片化的数字信息重组成有价值的知识内容,是实现数字出版资源优化配置的重要途径。内容聚合是先将出版内容数字化和碎片化,再重新组织和聚类的过程。从技术角度看,目前的数字出版技术已经可以实现有效的内容聚合。网络环境也为内容聚合创造了一系列可实现的条件。很多专业出版机构都通过内容聚合,取得了市场竞争优势。例如,CNKI就整合了我国大量的报纸、期刊、学位论文、报告等知识资源,建立数据库,并抽取、提炼其中主要的知识元建成知识元数据库,其知识网络由知识元库、基本信息库和知识仓库组成,能够实现对数字、图形、表格、学术定义、新概念等知识元的搜索功能。

3. 使用价值的精神性

商品的使用价值是其所具有的能够满足消费者某种需求的属性。大多商品的使用价值是物质性的。数字出版商品的使用价值则在于其内含的文化价值能够满足人们的精神需求,包括获取信息、获取知识、陶冶情操、休闲娱乐、传承文化、社交等。因而,数字出版商品使用价值的精神性也是其区别于其他商品的最重要特点。数字出版市场的精神性体现在其生产、销售、消费各个环节中。人们之所以购买和消费数字出版商品,就是因为数字出版商品所具有的文化价值能够满足其精神需求,其消费并不会导致其物质实体的消耗,反倒会带来精神层面的满足。随着高质量的数字出版商品中内含信息和知识的传播,人们的知识储备、文化素养、思想观念、道德水平会在不知不觉中得到了提升。在对数字出版商品进行阅读分享的过程中,人们还能寻找到心灵契合的社群和朋友,获得自我认同、群体认同和社会认同及支持。

第二节　数字出版资源

一、数字出版资源的含义

1. 资源

要理解数字出版资源的概念,首先要了解资源的含义。所谓资源,指的是一切可被人类开发和利用的物质、能量和信息的总称,其是自然界和人类社会中广泛存在的具有稀缺性的能够给人类带来财富的财富。

2. 数字资源

理解了资源的含义后,再来看一下非常容易与数字出版资源混淆的一个概念

第五章 数字出版市场

——数字资源。数字资源指的是以数字代码方式将图、文、声、像等信息存储在磁、光、电介质上,通过计算机或具有类似功能的设备阅读使用的资料。其有多种分类标准,按照是否正式出版划分,可以分为正式出版的数字文献和灰色文献(grey literature),即非正式出版的各种文献资料;按照生产途径和发布范围的不同,可以分为商用资源、网络公开学术资源、特色资源和其他资源;按储存的物理地点的不同,可以分为现实资源和虚拟资源;按信息源的不同,可分为数据库、电子期刊、电子图书、电子报纸、联机馆藏目录和网络资源等。总的来说,数字资源更多指的是正式或非正式出版的数字出版产品,而非数字出版产品形成和产生的基础。

3. 出版资源数字化

随着计算机信息技术的飞速发展,出现了数字化方式。张国强、沈菁指出,"借助计算机或其他相应电子设备把各种内容信息按照特定的编码规则转化为二进制数字信号后记录、储存在磁、光、电等介质上,使用时再利用一定的电子设备将经过编码的数字信号进行解码,形成人类感官能够感知的信号。这种将出版资源以二进制数字信号记录、储存的过程,就是'出版资源数字化'"。其类型按其来源,可分为作者电子原稿、计算机排版文档、页面扫描图像文件、光电扫描识别文档。

4. 数字出版资源

关于数字出版资源的概念,这里借用罗紫初对出版资源的定义:与数字出版产品形成直接相关的各种要素的集合。数字出版资源是相对于出版物的生产过程而言的,是与数字出版产品形成直接而不是间接相关的各种要素的集合。其既包括物质形态存在的数字出版技术设备、人力、资本等资源,也包括以精神形态存在的知识、文化等内容资源。出版资源数字化的一般结果是形成"数字形态出版资源"。

二、数字出版资源的构成

数字出版资源是各种生产要素的结合,是一个种类繁多、内容丰富的集合体。主要由内容资源、技术资源、人力资源、资本资源、数据资源这几种主要资源构成。

1. 内容资源

"内容"业已成为当今社会的一个热门词汇,各类信息服务商无一不在关注各自的"内容资源"建设。中国人民大学喻国明教授在分析21世纪初传媒业并购案例时指出,"内容制造商已经成为传媒产业竞争发展的新的制高点。谁能将有竞争力的优势内容资源掌握在自己手里,谁就能获得市场优势地位"。出版业当然也不例外。毫无疑问,内容资源是数字出版业的战略资源,是决定数字出版国际竞争力以及数字出版企业竞争力的基本资源要素。

2. 技术资源

大多数研究成果认为出版技术现代化是现代出版起源的决定因素或标志,出版业是一个高度的技术依赖型行业,出版业的每一次重大进步都与出版关联技术的发展密不可分。数字出版与传统出版的本质区别同样也是源于出版技术手段的进步。以数字技术为突破口,通过数字出版技术的创新,同样可以形成具有良好竞争力的数字出版发展模式。因此,技术资源同样也是重要的数字出版资源之一。技术创新是数字出版生产力提高和数字出版模式创新的重要动力,基于技术创新的数字出版模式大致有基于阅读终端技术、数字出版平台技术和数字版权管理技术的三种基本实现途径。

3. 人力资源

国家行政学院研究室副主任祁述裕研究员在《中国文化产业国际竞争力报告》中列举了文化产业竞争力三个方面的基本内容,即基础竞争力、环境力、核心竞争力,并将人力资源界定到基础竞争力范畴。从这个意义上讲,人力资源在文化产业竞争力形成的多个方面,如需求方面、智力支持方面等都发挥着极其重要的作用。数字出版人力资源大致包括数字出版经营管理人力资源和作者资源两个方面的内容。目前,我国数字出版经营管理所需的复合型数字出版经营管理人才非常不足,尽管2014年教育部新增了数字出版专业,很多学校也申办了这个专业并在积极培养数字出版人才,但是截至目前,并没有哪个学校形成独特的、成熟的数字出版经营管理人才培养模式。作者资源同样是数字出版产业非常重要的人力资源。目前,我国有大量的网络作家,内容创业者的数量也非常多。但是大多数优质的内容创作人才因为版权保护的问题,仍然对数字出版心存疑虑。因此,在作者资源方面,尽管从数量上看已经非常丰富了,但是在质量上还需进一步提升。

4. 资本资源

经济学意义上的资本泛指一切投入再生产过程的有形资本、无形资本、金融资本和人力资本。本书所论及的资本概念仅指一般意义上的金融资本,不涉及其他方面的内容。资本属生产要素范畴。充足的金融资本、开放的融资政策以及畅通的融资渠道是数字出版产业发展与数字出版企业再生产的有效保证。虽然数字出版算不上是资本密集型产业,但是规模化的数字出版公司的运作以及重大数字出版项目的资本需求量仍然很大。近年来,我国已经组建了33家出版集团,西方国家出版集团之间更是频繁发生并购,在很大程度上就是源于对资本资源追求的推动。发达国家的一些数字出版集团尽管资金雄厚,但仍然利用各种途径进行融资。其中,上市融资是发达国家数字出版企业获得资金的主要途径。我国近年来也有不少出版集团通过上市融资,然而融资规模与发达国家数字出版企业相比仍然相对较低。

5. 数据资源

数据是数字经济发展的核心支撑,数据要素结合数字技术,驱动生产方式、商业模式、管理模式的多重变革。《数字中国建设整体布局规划》中提出,实施国家文化数字化战略,加快文化大数据体系建设。数字出版业是文化数字化战略实施的重要一环,加快文化大数据体系建设,对于出版数据整合、管理、运用也提出了更高的要求。

相对传统出版数据,数字出版数据在收集、整理、分析方面都具备较强优势。因此,数字出版业对于数字资源建设应当予以更高重视,将数据的采集、标注、加工、挖掘与数据服务作为出版机构的常态化工作,提高行业数据管理整合、管理及运用能力,加强不同形态的出版数据资源库建设,将数据转变为新的生产资料,实现数据的流通,进而形成数据资产。

三、数字出版资源优化配置

数字出版资源优化配置指的是数字出版资源在各项不同的数字出版活动之间,以及数字出版活动的各项不同用途之间进行科学而合理的分配。数字出版资源优化配置的路径包括以下几种。

1. 资产重组

资产重组指的是通过对不同企业之间或同一企业内部的这些经济资源进行符合资产最大增值目的的相互调整与改变,实现对实业资本、金融资本、产权资本和无形资本的重新组合。它是对企业包括物质资源、人力资源、组织资源等的重新配置,是一个全方位、多元化的系统工程。因此,资产重组既涉及企业物质资源的重新安排,也涉及人力资源、技术资源、品牌资源、组织资源的重新调整。既是生产资源的整合,也是市场资源的整合。数字出版企业的资产重组是对数字

出版企业之间或对单个企业内部各要素之间进行整合的优化过程，是更有效的企业制度创新，从而提高企业的运作效率和竞争力。资产重组方式包括收购、兼并、联合、托营、租赁、资产转换，这也是西方数字出版企业常见的资源优化配置路径。

2. 集团化

集团化也是数字出版资源整合、提高收益率的有效手段。集团化是媒介运作模式的必然趋势。组建出版集团就是要使我国的出版业从条块分割的行政管理直属部门变成能够直接参与并适合激烈竞争的产业，实现产业化经营、企业化管理，在产业调整中达到对各种资源的优化配置。目前，我国数字出版业的集团化发展趋势主要有三种合作方式，即不同地域范围内同类型媒体的联合经营、相同地域不同类型媒体的联合经营以及媒体与其他非媒体行业的相互参与、渗透经营。随着中国数字出版市场的日益成熟，产业进程必然要求媒介逐渐打破类型之间、地域之间甚至于行业之间的种种限制，朝有利的方向过渡。集团化关键的一点就是如何形成资源的合力，资源整合是集团化的核心内容，衡量一家数字出版集团是否成功的标志在于，其是否让所有可以利用的资源充分发挥了资源的最大合力优势，否则集团只是一种模式，是一种虚设的架构而缺乏实质性的内容。集团化以后，重点资源可以统合，既可重新强化各个实体在市场的竞争力，又可以使产业规模扩大，以集团的合力寻求整个产业的扩张。

3. 内容资源的高度集成

如前所述，内容资源是最为重要的数字出版资源，因此，数字出版资源优化配置的重点也是内容资源的优化配置。"规模效应"对数字出版有着特殊的意义，无论是学术出版、专业出版、大众出版还是教育出版，内容资源的高度集成都有利于形成"赢者通吃"的局面。对于数字出版企业而言，如果不能集成一定规模的内容资源，往往难以为网络读者关注，并形成自己的品牌。例如，尽管我国数以千计的专业学术期刊大多都有自己的网站，但是真正有影响的却寥寥无几。相反，不拥有版权，但是集成了众多学术期刊的中国知网、重庆维普和龙源期刊网等学术期刊数字出版平台，却能够成为我国学术与专业出版市场的领导者。这都充分说明内容资源的高度集成是数字出版的一种重要实现途径。

4. 数据资源的融合

随着国家大数据战略的推进和数字中国建设步伐的加快，数字经济的关键分支之一——数字出版业也开始积极通过数据技术引领出版业打破行业生态壁垒，拓宽出版业融合发展的渠道。在文化数字化战略驱动下，我国数字出版正在构建以数据、技术和用户为主导的数字赋能机制，优化其文化数字化发展的制度设计、设施建设、资源保障、技术应用和服务供给，推动数字出版不断更新发展模式和实践样态，以一种新的出版业态迎接新的发展生态，不断带动技术、人才、资金、物资在出版业的流通，促使数字出版的经济效益和社会效益同步提升。中国出版集团副总裁刘伯根（2018）甚至提出，出版融合发展的优势不是内容资源，而是内容数据；融合发展的动力不是数字化，而是数据化。近年来，我国数字出版产业蓬勃发展，已经建成一批规模较大且形式多样的数据库。但这些出版数据库离文化数字化战略中"全面共享、逻辑关联、快速链接"的要求还有距离，还未形成出版大数据体系。因此，为了实现出版数据资源的优化配置，需要对现有各类出版数据库进行再造与升级，建设国家数字出版资源库，加快出版数据常态化采集和解构工作，健全数字出版产业链和数据资产化运营机制。

第三节　数字出版市场需求

一、数字出版市场需求的含义

所谓数字出版市场需求，是指出版市场的潜在消费者想在市场上获得自己所需要的数字出版产品而又具有现实货币支付能力的愿望和要求。其包括以下三个方面。

1. 数字出版市场需求是一种具有现实支付能力的商品需求

从形式上看，读者是否需要某书，主要看该书内容是否适合自己需要，也就是要看读者对该书是否具有观念上的需求。然而，这种需求却不能与市场需求画上等号。因为市场需求是一种以交换为条件而获取自己所需商品的要求。针对儿童市场的，要符合其父母的预期，否则，即使儿童有该阅读需要，也无法将其转化为现实支付能力。例如，尽管儿童普遍表现出对数字阅读的巨大兴趣，然而因为数字阅读未能取得父母的信任，这就导致一些商业数字阅读项目和公益数字阅读推广项目效果不佳。

2. 数字出版市场需求是一种潜在的需求

数字出版市场需求客观存在，不由数字出版商主观意志决定。但是，这种客

观存在没有明显的外在表现,是一种潜在的,需要数字出版商去发现、分析和满足的需求。要使这种潜在的需求转化为显性的数字出版物消费,既要有能使这种需求得到满足的客观条件,包括社会的经济发展水平、读者的个人支付能力等,也取决于数字出版商对潜在市场的认知程度、分析能力以及为了开发潜在市场而付出的努力。例如产品内容是否满足读者需要、价格是否合理、购买渠道是否便利、营销沟通是否畅通等。

3. 数字出版市场需求是一种经常发展变化的需求

形成数字出版市场需求的各种要素都在经常发生变化。作为市场主体的数字出版商,只有准确判断,甚至预见数字出版市场需求,并根据市场需求的变化情况及时调整自己的经营行为,才能掌握数字出版市场经营的主动权。

二、数字出版市场需求的特征

1. 需求的多样性

数字出版市场需求的多样性主要源自读者的多样性。读者的性别、经济来源、年龄层次、受教育程度、经济状况、职业、地区、民族及生活习惯不同,导致数字出版市场需求的多样性。因此,尽管我国数字出版企业每年生产上千万种新的数字出版产品,其中仅文学原创网站的日更新图书品种都有上百万,可是仍然还有大量读者认为找不到自己需要的小说作品。同时,任何一种小说,或多或少都能找到自己的读者,数字出版市场几乎完全符合"长尾理论"。由于成本和效率的因素,数字出版市场不必再像传统出版市场一样,过分迷恋畅销书的打造和生产,因为几乎任何以前看似需求极低的数字出版产品,只要有卖,都会有需求和消费。这些需求和销量不高的数字出版合起来所占据的共同市场份额,完全可以和主流产品的市场份额相当,甚至更大。

2. 需求的层次性

读者文化知识水平、职业、生活习惯和经历等方面的区别,形成了读者价值观的差异及精神追求目标的区别。该差异表现在数字出版市场需求上,呈现明显的层次性特征。在我国数字出版市场上,目前处于最底层的主要是各种娱乐和通俗读物,这些占据了数字出版市场最大的市场份额。处于第二个层次的主要是各学科专业的一般数字出版产品,例如各大学开放的 MOOC、各类网络教育产品和各种光盘教育产品就属于这个层次。处于最高层次的是各类数字科技出版产品,包括专业期刊、数据库、数字解决方案等。数字出版的这三个层次的需求是一种典型的金字塔式结构,从最底层到最高层,产品蕴含的知识深度逐级提高,市场需求量则逐级下降。

3. 需求的可诱导性

可诱导性指的是消费者需求指向上的一种不稳定特征,对于数字出版市场而言,即是指读者的数字出版消费行为会受到数字出版商营销行为的影响,并且沿着数字出版企业营销的意图和方向发展变化。例如亚马逊就是通过低价策略提高读者的电子书阅读需求的。当当网、京东图书等网上书店也积极采用低价策略培养读者的正版电子书阅读习惯。目前,社交平台也成了数字出版商激发读者数字阅读需求的重要领地。例如"奥普拉图书俱乐部 2.0"成功激发了很多读者对于其推荐图书的阅读热情,促进了该书的销售增长。

4. 需求的伸缩性

市场需求的伸缩性又称市场弹性,指的是市场需求随市场环境因素的影响发生变化。数字出版市场需求是一种精神需求,不像生理需求那样具有必然性,也不像生理需求那样有一个相对固定的满足量。因此,除了科技出版领域因为主要面对图书馆市场而需求弹性较小以外,主要面向个人市场的大众数字出版、教育数字出版和新闻数字出版市场均有较大的需求弹性。其中读者的收入水平、受教育水平,数字出版商的营销方式和力度等因素都会极大影响读者数字出版需求的变化。例如,21 世纪初索尼公司生产的电子书阅读器一直未能获得市场成功,很大程度上就与当时全球整体的经济发展水平以及该产品本身的高价策略有关。近年来,随着读者收入水平的提高和产品价格的降低,可用于显示文本的数字设备的销售数量成倍增加。2007 年 11 月,亚马逊第一代电子书阅读器 Kindle 一经上市,两天之内就一销而空。

5. 需求的时效性

时效性指的是随着时间的变化,数字出版市场需求也会呈现相应变化的特征。数字出版市场有着极强的时效性。不同的时代,数字出版市场会形成不同的畅销书热潮。近年来,男性文学市场从玄幻文到科幻文,女性文学市场从穿越文到重生文、从宫斗文到宅斗文,这些文学热潮都有着较强的时代烙印。时效性是数字出版市场需求非常重要的特征,它要求数字出版企业紧跟时代步伐,及时把握市场需求变化的规律,预测市场趋势,调整企业的营销战略。

第四节 数字出版市场调查与预测

数字出版市场调研指的是运用科学的方法,对数字出版市场营销资料进行系统的、有目的、有计划的收集、整理、分析和解释的活动,旨在为数字出版企业的经营管理活动提供信息,帮助企业做出正确的战略决策。

一、数字出版市场调查的内容

数字出版市场调查的内容非常广泛,包括读者调查、数字出版市场环境调查、数字出版商品调查等。

1. 读者调查

读者是数字出版市场最重要的构成部分,因此,数字出版企业需要重视和开展读者调查,了解读者对数字出版商品和服务的需求情况。数字出版市场读者调查的内容包括读者数量与结构调查、读者阅读需求调查、读者阅读动机与行为调查、读者对数字出版企业的看法和评价调查等。

其中,读者需求调查是读者调查的核心内容。例如,为了了解数字时代读者阅读需求的变化,哈珀·柯林斯做了很多实验,对读者的阅读行为和消费行为进行调查分析。实验表明,年轻人越来越喜欢用上网浏览的方式进行阅读,美国每个月更是有上百亿个搜索问题在网上得到结果。哈珀·柯林斯意识到在数字时代要想更好地满足读者的阅读体验,就要与搜索引擎建立合作关系,让读者可以在网上搜索到其所需要的图书。因此,哈珀·柯林斯在很多出版集团对谷歌图书搜索(google book search)项目持观望甚至反对意见的时候,就开始与谷歌、雅虎和亚马逊合作,将图书分割成不同页面,供读者更好地检索和浏览。哈珀·柯林斯为了让读者获得更好的阅读体验,其在图书数据化的过程中,还非常注重扫描的质量,这使其电子书的浏览效果远远高于亚马逊电子书的浏览效果。在早期,这一做法降低了图书的搜索速度,而随着搜索技术的发展,这一问题不复存在。而高质量电子书标准的坚持,则给哈珀·柯林斯带来了更多忠实的电子书读者。

除了读者的阅读需求调查外,读者阅读动机与行为调查也是读者调查的重要内容,尤其是在大数据环境下,利用读者阅读行为,可以发现读者阅读偏好,进而了解读者未来的需求,向读者更精准地营销和推荐其所需要的图书。读者的数量与结构调查是读者调查最基本的内容,也是细分并选择数字出版目标市场的基础和依据。读者对数字出版企业的看法与评价调查则有助于数字出版企业了解其在读者心目中的位置以及其开展的营销活动是否向读者准确传达了其定位,以便其后进行战略调整。例如袁媛、尹雯慧(2023)在《社交媒体中的数字阅读行为研究》一文中就采用问卷调查法和深度访谈法对社交媒体用户的数字阅读行为特征进行分析。该研究发现研究:"80 后""90 后"女性是社交媒体环境下数字阅读的主要用户,下班和睡前是社交媒体数字阅读活动的高峰时段,数字阅读用户的付费意愿与内容质量和稀缺性成正比,社交关系是驱动用户数字阅读行为的关键动力。最后,其根据这些调查发现为数字出版企业提出了发展建议:社交媒体平台中的数字阅读推广应当坚持"内容为王",注重情感交流;依托智能技术,拓展社交网络。

2. *数字出版市场环境调查*

在市场经济条件下,数字出版企业的经营活动总是受一定的市场环境因素影响和制约。数字出版市场环境调查包括外部环境调查、产业竞争环境调查以及企业内部环境调查等。

外部环境调查又称为宏观环境调查,主要调查的是与数字出版市场经营活动紧密相关的宏观外部环境因素,包括政治法律环境、经济环境、社会文化环境、教育环境、技术环境等。这些因素既会影响数字出版企业也会影响读者对数字出版商品的需求。

竞争环境调查主要是一种产业环境调查,包括对行业壁垒、竞争程度、产业制度、竞争对手的构成状况进行调查等。俗话说"知己知彼,百战不殆",在激烈的数字出版市场竞争中,数字出版企业必须深入了解数字出版市场的竞争状况,才能在竞争中处于有利地位,获取竞争的主动地位。

内部环境调查指的是对数字出版企业内部影响数字出版企业活动的各项因素进行的调查。数字出版企业不仅需要了解外部宏观环境和产业竞争环境,同时也不能忽略对自身的资本、产品、管理、技术、人才等内部优劣势的分析。数字出版企业内部环境调查有利于其资源的合理配置,在企业经营活动中实现效益最大化。

3. *数字出版商品调查*

数字出版商品是数字出版市场存在的物质基础,因此还要通过各种途径和方法对数字出版企业生产和销售的数字出版产品的有关情况,如数字出版商品结

构,畅销书主题、内容、作者,数字出版商品定价和生命周期等进行调查。

二、数字出版市场调查的程序

数字出版市场调查是一项系统、完整、有计划、科学性很强的工作,包括数字出版市场经营目标的确定、数字出版市场调查设计、数字出版市场调查计划的执行。

1. 数字出版市场经营目标的确定

数字出版市场经营目标是数字出版市场调查的基本方向。数字出版企业的所有市场活动均是围绕着市场经营目标进行的,有了调查目标,才能确定调查的内容。

2. 数字出版市场调查设计

数字出版市场调查设计是对数字出版市场调查活动进行的整体规划,一般包括以下内容:确定调查类型、确定所需资料及资料的收集方法、选择调查工作的执行者、确定调查样本、估计调查费用和调查时间规划等。

3. 数字出版市场调查计划的执行

制定了调查目标,确定了调查计划,还要真正执行调查计划才算完成调查工作。数字出版市场调查计划的执行包括信息资料的收集、处理、分析与解释以及最终提交调查报告。

三、数字出版市场预测

数字出版市场调查的最终目标是为数字出版市场预测提供有效参考。数字出版市场预测是数字出版企业经营决定和计划的基础,是数字出版企业改善其经营管理水平、提高经济效益的重要手段。

1. 数字出版市场预测的类型

数字出版市场预测的种类很多,按照不同的划分标准,其可以分为不同的类型。其中,按照数字出版市场预测的范围,可以分为宏观数字出版市场预测和微观数字出版市场预测,例如全国数字出版市场需求预测和企业未来商品销售预测等。按照预测对象,可以分为综合性数字出版市场预测和单项数字出版市场预测。按照预测时间范围,可以分为短期、中期和长期预测。按照预测的目的,可以分为计划性预测和非计划性预测。按照预测内容,可以分为数字出版市场需求

第五章 数字出版市场

预测和未来销售预测等。

2. 数字出版市场预测的主要内容

数字出版市场预测主要包括数字出版市场需求预测和数字出版销售预测。前者包括数字出版市场总需求量预测、分类需求量预测、读者状况预测、供求关系预测等。后者则包括行业销售情况预测、数字出版市场竞争状况预测、数字出版商品生命周期和销售量预测等。

本 章 小 结

本章主要分析了数字出版物的构成，并基于目标市场定位战略，分析了数字出版市场细分、目标市场选择和定位战略。数字出版市场与数字出版资源紧密关联，因此，其后分析了数字出版资源的含义、构成以及数字出版资源优化配置的路径。第三节则主要分析了数字出版市场需求和特征。最后，提出了数字出版市场调查的方法。

□ 思考与练习题

1. 数字出版市场由哪些要素构成？
2. 数字出版市场细分的方法有哪些？
3. 数字出版市场有哪些专有特征？
4. 数字出版企业如何选择其目标市场和进行市场定位？
5. 什么是数字出版资源？其由哪些部分构成？
6. 如何进行数字出版资源的优化配置？
7. 什么是数字出版市场需求？数字出版市场需求有哪些特征？
8. 请针对某一个读者群体或者某一种数字出版市场，设计一份调查问卷。

第六章　数字出版产业价值链及其商业模式

教学目标与教学重难点

目标：了解数字出版产业价值链的含义、构成与结构；了解商业模式的概念以及数字出版商业模式的要素以及创新；了解基于数字出版产业价值链的盈利模式。

重难点：了解数字出版商业模式和盈利模式的区别和联系；了解基于数字出版产业价值链的数字出版盈利模式。

数字出版打破了出版产业出版、印刷和发行的传统产业链分工，大大拉长并拓宽了出版产业链条，如电子书、数据库、知识服务、在线教育，再到版权交易、技术服务、流量管理、广告植入等商业模式，拓展了出版产业的盈利空间，创新了出版产业商业模式。数字技术与出版产业的有机融合是出版产业链拓展的基本源泉，商业模式创新与技术创新的交替作用则是推动数字出版产业可持续发展的动力。

第一节　数字出版产业价值链的构成与结构

数字出版产业是生产、贮存、传播和销售数字出版产品和服务以及为上述活动提供技术支持的产业。数字出版产业价值链由基本价值链、辅助价值链和拓展价值链构成。要构建我国数字出版产业价值链，就要强化以内容为核心的观念，加强不同产业部门和不同地域间的合作；构建良好的政策法律环境并加快培养数字出版专业人才；建立以品牌为核心的数字出版衍生产品开发机制并完善数字版权交易市场。

第六章　数字出版产业价值链及其商业模式

一、价值链理论

价值链的概念最早是由美国哈佛商学院教授迈克尔·波特在其1985年出版的著作《竞争优势》中提出的。波特指出，"每一个企业都是用来进行设计、生产、营销、交货以及对产品起辅助作用的各种活动的集合。所有这些活动都可以用价值链表示"。波特还将价值活动分为基本活动和辅助活动两大类，其中基本活动包括内部物流、生产作业、外部物流、市场和销售、服务；辅助活动则包括采购、技术开发、人力资源管理和企业基础设施。这些独立而又相互依存的活动构成的一个系统就是价值链，基本价值链如图6-1所示。

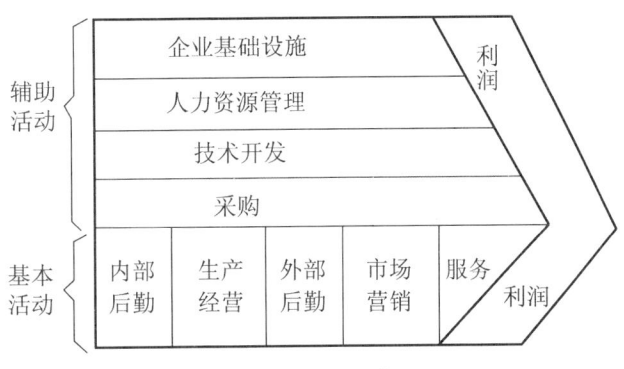

图6-1　基本价值链

企业价值链是单个企业通过一系列价值活动而构成的，产业价值链则是围绕服务于某种特定需求或进行特定产品生产所涉及的一系列相互依存的业务流。由此，在本章中，给数字内容产业价值链作出如下定义：围绕数字出版产品生产经营或服务的创造、生产、销售、传播和消费，以及从中获得利润的过程中形成的价值传递的一种链式结构。数字出版产业价值链分析有助于数字出版企业找到自己在产业中的位置以及向产业前端或后端扩展，获得新的价值增值机会，从而提高企业的效率。

二、数字出版产业价值链的构成

数字出版产业价值链主要可以分解为基本价值链、辅助价值链和拓展价值链三个部分。其中，基本价值链是数字出版产品和服务创造、生产、销售、传播、消费的价值生成过程，其主要功能是产生价值增值。辅助价值链是数字出版产业技术支持、人力资源支持、资金支持、政策支持以及其他商业调研机构支持等系统的综合，其功能是提高数字出版产业价值链的运行效率和能力。拓展价值链则是由基本价值链上某环节能力的拓展或数字出版产品附加值深度开发而形成新的功能产品所带来的产业价值链增值能力的拓展部分。

三、数字出版产业价值链的结构

如前所述，数字出版产业价值链主要由基本价值链、辅助价值链、拓展价值链这三个层次的价值链构成。具体如下。

1. 基本价值链——数字出版产业价值链的基础和核心

价值增值是数字出版产业价值链形成和发展的前提和基础，因此，承担着价值增值功能的数字出版产业基本价值链便是数字出版产业价值链的基础和核心。数字出版产业基本价值链主要可以分为三个层面。

第一层面，数字出版内容提供商，处于数字出版产业价值链的最上游，是整个产业价值链中最核心的环节，包括数字出版内容创造者和数字出版内容应用开发商。数字出版内容创造者包括记者、编辑、作者等，他们是数字出版产业的核心——知识产权的实际创造者，其功能类似于工业生产的研发体系，只不过其生产的是内容，承担内容开发、内容生产、内容提供等主要功能。代表企业包括江苏凤凰出版传媒集团、浙江出版联合集团、上海世纪出版集团等传统出版企业和阅文集团、阿里文学、混沌大学、中国 MOOC 等数字出版企业。数字出版产品的商业化开发应用是数字出版企业经济学的支撑，也是数字内容产业得以形成和发展的关键所在。

第二层面，数字出版技术提供商，处于数字出版产业基本价值链的中游，起着承上启下的作用。他们对数字出版产品提供商提供的内容商品进行集成，主要承担数字加工、技术服务、平台搭建等技术运营工作。代表企业包括知网、超星、万方、维普等。

第三层面，数字内容终端分销商，处于数字出版产业基本价值链的下游，在数字出版产业基本价值链中的主要分工是传播数字内容，生产支持数字出版产品消费的接收终端产品。数字内容终端分销商包括两大类：数字内容销售平台和数字出版终端设备提供商。前者的典型代表包括京东图书、新华书店、当当网、豆瓣阅读等；后者的代表包括过去一些阅读器和学习机生产企业，例如科大讯飞、

第六章　数字出版产业价值链及其商业模式

希沃等。当然,也有一些企业同时整合了这两项功能,例如亚马逊、掌阅、中文在线等。

2. 辅助价值链——数字出版产业价值链形成和发展的重要保障

尽管辅助价值链并不承担价值增值的任务,但是数字出版产业的形成和发展离不开数字出版产业辅助价值链的完善和发展。数字出版产业辅助价值链主要分为五大系统:技术支持系统、资金支持系统、政策和法律支持系统、人力资源支持系统和商业调研机构支持系统。

技术支持系统:数字出版产业的每项价值活动都包含着技术成分,数字出版产业技术支持系统包括软件开发企业、系统集成企业、工程技术咨询企业等大量技术提供商。

资金支持系统:资金是数字出版产业得以形成的必不可少的条件,同时也是数字出版产业发展的重要保障。其中,对于数字出版产品提供商而言,其主要的资金支持来自政府财政拨款和相关基金的支持;而对于数字出版服务提供商和终端设备制造商而言,则主要是借助金融市场上市或发行债券等外源融资方式获取资金支持。

政策和法律支持系统:作为一种将信息技术与文化内容融合在一起的新的产业,数字出版产业的发展离不开政府政策的引导和支持。除了政策的支持之外,数字出版产业价值链的形成和发展还离不开知识产权保护和电子商务交易等相关法律的完善和发展。

人力资源支持系统:任何一个产业价值链的形成和发展都离不开丰富的人才资源,数字出版产业也不例外。数字出版产业发展需要多方面的复合型高级人才,包括优秀创意人才、优秀设计人才、有经验的技术人才、市场和销售人才以及管理人才等。

商业调研机构支持系统:尽管数字出版产业本身依托于强大的网络和数据库,但是相关的产业统计和产业内容专题的调研也是数字出版产业价值链构成的一个重要组成部分。数字出版商业调研机构包括尼尔森、开卷等著名的媒介调查公司。

3. 拓展价值链——数字内容产业价值链升级的方向

创造性和知识产权是数字出版产业的核心,围绕着知识产权的商业化开发和应用,不仅会产生数字出版商品,还会产生数字出版衍生产品。数字出版衍生产品是指原数字出版产品的延伸,主要包括玩具、文具、服装、生活用品、汽车、邮票、纪念品、主题公园等,范围宽泛,种类繁多。多层次开发数字出版衍生产

品是我国实施数字出版市场整体战略的主要措施之一,也是我国数字出版产业价值链升级的方向。

价值链始终贯穿于数字出版发展之中。产业链内的内容提供环节、技术运营环节和终端分销环节之间存在大量的信息、物质、资金方面的交换关系,是一个价值递增的过程。

四、构建我国数字内容产业价值链的建议

1. 基本价值链建设建议

(1) 深化以内容为核心的观念。

尽管数字出版产业高度依赖技术基础设施,非常容易受到技术变革的影响,但是拥有知识产权的内容始终是数字出版产业的核心。内容提供是数字出版产业基本价值链的顶端,在任何情况下都是控制整个数字出版产业价值链的关键环节。对于数字出版产业而言,其主要增值部分是其原创性的知识含量,因此,尽管数字出版服务提供商在数字出版产业价值链的地位至关重要,但是要发展我国数字出版产业,仍然要强调以内容为核心的观念,创造有价值的内容。

(2) 加强不同产业部门和不同地域间的合作。

尽管在不同的市场上运行,而且很多不同部门的产品也各不相同,但是数字出版产业不同部门间的合作却非常普遍。例如广播电视网、电信和互联网的融合模糊了过去有线电视业、电信业、计算机业这三种不同数字内容产业的边界。另外,数字出版产品提供商和数字内容服务提供商乃至终端设备提供商之间的合作也日趋紧密,例如终端设备提供商苹果公司与多家唱片公司和出版机构的合作等是不同产业部门合作的典范,华策影视和咪咕文化的联手是强内容与强渠道的协同,封面传媒与百度公司的联合是内容提供环节与技术运营环节的协同,典型案例还有辽宁出版集团与咪咕数媒的合作。数字出版产业链的内容提供环节、技术运营环节和终端分销环节的合作均可实现协同共生,从而构建功能独立又有机统一的产业链发展整体。除了部门间的直接合作外,另外一个合作点则表现在技能方面。最初,大多数数字出版企业都是从本部门内部招募人才。然而,随着数字出版产业价值链的日趋成熟,人才开始在不同数字出版产业部门间流动。例如,国内著名的绘本出版商海豚传媒在招聘员工的时候,不仅会考虑出版行业的从业人员,也会考虑电影和电视产业的从业人员(例如动画师和艺术创作人员)。

第六章　数字出版产业价值链及其商业模式

以国际市场为目标市场的数字出版企业,其合作伙伴关系可以提供大量的优势,包括通过规模的扩大赢得更大的项目、通过合作获得所需的专业技术以赢得某个合约以及接触合作伙伴顾客关系的机会等。因此,要加快我国数字出版产业的发展,不仅要加强不同产业部门间的合作,还要加强不同地域间的合作。

2. 辅助价值链建设建议

（1）构建良好的政策法律环境。

就全球范围来看,数字出版产业的成长初期都离不开政府的推动、扶持和监管,而我国数字出版产业正是处于成长初期,因此政府的地位就显得尤为重要。近年来,我国政府也非常重视数字出版产业的发展,已将其列入中国《国民经济和社会发展第十一个五年规划纲要》《信息产业科技发展"十一五"规划和2020年中长期规划纲要》《文化建设"十一五"规划》中。这些政策都极大地推动了我国数字出版产业的发展和数字出版产业价值链的形成。但是,与欧美、日本、韩国等地区和国家相比,我国政府在数字出版产业方面的政策引导还略显不足。同时,数字出版产业的发展还必须依托于完善的法制环境。目前,我国数字出版产业系统内的交易规则还未建立,特别是数字版权交易管理和规范方面的法律法规还不成熟,极大地挫伤了数字出版产品提供商的利益和创作热情。因此,要促进我国数字出版产业的发展,还需要政府制定规范数字出版市场交易的法律法规。

（2）加快培养数字出版专业人才。

数字出版产业价值链较长,产业环境复杂,需要大量复合型和多元化人才参与,保障产业的健康、快速发展。目前,人才供给的缺口呈现逐渐扩大的趋势,这也成为数字出版产业价值链建设的重要障碍之一。澳大利亚交互媒体产业联合会（Australian Interactive Media Industry Association）在对691个数字出版企业进行充分调查后发现,25%的企业表示很难招聘到需要的人才,50%的企业表示最难得到的资源是优秀创意人才,37%的企业则认为管理人才是其最稀缺的人才资源。这些企业普遍认为大学和职业技术教育学院没能培养出具有良好的技术、创意或商业技能的学生。为了解决这一难题,很多国家正着力进行数字出版人才建设。我国近年来也积极加强对高校和科研机构内数字出版专业人才的培养。2011年,教育部本科备案目录增设数字出版专业,截至2021年,全国共有22所高校开设数字出版专业。2014年,全国出版专业技术人员职业资格考试首次将互联网出版单位从业人员纳入考试报考范围。2016年，北京市试点开展数字编辑职称考试和评聘工作。2017年，原国家新闻出版广电总局在新闻出版单位高级职称评审工作中首次提出了数字编辑相关职称的评审规则。2021年12月，国家新闻出版署在《出版业"十四五"时期发展规划》指出要继续推进出版业高质量发展的保障工程，并作出将"深入推进出版学学科建设"列入这一工程的重要决定，同时提出了要建构中国特色社会主义出版学学科体系。2022年7月24日，由国家新闻出版署主办的首届全国出版学科共建工作会在中宣部和教育部的共同指导下于北京顺利召开，北京大学、中国出版集团、上海市委宣传部等多家单位参与了首批共建。这些举措极大地推进了高质量出版人才队伍建设。

3. 拓展价值链建设建议

（1）建立以品牌为核心的数字内容衍生产品开发机制。

对于数字出版产业而言，衍生产品所创造的价值通常会比出版产品本身多得多。但是，并不是任何一部数字出版产品都可以开发衍生产品，只有那些拥有品牌影响力的数字出版产品才具备开发衍生产品并据此获得超额利润的能力。因此，要拓展数字出版产业价值链，就要建立以品牌为核心的数字出版衍生产品开发机制。在数字出版产品创意、生产、分销和传播阶段就着力树立数字出版产品的品牌；品牌建立后，再通过品牌延伸的方式，包括开发系列产品、品牌授权经营、合作出版等进一步开发品牌价值，拓展价值链；最后，通过品牌保护的方式保护品牌价值，使其成为企业持续的盈利来源。

（2）完善数字版权交易市场。

版权是数字内容产业价值增值的基础，数字出版企业可将其作品版权中的全部或部分经济权利通过版权转让、许可使用等方式，开发出种类繁多的衍生产品，以获得额外盈利。数字出版企业要通过版权交易的方式开发数字出版衍生产品，就离不开完善的版权交易市场。近年来，我国已经建立了"全国版权交易共同市场""北京国际版权交易市场"等，推动了我国版权交易的发展。但是，数字版权许可交易市场还处于起步阶段，尚不完善，这在很大程度上制约了我国数字出版产业拓展价值链的发展。因此，要推动我国数字出版产业拓展价值链的发展，还要完善数字版权交易市场。

第六章 数字出版产业价值链及其商业模式

第二节 数字出版商业模式及其要素

作为企业存在的最基本要素，商业模式已经成为创业者、企业经营者、风险投资者经常提及的一个名词。好的商业模式是企业成功的保障。那么到底什么是商业模式？它包含什么要素？数字出版的商业模式构建和创新路径有哪些？本节主要探讨这些问题。

一、商业模式的概念

20世纪50年代就有学者提出"商业模式"的概念，但是直到20世纪90年代后期，这一概念才开始流行。不同学者从不同学科背景研究阐述商业模式的概念。彼得罗维奇（Petrovic，2001）认为商业模式是一种企业业务流程中所体现的价值创造的方式方法，是一个公司赖以生存的模式。鲍舟波（2018）认为商业模式是将企业运行的内外要素整合起来，形成一个完整、高效、具有独特核心竞争力的运行系统以实现用户价值的最大化，同时以最优实现形式满足用户需求，并使系统达成持续盈利目标的整体解决方案。目前，数字出版行业内较为认可的是泰莫斯的商业模式概念。其将商业模式视作一个完整的产业体系，这个体系包括产品、服务等各个方面，同时也包含了整个产业体系中每一个部分的参与者和它们在其中发挥的作用。

二、商业模式九要素

在亚历山大·奥斯特瓦尔德和伊夫·皮革诺尔（Alexander Osterwalder & Yves Pigneur，2013）的《商业模式生成：愿景者、游戏规则改变者和挑战者手册》一书中，其将所有的企业商业模式划分为九大要素，并描述如何建立、评估企业商业模式的方法。

1. 目标客户

商业模式的第一个要素是准确定义产品或服务所面向的目标客户，并将其细分为具有相似需求和特点的客户细分市场。确定目标目的是更好地理解目标客户的需求和行为，以便为其提供个性化的产品和服务。大众出版、专业出版和教育

出版分别有不同的目标客户；文学阅读领域也可以细分其客户群体，例如起点中文网就分男生版和女生版。未来的数字出版物联网终端还可以基于人脸识别、LBS（基于位置服务）技术登记用户身份信息，打造"千人千面"的个性化阅读平台。通过标签识别用户特征，推出阅读分享、圈层交流、游戏互动、在线教育、知识库搜索等功能，上线一系列个性化服务项目。

2. 价值主张

价值主张是指为特定客户细分创造价值的系列产品和服务，以满足该特定客户群体的需求。这些产品和服务可以表现为标准化或个性化的产品、服务、整体性解决方案等。例如哈珀·柯林斯出版集团的价值主张是为其作者和读者服务，成为二者之间沟通的桥梁。针对这一价值主张，哈珀·柯林斯为其作者和读者提供多项服务。例如，其建立了在线视频播放平台HCTV，用于发布与其图书和作者相关的原创视频内容。

3. 核心资源

核心资源主要包括实体资产、知识资产、人力资产和金融资产。这些资源是商业模式运作的基础，支撑着商业模式的运转和发展。不同类型的数字出版企业，其核心资源也不尽相同：平台型数字出版企业的核心资源多为技术资源和服务；内容型数字出版企业的核心资源则多为内容或者与创作者、读者的合作伙伴关系。例如，兰登书屋的核心资源就是其丰富的作者资源。其作者资源中，有50多位诺贝尔文学奖获得者、100多位普利策奖获得者，除此之外，还有大量的广受欢迎的畅销书作家。兰登书屋也围绕如何维护与这些作者的良好关系开展了多项服务。例如，2013年3月兰登书屋推出了一个一站式作者门户网站，该网站向成千上万的兰登书屋作者提供有关他们作品的销售、版税及附属权利交易等信息。通过这个作者门户网站，曾经在兰登书屋成人和儿童出版部门出版过图书的作者以及他们的代理人，可以获取其每周甚至过去十年的图书销售数据。

4. 关键业务

关键业务指的是企业用于提供产品或服务的关键业务流程。关键业务流程包括生产、营销、客户管理等方面。这些业务通过标准化和柔性生产系统、强/弱的研发部门以及高/低效供应链管理等方式，保证整个商业模式的正常运行。20世纪末到21世纪初，多元化曾是学术出版业发展的重要趋势。爱思唯尔收购哈考特（Harcourt），将其产业范围扩展到教育出版领域；贝塔斯曼收购斯普林格，将其产业范围扩展到科技出版领域。这些收购都曾经是出版业津津乐道的话题。但是在数字出版浪潮下，出版业纷纷专注于自己的关键业务。例如贝塔斯曼抛售

第六章　数字出版产业价值链及其商业模式

了斯普林格，爱思唯尔和汤姆森先后抛售教育出版业务，沃尔特斯·克鲁维尔抛售其非核心的科学出版业务。

5. 成本结构

成本结构涵盖了运营一个商业模式所引发的各种费用的综合。常见的成本结构包括固定成本、流动成本和运营成本等。这些成本结构有助于数字出版企业更好地控制和管理成本，从而提高企业的盈利能力。例如，学术出版巨头泰勒·弗朗西斯（Taylor & Francis Group）就积极利用按需印刷技术优化其学术图书的成本结构。泰勒·弗朗西斯出版的图书除了一些经典教材外，其他图书普遍印数不高，单价偏贵。而在按需印刷商业模式下，其成本远远低于批量印刷的成本，可以帮助泰勒·弗朗西斯增加收益，保护环境。除此之外，电子图书在简化了出版业流程的同时，也开始改变出版社与作者之间的关系，并催生了大量电子与纸质书籍之间的互动，也改变了工作方式。现在读者一般倾向于先上网搜索，再"按需印刷"，也就是说，纸质书成了辅助。先了解需要什么书，需要多少本再去印刷出版，这在出版界已经形成了趋势。泰勒·弗朗西斯在此环境下也积极发展按需印刷，在其电子书销售平台上，读者可以付费打印一本书中的几页，或者购买不同的书的章节组合在一起，自己"编辑"成一本书。2007年按需印刷的图书就增加了50%，每本书的平均印数则降低了50%，这为泰勒·弗朗西斯节省了更多的成本，增加了收益。

6. 收入来源

收入来源是指公司通过各种收入流来创造财务的途径。在商业模式的运营中，收入来源的选择和定价策略都会影响到公司的利润和市场竞争力。数字出版企业的收入来源非常丰富，包括内容销售、技术支持、知识服务、广告服务、流量收入等。例如近年来，一些数字出版企业通过信息的分享与交流，将传统意义中的"读者"角色转化为"用户"，通过后向收费的模式获取盈利。后向收费是被很多原创文学企业所广泛使用的一种商业模式，主要是向企业单位或信息提供者收取费用。目前，市场上比较主流的后向收费包括广告发布、竞价排名、网络游戏、冠名赞助等。由于后向收入变成了主要的收入来源，内容资源免费向大众提供，从而进一步促进增加用户数量。

7. 渠道和分销

渠道和分销策略指的是企业将产品或服务引入市场的方式和途径。对于数字出版企业而言，选择合适的渠道和分销策略可以提高数字出版产品的覆盖范围和销售效率。大多数数字出版企业都会采取多渠道分销策略，通过各个网上书店、

读书 App 以及一些社交媒体平台，包括抖音、微信、微博、豆瓣等推广和销售其产品。近年来，在物联网技术的支持下，数字出版在内容生产、平台终端等方面都可以实现共享融通。例如，高等教育出版社推出二维码服务平台，尝试在图书的关键内容处设置增值码，推荐读者打开网页，下载视频、音频、图片、文档等数字资源，关注指定的微信公众号、微博、小程序，鼓励读者完成打赏、付费下载、在线订购、留言评论等操作。还有一些数字出版企业推出在线按需打印出版业务，即利用物联网、大数据、知识图谱、激光打印等技术构建在线打印出版云平台，以读者的需求按专业或职业快速智能重构知识体系，读者根据系统性阅读的需要在线付费打印出版，就近取图书或稿件。

8. 合作伙伴

合作伙伴是指与企业合作共同实施商业模式的其他组织或个人。合作伙伴可以提供不同的资源、技术或市场渠道，帮助数字出版企业扩大规模和增加竞争优势。选择合适的合作伙伴，并建立良好的合作关系也是商业模式成功的关键因素之一。数字出版企业的合作伙伴非常丰富，既可以来自行业内部，也可以来自下游的机构读者，还可以是技术平台或其他行业外企业。例如，"阅享易栈"和贵阳市图书馆合作，通过分享图书获取积分用于借阅图书。青岛出版集团联手海尔集团共同研发和运营数字出版发布平台，点击海尔概念版物联网冰箱触屏，即可下载青岛出版集团出版的时令菜谱，并根据冰箱内的食材确定当天的菜单；打开海尔互联网电视，可下载青岛出版集团的各类电子书内容。

9. 客户关系

客户关系指的是企业与目标客户之间建立的联系。通常所说的客户关系管理就与此相关。大数据技术为数字出版技术更好地识别、定位和管理自己的客户提供了重要的技术支持。

例如，哈珀·柯林斯建立了一个有数百万客户的档案数据库，在大数据技术的支持下，其不用担心数据的问题，得以更好依托这一数据库开展目标营销。哈珀·柯林斯的数字化营销围绕着"Publish+"的新模式，寻找数字和网络形式下将作者、书商、消费者的范围不断扩大的新出版模式。在这种新模式下，哈珀·柯林斯不再一味追求畅销书，而是依靠再版书的长尾效应和互联网的营销潜力制定推广方案。哈珀·柯林斯通过频繁组织市场调查了解在线广告及其潜在顾客，通过一系列电子通信识别潜在顾客，使他们保持对互动性网站的兴趣，分析读者了解图书信息的渠道。哈珀·柯林斯还针对不同类别的大众类传统出版物采取不同的数字转型策略，对部分特定的出版物直接建立网络直销渠道，实现网上同步销售。

第六章　数字出版产业价值链及其商业模式

三、数字出版商业模式创新

1. 基于共享经济的数字出版商业模式创新

随着"共享经济"商业模式迅速崛起,以知识经济共享为核心的数字出版业正在逐渐探索全新的出版模式。数字出版共享商业模式一共有四种类型。

(1) 平台资源再利用出版模式。

该模式充分利用多平台完成资源的共享,实现与客户群体之间的有效沟通,借助多元化的出版平台提供共享服务内容,与主体开展平等的对话与交流。该模式强调的核心内容是建立以共享促共建的出版平台。近年来,国内诸多出版主体充分利用互联共享平台,实施出版资源的优化配置和整合创新,推出一系列多元化的创新共享服务。例如,文献出版共享与资源管理平台、出版学术资源数据库、出版资源指南库、出版产品(作品)消费者评价系统、在线撰写文章平台都是该模式的典型代表。

(2) 出版联盟输出模式。

该模式依托出版联盟本身,并以此为基础探索一种全新的出版模式。西方专业出版集团内部以及集团之间的合作就是采取出版联盟输出模式的典型代表。阅文集团的高效发展也显示出这种模式的优势。基于目前我国多数出版企业建立有自己的数字出版平台,但普遍存在弱、小、散且个体不具备出版资源的综合整合能力的问题,整合自身的优势出版资源,共同构建数字出版联盟和共享数字出版平台迫在眉睫。

(3) B2C 供应链平台出版模式。

B2C(business-to-customer)即"企业对客户",它是电子商务中最早借助于互联网开展在线营销,直接面向消费者零售产品或服务的一种商业营销模式。在出版产业发展共享经济进程中,数字出版企业通过下设和划小核算单位达到 B2C 平台出版产品和服务的互联共享。例如,中信出版集团总公司 2014 年下设"文艺""财经""大众""众娱"等分社,同步成立了"国学精粹""扬声"等 10 余个工作室。

(4) P2P 平台出版模式。

P2P 即网络借贷平台,作为共享经济时代的产物,P2P 平台出版模式是随着互联网的快速发展而兴起的一种民间网络借贷运营模式。这种新的出版模式更新了传统出版方式,促进了读者与作者之间的相互沟通。曾经在出版产业引起广泛

关注的"自出版"模式便是 P2P 平台出版模式的翻版。它在无第三方出版商介入的情形下，借助新兴技术与互联网络，利用 P2P 平台出版实施自出版计划，即出版者利用出版商的电子图书平台自行出版图书作品或多媒体产品，这种以多样化需求催生共享经济的个性化产品和服务是一种创新。例如，美国作家约翰·洛克 2014 年编著的多部作品上线电子书阅读器，成为首个电子书销量破百万的自行出版作品畅销书。

2. 基于微版权的数字出版商业模式创新

所谓"微版权"是相对于"全版权"提出的概念，指的是以知识元为最小单位实现的数字内容产品版权。"微版权"打破了传统出版物的概念，以实现内容碎片化微运营为重点，并在此基础上，让作品的价值实现最大化。2023 年 10 月 10 日，最高人民法院召开新闻发布会，发布《关于优化法治环境 促进民营经济发展壮大的指导意见》，提出要"严格落实知识产权侵权惩罚性赔偿制度，推动知识产权法院审理知识产权刑事案件。推动优化调整知识产权法院管辖案件类型，完善知识产权案件繁简分流机制"。微版权平台作为国内专业的知识产权保护平台，创新"区块链+司法+知识产权保护"模式，强化民营企业知识产权全链条保护，提供作品确权、侵权监测、侵权分析、网络取证和代理维权等一站式服务，能够有效解决线下办理版权登记成本高、仿冒搭车侵权行为难发现、商标攀附等侵权行为难取证、保全难的痛难点，有利于依法保护民营企业产权和创作者合法权益。张新雯、陈丹（2016）总结了目前微版权的几种主要商业模式：基于场景的嵌入式知识服务模式、个性化产品封装模式和跨界合作模式。

（1）基于场景的嵌入式知识服务模式。

所谓"嵌入"就是与特定的场景结合，以该场景中用户的需求为驱动。"嵌入式知识服务"即根据不同场景下的需求，将有针对性的知识和内容经过筛选和重新组织，再推送给用户。例如"中国医院知识仓库"（CHKD）就是这种模式的典型代表。CHKD 建成了具有知识网络结构和知识服务网络功能的数字图书馆，并配置了 CNKI 数字图书馆的诸多知识管理与增值服务功能。医药卫生机构图书情报人员可以利用 CHKD、知识元数据库以及自建知识库的自动答疑，或专家在线答疑解决问题。中国知网在国内属于较早对文献中知识元进行开发的数据库。其积极开发适用于用户的问题情境的专业化的知识解决方案，使知识服务过程与用户知识环境能有机融合，通过多种虚拟交互方式融入用户的学习环境中，积极交互、协助引导，有效地发掘用户显性和隐性的、动态式的知识需求，提供合适的知识服务产品。

(2) 个性化产品封装模式。

在信息爆炸的今天,人们更需要定制化、个性化的信息服务,微版权为这种个性化的定制信息提供了可能。"喜马拉雅"以及一些阅读 App 目前都在积极探索这种模式。例如,"喜马拉雅"通过移动终端和 App 应用,可以记录下许多传统方式无法统计到的用户数据,包括点击、重复、拖动、收藏、分享等用户行为数据。通过个性化推荐算法,系统可以把用户感兴趣的作品推送到其面前,实现精准分发。很多大学教材或专业出版机构也可以根据读者需求,整合刊物中的某些文章或某些章节,为读者提供个性化内容产品服务。

(3) 跨界合作模式。

近年来,出版单位与其他领域的跨界合作成了一种风尚。垂直领域的跨界合作如江苏凤凰教育出版集团与学科网的合作,跨领域的青岛出版社的菜谱和海尔的智能家电的合作,都是跨界合作中的典范。通过资源的整合,以碎片化的内容作为切入点,跨界合作模式使合作双方达到内容×渠道、内容×硬件、内容×应用的加乘效益。

第三节 基于数字出版产业价值链的盈利模式

盈利模式,是管理学的重要研究对象之一。盈利模式是指按照利益相关者划分的企业的收入结构、成本结构以及相应的目标利润。盈利模式有八大类别:价值链模式、客户模式、渠道模式、资源模式、产品模式、组织模式、巨型模式、知识模式等。本节主要分析数字出版产业基于其产业价值链的盈利模式。

一、基本价值链定位模式

1. 内容销售盈利模式

内容销售盈利模式是指数字出版产品提供商通过一定途径向数字出版产品使用者收取使用费以获得盈利的模式。尽管数字出版产业高度依赖技术基础设施,并需要定期更新以保持竞争性,同时非常容易受到技术变革的影响,包括平台和标准的变化,但是拥有知识产权的内容始终是数字出版产业的核心。内容提供是数字出版产业基本价值链的顶端,在任何情况下都是控制整个数字出版产业价值链的关键环节。对于数字出版产业而言,其主要增值部分是其原创性的知识,因

此,内容销售盈利模式是数字内容产业最基本的盈利模式之一。内容销售盈利模式有多种方式和途径:单一数字内容产品销售模式,即消费者通过使用某种在线支付系统付费,获许将某种数字内容产品下载到终端阅读设备中的模式,例如当当、卓越的电子书销售即采取的这种模式;数据库销售模式,即消费者,主要是机构消费者,包括图书馆、研究机构等,在向数据库出版者支付一定的费用后可在一定时期内使用该数据库全部产品的一种盈利模式;订阅模式,即在一定的时间段内向使用或者阅览内容的用户收费的一种盈利模式;按次收费模式,即按照使用次数收费的一种盈利模式;用量测定模式,即按照使用内容的时间和数量来收费的一种盈利模式;超级分销模式,即内容的买家被允许与其他人共享内容,卖家向共享发生的计算机门户或中心收取费用的模式,例如 iTunes 音乐商店就是这种模式的典型代表。

2. 服务销售盈利模式

除了内容是数字出版产业重要的盈利来源之外,服务也是数字出版产业价值链增值的重要因素。顾名思义,服务销售盈利模式是指数字出版企业通过向消费者提供各种增值服务以实现商业价值的盈利模式,其主体既包括数字出版服务提供商,也包括数字出版产品提供商。很多数字出版产品提供商都将自己定义为信息服务提供商,例如汤姆森集团就将自己定位为世界上领先的商业和专业顾客信息服务提供商之一。他们不仅通过内容销售盈利,也充分利用自己掌握的资源优势,提供信息咨询服务、会展服务以及培训服务等以获取盈利。数字出版服务提供商更是将服务作为自己最主要的盈利来源之一,这是因为数字出版产业高度分散,非常依赖大型数字出版服务提供商,这就使服务提供商在整个产业价值链中的地位举足轻重,服务增值能力也非常强。例如我国的手机报市场中,移动运营商和移动内容提供商间的利益分成比例通常为 5:5、6:4,甚至更高。

3. 第三方付费盈利模式

第三方付费盈利模式即使用者消费数字出版产品无须向出版产品供应商支付使用费,而是由第三方向出版产品供应商支付费用。第三方付费模式通常是由数字出版产品提供商提供内容产品,数字化服务提供商提供技术支持平台,二者各自发挥其专业优势并共享收益。谷歌图书搜索、读秀等就是采取第三方付费盈利模式的典型代表。

4. 终端设备销售盈利模式

对于终端设备提供商而言,终端设备销售便是其最为重要的盈利来源。数字出版产业价值链的成熟不仅需要有高质量的内容、覆盖广泛的分销平台和传播媒

第六章　数字出版产业价值链及其商业模式

体,也需要有便携、符合用户视听习惯和个性化的终端设备。随着技术的发展,电脑、手机、电子书阅读器等数字内容终端设备的功能设计更加完备,苹果公司的 iPad、iPhone 的热销正是通过终端设备销售盈利的典型。

二、价值链拓展模式

价值链拓展模式是指数字出版企业利用拥有的知识产权,突破原有产业界限,在产业价值链上向其他产业拓展以获得盈利的一种商业模式。

1. 品牌延伸盈利模式

品牌延伸模式是指利用数字出版企业现有的成功品牌开发各种衍生产品,延伸价值链以获得新的盈利来源的模式。数字出版企业也广泛采用品牌延伸战略,通过开发系列产品、品牌授权经营、合作出版以及地域延伸等方式进一步开发品牌价值,拓展价值链。例如,迪士尼公司就利用其品牌挖掘电影、电视、音乐、主题公园、玩具、文具、服饰等相关产品的价值,通过品牌的延伸获取巨额利润。

2. 版权交易盈利模式

版权交易盈利模式是指利用作品版权中全部或部分经济权利,通过版权许可或版权转让的方式,获取相应经济收入的一种盈利模式。拥有版权的内容,是数字出版产业价值增值的基础,其能通过版权转让、许可使用等方式开发出种类繁多的衍生产品,而这些衍生产品所创造的价值通常会比内容产品本身多得多。采取这种盈利模式的主体一般是数字内容产品提供商,因为他们通常也是知识产权的拥有者。然而,随着产业价值链的日趋成熟,服务提供商也明确希望创造知识产权,并据此创造持续的收入来源。原盛大文学就是依靠销售版权盈利的典型。2014 年被称为网文 IP(international property,知识产权)元年,借助网络文学作品的热度,2014 年推出的三款手机游戏"绝世唐门""绝世天府""莽原纪"等大获成功。近年来,网络文学 IP 与影视、游戏、动漫、动画的关系更是日益紧密,近年来市场大热的影视剧、动漫、手机游戏等众多娱乐产品大多都是围绕一个优质的网络文学 IP 开发的结果。无怪乎 2015 年初,腾讯愿意开出近 50 亿元的高价收购盛大文学。

三、价值链分拆模式

价值链分拆模式是指数字出版企业通过对自身基础价值链分拆,以建立在某个环节的竞争优势获得收益的一种盈利模式。价值链分拆模式的产生是伴随着数字出版产业分工的进一步细化和产业价值链增值环节的增加而出现的。

1. 业务外包盈利模式

业务外包盈利模式是指数字出版企业通过与其他企业签订契约，将一些传统上由本企业负责的业务外包给专业的独立生产商或服务提供商。澳大利亚交互媒体产业联合会在对691个数字内容企业进行充分调查后就发现，数字内容企业普遍都将其非核心业务交给外包商负责。其中，这种情况在数字出版产品提供商中更为普遍，因为大多数作为内容创造者的数字出版企业市场力量相对薄弱，企业更需要将主要精力放在核心业务方面。

2. 集聚协作盈利模式

集聚协作盈利模式是指数字出版企业及相关支持机构通过在一定地域范围内的集中、聚合获取收益的一种盈利模式。数字出版产业具有空间集聚特征，在空间集聚的互动效应下，使数字出版产业中国的创造性得以品牌化，成本也相对较低。目前我国在多地成立的数字出版基地就是集聚协作盈利模式的典型代表。从2008年7月，首家国家数字出版基地——上海张江国家数字出版基地成立至今，纳入统计的国家出版产业基地（园区）共有24家，其中，数字出版基地（园区）11家，共实现营业收入1951.5亿元，而营业收入超过100亿元的就有6家。2014年10月出台的《国家出版产业基地（园区）管理办法》，更是制定了明确的准入和监督标准。例如，张江数字出版基地就发挥了极大的集聚协作效应。截至2023年初，张江已经培育了阅文集团、盛趣游戏、喜马拉雅等数字出版龙头企业；引进了百度、字节跳动、网易等产业巨头；扶持了序言泽网络、影创科技、亮风台科技等中生代力量。产业领域涵盖数字出版、网络游戏、网络视听、互联网教育、文化装备、影视动漫等上下游。并涌动着创新创业生态交织的平台型、功能型力量：2020年，由中国音像与数字出版协会设立并与上海市共建，游戏产业研究机构"中国游戏产业研究院"落地张江，旨在服务于政府主管部门的行业管理，服务于游戏企业的可持续发展；上海数据交易所则落位张江国创中心并于2021年揭牌，推动数据要素流通、释放数字红利、促进数字经济发展。

四、价值链整合模式

价值链整合模式是指数字出版企业通过整合企业的各项价值活动，重构企业价值链，提高企业整体盈利水平的一种盈利模式。价值链整合模式可以使企业获

第六章　数字出版产业价值链及其商业模式

得规模优势，增加经济效益。

1. 横向整合盈利模式

横向整合盈利模式是指数字出版企业利用资源优势，通过资产纽带或契约方式与经营相同或相似业务的竞争企业联合，形成一个统一的经济组织，从而达到降低交易费用及其他成本，提高经济效益的一种盈利模式。大型数字内容企业广泛采用横向整合盈利模式获取额外收益。例如，盛大文学连续收购晋江文学原创、幻剑书盟、起点中文网、红袖添香、潇湘书院、小说阅读网等原创文学网站，巩固其网络文学霸主地位，以获取网络文学市场的绝对话语权，并据此获得超额收益。

2. 纵向整合盈利模式

纵向整合盈利模式是指数字出版企业通过资产纽带或契约方式与上游、下游企业联合，形成一个统一的经济组织，从而达到降低交易费用及其他成本，提高经济效益的一种盈利模式。纵向整合盈利模式有利于降低分销成本，并通过对客户的管理和控制的加强获取利润。

3. 网状整合盈利模式

事实上，随着内容的融合、行业边界的模糊，出版业的流程和格局均被打破，数字出版产业价值链上任何单一的整合模式都不能满足数字出版企业未来多元化发展的需求，多层次、多维度的立体网状一体化的整合盈利模式是数字出版产业链未来发展趋势。立体、网状的整合打破了生产环节之间的界限，连接了读者和作者、投资商和广告商。

本 章 小 结

本章首先讨论了数字出版产业价值链的含义、结构及其建设模式，并提出了基于基础价值链、辅助价值链和拓展价值链的数字出版及产业价值链建设建议，以及基于数字出版产业价值链的数字出版盈利模式。

□ **思考与练习题**

1. 数字出版产业价值链的结构是怎样的？
2. 数字出版产业价值链的建设模式有哪些？
3. 数字出版商业模式的构成要素有哪些？
4. 数字出版商业模式创新的路径有哪些？
5. 基于数字出版产业价值链的数字出版盈利模式有哪些？

第七章　数字出版产品策划与开发

> **教学目标与教学重难点**

目标：了解数字出版产品的特点与生命周期的变化；从作者挖掘到产品发布看数字出版相较传统出版策划流程的转变，并熟悉新时期数字出版产品发布的流程；了解数字出版产品的开发策略，把握数字出版的发展方向。

重难点：理解数字出版产品排版设计中的桌面排版、页面描述语言（PDL）、POD 计划等概念，思考在实际中如何实施数字出版产品开发策略。

随着互联网技术和信息技术的高速发展，越来越多的出版机构意识到数字化转型才是适应新时代要求、寻求生存空间的必然趋势。事实上，在新的互联网竞争格局下，能通过不断策划和开发优秀的数字出版产品以满足用户的不同需求，提供丰富数字内容服务的一方，才能最终赢得市场先机。因此，对于出版机构，尤其是传统出版社，应把数字产品的策划与开发放在重要战略地位。图 7-1 为新竞争格局下数字出版流程。

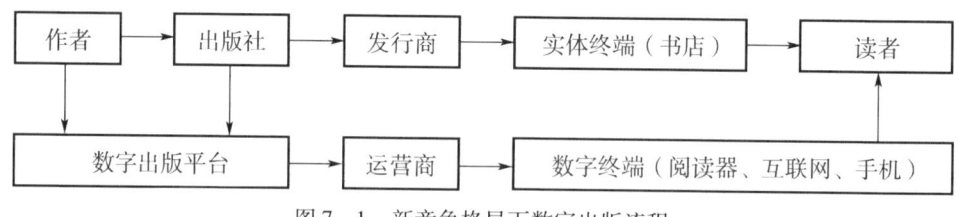

图 7-1　新竞争格局下数字出版流程

从战略层面策划与开发数字出版产品，并非简单的内容复制、搬运，而是要首先根据用户的使用习惯与阅读体验，确定产品目标。产品目标主要包括产品的功能设计和信息内容的设置两个方面。在产品的功能设计上，应体现交互设计思维，简化用户操作的同时又能带给用户全新的观感体验。在产品的内容选择上，

第七章　数字出版产品策划与开发

应着重体现"精""特"。所谓"精",是指在广泛浅阅读的基础上,利用大数据等技术对数字出版的内容进行深度挖掘,毕竟无论是数字出版还是传统出版,内容始终是读者关心的重点,只有优质的内容才能在数字化转型中保持自己的优势。"特"是指特色,在信息产品泛滥的市场环境下,出版机构应充分了解用户的需求,结合自身优势,开发有特色的数字出版产品。

此外,出版机构在策划产品时,应有长远的战略思维,即并非以开发某一个产品为最终目标,而是对多个数字产品进行建设与管理,整体布局。多个数字产品的建设显然不是单一产品建设的简单相加或复制,因为各个产品的形态、内容、用户、功能等都存在很大不同,这就需要出版社找到最适合自身的方式进行管理。当然,并不是说前期的策划思考需要深入到每一款产品的各个细节,因为在实际建设中,产品的细节处是要根据用户与市场需求实时更新的,事实上这是一个不断升华的过程。本章通过对数字出版产品的特点与发布及其开发策略进行探讨,分析数字出版产品相较于传统出版物有哪些方面的变化及其未来的转型方向。

第一节　数字出版产品及其生命周期

所谓"产品",是指用来满足人们需求和欲望的物体或无形的载体。20世纪90年代,菲利浦·科特勒等学者通过五个层次来表述产品的整体概念,即核心产品、形式产品、期望产品、延伸产品和潜在产品等。显然,在数字出版领域,有别于以有形产品为主的传统出版,数字出版产品的外延更加广泛,产品类型丰富多样,甚至根据用户的个人需求能够实现"私人定制"。因此,不仅是产品整体中的核心产品,其他层次的产品也需出版机构精心策划考量。

生命周期是生物学领域最先提出的概念,指一个生命体从出生到死亡所经历的各阶段和整个生命过程,经引申被广泛应用于诸多领域。信息资源也遵循生命周期规律,其利用价值体现特有的衰减规律,有着从产生、发展直至消亡的生命过程。数字出版产品,也会如生命体一般经历从出生到死亡的整体生命过程,但其生命形态却会因产品属性而有所不同,有的产品会经历从诞生、成熟直至衰亡的整个周期,但有的可能会跳过其中某个阶段,还有一些可能会在其中某一阶段停留较长时间。对于出版业而言,经过数字化转型,其产品的生命周期也随之发生了变化,这种变化又会影响出版社的整体战略布局。

本节对数字出版产品在形态、成本、发行、消费者关系及互动性等方面的特点进行阐述,并分析了数字化背景下,数字出版产品的生命周期究竟发生了怎样的变化。

一、数字出版产品特点

相比于传统出版,互联网技术和数字化技术为数字出版产品重新赋能,使之具备了一系列传统出版产品没有的特点。

1. 物理空间利用率高

我国自古有"学富五车""读万卷书"之说,并以此来形容人学识渊博。从最早的甲骨文、书简,到现在的纸张、电子书,媒体出版技术的发展史某种程度上也是出版产品物理空间不断缩小的见证史。随着技术的不断发展,出版产品所占的物理空间越来越小,一方面便于用户阅读存放,另一方面,出版社可以节约更多成本。如今,一个手掌大小的移动硬盘就能存储几百 GB 的数字化内容产品。以电子书为例,一个 500GB 的硬盘能够存储 1MB 的书籍 50 万本,而 1MB 的书籍有 50 万字,即该硬盘可存储两千多亿字。若以纸质形式出版,120 平方米的房子需要两层才能放下 50 万本书。由此可见,数字技术的出现极大节约了空间成本,对用户而言,检索和阅读也更加方便。

2. 复制成本低廉

较之传统出版方式的生产流程,数字出版在完成出版产品内容的创作、编辑加工之后,其产品的后期复制速度、效率远超传统出版物印刷装订的生产过程。而且,后期的复制过程当中只需一些固定的设备、人工和相应的技术支持即可,成本低廉,无固定原料消耗。从经济学的观点来看,就是边际成本很低甚至可以忽略不计。

3. 版本更新和发行快速、便捷

数字出版物大多依赖互联网来进行销售,充分借力于信息高速、远程传播的优势突破地域时空的限制,可以随时随地为读者提供出版物,这是传统纸质出版物无法做到的。目前数字出版平台建设日趋完善,出版者不需要另辟销售渠道,只需设定、选好一种成熟的网上发行模式。而纸质图书出版流程的繁杂则使传统出版产品在传播速度上处于弱势地位。

4. 用户全方位掌握知识信息

用户在网上阅读到某一段文字或是在公众号里读到一篇文章,对其中不明白

第七章　数字出版产品策划与开发

或是不了解的地方可能会选择搜索其含义以及相关知识；或者在文中或是文末附有相关知识的超链接，以便用户对某一话题或知识点进一步了解。事实上，上述两种情况包含了现今知识拓展的两种主要方式，即用户主动搜索和被动推送。数字出版为用户提供的这两种知识拓展方式为用户更加全面地掌握和拓展相关信息提供了更加便捷的途径。

5. 互动性强，反馈迅速

数字化技术伴随互联网的发展得到更加成熟的运用，而互联网的核心特征之一就是互动性强。具体表现在用户可实时评论、分享数字出版产品，出版方也可通过平台收集用户意见并与用户进行实时互动，将其运用到产品的优化和升级中。以网络文学原创网站"晋江文学城"为例，网站签约作者发布最新章节后，用户即可阅读、评论并与作者互动，如果读者反馈更新内容存在问题，作者可及时更改。此外，读者之间也可就感兴趣的话题相互交流，增强用户黏性。

二、数字出版产品生命周期

任何一种产品都有其生命周期与生命规律，出版产品也不例外。通常情况下，出版产品如图书，其生命周期可分为上市期、成熟期和衰退期，每个阶段都有其特点。而数字出版产品受全媒体技术和互联网技术的影响，生命周期发生了一定变化。全媒体出版的整合优势，特别是同步出版特点，大大缩短了出版产品的上市期。此外，通过全媒体出版，读者可以在同一时间内，通过多种媒介平台去接触不同载体的图书产品，这样就可以达到延长图书产品生命周期的效果。

1. 上市期

上市期一般指产品刚刚出版上市，读者对于产品的各种信息掌握程度不够充分的时期。传统出版产品的上市期往往是较长的一段时间，这主要因为：①出版流程繁杂；②市场调查费时费力；③反馈不够及时。在数字出版环境下，产品的上市期得到了极大地缩短。首先，互联网技术和信息技术可简化出版流程；其次，通过大数据可洞察消费者心理，了解用户的兴趣和阅读习惯；再次，数字出版产品的互动性使出版方能够及时获取用户意见，以便对产品进行优化。

2. 成熟期

成熟期指的是产品进入读者的视野，进入读者的关注、讨论范围的时期。产品进入这一阶段说明其试运行取得不错的成效，需在巩固已有用户的同时吸引更多新用户，此时产品的营销传播策略会起较大的作用。在这一阶段，数字出版企

业可以综合运用各种促销手段增强读者对数字出版产品的接触和了解。例如，提供一定比例的数字出版产品免费试读或一定数量的读者免费试读的机会，在阅读社区建立产品讨论组，引导该产品成为热门话题等。

3. 衰退期

衰退期是产品市场生命周期的最后一个时期，企业营销策略的总原则是力争维持现有局面。一方面积极发展替代产品；另一方面要有步骤地撤退老产品，使新产品顺利接替，最大限度地减少企业损失。数字出版时代，产品衰退期实则蕴含新的生机。以图书出版为例，在数字印刷的帮助下，一本图书的生命可以无限期地延长，因为这本书可以被永久获得，如果不在书架上的话可以通过按需出版或POD（按需出版）计划来实现。POD是根据终端用户的特殊需求，对文件进行小批量印刷和个性化定制的一种出版形式，也是图书生命周期管理的一个重要工具。

综上所述，数字技术的发展使出版产品拥有了无数种可能，无论处在生命周期的哪一个阶段，通过缩短产品的上市期、改变产品的衰退期，使产品能实现另一种意义上的永生。即使该产品短期内失去了市场关注，但"私人定制"和"改头换面"能使其一直存在并被获取。

第二节　数字出版产品开发

发展数字出版是传统出版业发挥内容资源优势，寻求新经济增长方式的重要途径。随着国家政策和市场观念的不断改进，越来越多的出版社意识到数字化转型和数字出版产品开发的重要性，但是数字出版产品的开发缺乏战略思维和清醒的认识，使我国许多传统出版社仍处于"形转神不转"的尴尬境地。菲利浦·科特勒在《营销管理》中指出开发新产品意味着创新，创新程度越高，不确定性越大。数字出版产品相比于传统出版产品有许多方面的创新，因此在开发策略上，出版商应加倍重视。本节从作者、内容、排版和发布等四个方面对数字出版产品的开发策略进行分析。

一、新作者挖掘

各个出版社对作者的重视程度日益提高，对作者资源的争夺已趋于白热化，

第七章　数字出版产品策划与开发

出版社通过维持、优化已有作者资源,增强争取新的作者资源的能力,改善业务流程,最终可提升出版社的产品质量和盈利能力。

作者是出版企业最重要的品牌资源,国外很早就开始注重作者资源的开发。哈珀·柯林斯在新型数字出版产品策划和新作者挖掘方面进行了大量的实验。例如早在 2008 年,哈珀·柯林斯就推出了写作社区网站自由撰写网（Authonomy）,旨在帮助编辑发现写作新秀。而在自助出版市场大潮吸引各家出版商采取行动的时候,哈珀·柯林斯于 2012 年初借助 Authonomy 项目挖掘新作者,通过 Authonomy 在线写作社区把作者导向亚马逊的自助出版平台 CreateSpace。国内的出版企业挖掘新作者一般有以下几种方式。

第一,与研究院、大学、中小学、工作室、专业杂志社等科研教育团体、文化机构结成长期合作的作者资源联盟。这些团体机构共同拥有的一大特点就是拥有数量众多、实力强大的作者资源,出版社与其建立长期的合作关系,就相当于多了一条输送高质量作者的渠道。

第二,奖项评选扶持潜力作者。文学奖项一直是孕育作家的摇篮,这种方式在国内应用比较普遍,从中小学的"新概念作文"竞赛开始,我们就熟悉了这种通过奖项评选培养作者的方式。它能够直接、有效地与有潜力的人才对接,并建立长期的互动联系,成为出版社的潜在作者资源。

第三,通过网上数据挖掘寻找新作者,这是伴随互联网技术的发展而产生的新模式。互联网的互动性迎来用户自创内容（UGC）的繁盛,UGC 甚至成为现在大众阅读的主要内容来源,原创文学类网站如雨后春笋般建立,这些网站写手也成为出版社重要的潜在作者资源,即使不与出版社签约,出版社也能为他们提供"按需出版"服务。盛大文学首席版权官周洪立之所以能够代表中国在法兰克福书展 TOC（出版手段演变研讨会）国际讲堂宣讲数字出版,正是因为盛大文学所创立的基于原创内容资源的数字出版盈利模式所获得的巨大成功。出版企业可通过对网上原创内容的影响力和关注度进行实时监测,及时与有潜力的作者和作品联系。

二、数字内容获取

出版业属内容产业范畴,内容资源是出版产业赖以生存和发展的核心要素。尽管有了数字技术作支撑,但"内容"的地位仍然不可撼动,只是需要对这些内容资源进行全面的数字化开发。对数字出版而言,仅仅占有某一方面的内容资

源是远远不够的,其对于内容资源的开发有着全新的模式。这表现在两个方面:首先,许多出版机构经过多年累积都存有大量非数字化的内容资源,如光盘胶片、纸张等,这类资源亟须经过数字转换存储到数据库中,否则会变成出版社的沉没成本;其次,出版机构往往会使用多媒体开发策略,对内容格式要求不一,因此尽管是已经数字化的文本,也需要转换成所需的各种格式。

1. 内容获取

出版业属内容产业范畴,创新性的内容是出版业的立身之本,内容资源是出版单位做好数字出版的核心保障。数字内容的获取是数字出版产品开发的关键环节,为后续资源深度开发奠定基础。根据不同载体所承载的内容资源,可将出版社的内容资源分为非数字资源的获取与数字资源的获取。

(1) 非数字资源的获取。

所谓非数字资源就是出版社未经数字转换,不能以数字文件的形式存储、应用的内容资源,主要包括光盘胶片和纸张等。随着信息技术的发展,信息载体也经过了历代更迭,光盘胶片曾经也是市场"霸主",自有其独特优势。在数字出版时代,要实现高质量、低成本的信息存储,只需将其转换为数字文件存放即可。

(2) 数字资源的获取。

数字资源也称电子资源,指形成于数字设备及环境中,以数字代码形式存储于磁盘、内存条等载体上,需要使用电子阅读器阅读并可通过互联网传输的内容资源。其特点如下:①以二进制数字代码的形式存在,通常由计算机生成和处理;②根据其文件格式的不同,有其对应的用途,如".pdf"通常是只读格式的文本。

此外,数字资源根据其结构化程度通常可分为结构化数字资源和非结构化内容资源。所谓结构化资源是指存储在数据库中,计算机可根据二维表结构自行处理的资源,与之相对的则是非结构化资源,介于两者中间还有一种半结构化数据资源。正是非结构化和半结构化资源的存在使信息处理效率低下,因此出版机构可以通过创建数据库将数据资源结构化的方式提高数字内容资源的利用率。

2. 格式转换

所谓格式转换,就是利用数字技术和信息技术对内容资源进行数字化转换,包括数字化存储、数字化展示和数字化应用等。目前我国不论是出版单位还是教研机构,对自己拥有版权的内容资源都进行了一些数字化处理的尝试,但是绝大部分仅仅局限于文件格式的转化、低水平的知识展现、毫无互动的粗放型的知识

第七章　数字出版产品策划与开发

产品提供，与国际出版的数字化水平的差距还很大。

（1）数字化存储。

现在，大部分人会将文件转存到家用电脑的一个文件夹中，或者存储到一个基础的在线云服务库。这主要是因为数字化存储极大节省了物理空间，且方便查阅和检索，此外，数字化存储的文件质量基本不会受时间的影响，这是以往纸质存储无法实现的。在出版领域，英国哈珀·柯林斯出版集团从2001年开始对图书进行数字化存档，成为全球第一个自行将已有图书数字化的出版公司。国内大多数出版社自主发展数字出版业务面临的最大困难之一就是结构化的内容资源有限，无法满足数字出版对海量内容的重组和多方面应用的要求。数字化存储目前来看是数字出版中相对简单也是基础的一环，相当于出版社的数据库，只有数据库建好了，后续的产品开发才能更好进行。

（2）数字化展示。

所谓数字化展示，就是利用各种信息技术和多媒体技术，对内容资源进行数字化包装。当然，这种包装不仅仅是形式上的，而是要对内容进行重组与挖掘，使之符合数字化时代交互、体验的特性，因此虚拟现实技术（VR）、现实增强技术（AR）等都越来越多地被运用到数字化出版产品中。以数据新闻为例，数据新闻中常常会用到多个交互型可视化图表，使用户能够更直观、简单地了解纷繁庞杂的数据、信息背后究竟蕴含怎样的深意，或是从这些繁杂的信息中能够得到哪些新的观点。在这个用户注意力有限的"浅阅读"时代，能够通过这些新兴技术对内容资源进行更加生动有趣的表达，是吸引用户眼球的关键。

（3）数字化应用。

构建数据平台是数字化应用的典型代表，也是目前大多数出版机构进行数字化转型的途径和目标。通过平台将出版社的内容资源进行整合，一方面可以提高包括非数字资源和数字资源的利用率，使其发挥价值。另一方面，平台可以收集用户信息，记录用户使用习惯，通过这些数据，出版社可实现消费者洞察。此外，平台的数据库可形成数据报告服务于其他企业，并通过程序化购买提供广告位，以此实现全方位的数字化应用。

格式转换是一个复杂的过程，需要进行系统规划。现阶段，我国传统出版机构在这方面都进行了许多积极的尝试。以报业为例，首先从报纸采编、排版系统开始对内容进行版面解析和标引加工等数字化处理，然后按照报社标准整合后生成新的报纸形态并发布，实现从原来的单一印刷出版到现在的全媒体复合出版。

三、数字出版产品排版设计

数字出版产品的排版设计虽然会运用到更多技术，但也遵循平面版式设计的一般原则，如平衡、统一、和谐等。此外，互联网时代的阅读更应该重视用户体验，与读者的阅读习惯相一致，充分发挥数字新媒体的优势，帮助用户更快速便捷地获取感兴趣的内容。成功的视觉流程安排，使页面上的各种信息要素在一定空间内合理分布，使页面上各信息要素的位置、间隙、大小保持一定的节奏感和美感。如今出版物发布大多通过互联网进行，因此在进行版面设计时，也应注意将其转换为适用于数字阅读设备的形式。

1. 数字排版设计发展历程

数字技术发展至今，出版业也经历了从"出版数字化"到"数字化出版"的转变，与此对应的是产品排版设计的转变，即桌面出版—页面描述语言—数字出版的排版设计的发展历程。

桌面出版（desktop publishing, DTP）一般也称桌面排版，是指通过计算机进行文字编辑、版面设计、图像处理及后续的一系列排版工作。桌面排版技术是为印刷出版服务的，与此相关的技术还有色彩管理技术、光栅图像处理技术（raster image processor, RIP）等。排版软件是整个桌面排版的核心。由于出版所要求的版面通常包含复杂的图片、文字和表格等内容，如何对这些内容进行编排并通过输出设备完整再现排版内容就成为出版社急需解决的技术性难题，于是页面描述语言（page description language）应运而生。Adobe 公司在1985年推出的 PostScript 成为出版领域 PDL 的事实标准，它是一种拥有强大文本和图像处理功能的编程语言，具备高质、兼容的特性，受到广大厂商的青睐。

2. 数字出版的排版设计

当复合出版策略盛行以后，由于数字复合出版所要达到的要求是出版物在生产和存储过程中内容与形式分离，到发布阶段才将内容和适当的格式结合，因此整个版面设计过程中采用的技术就是 XML 技术。根据发布形式的需要，编辑通过将 XML 文件与样式表语言 XSL 结合，将内容资源转化成所需格式并进行版式设计。Adobe 公司输出 ePub 电子书格式的流程如图7-2所示。

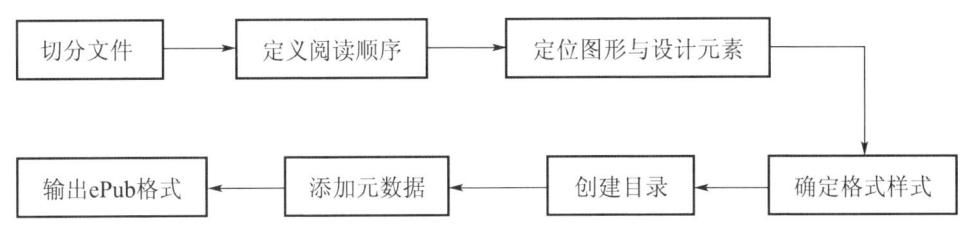

图7-2 Adobe公司输出ePub电子书格式的流程

通过以上步骤，电子书的阅读效果可以得到保证。此外，用户也可根据需要将其转换为其他格式使之适用于Kindle、iPad等阅读器，达到最佳的阅读效果。在页面设计时，除了各种传播要素的编排要给人统一、有序的感觉外，还要注意色彩搭配的和谐，对页面中各视觉要素作通盘考虑，以周密的组织和精确的定位来获得页面的秩序感。

四、数字出版产品的发布

数字出版产品发布主要涉及如何在各种媒体平台上将产品呈现给用户。在移动互联网时代，用户的阅读习惯发生了很大转变，手机成为流量最大的阅读终端，因此发布数字出版产品时要综合考虑多种阅读设备和平台。事实上，越来越多出版商将资金更多投在网络媒体与移动媒体的发布上。数字出版产品发布的流程如下。

1. 入库

针对数字产品开发，一般出版企业都设有产品运营系统。在产品发布之前，需将内容资源库的产品输送到产品运营系统中，并由系统管理员对产品能否入库进行审核。

2. 数字权利封装

这是出版企业维护数字出版产品所有权的过程。通常有三种方式：①使用数字签名技术、数字水印技术为产品加上自己的logo；②进行身份认证、授权认证；③通过技术手段来限制产品的使用范围，禁止非法打印和复制。

3. 测试

对已经填充内容的产品进行测试。此时填充的内容可以不是全部内容，但是应满足测试需求。测试内容通常主要包括功能测试、安全测试、性能测试和易用性测试。

4. 试运行

产品测试完成后，可进行产品的试运营，即根据产品设计方案和实际业务流程对产品进行小范围充分的试用，若产品运行正常即可按计划对外发布。通常试运行期限应不少于一个月。

5. 发布

出版企业根据数字出版产品的需要，通过建立数字出版服务网站、App应用程序接口以及第三方运营平台接口，可实现数字出版产品多媒体、多终端、多平台的发布。

多媒体包括纸质媒体、网络媒体、移动媒体等，多终端包括 PC 端、智能移动终端等，多平台则包括企业自有平台、第三方运营平台等。发布到第三方运营平台的产品需要签订授权合同，可通过智能投递系统实现智能投递，即根据用户的兴趣爱好，进行个性化推荐，以提高产品传播的有效性。

6. 产品更新

系统可实时向用户推送产品的改进、升级信息，并可通过在线更新和离线下载方式进行系统更新。

第三节　数字出版产品策略

一、定制策略

20世纪60年代以后，企业的经营理念发生了从产品到顾客的转变，而顾客的喜好越发呈现小众化、个性化的特点，特别是市场消费主力"80后""90后"追求个性，成为风尚。为用户提供精准的知识内容服务是数字出版未来的发展目标，也是出版机构区别于互联网搜索的价值所在，因此定制化是必然的趋势和要求。

定制（customization）在数字出版中指出版企业针对高度专门化的目标市场生产和提供数字出版产品及服务。这个词本身是由顾客（customer）衍生而来，由此可见这是一种供应方的产品策略，与此相对的是个人化（personalization）——一种需求方的活动。定制策略的一般流程如图7-3所示。

第七章　数字出版产品策划与开发

定制策略的一般流程如图7-3所示。

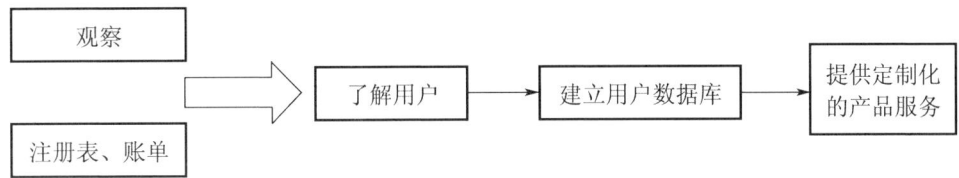

图7-3　定制策略的一般流程

根据现有技术，数字出版产品定制一般有如下几个步骤。

1. 了解用户

出版社要吸引用户定制自己的产品，首先要做的就是了解自己的用户。了解用户一般有两种方式：①直观观察。主要是监测点击流（click stream），即记录用户访问网站和数字出版产品的系列行为，用户行为数据能最直观地反映用户喜好，但由于数据很多、很杂且非连续，如何对这些数据进行分析是一个难题。因此，网络开发者须建立一个支持系统以识别某一用户的系列交易行为，如Netscape发明的"Cookies"程序就可识别并记录用户的全部浏览与交易行为。②通过注册表和账单了解。免费提供内容的网站通常会要求用户注册并验证个人信息，而知识付费的网站更是直接获知用户的支付账号和联系方式，由此出版企业可获得更多用户信息。

2. 建立用户数据库

用户数据库是出版企业实现消费者洞察的基础，也是企业最直接的信息来源。尽管企业最初建立用户数据库的目的是实施营销活动时能直接面向目标消费者，但是如今大部分用户数据库已经成为企业进行市场调查和消费者研究的关键工具，如生成市场报告、行业报告等。此外，企业还可将用户的浏览消费记录等导入用户数据库中，这将是企业最重要的客户资源和顾客资产。

3. 提供定制化的产品与服务

定制服务通常有以下几种方式。第一，在平台社区内进行批量定制。第二，个人定制服务，通常需借助其他软件来实现。以亚马逊为例，通过与搜索引擎合作，亚马逊将互联网广告放置于网页上，这种广告是根据用户个人搜索需求实时变换的。如果用户在搜索引擎上搜索某个歌手的信息，则网页上弹出与该歌手相关的书籍。第三，读取用户数据库中的资料，将定制邮件直接发送到用户邮箱。当然这需要用户选择申请"定制提示"，否则容易被当成垃圾邮件处理。

数字出版产品的定制化无疑能够迅速满足用户的个性化需求,发挥内容资源的价值。但是也不能将定制绝对化,这只是一个选择项,因为并不是所有的内容产品都可定制。此外,尽管现在多数人都愿意自主选择感兴趣的内容,但是还是有人不愿花过多时间在选择上,反而愿意被动接受优质内容。

二、多媒体融合策略

在万物互联时代,传统出版企业的突破路径和措施是努力实现多元化媒体的高度融合。在充分全面了解各种数字媒介的特性基础上,对原有固定的内容资源重新整合,为其量身定制一些新的符合某种媒介特质的内容产品。一方面,用户媒体使用习惯的改变促使出版社制定符合用户习惯的多媒体策略,如此才能赢取用户关注,出版产品是同时具有社会价值和市场价值的产品,企业需要产品销量来维持生存,因此多媒体融合势在必行。另一方面,市场趋势使然,当竞争对手都采取多渠道、多媒体策略时,他们会拥有更多用户接触点,也就有更多市场商机,使出版市场竞争激烈。

媒体形态的多元性是同步传播的基础,从而通过集合多种媒介形态进行同步全方位传播,覆盖已有的或者潜在的目标读者。所谓多媒体融合并不是简单运用多个媒体组合,而是将多媒体技术运用到产品开发的过程中,给用户带来全新的使用体验,只有"形神俱融"才能得到用户认可,实现资源价值的最大化。

2009年,哈珀·柯林斯就推出了首本视频图书。这本被视频化的图书是美国媒体评论博客编辑杰夫·贾维斯所著的《谷歌打算干什么》,该书已于2009年1月由柯林斯商务出版社出版。该视频图书已于2009年2月3日上市,售价9.99美元。在这段片长23分钟的视频中,贾维斯在一个白色背景前对着摄像机讲述了《谷歌打算干什么》一书的主要内容。他并不是原原本本按照书的内容去朗读,而是介绍了诸如谷歌在网络竞争领域为何如此成功以及有何经验可供他人借鉴等基本理念。该书大获成功后,哈珀·柯林斯又在纸本图书的基础上,开发了更多嵌入视频、音频等多媒体信息的电子书。例如,简·列维为美国职业棒球手米基·曼特尔写的传记《最后的男孩》(*The Last Boy*)纸本图书出版后,哈珀·柯林斯为其电子书增加了30分钟的视频,根据录像资料用电脑分析合成米基在杯赛上击球时间和动作的图式。该电子书一经出版,迅速畅销。这种媒体技术的使用不是简单的纸本图书电子化,而是在其电子版中嵌入多媒体信息等能够体现电子书优势的内容,一方面可以增加电子书的价值,创造新的版权价值,

第七章 数字出版产品策划与开发

另一方面能够更好地提升读者的阅读体验和体现电子书的优越性，促进其电子书的销售。

三、立体化开发策略

出版媒体多元化的发展趋势自然造就了出版产品形态的立体化。

根据原国家新闻出版广电总局发布的《2016—2017 中国数字出版产业年度报告》，整体上 2016 年我国数字出版产业的总收入仍旧上涨，与 2015 年的 4009 亿元相比增长了 29.9%，达 5720 亿元。其中，占总收入半数以上的是互联网广告，达 2902 亿元；移动出版占 24%，网络游戏不甘示弱，以 827 亿元占到了 14%。此外，备受关注的电子书和网络动漫分别创收 52 亿元、155 亿元。由此可见，数字出版产业已经逐渐形成多元化格局，产业价值链更加复杂。全方位、立体化的产品开发策略才是出版企业未来努力的方向和目标，企业不仅要生产纸质图书，还要最大限度地利用有限资源，生产面向互联网和手机的数字出版产品，以此降低出版成本，提升出版产品的价值。

数字出版相比于传统出版行业有着得天独厚的发展条件。新媒体时代，用户逐步从空间消费转向时间消费。数字出版产品可以从深度和广度两个维度把握用户，真正做到立体化开发。

1. 数字出版产品的广度扩展

出版产品线广度扩展可以充分利用出版企业自身技术、人力、市场、资金、销售渠道等方面的资源，从而使各种不同出版产品线之间相互促进，实现"协同效应"，并分散经营风险。目前，出版企业可以从图书、培训业务、数字出版产品等产品线进行产品立体化开发的广度扩展。以图书为例，图书产品线的广度扩展是指发展与现有图书产品线关联性较小的图书品种。例如，科技出版社出版科学文艺类、生活类图书等。关联性较小的图书产品线扩展可以扩大消费者群体，占领更大的市场份额，但对出版企业的技术实力和经济实力有较高的要求，只适合规模较大的出版企业。

2. 数字出版产品的深度开发

产品线深度开发策略是基于数字化环境下出版产品形态立体化的发展趋势，它以现有的出版产品线为基础，根据需要增加该出版产品线的出版产品品种和规格。例如，传统出版的图书一般只有纸质一种形式，但是数字出版时代除纸质图书外，还可以增加图书版本（如普通版、声频版、视频版、日文版、英文版

等),增加图书品种,提供按需出版服务、电子书等。数字出版产品的深度开发可以实现相关内容资源的价值最大化。

以重庆出版集团为例,该集团将发展全媒体、立体出版作为数字出版的工作重点之一,深度开发以巴渝本土文化为背景的优秀原创小说题材,实现纸媒图书、互联网络、手机、手持阅读器的同步"立体化产品开发"。集团贯通数字出版上下产业链,采取纸质、网络、手机、阅读器兼顾的"立体化出版"新模式。其出版的爱国主义教育出版物《忠诚与背叛》,在线上、线下同步首发,半年内就发行图书过万,网上点击率过百万,社会反响热烈。

四、智慧出版策略

在科技飞速发展与数字化的转型推动下,出版行业面临着前所未有的挑战和机遇。随着人工智能技术的发展,自然语言处理、数据挖掘和算法推荐等技术被广泛应用于诸多领域中,智慧化成为传统出版业升级与转型的新方向。

所谓智慧出版,是指数字出版的高级阶段,可以将其定义为以大数据、人工智能等技术为支撑,将内容生产、编辑校对、印刷发行和营销推广等出版全流程智慧化与智能化,实现出版知识内容互联网化、信息交流互动化、知识服务个性化,进一步全方位深入体现出版的社会属性、文化属性和主观能动性,从而满足读者个性化需求的出版新业态。

智慧出版策略可以渗透到出版产品生产的各个环节。

1. 选题策划

在传统出版中,选题策划往往是结合编者的个人经历、知识面和喜好等主观经验进行的,这种方式在信息飞速更迭的网络时代已经不适用,可能会引起出版内容与目标受众需求不适配、选题滞后和单一等问题。而人工智能技术通过分析历史选题、受众信息和社会热点等大量数据提高选题的科学性、合理性,从而最大化地提高选题的成功率。一方面,大数据技术能抓取目标受众多维信息,进行数据整合与量化分析后构建目标受众画像,了解市场偏好、捕捉用户真实需求,生成个性化内容,与受众产生"共鸣"与"共情"。另一方面,大数据能实时监测与追踪互联网上的各种信息,迅速捕捉当下热点与潮流,经过深度挖掘和分析,比较相似历史时间,发现其背后的趋势与规律、实现提前预测,完成选题的动态化。

德国新兴出版公司的在线出版平台 Inkitt,既是一个在线创作、阅读和分享

第七章　数字出版产品策划与开发

平台，也是一家出版社。该出版社收集社区成员的社交属性和自然属性的信息，利用大数据技术分析读者的阅读停留时长、发表的观点和人口学基本信息等数据，再结合书籍本身的风格，建立了一套发现畅销书的算法体系，挖掘具有潜在畅销可能的电子书目，进而确认所要出版的纸质版书目。

2. 内容创作

内容创作环节，同样可以采用智慧出版策略。

（1）内容创作与生产。

选定题目后，查找与收集资料是决定写作质量的环节之一。一方面，搜集资料格式不统一加大了处理信息的工作量，人工智能技术通过语音识别、计算机视觉等技术，快速提取信息，完成信息整合。另一方面，人工搜索难免会受到自身认知的限制，但ChatGPT可以协作编者对各个专业领域的内容进行归纳总结，实现跨领域的知识整合，提供更开阔的创作视角和创作思路。

人工智能还具备撰写简单的数据分析报告、制图等功能。在2023年中国新媒体大会上，新华智云发布"妙笔""生花"两款AI模型产品，"妙笔"具备自动生成采访提纲、撰写评论、润色文章和提取摘要等功能，还能够做简单的翻译，提高了工作效率，同时也满足受众实时性和多样性需求；"生花"能够自动生成各种类型的图像，用户只需提供关键词和简单的描述语句即可，推动创作水平。在国际传播的语境下，为更好地开展全球文化交流，智能翻译应运而生。科大讯飞公司研发的讯飞翻译机已迭代至4.0，支持83种语言在线翻译、16种语言离线翻译、32种语言拍照翻译，涉及金融、法律和医疗等专业领域的行业翻译，帮助编辑人员实现稿件的即时互译和专业表达。

除此之外，人工智能还能帮助出版的产品调整情节走向，让数字产品走向动态化。Coliloquy公司研发出"动态小说"（active fiction）模式，该公司先签约一批作者从不同角度写同题材小说，大数据和算法对这些内容进行整理和分析，最终设计出不同的故事情节线，读者在阅读时可依据自己的喜好对情节发展进行投票，最终决定故事的走向和角色成长。

（2）内容呈现形式。

出版物在互联网上的传播形式愈发丰富，带来更好的用户体验。VR、AR等技术赋能，使出版物实现虚拟元素与现实场景相结合，将文字、图片、音频和视频等多种元素融合在一起，为用户提供沉浸式的阅读体验；在新闻领域，数字主播、可视化新闻和对话式新闻的出现，提高了用户对新闻的兴趣。同时，人工智能技术还能实现不同内容体裁的相互转化。2022年文心一格问世，应用跨模态

内容生成技术，实现文图转化，与《COSMO》合作生活美学栏目，制作关键词节气图并设计国内首个 AI 制作的时尚杂志封面；百度研发的 TTV 系统，用户输入一篇文章、PPT 或者搜索问题，就能自动生成一个视频，在北京冬奥会期间，人民网等媒体与百家号合作，利用 TTV 技术实现文本转视频的内容生成。

（3）编辑校对。

交稿后便是琐碎的校对工作，传统出版机构中的校对工作者一直遵循"三审三校"原则。如今出版物所涉及领域愈发广泛，且出版周期越来越短，在短时间内要准确无误完成校对工作是比较难的，且小众或专业性强的出版物对工作人员提出更高的要求。为了提高校对效率、降低成本，可借助人工智能技术完成编辑校对任务。

首先，具备强大自然语言处理技术的 ChatGPT 能够检查基本的语句错误。经过对文本的深度分析，可以在短时间内找出错字、漏字、基础语法错误。除了对语句优化，ChaGPT 还能对段落之间的逻辑关系进行分析并提出意见，比如小说等虚构类作品，ChatGPT 可以优化故事情节并对语言表达进行润色。

其次，解决处理专业内容的难题。编校工作人员很难掌握所有的知识领域，跨文化出版物编校起来更为困难。人工智能可以打破这一文化壁垒和知识壁垒，经过深度学习后，其语料库和知识库愈发完善，能够帮助工作人员编校小众或专业性较强领域的内容。2018 年，方正电子携手北京印刷学院成立"智能审校联合实验室"并研发了"智能审校系统"，加快智能审校的发展。

此外，人工智能技术还能编校纯数字化出版物，例如有声书、VR、AR 等内容。大数据技术和人工智能，可以根据目标受众的阅读习惯，对有声书的语音音色、语速和语言风格提出建议，同样可对 VR、AR 内容的交互体验、场景元素等方面给予反馈。

"方兴未艾"智能审校技术目前应用在图书出版领域，不仅能识别敏感信息、找出语义错误，还可以实现自动化排版、辅助封面设计等工作。中国知网智能化、移动化、全流程的"腾云"期刊协同采编系统，能对参考文献高效地进行在线审校工作。但现有的审校系统存在模型不完善、知识库不够垂直等问题，重要内容仍主要依靠人工审核。

本 章 小 结

数字出版产品是体现一个出版企业数字化转型有效、成功的关键，它凝结了企业最核心的资源和技术，企业只有将产品做好了才具备核心竞争力，才能吸引

第七章 数字出版产品策划与开发

用户并与其他竞争者相抗衡。本章通过对产品开发流程的梳理,结合各种信息和数字技术描述了数字出版环境下的产品策略,并对从作者挖掘、内容获取、编排设计到最后的产品发布进行了详细阐述。

□ 思考与练习题

1. 数字出版产品的特点有哪些?
2. 什么是数字出版产品的生命周期?请分析网络文学作品《花千骨》的生命周期。
3. 我国目前有哪些挖掘新作者的方式?
4. 出版社的内容资源如何进行格式转换?
5. 数字出版产品的发布有哪些流程?
6. 请分析我国数字出版产品的策略,并联系实际案例加以说明。

第八章　数字出版产品定价模式与策略

教学目标与教学重难点

目标：了解国内外数字出版产品定价制度的概念；了解影响数字出版产品定价的因素，数字出版物的概念和包含的范围；了解不同类型的数字出版产品的定价模式；了解数字出版产品定价的方法。

重难点：了解国内外数字出版产品定价制度区别的原因以及对数字出版市场的影响；能够准确判断数字出版物的范围；能够基于定价的角度，独立提出促进我国数字出版市场良性发展的策略建议。

中国新闻出版研究院2014年4月21日在北京最新公布的《第十一次全国国民阅读调查》数据显示，我国国民电子书阅读率和量较2012年有所提升，阅读率达到19.2%，较2012年的17.0%上升了2.2个百分点，人均电子书阅读量为2.48本，比2012年的2.35本增长了0.13本。然而，人们愿意支付的数字阅读费用较2012年却大幅下降，58.2%的人只看免费的手机读物。这一结果表明，我国国民数字化阅读越来越普遍，然而具备付费意愿的数字阅读者则大幅减少。与中国电子付费阅读市场面临的困境不同，美国出版商协会2013年4月15日发布的《图书数据2013》报告则显示，2012年美国电子书销售额达到15.4亿美元，占据美国出版商图书销售额的22.55%。价格是构成电子书付费阅读市场的重要因素之一，本章对数字出版产品定价问题进行分析和探讨，帮助读者了解数字出版产品定价制度和影响因素、我国数字出版产品定价模式与价格现状、数字出版产品定价的原则和方法以及促进我国数字出版市场价格良性竞争的策略。

第八章 数字出版产品定价模式与策略

第一节 数字出版产品定价制度与定价影响因素

一、数字出版产品定价制度

1. 电子书定价制度

印刷图书定价制度主要有两种类型。一种是自由定价制度,即图书和其他商品一样自由定价,书店作为最终销售者可以自主决定图书的销售价格。另一种是固定价格制度,即出版商在图书生产的同时,确定图书的市场销售价格,书店必须基于此价格进行销售。国外电子书产业基本沿用了印刷图书的定价制度,例如英国和美国电子书产业就沿用了其印刷图书领域的自由定价制度,实行图书固定价格制度的法国和德国也通过制定相关法律法规的形式确立了电子书的固定价格制度。中国的情况则比较复杂,目前尚未建立统一的电子书定价制度。

(1) 中国:尚未建立统一的电子书定价制度。

我国图书行业在很长一段时间内,都是实行比较严格的固定价格制度。在从计划经济向市场经济的过渡中,尽管我国图书固定价格制度发生了一些变化,出版社对价格的绝对控制权有所弱化,但是目前我国理论上仍然是实行图书固定价格制度的国家。尽管我国电子书产业近年来获得了巨大发展,相应的管理体系建设却不够完善,目前,尚未出台电子书价格管理方面的法律法规,未能建立统一的电子书定价规则和制度。2013年当当网和京东商城违反与出版商签订的代理制销售协议,大规模发起"电子书免费下载"的价格战,引发电子书销售平台的"恶性价格竞争",极大地损害了出版商的利益和电子书产业的健康运行和发展,最终却不了了之,其行为未受到相应的处罚,这与我国没有建立规范的电子书定价制度有关。统一的电子书定价制度的缺乏,容易引起出版商和电子书销售商对价格主导权的争夺和纠纷,产生内耗,还容易引发电子书市场的恶性价格战,不利于我国付费电子书产业的健康运行和发展,同时还容易对印刷图书销售产生冲击。《第十一次全国国民阅读调查》数据显示,我国超九成阅读电子书者不再购买纸质版,这与我国读者习惯了低价甚至免费的电子书,无法接受高价的印刷图书有关。

(2) 美国:沿用印刷图书领域的自由定价制度。

美国是较早在印刷图书领域推行自由定价制度的国家之一。和中国不同,美

国出版商不在图书上标示价格,而是在图书目录和广告上印定价,出版商基于此价格按照一定的折扣将图书卖给零售书店后,书店就可以自行确定图书销售价格。美国的电子书产业沿用了这一定价制度。印刷图书和电子书定价制度的统一使美国亚马逊等电子书销售平台能够更好地根据读者需求,基于电子书付费阅读市场和印刷图书市场的共同利益,整体制定电子书和印刷书销售价格。美国皮尤(Pew)研究中心2014年1月16日发布的《互联网和美国人的生活调查2013》显示,2013年美国电子书用户比例进一步上升,28%的美国人会读电子书,高于2012年的23%。且与中国不同的是,大部分受访读者表示其会同时阅读电子书和印刷图书,仅有4%的读者表示"仅仅阅读电子书"。这与美国电子书自由定价制度的有效实施和最优化定价策略的推行有关。

2. 数字连续出版物定价制度

除了电子书以外,数字连续出版物也是非常重要的数字出版产品类型,在传统出版时代,数字连续出版物主要采取预付费制度,辅之以固定价格制度和自由定价制度。因为连续出版物中,消费类期刊、DM杂志和报纸等主要依赖广告盈利,因此普遍采用自由定价制度和预付费制度,科技类期刊则主要采取预付费制度。在数字时代,连续出版物定价制度相对混乱。科技类数字期刊和数据库仍然以预付费制度为主。消费类期刊预付费制度和自由定价制度同步进行。DM杂志几乎没有太大生存空间,开始转型为购物推荐平台,消费者免费使用,其主要依靠数字广告盈利。新闻则相对复杂,且国内外区别较大。国内大多数新闻机构通常与一些新闻聚合平台合作,允许其免费或者以很低的价格在其平台上转载或转发传统新闻机构生产的新闻。少数专业新闻机构,例如财新新闻则采取了预付费制度。西方国家,例如美国,2015年已经有40%以上的传统新闻机构采取预付费制度,目前这个比例得到了大幅度提高。除此之外,自由定价制度也成为西方新闻媒体非常重要的一种定价制度,例如《纽约时报》《华盛顿邮报》等均加入了Facebook的新闻聚合平台,向用户免费提供新闻,新闻机构则与新闻聚合平台按照一定比例分享广告收益。

二、数字出版产品定价影响因素

1. 影响电子书定价的因素

影响我国电子书定价的因素非常多,包括成本、价值、市场、版权和读者等。这些因素不是孤立的,而是交错在一起,共同影响我国电子书的定价。其

第八章 数字出版产品定价模式与策略

中,因为目前我国电子书市场还在培育阶段,培养读者付费阅读正版电子书的习惯,扩大市场占有率是当务之急,因此读者和市场是影响电子书定价最为重要的因素。除此之外,版权保护力度以及版权归属情况也会极大地影响电子书价格的制定,这是影响电子书定价第三重要的因素。传统图书价格最重要的影响因素——价值和成本,在电子书领域则退居其后,对电子书价格的影响力略低于前面三种因素。多项调查显示,内容质量是影响读者付费阅读意愿的重要因素,例如中国新闻出版报和中国电信天翼阅读 2012 年发起的"数字阅读用户满意度调查"显示,认为数字阅读内容"质量参差不齐""书籍、阅读界面缺乏精心排版、设计"影响其付费意愿的读者比例达到 67.39%。因此,相对而言,价值对电子书定价的影响力高于成本。

(1) 读者。

当电子书出版商和销售商还在为电子书定价权争吵不休时,其可能忘记了电子书的定价最终需要读者买单,因此读者是电子书定价最值得参考的因素之一。对于出版商以及希望确保版税收入的作者而言,他们总是希望采取电子书与纸质版图书同等价格的策略。而对于读者而言,他们除了支付电子书的费用外,还需额外购买电子书阅读器,阅读电子书所花的固定成本较高,他们自然就无法接受与纸版图书相差无几的电子书定价。2009 年,在亚马逊网站上,约 250 名读者就给那些高于 10 美元的 Kindle 电子书贴上了"9.99 美元抵制行动"的标签。尽管出版商们经常向读者解释电子书的定价是由其开销决定,但是读者对此并不关心,他们能够接受什么样的电子书价格才是制定电子书价格时需要重点考察的。

(2) 市场。

市场是商品实现其价值的基本条件,因此市场状况也是影响我国电子书定价的重要因素。影响我国电子书市场定价的市场因素非常多,主要包括市场的发育和规范情况、电子书商品供求情况、电子书需求价格弹性和竞争状况等。电子书市场的发育和规范情况说的是电子书市场处于生命周期的哪一个阶段,是否形成了行业统一认可和遵守的市场规范等。从被业内称为"电子书元年"的 2010 年发展到现在,我国电子书市场很明显仍然处于初步建立阶段,尚未很好地成长起来。作为一个初步建立的市场,无论是政府还是行业参与者,都缺乏管理经验,目前还非常缺乏市场规范,对于电子书定价标准、定价权的归属、定价制度等都没有形成统一的认识,因此,我国电子书市场"价格战"此起彼伏,电子书市场主体之间的矛盾冲突也愈演愈烈。电子书商品供求情况说的主要是电子书市场的供应与需求的状况。我国电子书市场的供求状况较为复杂,尽管目前市场上供

给的电子书数量较多,但是包含优质内容的电子书商品则仍然处于供不应求的状态。如前所述,那些名家名社出版的图书很多并不愿意发行电子版,电子书平台销售的电子书无法充分满足读者的需求。因此,那些包含优质内容的电子书,例如《春宴》等,价格占到纸本图书的6成以上,销量仍然非常可观,而亚马逊中国和京东商城销售的很多0元书却无法登上畅销书排行榜。电子书需求价格弹性指的是电子书的需求量对其价格变动做出的反应程度。总的来说,电子书需求价格弹性比较复杂,不同类型的电子书需求价格弹性区别非常大。其中,需求价格弹性最大的是大众出版市场。美国自费电子书作者乔·昆特拉2013年做了一个实验,将自己在亚马逊上销售的电子版惊险小说 *The List* 的定价从2.99美元降到99美分。降价之前,该书每天卖出40本;降价之后,该书每天卖出620本。尽管这是一个美国的例子,但是实验结果同样适用于中国电子书市场。教育出版市场和专业出版市场的价格需求弹性则相对较小,其单本电子书销售价格与纸本书的销售价格非常接近,一般不会低于纸本书的七折。针对图书馆客户的专业图书数据库,其需求价格弹性较小,定价也相对较高,近年来还频繁涨价。最后,竞争也是影响电子书定价的重要市场因素。和美国不同,我国电子书市场尚未形成完全垄断状态,京东商城、当当网、番薯网、淘宝电子书这四大电子书销售平台相对于传统出版集团和出版社自建电子书销售平台而言,虽然占据着较高的市场份额,但是其不是版权的所有者,无法形成完全垄断市场,处于不完全竞争状态,因此,竞争对电子书销售企业定价影响非常大。2013年京东商城和当当网价格战就是围绕抢占电子书市场份额和网站流量,打击竞争对手而展开的。当前,我国电子书价格普遍偏低,也与我国电子书多为多平台销售,电子书销售平台之间的竞争激烈有关。

(3)版权。

电子出版版权指的是创作者享有的以数字方式保存、复制、发行作品的权利,包括精神权利和经济权利两个方面。版权是包括电子书产业在内的内容产业发展的核心,同时也是影响电子书价格的重要因素之一。首先,如前所述,电子版权使用费是电子书成本非常重要的一部分。其次,对于电子书销售商而言,电子书版权的获取情况是其制定价格的重要参考依据。例如京东商城把其电子书分3个类别进行定价:定价最高的是出版社授权的、仍然受版权保护的纸质书的电子版,其定价介于纸书定价的三折到六折之间;其次是网络原创文学,定价一般低于第一类电子书;第三类则是京东商城自己制作的公版书,定价就更低一些。最后,电子书侵权状况也会极大地影响电子书的销量以及价格的制定。电子书侵

第八章　数字出版产品定价模式与策略

权的问题是伴随复制、传播技术的产生而产生，并随着这些技术的更新发展而不断发展的。其中无授权行为，也就是常说的"盗版"问题在我国非常普遍，正版电子书销售平台为了打击"盗版"市场不得不实行低价策略，拉低了电子书市场的整体定价。

（4）价值。

电子书的价值也是电子书定价的重要依据之一。尽管作为一种新兴的商品，电子书价值的界定有些模糊，没有一个确定的标准，但因为电子图书和传统图书价值的核心都是文化信息内容，因此可以参照传统图书来考察电子书的价值。在传统图书领域，作者和出版商品牌是衡量电子书价值的重要因素，这一点在电子书产业同样适用。一般而言，知名作者和出版商提供的电子书更能满足读者需求，其价值也更能被读者认可。这一点从安妮宝贝《春宴》电子版创造的销售佳绩可见一斑。除了作者和出版商的品牌外，出版时间也是衡量电子书价值的重要因素之一。在同等条件下，一般而言，出版时间越近的电子书，价值越高。当然，电子书出版时间较难界定，因为虽然很多电子书出版时间较近，但是其包含的信息内容可能来自多年前出版的传统图书，因此，出版时间因素在电子书价值中的考察相对复杂。另外，内容产品包含的新信息、参考资料和技术，也是衡量其价值的重要标准，因此专业类电子书的定价往往高于大众电子书。

（5）成本。

电子书的成本指的是电子书开发制作以及推广销售过程中产生的各种费用。电子书价格的制定必须覆盖其成本才能保证盈利，因此，成本也是电子书定价的重要参考因素。和传统图书一样，电子书的成本包括固定成本和可变成本。固定成本是指不随电子书产量变化的各项成本费用，可变成本指的是随着电子书产量的增减而呈正比例变化的各项费用。通常所说的电子书的成本低，实际上说的是其可变成本较低。而在固定成本方面，电子书则与传统图书无异，包括资源费用、设备费用、网络服务费用、人力费用等。由于我国电子书产业还不是很成熟，出版社担心提供规范合适的电子文档后会影响纸书销售，很少给电子书平台提供规范化的电子化文档，同时，电子书产业本身也还没有建立一个可以持续更新的统一标准，因此其固定成本还要加上各个平台重复劳动的转档成本，也就是内容二次开发成本。例如当当网就宣称其2012年电子书转档成本花费500万元，多看科技副总裁胡晓东也曾向记者透露其在转档方面投入的人力物力非常多，每年要多花200多万元的校对成本。当然，目前电子书市场的培育更为重要，因此，成本还未像传统图书时代那样成为主导电子书定价的因素。然而，出版商和

销售商最终都是期望电子书的收益高于成本,实现盈利,因此,成本对电子书价格的制定仍然具有一定的影响。

2. 影响数字连续出版物定价的因素

数字消费类期刊和数字新闻定价情况非常复杂和混乱,因此,这里主要探讨影响科技数据库定价的因素。

(1) 版权。

如前所述,版权是基于一种特有的权利和法律规定,指的是版权所有人享有的以数字方式保存、复制、发行作品的权利,具有排他性的特征。版权包括精神权利和经济权利两个方面。与电子书市场不同,科技数据库乃至其他数字连续出版物的数字版权大多归出版商所有,而非归作者所有。作者在其研究论文或创作作品在连续出版物发表以前,大多要签订一项让渡数字出版权利的协议。因此,数字连续出版物出版商制定价格的权利更大。

(2) 成本。

数字连续出版物是典型的信息产品,其边际成本随着生产量的提高而减少。这对价格和成本有深刻的影响。另外,发行量也是成本的重要决定因素。很多研究者都指出新期刊数量的增加,减少了期刊的平均发行量,因此增加了固定成本(第一本的成本)在总成本中的比例。金(King)和特诺皮尔(Tenopir)分析了1975年到1995年期刊的生产成本(在印刷时代)。他们的研究模型显示,期刊品种的增多、每本期刊的文章的增多以及每篇文章页面的增多使总体成本增加了,平均每种期刊的成本也增加了。这个结论同样适用于数字连续出版物。对数字连续出版物而言,固定成本是新增期刊增加的主要成本,期刊文章的增多以及每篇文章页面的增多也会给期刊的审稿和校对环节增加更多的成本,导致新增期刊价格上升,而一旦新增期刊价格上升,图书馆就不得不放弃更多品种的期刊——这又会进一步造成期刊平均成本的上升从而引发价格不断上升的恶性循环。

(3) 竞争。

信息的消费不具有竞争性。如果一个人消费了一块三明治,三明治就消失了,其他人都不可能再消费这块三明治。但是,一个人阅读了期刊上的一篇文章并从中获取知识信息后,文章中的信息仍然存在,其他任何人都可以再去消费它。这种"知识无限范围扩展"是信息最重要和显著的特点。它也意味着思想和信息与工业经济的其他商品和服务具有完全不同的特点,而且,分享思想和信息的人越多,其社会价值也就越高。这种信息产品被消费得越多,其社会回报也

第八章　数字出版产品定价模式与策略

就越多。因此,科技数据库出版商在确定数据库价格的时候,会参照购买方的使用者规模,例如大学教职工和研究生数量、公共图书馆可能覆盖的最大范围制定不同的价格。

(4)市场。

某些很难被其他期刊取代的期刊逐渐形成垄断,原因很多,包括该期刊高质量的产品和品牌效应,以及在引用模式下长期形成的影响。机构(体制)的刺激又进一步恶化了这个问题,有些人为了升职、保有其任期以及获得大学和研究机构的财政资助同样与少数被提及的专业期刊相联系。研究型图书馆的购买实践也同样导致了这个问题。图书和期刊作为彼此的替代品在广泛的研究和学术领域展开激烈的竞争。每个领域的购买经费一般都是由机构中具有战略优先权的人决定,因此这种竞争不是在于价格(每种期刊的使用成本);每个领域的预算与期刊的价格信息、需求或使用并没有太大关系;每个领域的经费分配很少或者基本与各个领域的单位成本无关。科技数据库购买系统的这些特征导致市场信息的缺失(特别是终端使用者的价格信号)以及需求价格弹性很低,价格的巨大变化与需求没有形成太大的关系。

一些大的商业出版商形成了垄断力。很多证据可以证实这些推断,包括商业和非营利出版商内容产品相比较的价格、出版商经营毛利和利润。科恩(Kean)指出了美国非营利团体和商业出版商期刊价格增长比率的不同,在1998年到2003年,美国非营利团体生产的期刊价格平均每年增长7.5%,低于美国总体的期刊价格9.5%的平均增长率。与此类似,伯格斯若恩(Bergstrom)指出商业出版商生产的期刊每页的价格和每次被引用的价格明显高于美国非营利团体生产的期刊。威利(Wyly)也指出,在1997年,爱思唯尔的净利润远远高于S&P 500标准普尔500指数上榜企业中的473个;沃尔特期·克鲁维尔(Wolters Kluwer)的总体收益高于S&P 500上榜企业中的482个;科学、技术和医学出版领域的商业出版商的利润明显远远高于综合平均利润。

马盖博(MaCabe)发现,科技出版企业的合并也是期刊价格提高的重要因素,因为当主要的商业科技出版企业进行大规模的资产合并后其生产的期刊就少了很多替代品,这样便形成了垄断的力量。他还发现价格与期刊生产商的资产规模正向相关,其将过去的合并案与期刊价格上升联系起来,指出在爱思唯尔兼并伯格门(Pergmon)后,伯格门过去的期刊的价格马上上涨了22%,而爱思唯尔期刊的价格也上升了8%;他还预测,克鲁维尔与威夫利(Wavely)合并后,其期刊价格将上升20%~30%。在规模经济控制之后,仍然有一些价格的膨胀很难

得到解释，马盖博将其归结为垄断的力量。

（5）透明性。

信息同样是一种体验（经验）产品。直到一个人购买并消费了信息之后，他才知道其价值，而一旦他拥有了这个信息产品，就不能拒绝购买。因此，购买决定不是直接基于其内容，而是由很多其他因素决定的。例如，某个领域的新研究者可能会广泛利用摘要和关键词去决定阅读哪些文章和著作。更有经验的研究者则可能会利用其他信号，例如作者、作者所属机构、编辑以及编委会成员的工作情况，或者杂志的名称来决定购买哪些信息产品。因为消费决定与这些因素紧密相关，所以其就成为出版商重要的资源。信息产品内容为王，但是，作者、质量控制和品牌也是价格的重要决定因素。

第二节 数字出版产品定价模式

一、电子书定价模式

我国电子书主要采用批发制定价模式和代理制定价模式，这两种定价模式各有利弊，适用于不同的定价制度环境。

1. 批发制定价模式

电子书批发制定价模式指的是由电子书销售商向电子书出版商买断电子书发行权，实行独立定价的一种模式。电子书批发制定价模式适用于实行电子书自由定价制度的国家和地区，出版商只是提供建议零售价，电子书销售商是产业链的主导者，拥有绝对的定价权，可以根据市场情况自由确定图书销售价格。

美国的亚马逊是批发制定价模式的典型代表，其首先从出版商手中批量购买电子书内容的发行权，并以低于其成本的价格向读者销售。批发制定价模式帮助亚马逊快速培育电子书付费阅读市场，然而却让电子书出版商处于产业链的弱势地位。因此，美国五大出版商转而与苹果合作，采用代理制定价模式，但是最终因为受到美国司法部的反对，被控"合谋操纵电子书定价""违反了反垄断法"而宣告破产。我国的汉王也曾经是亚马逊批发制定价模式的追随者，其早期就是通过一次性付款获取一年或者两年的电子书版权的形式批量购买电子书内容，并以"免费内容＋高价汉王电子书阅读器"的形式迅速打开市场，获得了可观的

第八章　数字出版产品定价模式与策略

收益,并于 2010 年 3 月成功在深交所中小板上市。然而,这种定价模式一方面需要向出版商支付大量的版权使用费,成本较高,而汉王不具备获得海量内容资源的资金实力。另一方面因为我国电子书版权资源较为分散,易因侵权行为发生法律纠纷,例如 2010 年 7 月汉王被中华书局起诉侵权就是由国学公司的假授权行为引起的。同时,尽管我国政府没有明确制定关于电子书定价模式的相关法律、法规,然而,我国图书行业采取的是固定价格制度,在长期的发展过程中,一直是出版商主导产业链的模式,在向电子书产业转移的过程中仍然保持着这种产业发展模式。因此,尽管汉王在商务礼品市场取得了巨大成功,但是当其试图向大众电子书消费市场转移的时候,很快便发现批发制定价模式不再适用,转而建立了汉王书城,与出版商建立合作关系,采用代理制定价模式。目前,我国采用批发制定价模式的主要是专业出版机构,例如超星数字图书馆就是直接向作者或者版权人取得授权,对图书进行数字化制作并自主定价和销售的。

2. 代理制定价模式

电子书代理制定价模式指的是由电子书出版商委托电子书销售商代替自己销售电子书,由电子书出版商制定电子书销售价格的一种定价模式。代理制定价模式适用于实行电子书固定价格制度的国家和地区,电子书出版商是产业链的主导者,拥有绝对的定价权,电子书销售商并非真正的卖方,只是纯粹的销售平台,其与电子书出版商通过立法或协议的方式确定电子书销售价格和比例分成等。

苹果曾经是代理制定价模式的积极推行者,但是如前所述,其在美国遭受阻碍,在实行图书自由价格制度的英国和加拿大,也面临着同样的困境。我国大众电子书市场的从业者则大都采用类似苹果的代理制定价模式,例如当当网和京东商城就是通过与电子书出版商签订电子书代理销售协议,与出版商协商定价,尽管在定价的过程中当当网和京东商城会给予一定意见,但最终定价权仍然掌握在出版商手中。电子书销售商通过付费阅读、付费下载方式获得收入,并与出版商按照六四、七三或八二的比例分成,其中出版商拿六成、七成或八成,电子书销售商拿四成、三成或二成。与批发制定价模式相比,代理制定价模式显然更好地尊重和保护电子书出版商地位和利益。然而,这种定价模式也有很多弊端。一方面,电子书版权和纸质书版权所有者经常是统一的,电子书版权方为了不影响或者弥补纸质书的销售量下降所带来的损失,倾向于制定更高的电子书价格,这就容易推高电子书整体销售价格,不利于电子书付费阅读市场的形成和发展。同时,我国电子书多采取多平台形式销售,电子书版权所有人没有对数字版权渠道进行统一管理,政府也没有相关法律法规对此进行限制和说明。因此,大多数电

子书版权所有人都会针对不同渠道单独定价,例如其在移动电子书阅读平台的定价就经常远远低于当当网、京东商城等互联网电子商务平台,这就容易引起电子书定价的混乱。最后,代理制定价模式是一种以电子书版权所有者为中心的定价模式,电子书版权所有者并不直接面对读者,无法准确了解读者对电子书价格的需求。而电子书销售商直接面对消费者,他们对定价的分析则是实时的,且其首要考虑的不是利润,而是迅速建立电子书市场,所以,他们更能以读者为中心,制定最优化的电子书价格。

二、数字连续出版物定价模式

数字连续出版物定价模式主要有如下几种。

1. 订阅模式

订阅模式指的是个人和机构订阅者付费获取一种或者多种打包的连续出版物的定价模式。消费类杂志目前主要采取订阅模式,例如亚马逊于 2013 年 8 月 20 日与世界顶级杂志公司康迪纳斯特(Conde Nast)达成合作。亚马逊将负责康迪纳斯特旗下《Vogue》《连线》和《名利场》等杂志的纸质订阅和数字订阅。其后,亚马逊又陆续与其他消费类杂志出版商达成合作,负责其数字订阅和印刷订阅。2013 年亚马逊初次与康迪纳斯特合作时,其数字订阅才占总订阅量的 4%,而今其数字订阅在总订阅收入中的比例正急剧上升。除了消费类杂志以外,数字新闻产品,尤其是国外的数字新闻产品也多采取订阅模式,《纽约时报》就是数字订阅收费的先行军。2001 年 10 月,《纽约时报》推出时报电子版,在网站 NYTimes.com 和 Newsstand.com 提供收费订阅,用户可以将电子版下载到电脑或笔记本上离线阅读。付费墙的正式"实验"始于该报于 2005 年 9 月推出的"时代精选"(Times Select)网站。这个网站的核心内容为 14 名《纽约时报》资深专栏作家和评论家以及该报从社会上聘用的 8 名专家每星期撰写的专栏文章。这些文章既不出现在《纽约时报》纸质产品上,也不放在该报当时的免费网站上。对《纽约时报》印刷版订户,"时代精选"是免费的。对非《纽约时报》印刷版订户,"时代精选"的收费是每周 7.95 美元,或者每年 49.95 美元。至 2007 年 9 月,"时代精选"共有 22.7 万名付费订户,47.1 万名《纽约时报》印刷版订户和 8.9 万名大学生订户。2011 年 3 月 17 日,《纽约时报》发行人宣布正式建立付费墙,并于 3 月 28 日起执行。2011 年,《纽约时报》开始扩展其面向平板电脑和智能手机的"所有权限"的订阅,将向拥有 50 名以上员工的公司和组织

第八章　数字出版产品定价模式与策略

提供团体数字订阅。在引入付费数字订阅的新模式时，作为促销手段，在 2011 年 12 月举办的市场营销活动中，由福特林肯（Ford Lincoln）提供赞助，给《纽约时报》的 10 万名数字订户开通了访问权限。《纽约时报》付费墙成功的效果于 2012 年下半年即开始显现，目前美国有影响力的新闻机构大多采用这种收费方式。国内的财新新闻也于 2017 年开始实行数字订阅收费模式。

2. 计量收费

计量收费指的是个人或者机构用户按照使用单篇或单页文章付费的一种数字出版物定价模式。这是一个与传统定价模式不同的、完全依据使用定价的模式，其基本思路是按期刊论文篇数而非期刊种数来计价。具体计算时又可采取两种办法。一种是爱斯唯尔在密歇根大学采取的算法，图书馆不需要订购某一期刊，可以从诸多期刊中挑选一些高质量的论文进行选择性购买，一旦购买，其所有用户都可以免费获取。另一种是"保底封顶"的方法。每篇论文的价格应与其实际使用频次成反比，因而是一个变量，在实际使用过程中，这个变量却很难掌握，因此出版商要求一个最低价格底线，图书馆则要求一个最高的封顶价格，才能保证双方的利益不受损害。

3. 广告客户支持的传播

广告客户支持的传播模式通常指的是一种免费模式，读者不需要为数字连续出版物的使用付费，广告客户寻找产品的终端客户并将期刊销售（或免费赠阅）给读者以覆盖全部或者部分生产和分销成本。目前脸书（Facebook）与多个新闻机构合作的新闻聚合平台采取的就是这种模式，读者可以免费阅读新闻，新闻机构和新闻聚合平台的成本由广告商承担。除了数字新闻领域外，很多数字消费类期刊的数字化平台也采取这种价格模式。

4. 批量交易模式

批量交易模式是在捆绑销售的基础上发展起来的。捆绑是一种特殊的销售方式，顾名思义，是指将不同的产品整合成一个"包裹"以一个价格出售。大型学术出版机构通常都会要求图书馆与其签订一个协议，这个协议要求图书馆承诺在一定时期内（通常是三年）保证一定规模的购买量，而出版机构在此基础上给予图书馆一定的购买折扣，并承诺一定的价格上涨比例上限，这个协议通常被称为"批量交易"。"批量交易"和"捆绑销售"不是同一个概念，但是二者紧密联系。"批量交易"是"捆绑销售"的产物，欧美大型学术出版机构将"捆绑销售"和"批量交易"结合使用。

"批量交易"限定了平均价格，使"期刊包"内期刊的平均价格超过了边际价格，因此，如果进入者与这些期刊竞争，其一开始就必须在边缘竞争。一个独立的出版商即使建立了一种新的比爱思唯尔质量更高的期刊，也没有多少图书馆会订阅这种期刊。因此，"批量交易"是一种排他性和反竞争的行为，其增加了进入壁垒，限制了学术期刊和出版商之间的竞争。

欧美学术出版机构的"批量交易"定价模式也存在价格歧视，价格歧视的依据主要有两个。一个就是"期刊包"规模的大小，另一个则是用户群规模的大小。前者比较好理解，主要是基于期刊包中期刊种类的多少分别制定不同的价格。后者是按照机构订户中的专职工作人员数量进行定价。牛津大学出版社就在美国和加拿大的机构订户中采用这种价格标准销售其《牛津英语词典》（*Oxford English Dictionary*）和《美国国家生物》（*American National Biography*）网络版。其定价方法是对不同性质的机构赋予不同的权重，四年制学校按其教职员和学生的100%计算总人数；二年制学校或专科学校按其教职员和学生的50%计算；中学按照9～12年级学生的15%计算；公共图书馆和州立图书馆又根据不同用户群规模按不同比例计算，100万以下按4%计算，100万～200万按3%计算，200万以上则按2%计算；公司、政府和军事单位则按联入网络的工作人员的100%计算，非营利组织则按联入网络的工作人员的50%计算。

5. 开放存取模式

开放存取模式分为两种：作者付费模式和机构付费模式。作者付费模式指的是由作者承担出版的部分或者所有成本的一种出版方式，机构付费模式则指的是由代表其组成团体利益的机构将其拥有和保存的一系列材料免费开放给其组织团体的一种模式。

采用作者付费模式的主要是开放存取期刊。例如2000年10月哈罗德·瓦穆斯协同斯坦福大学的生化教授、基因芯片技术的奠基人之一帕垂克·布朗（Patrick O. Brown）博士和加州大学伯克利分校的遗传学教授迈克尔·艾森（Michael B. Eisen）博士创办了著名的开放存取期刊平台"公共科学图书馆"（The Public Library of Science，PLoS）。为了弥补实行开放存取的费用，包括同行评审、期刊生产、网络应用和存储的费用，PLoS采取这样一种商业模式——向每一篇出版文章的作者或研究赞助者收取一定的出版费用。PLoS的收费标准一直在保持稳定的基础上以上升的趋势发生变化，如表8-1所示，各种期刊发表一篇文章的费用从2008年到2014年均呈上涨趋势。

第八章 数字出版产品定价模式与策略

表 8-1 PLoS 各种期刊的出版费用

期刊	2008 年出版费用/美元	2014 年出版费用/美元
PLoS Biology	2850	2900
PLoS Medicine	2200	2900
PLoS Computational Biology	2200	2250
PLoS Genetics	2200	2250
PLoS Pathogens	2200	2250
PLoS Neglected Tropical Diseases	1300	2250
PLoS ONE	2850	1350

在这 7 种学术期刊中，*PLoS Biology* 和 *PLoS Medicine* 的出版费用最高，2014 年每发表一篇文章的费用达到 2900 美元；4 种学术团体期刊的费用一致，均为 2250 美元；*PLoS ONE* 的出版费用最低，不到 *PLoS Biology* 和 *PLoS Medicine* 的一半。之所以费用差距这么大，是因为各种期刊的生产成本不同。*PLoS Biology* 和 *PLoS Medicine* 是 PLoS 系列期刊中影响力最高的两种期刊。这两种期刊追求高质量，且分别有一支在国际著名学术期刊 *Nature*、*Lancet*、*the British Medical Journal*、*the Journal of CLINICAL Investigation* 工作过的经验丰富的专业编辑队伍，而且实行严格的同行评审制度，退稿率近 90%，因此需要较高的出版费用来弥补成本。4 种学术团体期刊一方面得到学术团体的资助，另一方面其评审费用也低于前面两种期刊，因此费用较前者略低。*PLoS ONE* 因为其同行评审过程只审查技术，不审查结果，所以其评审过程大大简化，评审费用也得以降低。而且其每年发表文章数量较多，因此，其出版费用相对较低。

采用机构付费模式的则主要是开放存取仓储，包括机构仓储和学科仓储。1991 年 8 月，物理学家保罗·金斯帕（Paul Ginsparg）在美国洛斯阿拉莫斯（Los Alamos）国家实验室建立的互联网上第一个开放存取知识库——arXiv 电子印本文库（arXiv e-print archive）就是典型代表。该仓储用来收录作者自由提交的未经审查的物理学论文，当时还没有物理学期刊上网，其最初的目标并不是要取代期刊，而是为全球预印本（preprints，即正式出版前的文章，archive 最初提交的文章仅能保留 3 个月）提供一个免费、公平而统一的全球存取路径。arXiv 电子印本文库初期运行费用来自美国国家科学基金会（National Science Foundation，NSF）和美国能源部提供的年度资助。2001 年后，arXiv 转为康奈尔大学所有，成为一个私人的非营利教育机构,由康乃尔大学图书馆负责维护和运行,接受 arXiv 咨询委员会的指导和大量学科调解人的帮助。arXiv 目前主要由康奈尔大学提供资金,并接受 NSF 的部分资助。

6. 收取会员费模式

收取会员费模式指的是针对个人或机构收取一定的会员费的定价方法。一些开放存取平台就采取收取会员费的收费模式。例如前面提到的 PLoS,将其会员分为两种:个人会员和机构会员。PLoS 针对这两种会员分别制定了不同的政策。

PLoS 根据缴纳的会员费,将其个人会员分为 6 个等级,为各个不同等级的会员分别提供不同的服务。具体情况见表 8-2。

表 8-2　PLoS 个人会员费用标准

会员级别	年度会费(美元)	享有的服务
学生 (student)	25	列入 PLoS 会员页面；通过电子邮件接收新的期刊内容；赠送 PLoS 开放存取标签和 PLoS T-Shirt
朋友 (friend)	50	列入 PLoS 会员页面；通过电子邮件接收新的期刊内容；赠送 PLoS 开放存取标签和 PLoS T-Shirt
支持者 (supporter)	100	列入 PLoS 会员页面；通过电子邮件接收新的期刊内容；赠送 PLoS 开放存取标签和 PLoS 旅行杯
理想主义者 (idealist)	250	列入 PLoS 会员页面；通过电子邮件接收新的期刊内容；赠送 PLoS 开放存取标签、PLoS T-Shirt 和旅行杯
提倡者 (advocate)	500	列入 PLoS 会员页面；通过电子邮件接收新的期刊内容；PLoS 开放存取标签和 PLoS 专有会员包
革新者 (innovator)	1000 及以上	列入 PLoS 会员页面；通过电子邮件接收新的期刊内容；PLoS 专有会员包、T-Shirt、旅行杯和标签

PLoS 在 2004 年 1 月开始开办机构会员项目,在刚开始的 6 个月就有 100 多个学院和大学加入,包括哈佛大学、耶鲁大学和阿姆斯特丹大学等。2008 年,其机构会员数量进一步增加,达到 170 个。这些机构会员主要由大学、学会和图书馆构成。同时,应很多研究基金的要求,PLoS 已经开始接受代表它们资助的调研人利益的基金会加入到 PLoS 的机构会员队伍里面。不过需要指出的是,PLoS 机构会员与传统非开放存取的订阅期刊的机构会员有本质性的区别。首先,PLoS 出版的所有作品,每个人都可以通过网络自由获取,PLoS 的会员和非会员

第八章 数字出版产品定价模式与策略

是一样的,PLoS 机构会员所享受的产品和服务是全世界的任何一个其他组织都可以享有的。其次,在网络投稿形式下,任何无法承担出版费用的作者,PLoS 都会取消或者降低其出版费用,对任何人都一样,包括隶属于组织会员的作者和非隶属于组织会员的作者。PLoS 机构会员是一种为改变社会而进行的志愿性的投资,PLoS 不会强制会员缴纳多少会费,会员也不能对出版决策产生任何影响,他们除了在出版费用方面按规定享受一定的折扣外,与非机构会员相比没有任何优待。因此,大学、图书馆、其他部门机构和其他类似组织选择成为 PLoS 机构会员只是因为它们支持科学和医学公共信息可以自由在网上获得。

三、阅读类 App 定价模式

阅读类 App 多提供各种类型的阅读内容,包括有声书、漫画、网文、出版书籍和杂志等,它是一种集阅读、娱乐和学习为一体的移动应用程序。随着线上数字资源种类愈发丰富,整体教育水平提升,知识付费已然成为一种常态,下文将探讨阅读类 App 最常见的几种定价模式。

1. 免费阅读制度

所谓免费阅读,是指阅读 App 免费提供所有内容,通过阅读过程中植入广告获取收益,用户无须在阅读 App 花费现金,或者通过某种方式换取免费观看的资格。番茄小说和七猫小说是免费阅读类 App 的两巨头,两款 App 中的图书都是网络文学,其广告形式以开屏页和内容页广告为主,番茄小说每三四页就出现一个广告,而七猫小说的广告出现在各章节末尾和屏幕底部 banner,多为电商、游戏和社交 App 的广告。在阅读页面插入广告后,用户无须点击但须完成观看才能获取阅读权力。

真正实现免费阅读的 App 是美国数字内容分销商 OverDrive 开发的软件——Libby。它是汇总了世界各地多家图书馆的数字资源的数字内容共享平台,用户只需拥有某家图书馆的借阅卡即免费借阅馆内的书籍。根据 OverDrive 官网上的信息,Libby 已整合来自 40 多个国家的 3 万多家图书馆的电子书、杂志期刊和有声书等出版物,用户可免费观看到许多原版书籍,借阅到期书籍会自动归还。该软件大幅度提高了线下图书馆的电子资源利用率。

但大部分阅读类 App 需要用户完成任务才能免费观看,如观看软件内广告、签到攒积分兑换、答题获取免费阅读机会等。

在漫画类 App 中,"等待免费"机制是常见"付费"手段,即用户等待足够

时长即可解锁一篇付费章节,最早采取此种模式的是韩国 Kakao 公司旗下的 Piccoma 漫画平台,2014 年提出该模式。漫画连载期间,读者可以选择付费看最新章节,完结后的一段时间内可以免费看完整部漫画,之后该漫画会转为付费 + 等免模式,用户等待 23 小时后即可免费观看下一章,此举吸纳了更多读者、降低了消费门槛。国内快看漫画也采取"等免"模式,等待 24 小时即可解锁付费章节。

此外,各类 App 还会不定时推出"限时免费"活动。在限免期间,指定书籍或漫画可免费观看,活动结束后即恢复原价。掌阅经常推出"限免"阅读活动。如 2022 年 5 月,掌阅联合后浪、紫图图书和博集新媒等多家出版社,共同发起"疫情福利,免费读书"的活动,40 多本书限时 0 元阅读。而微信读书推出"体验卡",这是一种按天计算的免费会员卡,用户可通过积累阅读时间或参与 App 上的各种活动获得,拥有的体验卡越多,享受免费阅读的时间越长,具体方式有以下几种:每日/周阅读时长积累,每日一答题活动,连续签到活动,邀请新用户或 30 天未阅读用户,组读书小队做任务换取积分,等等。根据任务的完成度换取不同数量的体验卡,进而获得不同天数的免费阅读机会,在完成这些任务时,用户在平台上发展社交关系、养成使用习惯,逐渐与平台深度绑定,成为忠实用户。

2. 计量收费

(1)章节订阅。

章节订阅是一种按需付费的阅读方式,读者可以根据自己的阅读需求和兴趣,选择订阅特定的章节或内容,并在订阅期间享受阅读服务。在阅读类 App 中,章节订阅已成为网络文学书籍和网络漫画最普遍的阅读付费方式,通常前几章均可免费阅读,之后开始按章节收费,且每个章节的价格相对较低,但本质上是根据篇幅的长度收费。如腾讯动漫的单章价格在 0.29~0.79 元之间,晋江小说每章的价格在 0.1~0.4 元之间,用户先在平台上充值虚拟货币,再购买需要的章节。而租赁阅读形式,如腾讯动漫推出"借阅券",用户购买该券并兑换付费章节后,可在 3 天内免费阅读,一张借阅券只需 0.19 元,比直接购买章节更划算。也有部分 App 按字数收费,如百度阅读只能按字数付费阅读,一般是 3000 字/3 分钱。漫画类 App 每话定价更高,Piccoma 软件中的《我独自升级》,每一话的均价约 4 元,快看漫画一个章节约 1 元。

(2)整书收费。

出版书籍通常标注整书的价格,可直接购买阅读。会员免费阅读大部分的出

第八章 数字出版产品定价模式与策略

版书籍,也有部分书籍应出版方要求需单独付费购买。如《活着》在当当云阅读、京东读书、微信读书和掌阅上标价均为29.99元,但若购买这些App的月会员即可免费阅读。同时,出版书籍价格因平台而异,《寻觅意义》在京东读书、微信读书和掌阅上为36元,但在豆瓣阅读上赶上促销活动只需16元,而在掌阅上购买此书的纸质版只需24元。Piccoma漫画除了按话销售之外,还推出"故事销售"的模式,即整本故事单独出售,创新漫画App中的定价模式。

在新媒体时代,像杂志、期刊这类纸质出版物占据的市场份额大幅度缩减,不少杂志期刊社开发阅读App,并上线电子期刊。2018年,《看天下》上线Vista看天下App,App拥有全部纸质版杂志的电子刊内容。《看天下》杂志在线上线下同步更新内容,且电子版比纸质版杂志提前两天更新,售价6元/期,价格是纸质刊的一半。

(3)时间收费。

除了按章节付费和按单本付费的模式外,还有按阅读时长收费的App,比如网易蜗牛读书。它倡导"时间出新知",每天提供一小时免费阅读,之后需通过购买时间来获取阅读权限,1天只需付1元,即可阅读软件内所有的书。这种方式最大的好处是给予用户试错的机会,若不喜欢此书可及时退出,不用投入过多成本。

3. 会员订阅模式

阅读类App的会员订阅模式与视频App非常相似,购买年度会员或月度会员,可以解锁更多的阅读权限,如阅读大部分出版书籍和少部分网文的完整版。微信读书会员能免费阅读大部分出版书籍,QQ阅读的会员能够免费阅读许多热门的网文。

最常见的是包月、包季和包年会员。办理一个月亚马逊的Kindle Unlimited会员仅需12元,一年118元,两年160元,成为会员后,借阅库内所有的书都可以免费阅读,其涵盖15万本可借阅的精选中英文电子书、6000余本非公版书、文学科技等多个领域的杂志。网易蜗牛读书在月、季、年选择中加入按周办理,开通7天会员仅需6元。

部分App还会推出连续订阅模式,也就是自动续费并享受会员服务,对于长期有阅读需求的用户来说,连续订阅更为划算。微信读书推出30元月卡的包月服务以及19元的连续包月服务,成为微信读书的会员后可享受更多权益:其一,扩大阅读权限,一般用户只能看500本书,成为会员后不限数量,同时可以免费

阅读大部分书籍；其二，提升阅读体验，能够调节阅读字体、阅读背景以及朗读音色。但漫画类 App 会员享有的优惠权益远不及读书类 App。快看漫画会员权益包括作品提前看 3 话、作品购买折扣、限时免费阅读等，平台 VIP 专享的漫画数量仅仅只是一部分。

《三联生活周刊》推出中读 App，目前它已成功转型为数字付费订阅的付费类阅读 App。中读 App 的会员享受打包订阅权益，其会员分为知识会员和数字刊会员。知识会员包括年卡和月卡，订阅购买年卡可获得三联自制课、部分严选好课、有声书、会员福利和线下活动等打包权益，月卡权益略少于年卡。数字刊会员只有年卡，订阅后可免费阅读一年内《三联生活周刊》《爱乐》《读书》的所有期数。两种年会员均为 388 元，知识月会员为 40 元。

Audible 作为 Amazon 旗下全球最大的有声书在线出版和零售平台，很早就推出包月会员制度。Credit 是 Audible 给其会员的购书额度，一个 credit 可以购买任意价格的有声书，该网站最便宜的包月计划价格为每月 15 美元，附带 1 个 credit。当用户听完一本有声书或者不喜欢该书可以随时退回，平台会返还 credit，用户可再用它购买新的有声书。一个 credit 使用期限为 1 年，也就是说在使用期间，用户可用免费获取平台上全部的有声书。

此外，许多平台合作推出联合会员，将多个平台的会员打包以低于分别单独购买后合计的价格出售。2019 年掌阅、优酷和蜻蜓 FM 推出联合会员，包月只需 24 元；2023 年"三联中读 + 微信读书联名卡"套餐，用户可以以 5.9 折买到三联中读知识会员年卡和微信读书付费会员年卡。联合会员活动数量多且价格划算，但活动时效较短。

第三节　数字出版产品定价方法

数字出版产品价格方面的优势成为其扩大市场的关键因素，因此数字出版商在制定价格的过程中要充分了解价格策略与消费者购买意向的影响之间的关系，采用灵活的定价方法和策略。从定价方法的角度看，数字出版商和销售商纷纷放弃了过去机械的成本加成定价法，采用了以市场为导向的渗透定价法，以及基于价值和读者需求的差别化定价法、捆绑定价法。

第八章　数字出版产品定价模式与策略

一、渗透定价法

我国电子书市场，尤其是大众电子书市场普遍采用了渗透定价法（penetration price）。渗透定价法是指在数字出版产品进入市场初期时将其价格定在较低水平，牺牲高利润尽可能吸引最多的消费者，以期获得较高的销售量及市场占有率的一种定价方法和策略。渗透价格并不是意味着低价，而是相对于成本和价值而言比较低。例如，我国三大电子书销售平台畅销电子书平均价格为3元左右，亚马逊中国的电子书平均价格达到6元，主要是因为其畅销电子书中有不少都是社会科学著作，其大众畅销电子书平均价格也仅为3元左右。这三大平台还提供不少免费电子书和特价书，根据2014年5月15日的统计数据，亚马逊中国提供6144种免费中文电子书和4802种免费外文电子书；当当网每日推出10本电子书供读者免费下载；京东商城每天提供6本1元以下的电子书。我国电子书销售商无视成本和价值采用渗透定价法，一方面是为了赢得与盗版书市场的竞争，目前我国电子书的版权保护不力，盗版电子书猖獗，在这种环境下，为了培养正版电子书阅读习惯，电子书销售商不得不缩小与盗版电子书的价格差距；另一方面也与我国电子书的市场环境有关，目前我国电子书市场才刚刚兴起，尚没有哪家企业获得了压倒性的竞争优势，各大电子书销售平台都希望通过低价吸引扩大付费电子书市场占有率，并以低价击败竞争对手来增强自己的竞争地位。而对于数字连续出版物而言，渗透定价法同样也是其赢得竞争的重要方法。在数字期刊刚刚进入市场时，其为了渗透到传统期刊占领的市场，多采用印刷版＋电子版捆绑销售的方法，其中，电子版的价格只有印刷版的1/3或1/2。开放存取期刊也是采用免费使用的方式迅速建立市场知名度和影响力的。

二、差别化定价法

随着数字出版市场的日益细分和消费者需求的不断分化，统一定价的弊端日益显现，数字出版商也开始实行差别化定价法。差别化定价法指的是数字出版企业在制定数字出版产品价格时，综合考虑现实中多种复杂因素，提供不同的有针对性的价格，在满足客户需求的同时，最大限度地提高企业的收益的一种定价方法。

目前，我国电子书市场主要采用了渠道差别化定价和产品差别化定价两种方法。渠道差别化定价指的是对于相同的电子书产品，当经过的渠道不同时提供不同的销售价格。目前，我国电子书出版商多采用多平台销售的方式和代理制定价模式，即电子书出版商向多个电子书销售商提供同样的电子书产品，并与销售商签订电子书代理销售协议，二者协商定价，但最终定价权仍然掌握在出版商手中。目前电子书出版商没有对数字版权渠道进行统一管理，政府也没有相关法律法规对此进行限制和说明，因此，大多数电子书出版商都会针对不同渠道单独定价，例如其在移动电子书阅读平台的定价就经常远远低于亚马逊中国、当当网、京东商城等互联网电子商务平台，其和亚马逊中国、当当网、京东商城协商制定的价格也往往不尽相同。目前，这种定价方法因为容易引起电子书定价市场的混乱而广受诟病。产品差别化定价指的是针对产品所属的不同的细分市场，采取不同定价标准的定价策略。电子书市场细分程度非常高，不同细分市场的定价水平也不尽相同。本节选取了2014年6月14日亚马逊中国、当当网、京东商城付费电子书中销售排名前20位的小说、大学教材以及法律图书，比较其平均价格水平，如表8-3所示。

表8-3　不同细分市场的电子书价格（单位：元）

销售平台	细分市场		
	小说	大学教材	法律
亚马逊中国	4.057	8.651	8.805
当当网	4.340	6.527	6.692
京东商城	3.694	6.459	7.862

从表8-3中可以看到，尽管这三大电子书销售平台各类电子书的定价水平不尽相同，但是均有一个规律：法律电子书价格＞大学电子教材价格＞电子小说价格。事实上，和印刷图书市场一样，我国电子书市场可以初步分为专业电子书、电子教材和大众电子书这三大细分市场。根据不同电子书细分市场读者需求程度和电子书价值本身的区别，这三大细分市场采用了不同的定价标准，一般来说，基本采用了专业电子书＞电子教材＞大众电子书的差别化定价方法。

数字连续出版市场的差别化定价方法运用更加普遍。数字学术期刊市场的捆绑销售采取了多级价格歧视，不同期刊包采取不同的价格，相同期刊包不同的用户使用规模又会采取不同的价格。除此之外，不同地域的机构用户也会制定不同的价格。

第八章　数字出版产品定价模式与策略

三、捆绑定价法

捆绑定价法是指将两种或两种以上的相关产品捆绑打包出售，并制定一个合理的价格的定价方法。目前，我国电子书市场中的捆绑定价模式包括："终端+电子书"捆绑定价，主要由一些开发有电子书阅读器的出版商采用，例如辽宁省出版集团、盛大文学等；我国专业出版商则主要针对图书馆客户将某一类或多类多种电子书捆绑在一起销售，根据不同销售规模制定不同价格；还有电子书销售企业将报刊领域的"订阅"模式引入电子书领域，例如京东商城目前推出的电子书阅读服务"畅读VIP"，每个"畅读VIP"服务有月度（30天）、季度（90天）、半年（180天）、全年（360天）四种，价格分别是10元、30元、50元和90元，可支持1000本中文电子书的畅读。目前我国电子书市场还未推出基于不同形式的电子书捆绑定价模式，如电子书+印刷图书或电子书+有声图书等捆绑定价模式。虽然当当网推出了电子书+印刷图书"一键式"购买服务，但是其价格=电子书价格+印刷图书价格，而非在二者总价基础上进一步给予一定折扣，因此，并未真正实行这种形式的捆绑定价。

数字学术期刊"捆绑销售"的历史则更加悠久，可以追溯到20世纪90年代。早期的"捆绑销售"建立在印刷本期刊订阅的基础上，采取的是"印刷期刊+电子期刊"形式，要求在图书馆不削减印刷期刊（其价格每年上涨）订阅量的基础上免费或者以一个非常低的价格给予图书馆访问电子期刊的权利。2004年以后，已经有75%的学术期刊上网，而且很多图书馆纷纷取消印刷版学术出版产品的订阅，将主要资金用于订阅纯电子期刊。面对这种市场变化，欧美大型学术出版机构又调整了它们的"捆绑销售"策略，开始采取"电子期刊+印刷期刊"的形式和纯"电子期刊包"的形式，前者是指在图书馆承诺一定时期内（通常是三年）保证一定的电子期刊订购量的基础上，出版商免费或者以较低的价格向图书馆提供印刷本期刊；后者是指出版机构根据图书馆订阅的电子期刊的数量调整其折扣。

四、尾数定价法

尾数定价法是指销售商给电子书商品定价时，有意保留一个尾数的定价方法。在调查的三大电子书平台销售排名前100位的电子书中，亚马逊中国仅有16

种电子书的价格为整数；当当网仅有 29 种电子书的价格为整数；京东商城仅有 20 种电子书的价格为整数。这三大电子书销售平台将大量的图书价格定为 0.99 元、1.99 元、2.99 元、5.99 元而不是 1 元、2 元、3 元或 6 元。尾数定价法基于读者电子书消费心理，让读者有一种电子书价格较低、比较便宜的感觉，非常适用于大众类电子书，因为这类电子书本身价位较低，需求弹性也较大。

第四节 我国数字出版物定价的原则与建议

一、我国数字出版物定价的原则

1. 市场主导与政府引导相结合

我国图书行业从 1992 年就开始采取市场定价机制。党的十八届三中全会也明确指出，要完善文化管理体制，建立健全现代文化市场体系。电子书产业是现代文化产业的重要分支，因此，其定价也应当以市场为主导，采用市场主导的定价机制，由市场自发调节，并最终检验其定价的合理性。然而，电子书对于文化市场来说仍然是一种新产品，市场这只手还是会频频"失灵"，这个时候，就需要由政府对其进行适当引导。从全球范围看，目前的数字出版产品定价并没有统一的规范，不同的国家、出版商和零售商都有着自己制定价格的标准和考虑。例如实行图书定价制的法国就由政府出面，对电子书的定价制定了一个统一的标准，其提出，考虑到电子书无须缴纳增值税等因素，电子书的定价统一比纸质版图书便宜 30%。而实行图书自由定价制的美国、英国和加拿大，尽管没有出台明确的法律法规指导电子书定价，但是其对苹果公司和几家大型出版商提起的反垄断诉讼，实质上也是对电子书定价进行引导的一种方式——支持以电子阅读巨头亚马逊的"批发模式"为基础的电子书低定价体系，反对以苹果的"代理分成"模式为代表的电子书高定价体系。我国电子书市场大都采用类似苹果的"代销分成"模式，除此之外，一些生产电子书终端阅读设备的企业中也不乏亚马逊的"批发模式"的追随者。总的来说，我国数字出版市场定价非常混乱，没有统一的定价标准和体系，这对于我国数字出版产业的健康发展十分不利。因此，尽管数字出版物定价最终要靠市场来调节，但是在其发展的初期，仍然需要政府相关管理机构通过制定政策法规的形式进行适当的引导，和数字出版企业一起建立一个良性运作的市场。

第八章 数字出版产品定价模式与策略

2. 引入读者主体定价机制

引入读者主体定价机制主要是针对电子书市场而言的。在电子书产业中,读者作为电子书的最终消费者和使用者,其积极性和主动性得到进一步加强,因此,在电子书定价机制中,引入读者主体是当务之急。我国电子书产业目前的"混战"局面在很大程度上就与电子书出版商和销售商忽略了读者的实际需求有关。对于电子书出版商而言,他们总是希望从"价值"的角度去解释和指导电子书定价,而漠视读者实际能接受的电子书价格。对于电子书销售商而言,因为急于培育市场,他们不惜赔本让读者低价甚至免费下载图书,却忽略了读者对优秀电子书内容的需求。因此,要引入读者主体定价机制,一方面要打破电子书出版商在电子书定价上"自说自话"的局面,采取低价原则,积极培育正版电子书付费阅读市场的形成;另一方面,电子书销售商也要注意不要一味以低价吸引读者,而忽略了读者对高质量电子书内容的需求。在电子书领域,传统的开销加利润的定价计算模式已不再适用,出版商和电子书销售商应当引入读者主体定价机制,先找到读者可以接受的价格,并在此基础上建立可以盈利的模式。

3. 采用灵活的定价方法和策略

从定价方法的角度看,数字出版商和销售商纷纷放弃了过去的成本加成定价法,采用了客户驱动型定价法,旨在吸引更多满意的读者。同时,为了获得更多市场份额,市场份额驱动型定价方法也被普遍采用,例如京东商城 2013 年推出 5 万本电子书供读者免费下载,就是针对其竞争对手当当网的营销策略的回击。另外,专业和教育类电子书平均价格明显高于大众类电子书价格,这实际上是采用了需求导向定价法。电子书领域的定价策略就更丰富了,很多电子书销售平台都采用了尾数定价策略,例如当当网、亚马逊中国将多种图书定价为 0.99 元、1.99 元而不是 1 元、2 元。尾数定价策略非常适用于大众类电子书,因为这类电子书本身价位较低,需求弹性也较大。同时,很多电子书销售商还将报刊领域的"订阅"模式引入电子书领域,例如京东商城就推出了"包月"服务。捆绑销售也是电子书销售商常用的定价策略,其中"终端+电子书"的捆绑销售策略主要被一些开发有电子书阅读器的出版商采用,例如辽宁省出版集团就采用了这种销售策略,学术出版商则主要针对图书馆客户采用将某一类或多类多种电子书捆绑在一起销售的定价策略。此外,还有动态定价策略、折扣策略以及读者自主定价策略等。总之,电子书出版商和销售商要全面系统地分析影响电子书定价的各种要素,在此基础上灵活选择合适的定价方法和策略,确保企业制定科学合理的价格,获得目标收益。

4. 综合考虑社会效益和经济效益

党的十八大报告明确指出，文化产业发展"要坚持把社会效益放在首位、社会效益和经济效益相统一"。数字出版产业是文化产业的重要分支，在其发展的过程中理所当然也要坚持社会效益和经济效益相统一的原则。落实到数字出版定价上来，这就意味着在数字出版产品定价的过程中需要综合考虑社会效益和经济效益，在二者间找到一个平衡点。从社会效益上看，数字出版产品定价不宜过高，因为超越了读者的购买力将会影响和阻碍知识的共享和文化的传播。美国司法部对苹果与五大出版商的反垄断诉讼，提出法院需要"拒绝不符合公众利益的提案"，就是其将电子书产业的社会效益凌驾于经济效益之上的重要表现。事实上，与亚马逊的低价策略相比，出版商可以从苹果实行的代理模式取得更高的利润，但结果造成了电子书价格的大幅上涨，侵害了消费者的公共利益，这也是美国司法部认定苹果与五大出版商存在垄断的关键点。一向崇尚自由竞争的美国尚且如此重视数字出版产业的社会效益，我国是社会主义国家，在引导数字出版产业定价的时候，更需要将社会效益放在首位。将社会效益放在首位，并不意味着就要完全放弃经济效益，因为数字出版并不是一项公益事业，而是一个产业，其要实现可持续发展，就必须在定价的时候保证自己的利润空间。这就要求数字出版商和销售商不仅要避免一味低价，还要平衡数字出版产业链各方的利益和需求，制定最优化的数字出版产品价格，促进数字出版产业的可持续发展。

二、促进我国数字出版市场良性发展的建议——基于定价的角度

定价是数字出版市场至关重要的一项活动，当前我国数字出版市场的虚假繁荣很大程度上与数字出版产品定价混乱有关。本节拟从定价的角度，提出几项促进我国数字出版市场良性发展的建议。

1. 以立法的形式确立适合我国电子书市场健康发展的定价制度

电子书定价制度是电子书定价模式形成的基础，因此，要规范我国电子书市场定价机制和模式，首先就要确立适合我国电子书市场健康发展的定价制度。从国际上看，目前电子书定价制度可以分为两种类型：自由定价制度和固定价格制度。前者指的是电子书以自由价格在市场销售的定价制度，美国、英国、加拿大等国家就将其传统图书市场的自由定价制度延伸到了电子书市场；后者指的是由电子书版权方确定电子书的市场销售价格，电子书销售商基于这一固定价格销售，没有自由定价权的定价制度，法国正是将传统图书市场的固定价格制度延伸

第八章　数字出版产品定价模式与策略

到电子书市场的典型代表。这两种定价制度本身并没有优劣之分，都是各有利弊。目前，我国电子书市场还没有形成统一的定价制度，这是造成我国电子书市场定价混乱的重要原因。在这里，建议我国借鉴法国的经验，采取电子书固定价格制度，并以立法的形式对其进行确认。提出这项建议的主要原因是，一方面，我国图书市场过去一直采取的是固定价格制度，出版商是行业的主导者，目前我国电子书版权主要还是掌握在传统出版商手里，将这种制度延伸到电子书领域不会引起出版商的反弹和图书行业秩序的混乱；另一方面，尽管作为现代文化产业的重要分支，电子书定价应当采用市场主导的定价机制，但是，电子书市场还处于初步建立阶段，在这个阶段，市场这只手会频频"失灵"，这个时候就需要由政府对其进行适当引导。而以立法的形式对电子书固定价格制度进行确认，是确立电子书定价规则和标准的最直接有效的形式。

2. 以受众需求为基础选择定价模式

不同的定价模式之间并没有明显的优劣之分，满足不同受众需求的电子书也适合不同的定价模式。大众电子书市场更适合选择代理制定价模式。不过在选择代理制定价模式时，有几点需要注意。首先，出版商在制定电子书价格的时候，要着眼于培育电子书付费阅读市场，遵循低价原则，而不能抬高电子书价格；其次，出版商要做好数字版权渠道的统一管理，针对不同渠道统一定价；最后，出版商在定价时要做好读者调查，并尊重电子书销售商的意见，与其协商制定电子书销售最优化的电子书价格，避免"自说自话"。而对于专业电子书和电子书包市场而言，其更适合选择批发制定价模式。一方面，是因为其版权方相对集中和单纯；另一方面，其面对的是机构客户，机构客户更倾向于一次性获得批量授权的购买方式，而不是按照下载量或浏览量付费。数字连续出版市场也是如此，数字新闻和数字消费类期刊适合订阅模式，数字科技期刊则适合捆绑销售模式。

3. 建立以读者需求为导向的定价机制

在向数字出版转移的过程中，传统出版商还未能摆脱过去的习惯思维，在数字出版领域延续采用过去的"成本+利润"的定价机制。因此，当读者埋怨数字出版产品价格过高时，我国出版商仍然习惯于向读者解释数字出版产品的定价是由其开销决定。而大型数字出版商和销售商则倾向于采用"竞争导向"定价机制，其为了扩大市场占有率，提高网站流量，往往会低价甚至"免费"销售电子书或电子期刊，引起电子书市场的"价格战"。事实上，这两种定价机制都不适合数字出版产业的发展。在数字出版产业中，读者作为数字出版产品的最终消费者和使用者，其积极性和主动性得到了进一步加强，因此建议建立以读者需

求为导向的定价机制。该机制并不是简单地采用低价策略就可以达成，而是要求版权方和销售商全方位地深入了解读者需求和其对数字出版产品价格的接受情况，一方面进一步提升读者的阅读体验，另一方面充分协商制定最优化的电子书价格。

4. 多方位拓宽盈利渠道

不论我们是否愿意承认，在数字出版产业，想要像在传统出版行业一样，仅仅通过产品销售获取想要的利润几乎是不可能的。例如在电子书行业，尽管电子书版权方和销售商不遗余力地培养读者的电子书付费阅读习惯，但是，在盗版猖獗和读者习惯了免费获取网络信息内容的情况下，效果始终不尽如人意。这就要求打破图书行业以内容销售盈利的传统思维模式，积极拓宽电子书盈利渠道，探索多种盈利模式。亚马逊美国一直以低于成本的价格销售电子书，却通过电子书阅读终端 Kindle 系列产品的销售弥补其损失，获取更多的收益。2012 年，亚马逊还推出了 Kindle 广告版，通过在 Kindle 中嵌入广告软件的方式积极开拓第三方付费的盈利渠道。除了第三方付费盈利渠道外，电子书企业还可以利用其内容资源聚合的优势提供信息咨询服务和教育培训服务等，积极拓展服务销售盈利模式，汤姆森集团就是由专业内容提供商向专业服务提供商转型的成功范例。

本 章 小 结

本章探讨了数字出版产品定价的问题。首先分析了国内外数字出版产品定价制度，以及影响数字出版产品定价的因素。然后分析了数字出版产品定价模式以及定价方法。最后，提出了我国数字出版物定价的原则以及促进我国数字出版市场良性发展的建议。

□ **思考与练习题**

1. 中国和美国分别实行哪种定价制度？
2. 影响数字出版产品定价的因素有哪些？
3. 目前，我国数字出版产品的定价模式有哪几种？定价方法有哪些？
4. 阅读类 App 的定价模式有哪些？
5. 我国数字出版产品定价应当遵循哪些原则？
6. 请从定价的角度，提出促进我国数字出版市场良性发展的策略。

第九章　数字出版产品分销渠道与策略

> **教学目标与教学重难点**

目标：了解数字出版分销渠道的概念、类型及其构成；了解电子书分销模式；了解数字期刊分销模式；了解数字出版产品分销策略。

重难点：能够准确区分数字出版产品分销渠道模式；全面了解电子书、数字科技期刊、数字消费类期刊分销模式的异同；了解新型的数字出版产品分销渠道策略。

按照受众需求生产数字出版产品，并为其制定合理的价格以后，还需要通过合适的通路才能将数字出版产品送到需要受众手中。这就是数字出版产品的分销渠道。数字出版分销渠道既有对传统出版分销渠道的延续，也有一些新的特点，例如弱化批发渠道、强化平台地位等，这都是为了更快捷、更便利地将数字出版产品送到受众手中。除此之外，在社交媒体环境下，数字出版产品分销策略也有很多创新，例如构建自媒体传播矩阵和社群营销策略等。

第一节　数字出版分销渠道构成

一、数字出版产品分销渠道的概念

数字出版物分销渠道指的是数字出版产品从生产方向读者消费领域运行的整个线路和过程。数字出版产品往往需要经过一系列的中间机构，如 B2B（business to business，企业到企业）图书销售平台、B2C（business to consumer，企业到消费者）网上书店、C2C（consumer to consumer）网上书店等环节，方能

到达消费者手中。同样，每一个消费者所需要的数字出版产品往往来自于多家数字出版机构。如果把数字出版机构视作起点，把消费者视作终点，在他们之间就有无数条供数字出版产品流通的渠道。正是通过这些渠道，数字出版产品才能从数字出版机构顺利地传递给广大消费者。可见这些联系数字出版机构与广大消费者的分销渠道对于数字出版机构和广大读者都具有非常重要的意义。

二、数字出版分销渠道的类型

数字出版的分销渠道非常复杂，按不同的分类标准可以划分不同的渠道类型。其中，按照是否有中间商介入，可以分为直接渠道和间接渠道。根据介入数字出版传播领域中发行中间商环节的多少，可以分为长渠道和短渠道。根据分销渠道每一个中间环节的中间商数目的多少，可以分为密集性分销渠道、选择性分销渠道和专营性分销渠道。除此之外，根据渠道成员的关系，还可以分为产权式垂直分销渠道、支配式垂直分销渠道以及契约式垂直分销渠道。陈辉在《数字出版营销渠道分析》一文中，参考方卿、姚永春主编的《图书营销学》，对这些渠道类型进行了具体的描述。

1. 直接渠道与间接渠道

（1）直接渠道。

直接分销渠道是指在没有任何中间商介入的情况下，将数字出版产品直接销售给广大读者的一种渠道类型。采用这种方式的多为一些大型的数字出版机构，这些机构借助自身的技术、资金以及海量内容资源的优势，通过技术、资本、内容的整合等方法开创自己的数字出版平台，直接面向终端用户进行数字出版产品的销售，如国外的维基百科全书的网络出版、爱思唯尔期刊集团的网络服务、阿歇特出版集团（Hachette Book Group）自建的电子书销售平台等；国内的商务印书馆"工具书在线"、中国大百科全书出版社的"百科在线"、腾讯文学的原创文学平台等。

（2）间接渠道。

间接分销渠道是指数字出版机构利用发行中间商来向广大读者供应数字出版商品的一种分销渠道。受众总是更加倾向于那些内容资源更丰富的平台，单一数字出版机构仅凭一己之力很难组建能够满足消费者多样化内容消费需求的数字出版产品分销平台，因此，即使是自建了数字出版产品销售平台的出版机构，也多通过第三方已建成的数字平台发布自己的数字资源。目前我国大多数出版社的电

第九章　数字出版产品分销渠道与策略

子书主要通过当当、京东、掌阅的电子书平台分销。在移动出版领域，多家出版企业借助中国移动的平台优势共同开展合作，销售电子书。例如兰登书屋加拿大公司与电子书、有声书、音乐与视频全方位服务的数字分销商 OverDrive 合作，亚马逊、Kobo 等网上书店是美国最大的电子书销售平台。

2. 长渠道与短渠道

（1）长渠道。

传统意义上的长渠道，一般是指选择使用两个及两个以上环节的发行中间商的渠道形式。相比传统图书分销渠道，数字出版的长渠道形式还是有所不同。传统图书长渠道分销的形式包括出版企业—批发商—零售商—读者、出版企业—代理商—零售商—读者、出版企业—代理商—批发商—零售商—读者这三种类型。在数字出版产业内，批发的环节逐渐被弱化，甚至取消，出版企业—代理商—零售商—读者成了最主流的长渠道模式。另外，原创文学网站与传统出版社结合的形式采用了这样的传播通路：作者＋传统出版＋网络平台＋终端读者。这也是数字出版的一种长渠道形式。

（2）短渠道。

传统意义上的短渠道一般是指在数字出版产品传播过程中仅使用一个环节的发行中间商的渠道形式。传统图书分销短渠道的形式包括出版企业—普通图书零售店—读者、出版企业—外行业图书经销商—读者、出版企业—图书俱乐部—读者、出版企业—图书馆供应商—读者这四种类型。其中，第一种已经演变为数字出版机构—数字内容分销平台—读者的形式。第二种完全不适应数字出版产业发展，已经基本不存在了。第三种，图书俱乐部尽管在网络时代并未完全消失，而是发展成了网上图书俱乐部或网络图书分享平台，但是更多的是承担图书宣传、营销的功能，而非销售功能。第四种，主要适用于数字期刊分销领域，近年来，电子书也逐渐开始采用这种形式，例如前面提到的 OverDrive 就是加拿大最大的面向图书馆的电子书供应商。

3. 渠道的宽窄

数字出版产品分销渠道的宽窄取决于分销渠道每一个中间环节的中间商数目的多少，顾名思义，同一环节中间商数目越多，分销渠道就越宽，反之就窄。按照宽窄程度的不同，数字出版产品分销渠道主要有以下三种类型。

（1）密集性分销渠道。

密集性分销渠道又称普遍性分销渠道、广泛性分销渠道、强力分销渠道等，指的是数字出版机构在同一区域市场内各个层次的中间环节都广泛采用尽可能多

的中间商来销售其数字出版商品的一种分销渠道形式。体现密集性分销渠道的数字出版营销方式,就是在尽可能多的数字发行平台上发布数字资源。例如哈珀·柯林斯为了拓宽其电子书销售渠道,采用多平台销售策略,与亚马逊、Kobo、巴诺、苹果等多家电子书销售平台开展合作。一般而言,大众类、时尚类数字出版产品为了增加与消费者接触的机会,普遍热衷于采用密集性分销渠道,在手机移动数字平台、网络数字平台、电子书数字平台等平台上密集发布相关信息,让尽可能多的受众通过电子商务平台进行购买。

(2)选择性分销渠道。

选择性分销渠道指的是数字出版机构在同一市场区域内的各个层次的中间环节仅选择一些条件较好的中间商来销售其图书商品的一种分销渠道形式。例如前面提到的兰登书屋加拿大公司在面向图书馆的电子书销售市场上,就仅选择与OverDrive合作,因为其在这方面有着独特而难以取代的优势。有些数字出版资源的发布具有一定的平台选择性。因此,可以有针对性地选择在适合的数字平台上进行发布,比如天气资讯、手机报等,就是重点选择在手机移动数字平台上进行发布。

(3)专营性分销渠道。

专营性分销渠道指的是数字出版机构在同一区域市场内某一层次的中间环节中仅选数量极少的中间商来销售其产品。专营性分销渠道主要体现在特定的数字资源发布上,比如以前通过专营性分销渠道进行营销的教材,在数字出版时代仍然可以采用这种方式,与特定的移动数字阅读平台进行捆绑式营销。如美国6所大学参与到Kindle教科书项目中,将部分试行预装化学、计算机科学以及新生指南等课程的电子课本。而我国也出现了一些相关的应用,如上海卢湾一小学引iPad进课堂等。

4. 垂直分销渠道

垂直分销渠道指的是以所有权、契约或其他方式为纽带将数字出版机构、代理机构、零售机构等跟数字出版产品分销活动相关的成员紧密联系在一起的一种渠道形式。这种渠道主要有三种形式。

(1)产权式垂直分销渠道。

产权式垂直分销渠道指的是以产权为纽带将数字出版机构、代理机构、零售机构等跟数字出版产品分销活动相关的成员紧密联系在一起的一种分销渠道形式。例如,近年来亚马逊频繁收购传统出版企业,并专门建立了电子书出版公司,将电子书出版、销售联系在一起。

（2）支配式垂直分销渠道。

支配式垂直分销渠道指的是数字出版分销渠道一方以其突出的实力、地位或专门性的技术与知识出面组织、协调或影响渠道中的其他成员，使多数渠道成员协调行动的一种垂直分销渠道形式。例如，之前苹果在组建 iBooks 数字内容商店的时候，就要求哈珀·柯林斯、兰登集团、企鹅书屋（当时兰登书屋和企鹅集团还未合并）、西蒙·舒斯特等世界六大大众出版集团确保其在该平台的销售价格最低；亚马逊美国对在该平台销售的所有电子书定价拥有绝对的定价权。

（3）契约式垂直分销渠道。

契约式垂直分销渠道指的是不同层次的独立数字出版分销渠道成员为了实现其单独经营所不能达到的经济性而以某种协议或契约为基础结成联合体的一种分销渠道形式。例如，中国移动阅读基地就是由拥有数字资源的出版社和中国移动订立契约，以利润分成的方式共同打造的数字出版渠道。

相对于传统图书渠道，数字出版渠道看起来似乎更加简单，但实际上参与渠道的主体更加复杂化。其身份既可以是单一的、独立的，又可以是多元的、重叠的，渠道之间的地位和角色也经常变换。

第二节　电子书分销模式

一、直接销售模式

直接销售模式指的是电子书直接从生产者销售到消费者手中。生产者包括作者、出版者等。电子书消费者既包括个人消费者，也包括图书馆等机构用户。直接销售模式主要包括以下两种模式。

1. "作者—个人读者"模式

信息传播技术的发展和普及既解决了内容复制的技术和成本难题，也拉近了作者和读者的距离，使"作者—个人读者"这一数字出版产品分销模式成为可能。在西方数字出版市场，美国著名惊悚小说作家史蒂芬·金于 2000 年绕开出版商在个人网页上直接面向读者销售其连载小说《植物》，最后以失败告终。迄今为止，暂时还没有出现单凭作者的力量取得重大商业成功的例子，大多需要借助大型数字内容分销平台的力量。例如，亚马逊自建的电子书平台 Kindle 内容商

店,就为作者提供了直接面向读者销售电子书的平台。亚马逊提供一个基于电子书定价的利益分成协议,定价在不同区间的电子书,其利益分成比例不同,作者和亚马逊平台的利益分成比例有90%、10%~50%、50%不等,定价越高,作者获得的利益分成比例越低。因此,作者可以自己估算哪种定价获得的利益最丰厚,从而自主定价,面向读者直接销售其创作的电子书。因为价格以及平台推广的优势,2017年亚马逊畅销电子书前一百位排行榜中,亚马逊平台签约作者创作的图书占到一半以上。我国的原创文学网站主要采取的也是"作者—个人读者"模式,作者和原创文学网站按照一定的比例分享读者阅读带来的收益。

2. "数字出版商—个人读者"模式

"数字出版商—个人读者"模式指的是出版商直接面向个人销售电子图书的一种分销模式。在早期,许多出版商尝试过采用这种模式,例如国外企业鹅兰登书屋、哈珀·柯林斯、阿歇特等出版集团都曾经自己建立过电子书销售平台。我国的中国出版集团建立的"大佳网"、被腾讯收购前的上海盛大网络发展有限公司自建的半开放型"云中书城",分别配合其开发的电子书阅读器"大佳阅读器"和"锦书"(Bambook)直接面向读者销售电子图书。另外,还有上海世纪出版集团预备筹建的囊括庞大图书资源的服务网站"辞海天下"。最后或是因为版权消费者网络内容消费过程中对海量内容的消费需求,或是因为版权的获取难题,这些自建分销平台大多宣告失败。采用这种模式的主要是大学教材出版商,例如2007年,美国14家重要的教材出版社(包括约翰·威利父子、麦格劳-希尔、培生教育集团等)合伙成立了专门生产电子教材的公司Course Smart,为学生和教师提供多种电子教材。这些教材的内容、页码与纸质课本完全一致,分为在线订阅阅读和付费下载阅读两种形式,以及通过所购买的访问代码在第三方合作网站获取资源的形式。在线阅读只能在订阅期限内在线阅读,下载形式则支持多个终端,可以下载到电脑、iPhone等阅读终端。学生可以在网上或者书店购买,这类教材与纸版格式一致、内容相同,但是又拥有比纸版更多的附加功能,即增值服务。培生教育集团的 CourseSmart eTextbooks 就是这样一种产品。CourseSmart eTextbooks 既为学生减少了一半的费用,又满足了学生在可以上网的前提下随时随地学习的需要,与纸版教材一样,学生可以做笔记、注释、标记重点。另外,CourseSmart eTextbooks 提供增值服务,学生可以通过关键词进行全文检索,准确地找到所需的内容。这款产品不仅可以在线阅读,也考虑到了线下的学习需求,学生可以打印整本书或者所需章节。2011年10月,培生教育集团又与谷歌公司合作推出了免费学习管理系统"开放教室"(open class)。

第九章　数字出版产品分销渠道与策略

3. "数字出版商—机构读者"模式

"数字出版商—机构读者"模式也是一种重要的电子书直接销售模式。其中，又主要分为两种情况。

(1) "教育出版商—教育以及教育服务机构"模式。

教材出版商面向的主要客户是教育以及教育服务机构，在教育出版面向互联网转型的过程中，"教育出版商—教育以及教育服务机构"模式仍然是其主要分销模式之一。例如，培生教育集团大量的网络学习服务产品直接售卖给教育服务机构，其还成立了专门的直销部门，负责面向机构用户的业务。该部门旗下包括CTI教育集团（CTI Education Group）、华尔街英语（Wall Street English）等。CTI是南非的一所私立的高等教育机构，为南非所有校园提供全日制和非全日制的信息技术、心理学与咨询、创意艺术和平面设计、商务和法律方面的学习课程和研究指导。华尔街英语是规模最大的为全球成年人和企业客户提供英语学习指导的机构，在全球28个国家建立了450多个中心。还有联系学院（Connections Academy），一所可供美国基础教育学生选择的虚拟学校。这些机构直接为其学习者提供其他团体无法提供的集成学习环境。培生教育集团还非常注重与教育机构的合作，其亚利桑那州立大学在线项目就通过经营完全在线学习项目获得了大量的企业合作伙伴，例如海洋社区学院（Ocean Community College）、印第安纳州卫斯理大学和罗格斯大学（Indiana Wesleyan University and Rutgers）。该项目2013年获得了64 000名注册学生，与2012年相比增加了45%。2014年1月，其扩大了与佛罗里达大学（the University of Florida）的合作，为其研究生和本科生课程提供技术、电子教材、招聘推广、招生管理、学生支持和保留服务。培生Embanet新生人数增长了8%，达到了12 000人，学生总数达到27 000，增加了16个新的项目，推出了3个新的重要学术合作伙伴，包括阿德菲大学（Adelphi University）、维拉诺瓦大学（Villanova University）和马里兰大学（University of Maryland）。而且，其还扩大了与现有客户的合作，例如马里维尔（Maryville）和东北部（Northeastern）。200多所大学与培生合作建立网络学习方案，以改善其教育方式，获得高质量的本科和研究生学位课程。

(2) "大众和科技出版商—图书馆"模式。

大众出版商和科技出版商面向的机构用户主要是图书馆，因此，其面对机构用户的直销一般采用的是"大众和科技出版商—图书馆"模式。在传统时代，科技出版商就进行着面向图书馆的直销，在电子时代，其多会将其图书制作成专业电子书库，面向图书馆销售，例如SpringerLink的电子书库等。大众图书出版

商因为版权的问题迟迟不敢放开电子书图书馆配市场，在六大出版商中，哈珀·柯林斯也是第一家向图书馆提供电子书的企业。其后，兰登书屋才放开了对图书馆供应电子书的限制。企鹅、阿歇特、麦克米伦等四家出版集团相对保守，在 2013 年以前，只有兰登书屋和哈珀·柯林斯向图书馆销售其电子书。企鹅直到 2013 年才开始向图书馆提供电子书，价格较低，采用平价策略，但有效期仅 1 年。阿歇特、麦克米伦直到现在都没开放图书馆电子书项目。在各国电子书借阅法律和政策尚不完善，消费者从图书馆借阅电子书很可能导致销售减少的情况下，哈珀·柯林斯通过创新而稳健的电子书借阅次数限制的规定和技术避免了这一情况的发生。其通过多项调查，了解到如何在扩大电子书馆配市场的同时，避免对电子书销售产生负面影响，从 2011 年开始，就以消费者价格向图书馆销售电子书，同时要求电子书在被购回前，每本的外借次数最多 26 次、每次不超过 2 周的限制。这一做法虽然引起了一定争议，但是比起其他大众出版集团对电子书馆配市场的回避状态，目前已经受到美国、英国等地图书馆的支持。兰登书屋也提出未来可能效仿哈珀·柯林斯的做法，此前哈珀·柯林斯向图书馆的销售已经占到总收入的 7%～9%。在美国市场，兰登书屋 2011 年开始图书馆电子书销售业务，刚开始价格定得较低，而在经过了详细的市场调研后，2012 年 2 月 2 日，兰登书屋就宣布了要对馆配电子书提价，于 2012 年 3 月 1 日起施行，同时公布了几类不同图书定价标准：同时有精装版纸本新书在售的电子书定价为 65～85 美元；精装版已经出版了几个月，或者通常同步发行平装版纸本书的电子书定价为 25～50 美元；有精装版纸本书在售的儿童类新书的电子书定价为 35～85 美元；老一些的儿童书和平装版童书的电子书定价为 25～45 美元。这些价格是原电子书价格的 3 倍。之所以针对图书馆市场采取高价策略，主要是因为图书馆会对其电子书销售造成负面影响。然而，图书馆又是非常重要的电子书市场，为了在二者之间获得平衡，兰登书屋针对电子书和印刷图书销售可能造成的不同影响，采用了以类别为基础的高价策略。

二、一级渠道分销模式

由于电子书供应端和需求端的机构和个体数量庞大，直接交易成本较高，因此，大多数出版商采取的是一级渠道分销模式。这种模式主要有以下几种模式。

1. "数字出版商—零售商—个人消费者"模式

亚马逊是目前国际上最大的电子书分销平台，大多数英语电子书都需要借助

第九章　数字出版产品分销渠道与策略

亚马逊的分销平台才能确保其销量,因此国外数字出版业普遍采用"数字出版商—零售商—消费者"的一级渠道分销模式。例如,目前法国的阿歇特图书出版集团有6000多种电子书在亚马逊销售,兰登书屋、哈珀·柯林斯都采取电子书和纸质书同步发行的策略,在亚马逊销售其电子图书。亚马逊作为电子书零售商,有权自主确定电子书销售价格。尽管这种模式遭受到出版商,主要是大众出版商的抵制。因为电子书销售给纸质书销售带来了巨大冲击,同时,这一合作模式让出版商处于产业链的弱势地位。2009年,法国阿歇特出版集团首席执行官阿诺德·诺里接受采访时对业界发出警告,出版商如果受制于亚马逊的电子书和谷歌的数字图书馆,被迫大幅削价,纸质图书可能会被逼上绝路。其后,阿歇特出版集团联合美国四大出版商——西蒙·舒斯特公司、哈珀·柯林斯出版集团、企鹅出版集团以及麦克米伦出版公司联手制定了新的价格联盟,转向与苹果公司合作,采用代理制定价模式。然而,代理制定价模式却受到美国司法部的反对,被控"合谋操纵电子书定价""违反了反垄断法"而宣告破产,这五家出版商和苹果公司也被判对遭受损失的读者给予补偿。这一争端于2013年落下帷幕。2014年,阿歇特出版集团再次卷入与亚马逊的电子书交易条款争端中,亚马逊还对阿歇特采取图书下架等"恐吓"手段。尽管作为第一家与亚马逊谈判的出版社,阿歇特得到很多传统出版商的支持,鼓励它一定要站稳自己的立场。然而,最终证明,在渠道为王的情况下,阿歇特成了牺牲品。尽管除了亚马逊外,阿歇特的电子书还有很多渠道可以购买到,但是亚马逊毕竟是全球最大的电子书销售平台,与其发生争端,失去这一重要电子书销售平台,对于电子书的销售肯定会有不利的影响。

2. "数字出版商—代理商—个人消费者"模式

基于苹果iBooks内容商店,我国的当当、京东、中国移动阅读基地等电子书分销平台的电子书内容销售模式则多属于"数字出版商—代理商—个人消费者"模式。在这种模式下,数字出版商与数字出版产品分销平台通过签订代理协议,委托其代为销售其生产的电子书,渠道的控制权主要掌握在数字出版商手里,因此,分销平台需要与数字出版商协商定价。但是在实际的操作过程中,因为这些电子书分销平台在促进和扩大电子书销售方面具有重要作用和优势,很多时候,数字出版商不得不作出让步。在移动环境下,这种模式的电子书分销很多都需要借助应用商店或客户端。目前,主流的应用商店主要基于两大系统,即iOS和Android系统。基于iOS系统的App Store为半开放性,即终端封闭、平台开放,允许第三方开发产品,苹果公司拥有对产业链的绝对控制权。而

Android 系统则完全开放,除了 Google 官方的 Google Play Store 外,很多第三方的设备商、运营商等都可以开发基于 Android 系统的应用商店,如中国移动的 Mobile Market、三星的 Samsung Apps 和安卓市场等。客户端是指一种读书支持软件,用户以此访问书城,搜索、浏览和下载出版物。由于与客户端相连的服务端是书城,提供的是收费下载或阅读服务,所以,客户端也是一种电子书发行形式。根据销售收入按比例分成是这种模式最主要的盈利来源。

3. "数字出版商—数字内容集成商—机构用户"模式

在针对机构用户的电子书销售中,还经常采用"数字出版商—数字内容集成商—机构用户"模式。例如兰登书屋在打开加拿大图书馆电子书销售市场的时候就采取了这种模式。对于加拿大图书团购机构如图书馆、学校来说,借由兰登书屋加拿大公司与 OverDrive 的合作,他们可以获得兰登书屋提供的数以千计的电子书。这些电子书均来自麦克利兰·斯图尔特公司(McClelland & Stewart)以及兰登书屋加拿大公司。OverDrive 是提供电子书、有声书、音乐与视频全方位服务的数字内容集成和分销商。在 OverDrive 以及 Windows、Mac、iPod、iPhone、iPad、Sony Reader、Nook、Android 以及黑莓等平台的支持下,团体购买机构所属的读者可以大量阅读兰登书屋加拿大公司推出的电子书。用户也可以通过 OverDrive 的免费应用程序,从图书馆直接下载 ePub 格式的电子书或者 MP3 格式的有声书到自己的 iPhone 或 Android 客户端。美国的很多数字出版商在打开面向图书馆的电子书销售渠道时,很多要先将电子书销售给隶属于英格拉姆的 MyLibrary。MyLibrary 与美国多家图书馆建立了良好的关系,可以有效协助数字出版商将电子书以合适的价格销售给图书馆,MyLibrary 主要靠从中收取一定比例的佣金获利。

4. 数字出版商—按需印刷商(自助出版商)—个人读者

目前,按需印刷公司也成了电子书分销渠道非常重要的中间商。培生教育集团、布莱克威尔出版集团在其电子书销售页面上,几乎都会提供一个按需印刷机构的联系方式,供读者将其个性化教材印刷出来。哈珀·柯林斯为了建立按需印刷业务,在 2011 年 5 月 12 日,与当纳利印刷公司签订了全球供应链突破性协议。根据协议,从 2011 年 11 月起,当纳利印刷公司将接手哈珀·柯林斯出版公司维吉尼亚州哈里森堡工厂新书的印后业务;从 2012 年 7 月起,该公司还将负责哈珀·柯林斯出版公司旗下桑德凡出版社重点新书和再版书的印后工作;当纳利还将为哈珀·柯林斯出版公司在全球范围内提供按需印刷服务,这将使该出版公司的大部分版权图书在世界各地实现按需印刷。同时,这一协议也使当纳利成

第九章　数字出版产品分销渠道与策略

为哈珀·柯林斯出版公司传统产品的印刷商、印后服务商和发行商。

三、多级渠道分销模式

一般而言，数字出版产品零售商、数字出版产品代理商、数字内容集成商、按需印刷商既可以在一级渠道分销模式中直接面对消费者，也可以采取多级渠道分销模式。例如亚马逊、巴诺等电子书零售商都是按需印刷商闪电源的下游合作伙伴。因此，尽管电子书领域几乎看不到批发商，但是仍然可能存在多级分销渠道模式，多级渠道分销模式也可以被认为是上述一级渠道分销模式中各种中间商的交叉组合和叠加。

在渠道的宽窄方面，电子书出版商多选择采取宽渠道模式。例如，哈珀·柯林斯和每个技术平台的伙伴都诚意合作，满足不同平台的需求也就是满足不同读者的需求。这也是一种自我保护的方式，如果只和一两家合作，风险会相应增加。哈珀·柯林斯的合作对象很多，首先，为了适应数字环境下读者对搜索引擎工具的依赖，其与谷歌、雅虎等搜索引擎合作，寻求共赢途径。其后，为了拓宽其电子书销售渠道，其采用多平台销售策略，与亚马逊、Kobo、巴诺、苹果等多家电子书销售平台开展合作。在 2012 年被美国司法部以垄断电子书价格为名起诉并胜诉后，哈珀·柯林斯迅速与亚马逊重新建立紧密的合作关系。兰登书屋也采用多平台的方式传播其数字内容。兰登书屋本身自建了电子书销售平台，读者可以通过该平台网络购书。除此之外，其电子书还可以通过各种电子阅读设备获取，包括 RIM 的黑莓、亚马逊的 Kindle、巴诺的 Nook，电脑、手机以及各种平板电脑，包括 iPad、Kindle Fire，以及 Nook Tablet。其电子书在亚马逊 Kindle、谷歌、苹果的 iBook store、Kobo、Nook 等多个电子书销售平台销售。读者在官网中任意选取一本电子书后点击进入，页面将会显示可购买此电子书的平台链接。读者可以根据使用的阅读设备来选择相应的电子书供应商。

为了更好地利用多平台传播渠道销售自己的数字内容，兰登书屋还非常谨慎地力争与各大平台建立良好的合作关系。例如，2010 年苹果与各大出版集团策划电子书代理制时，唯兰登书屋按兵不动，其后，六大大众出版集团中，也唯有兰登书屋避开了美国司法部的反垄断和操纵电子书价格的指控。阿歇特也采用了多平台销售策略销售自己生产的电子书，一方面建立了自己的电子书店，另一方面还通过其他销售地区最重要的电子书销售平台销售其电子书，如亚马逊、苹果、科博（Kobo）、巴诺、谷歌娱乐（Google Play）等。阿歇特还为其电子书分销建立了特定的专业知识和基础设施，例如建立了数字资产发行/分配系统（the digital asset distribution system，DAD），该系统是一个集中存储和传递电子书的数字仓储，包括进销存和退货的数字化管理流程的构建，是图书价值链的重要战略链接点。DAD 项目由美国、法国、西班牙和英国的团队协作研发，是阿歇特在其所有主要市场中建立的第一个统一运作的数字资产管理系统。基于该系统平台，阿歇特得以在没有国界和语言障碍的条件下向全球销售其作者的图书。对于新出版的图书，在出版纸质版本的同时推出数字版，选择性地把过往出版的图书数字化，实现所有数字图书格式的标准化，这使其能够与全球市场上的所有数字平台兼容。

第三节　数字期刊分销模式

数字期刊按照其面向的消费对象的不同，可以分为数字科技期刊和数字消费类期刊。这两种期刊的分销模式有较大区别，本节分开叙述。

一、数字科技期刊分销模式

数字科技期刊分销的过程实际上需要完成的是数字科技期刊与专业读者之间的匹配，从而实现知识在科学共同体内部的传播、资金在科技出版环节的交换过程。徐丽芳在《网络科技期刊发行模式研究》一文中，将网络科技期刊发行模式分为渠道模式、交易模式、功能模式这三种主要分销模式。在这里，主要介绍更为成熟的渠道模式和交易模式。

1. 渠道模式

依据数字科技出版商与其用户之间是否有中间发行环节，可以将数字科技期刊的渠道模式分为直接销售模式和间接销售模式。

（1）直接销售模式。

采用直接销售模式的有两种渠道：一是由数字科技出版商直接将数字科技期刊面向个人订户销售；二是由数字科技出版商将数字科技期刊发送给机构订户，机构用户主要是公共图书馆以及学校、科研机构、政府和企业的图书馆、信息中心或资料室，然后再由这些机构用户将数字科技期刊提供给专业读者阅读。一般来说，读者与此类组织机构存在隶属关系，例如是该机构的职员或学生；或者没

第九章　数字出版产品分销渠道与策略

有隶属关系,但是属于该机构可能覆盖到的读者范围(主要是公共图书馆)。为了增强同数字科技出版商的议价能力,很多图书馆会成立图书馆联盟(library consortia),例如成立于1958年的机构性合作委员会(Committee on Institution Cooperation,CIC)是跨美国中西部8个州的12所研究型大学联盟,其成员包括芝加哥大学、伊利诺伊大学、印地安纳大学、爱荷华大学、密歇根大学、密歇根州立大学、明尼苏达大学、西北大学、俄亥俄州立大学、宾夕法尼亚州立大学、普渡大学、威斯康星大学麦迪逊校区。该联盟电子资源的集团采购工作主要由馆藏发展和电子资源主管工作部(Collection Development Officers/Electronic Resource Officers,CDOs/EROs)负责。从1994年起,CIC代表其成员馆向各大数据库商购买和引进了数百个数据库,为联盟节省了3000多万美元。还有我国高校图书馆合作组成的中国高等教育文献保障系统(China Academic Library & Information System,CALIS)以及高校图书馆数字资源采购联盟(Digital Resource Acquisition Alliance of Chinese Academic Libraries,DRAA),也旨在团结合作开展引进数字资源的采购工作,规范引进资源集团采购行为,通过联盟的努力为成员馆引进数字学术资源,谋求最优价格和最佳服务,每年为联盟成员节省科技期刊数据库购买经费。图书馆联盟一般在高校图书馆和研究图书馆领域作为机构用户的上游发行环节发挥作用。

（2）间接销售模式。

采用间接销售模式的渠道主要包括三种。一是用户通过集成商(aggregator)获取网络科技期刊。如国外的EbscoPublishing、Gale、Ovid Technologies、ProQuest(CSA),国内的知网、万方、维普和人大报刊复印资料等。一般来说,这些集成商本身并不编辑出版期刊,只是以数据库和数字图书馆的形式重新集成其他出版商出版的各种数字科技期刊。二是通过平台供应商(full-content hosts)这一中间环节发行数字科技期刊。因根特(Ingenta)和海威尔(Highwire)都是这一类型发行机构的典型代表。在这种模式下,这些中间机构最主要的功能是为其他出版商和期刊提供数字出版服务。例如,海威尔出版社(HighWire Press)的数字科技期刊集成平台容纳了一百多家数字出版商出版的一千多种期刊,其中包括《科学》(*Science*)和《新英格兰医学期刊》(*The New England Journal of Medicine*)等著名科技期刊的网络版。三是用户通过订阅代理机构获得网络科技期刊。如美国的EBSCO、德国的Harrassowitz、荷兰的Swets以及国内的中国教育图书进出口公司报刊电子文献进口部(CEPIEC)和中国图书进出口(集团)总公司报刊电子出版物部(CNPIEC)等。他们往往同时提供印刷版和包括网络

版在内的电子版科技期刊的订阅服务。

2. 交易模式

交易模式分为三类：免费模式、付费模式和即时结算模式。

（1）免费模式。

采用免费模式的典型代表是开放存取期刊，其采取的是付费发表的方式，发表前一般都签订有免费公开传播的协议，因此一旦发布，所有的用户只要维护作者署名权、完整性权、非商业使用等著作权利就可以自由地浏览、阅读和下载期刊的所有内容。另外，目前大多数数字科技期刊也在 Google Scholar 或自建的官方网站上提供目录、摘要、引用文献的免费存取。

（2）付费模式。

付费模式根据结算时间可以分为预结算和即时结算两种模式。预结算模式采取的方式包括订阅、站点授权（site license）以及充值卡模式。订阅模式在传统出版时代就是科技出版最重要的分销模式之一，相对比较好理解。数字科技期刊站点授权的惯常做法是针对一个特定实体（entity）来进行许可，实体的不同形成国家许可（national license）、区域许可（regional license）、图书馆联盟许可（library consortia licenses）和单馆许可（library site license）等不同的授权方式。在实践中，站点授权往往和订阅以及一种典型的捆绑销售方式——大宗交易（big deal）结合起来使用。从交易机构来看，通常机构用户才适用站点许可的做法，如英国医学期刊集团（BMJ）就规定所有机构订户都应获得站点许可。充值卡模式主要是国内数字科技期刊分销平台采用较多，例如万方数据公司、重庆维普、中国知网就发行了多种面值的阅读充值卡，持有者登录该数据库，从充值卡中缴纳一定的费用就可以自由使用各类信息。

（3）即时结算模式。

即时结算模式多采用每单位收费（per-unit fee）的方式，这个"单位"可以是每看/下载一次（per-look/view/download）、每篇文章（per-article）、每页（per-page）、每字节（per-byte）或者每分钟（per-minute）。这种方式主要针对的是个人读者，例如爱思唯尔集团旗下的数字科技期刊聚合平台 Science Direct 上一篇论文的下载价格往往从数十到数百美金不等，价格非常昂贵。

二、数字消费类期刊分销模式

消费类期刊是期刊行业中市场化程度较高的类别之一，但是相较科技期刊而

第九章　数字出版产品分销渠道与策略

言,消费类期刊的数字化转型之路并不顺畅。消费类期刊常见的电子版形式包括印刷版的数字化版本、设计版、文本版、手机版以及多媒体版等。主要包括第三方网站代理分销模式、通信商代理分销模式、客户端分销模式、社交媒体平台分销模式等。

1. 第三方网站代理分销模式

国内很多数字消费类期刊都采取了第三方网站代理的分销模式。国内数字消费类期刊的代理发行网站非常多,经过一轮洗牌之后,较有影响力的包括龙源期刊网、读览天下、悦读网、百阅等;国外较为知名的数字消费类期刊代理分销网站有 Zinio、coverleaf、issuu 等。代理商向读者提供多种版本的数字消费类期刊,处于价值链的核心地位。具体销售手段包括:单体销售,即面向终端读者进行单篇文章或单期期刊的在线销售;充值卡销售,面向机构或个人销售充值卡,通过充值卡抵扣期刊消费所需费用的方式;会员制销售,即读者作为发行商的会员定期缴纳一定费用即可浏览部分或全部数字期刊的销售模式;订阅,即读者按季度或年度订阅单种数字期刊的方式;捆绑销售,即将多种期刊按照一定的主题和营销策略进行捆绑以更合算的价格销售给特定人群。

第三方网站代理分销模式解决了普通中小期刊社没有资金和实力开展数字化分销的困难,是目前消费类期刊数字化分销的主流模式。

2. 通信商代理分销模式

通信商代理分销模式是针对移动阅读环境的一种分销模式。在这一新型分销模式中,通信商的角色不仅是信息传输者,还是信息销售者,分销内容既包括与出版机构直接谈判所得,也包括与版权代理机构(如中文在线)合作所得。

3. 客户端分销模式

客户端分销模式也是兴起于移动互联环境下的一种数字消费类期刊分销模式。通信商代理分销模式多以彩信的方式向读者推送数字消费类期刊,但是因为彩信费用较高,而且阅读体验较差,所以这种分销模式在市场上并不太受欢迎。其后,随着应用程序和客户端开发热潮的出现,很多知名的数字消费类期刊开始开发客户端,面向读者销售期刊内容。收费的方式包括订阅、单体收费或客户端下载收费等。

4. 社交媒体平台分销模式

除了客户端分销模式外,在社交媒体兴起,且日益成为人们获取信息的主要渠道和平台的情况下,还有很多数字消费类期刊建立了微博、微信、Twitter、Facebook 账号,免费向读者提供一定的期刊内容。期刊可以通过读者打赏等方式

获取一定费用,当然更多的是采取免费的方式吸引更多读者,增加流量,以增加其对广告商的吸引力,获得更多的广告费用。

第四节 数字出版产品分销渠道策略

一、多渠道销售策略

数字出版产品销售都在线上进行,互联网为主要战场,这也就决定了出版方需把握住产品的网络分销环节,重视网络渠道的建设与布局,加强与外部渠道的合作,采取多渠道销售策略,实现产品的多路径触达。

阅读平台和电商平台是出版社的重点建设渠道,阅读平台主要是指豆瓣阅读、微信读书、喜马拉雅等可以看书、听书的平台,电商平台则是指当当、京东等大型交易平台。出版方与数字平台合作既能推广产品还能销售产品,具体合作优势如下。

1. 平台拥有巨大的流量池,可触达的范围更广

数字平台拥有巨大的公域流量池,出版方能以较低的成本大幅度提升产品的曝光度,特别是电商平台。在电商平台中不仅仅只有读者,还有许多潜在消费者,合作的平台越多,分销渠道越宽,触达的范围越广,扩大其用户规模也更有效。京东商家通过店铺达人账号或寻求达人合作进行直播,其展示位包括京东首页"京东直播"频道、"为你推荐"固定tab标签、"发现"固定tab签,App图书馆固定楼层、固定底部导航等,这些公域流量的浮现权与每个商家的开播率、订单量、流量和活跃度相关。微信读书的新书榜、潜力榜和搜索界面的×月新书,对新产品十分友好,能增加新产品被读者看见的机会。

2. 多平台利用大数据技术与推送机制,可以更好地实现产品精准触达

平台针对用户的搜索、浏览、购买次数等行为信息和年龄、性别和地区等人口信息,运用大数据进行整合与分析,形成用户画像,掌握用户的偏好和消费习惯,并以此为依据。平台对数字出版产品归类后,利用算法将特定产品推送给特定用户,在信息与需求适配的情况下,用户更易接受推送信息。大数据能帮助出版方找到目标用户,还能拓展潜在用户,提高用户质量。如喜欢美食烹饪的用户可能会对料理书籍感兴趣,大数据推送这类书籍达成交易的可能性更高,能降低

第九章　数字出版产品分销渠道与策略

出版方的运营成本,加速数字出版产品的快速转化。根据长尾理论,只要存储和流通的渠道够大、成本够低,需求不旺或销量不佳的产品共同占据的市场份额可以和那些少数畅销产品所占据的市场份额相匹敌,甚至更大。而数字出版产品与数字平台合作后刚好满足这些条件,小众产品被更多人看到,不仅满足多样需求,也提升了企业的销售额。例如,当当网 AdSmart 广告发布平台能够实现精准触达,一方面,实现商品和页面的匹配,当用户寻找同类型产品时,系统将数字产品展示在搜索结果页面和相应分类列表中,提高产品的流量。另一方面,找到目标客户并瞄准潜在客户,出版方通过设定定向条件,精确设定广告的目标人群,将信息展示在用户首页、搜索框和消息推送中,实现精准匹配;与此同时,产品信息会出现在购买过相关商品的潜在客户眼前。

3. 多平台会带来更多样化的推广形式,可以更好地刺激用户消费

一方面,平台推送的产品信息从文案、海报和视频的制作都遵循用户导向原则,能击中用户的消费痛点,且直播间、卖家秀评论、视频展示等多种呈现方式提升信息的丰富度,图文形式属性感性传播,更能刺激用户消费欲望。另一方面,平台拥有许多促销活动,如节日促销、新品首发活动、书香节、限时优惠等,可提升数字产品传播声量,增加用户购买欲望,在短时间内让用户做出购买决策,提升销量。当当网每年都举办"书香节",在该活动期间购买书籍能享受优惠折扣。京东图书经常在页面做专题营销,例如"人文书托邦""清明时节好读书""快乐阅读　探索世界"等专题,同时展示畅销书与长尾书。2023 年"双11"期间,文学动漫、社科、童书、考试教辅、生活艺术等不同品类的 66 位京东图书采销上阵直播,直播时长超过 180 小时,直播间累计销售额近 1000 万元。湖北新华电商在天猫直播间采取"虚拟 AI 直播+真人实播"相结合的方式,围绕"好书分享+新书推荐+品牌外宣"等内容 24 小时不间断直播,同时邀请知名作家伍剑、严小鱀等录制短视频,销售额进入天猫"双 11"TOP30。

4. 多平台销售可以实现 IP 价值的最大化,提升数字出版产品的盈利空间

出版方利用优质 IP 内容,实现多元开发,如电子书、动漫游戏、影视作品、有声书等,借助不同形态开拓数字产品的覆盖面,增加 IP 价值。由此,企业寻找与目标用户相同或内容相关的平台合作,如利用喜马拉雅等音频分享平台推广有声书、爱奇艺等影视平台推广影视作品;利用网易等拥有游戏业务的企业推广动漫游戏;利用微信读书等阅读平台推广电子书。出版方可从不同层面触达更多用户,满足不同消费偏好用户的需求,为 IP 带来更多的商业价值,增大 IP 的盈利空间。例如,《哈利·波特》是英国女作家 J. K. 罗琳写的魔幻系列小说,截

至 2007 年最后一部出版，在全球共卖出 4.5 亿本，成为世界上最畅销小说，该 IP 拥有着无法想象的头部粉丝效应，具有巨大影响力。该 IP 目前已开发为多种数字产品，七部小说的电子版已在亚马逊、豆瓣阅读和微信读书等多个阅读平台上线，八部小说同名电影在影院上线后又与哔哩哔哩等影视平台合作，Audible 上线《哈利·波特》有声书，2022 年喜马拉雅与 Pottermore Publishing 达成合作并引进中文有声作品版权，2021 年网易游戏推出哈利·波特 IP 衍生游戏《魔法觉醒》等。哈利·波特 IP 与不同平台合作实现长效传播，最大化开发 IP 资源。

二、构建自媒体营销矩阵

自媒体，也称为个人媒体或社交媒体，是指个人或团队通过小红书、抖音和微博等平台发布内容、与受众互动的一种新型媒体形式。互联网技术的普及和发展，使人们可以更方便地发布和获取信息。同时，人们的信息需求也发生变化，更偏好个性化、互动性、即时性的信息。为适应这一变化，除了加强与外部平台合作、拓展销售渠道之外，还需要积极构建自媒体矩阵，有效地推广图书、与读者互动，并提升品牌影响力。

1. 提升影响力，丰富品牌形象

在传统媒体时代，出版社只能借助报纸、电视等媒体进行宣传，宣传对象、频率和效果都是不可控的，且整个宣传周期耗时较长及成本较高。而在去中心化的自媒体平台，出版企业创建自媒体账号后能够找回宣传营销的自主性，媒介的可得性极大降低了运营难度和成本，提高了更新信息的频率，可借助平台提升出版社的知名度。但获得平台流量并不是一件简单的事情，出版社可以建立自媒体矩阵的方式来获取更多流量，从横向来看，出版社可在不同平台注册同一账号。从纵向来看，可在同一平台注册不同类型的账号。矩阵形成后，可扩大用户接触面，极大提升信息内容分发的效率，强化特定信息的传播，实现用户规模的扩张和内容传播的最大效应。

结合平台的热点与自身传播信息需求，编撰好内容后，横向矩阵账号实现内容的集中发布，提高传播的声量，覆盖不同平台的不同类型用户，如豆瓣的专业型读者用户、小红书的大众读者用户和微信公众号的圈内人；纵向矩阵账号从不同视角切入同一主题，实现深度传播与精准传播，提升传播的音量，进而提升出版社在互联网中的影响力。同时，出版社本身具有优质内容的优势，其知识型内容可信度极高，有助于树立权威形象，纵向矩阵账号发布的不同类型内容也丰富

第九章　数字出版产品分销渠道与策略

品牌形象。

2020年，人民文学出版社作为莫言新书《晚熟的人》出版方，与莫言合作开通抖音号，通过短视频与读者交流、分享创作故事；2021年开设"大家说"账号，主打专业前沿知识分享及名家文学讲座。人民文学出版社的官号主要承担宣发新书和日常运营的功能，而"大家说"和各种知名作家的账号发布社会性、知识性更强的内容，强化其社科色彩，与作家合作提升了人民文学出版社的影响力，丰富了品牌形象。

但值得注意的是，运营自媒体时需注意内容的呈现方式，应与平台的调性和热点话题相契合，这样才能取得较好的传播效果。

2. 实现双向联动，收获双重效益

构建好自媒体矩阵后，可以与该平台中的其他账号进行联动，实现用户与资源的共享。其中，联动方式又分横向联动与纵向联动，横向联动是指与不同领域的品牌合作，又称跨界合作。如原麦山丘和中信出版集团推出活动"包书皮大赛"，该活动科普了如何用面包袋包书皮，同时设置最佳书皮奖，获奖者可获赠包括《超简单！食帖烘焙全书》《田间面包店的奇迹》在内的图书；2023年三八妇女节珀莱雅与西安方所合作，设置"性别不是边界线，偏见才是"专柜，设置4类书单，吸引受众进行线下打卡并购置书籍，实现线上与线下联动。这类活动往往能形成品牌合力，吸引潜在目标消费者，提升双方品牌的知名度，并带来经济与社会的双重效益。

纵向联动更多是指与本领域的品牌或账号进行合作，如与其他出版社以及读书类的KOL、KOC进行合作，提升知名度。广西师范大学出版社在2022年世界读书日期间，与译林出版社、新星出版社等8家出版机构联合策划制作"423读什么？拆包裹到手软！8家出版机构联合书单！"活动，在元旦、618等节点继续为读者联合推荐好书；浙江文艺出版社在推广新书《剑来》时，与"小瓜推书""景哈哈""小七推书机"等40多个KOL和KOC合作，总计粉丝超500万，直接销售《剑来》金额近200万元，带来巨大的经济效益。

3. 搭建互动平台，建立沟通桥梁

在过去，读者与出版社是单向传播的关系，只能通过热线电话和读者来信的形式表达自己的意见，但出版社反馈的时间很长，无法做到有效沟通，且出版社也不清楚读者是谁。而自媒体提供二者沟通的渠道，用户能在出版社的官号中了解最新动态，出版社能了解用户的意见，及时反馈并满足用户需求，时刻保持连接。同时，出版社还利用大数据技术在后台了解用户群体的特征，进行精准营

销,提升用户黏性。

清华大学出版社自2020年7月底入驻小红书平台,其分账号"清华大学出版社高考室"的运营者保证每天8点到晚12点的私信在30分钟内回复读者信息,回复的内容可以只是一个表情;6月17日至6月23日的招生直播阶段,该账号私信回复一天超过2000人次,树立了温暖的形象,与读者建立了情感关系;在6月招生季,该账号每周还会挑选一天进行晚11点到凌晨1点的陪伴直播,每次直播都有几万人在平台与主播一起安静学习,效果非常好。广西师范大学出版社注重社区互动,在B站上设置"365天抽奖不停"和"经典好书大礼包"等每周抽奖活动,并在微博平台发布"图书封面由你定"等投票互动,与评论区的粉丝积极互动,极大增强粉丝黏性,其社在B站的月活跃粉丝数近期均维持在4000~5000人之间。通过这一系列举措,出版社能够维系与核心用户的关系,积累稳定核心用户群,形成品牌专属的私域流量池。

4. 丰富产品体系,提升品牌附加值

如今的自媒体平台也具有售卖实体产品的功能,相较于电商平台,自媒体平台的一条销售推文,既有产品的详细介绍、实物展示以及商品链接,在评论区也有用户的使用或观看感受,在账号主页还有商品店铺,形成"一站式"销售模式。此外,自媒体平台的直播也是重要的营销渠道,抖音直播间的销售额和观看人数与电商直播间不相上下,并可开拓读书电商业务,其系统化运作给予出版社很大的支持。2023年天津人民美术出版社在抖音"双11"直播间,连环画和名家画册的销售额达到21万元,著名画家刘建平先生和连环画家刘世铎先生到场亲笔签名,直播间请到的主播多才多艺、语言幽默,模仿连环画中的经典人物形象。直播间氛围良好,既售卖出图书,主播的才艺和知名画家的到场又为该品牌赋能。

除了售卖实体商品外,自媒体平台还衍生出基于不同用户需求的虚拟服务。"华理日语"是华东理工大学出版社的日文出版业务线,除了销售图书、文创等实体商品外,还提供知识付费产品。其大致可分为两类,一类是出版社常规的基于纸书内容的版式电子书、流式电子书及有声点读书,另一类是独立于本版纸书开发的音视频类数字产品和互动类数字产品。"华理日语"上线音频课程、阅读打卡、背单词等互动类数字产品。同时基于小鹅通平台,"华理日语"免费为日语教师开设教学示范视频,搭建服务教学平台。中国建筑工业出版社也开发知识服务产品,在"建造师全程知识服务项目"的打造过程中,开通"建工社微课程"微信公众号,推送短视频和语音课程,通过预售、抽奖、发放优惠券、发红包等营销活动提高用户活跃度,刺激用户消费。这些知识服务类产品丰富产品体系,提升品牌的附加值。

三、社群营销策略

社交媒体已经成为人们获取信息和交流的主要渠道之一,而社群营销是一种重要的营销方式。社群营销是指通过建立和维护一个社群,吸引潜在客户并与现有客户互动,从而增加品牌知名度和销售额的一种营销方式。在出版行业中,社群营销的意义极为重要,因为它可以帮助出版机构更好地与读者建立联系,提高图书销售量和读者的品牌忠诚度。目前,社群营销的"社群"主要分为两类,一类是出版社自建社群,出版社是连接中心,另一类是相关的第三方社群,某个相关领域的 KOL、KOC 是连接中心。

1. 社群营销的优势

(1) 在自建社群中,出版机构能够更好维护用户关系,提升用户忠诚度。

在社群这一场景中,出版社和读者面对面交流,不仅拉近了二者的距离,还提高沟通的效率,在双向互动中建立更紧密的联系。除了积极回复读者的问题,出版机构应积极地在群内设置议程,强调社交属性,增加用户的活跃度,在群成员互动间形成认同与归属感,提高群内的凝聚力。广州新华书店的分公司"广州购书中心"自建社群,将书店服务延伸至线上,针对读者在外地的情况,在群内收集信息,找好读者需要的书籍,当读者完成线上付款后,书店将图书邮寄至小区。同时,社群运营成员定时定点上线发布话题,8 点半早安问候唤醒社群互动,10 点推送介绍一本好书并与读者互动讨论书的内容,12 点分享书店的日常或者最新活动引导报名,16 点组织话题讨论,21 点推送当天公众号推文并发布今日话题讨论,同时答复读者留言、添加新读者入群,23 点晚安问候,与读者建立强关联。

(2) 降低出版机构的营销成本,实现口碑营销和精准营销。

虽然社群成员活跃度不同,但进入自建社群或第三方社群的成员,都是出版社的目标受众或潜在目标受众,出版机构可在群内进行线上营销活动,或发布信息为线下营销活动引流。同时群内成员基于对出版机构或对群内 KOL/KOC 的认同,会自发地进行二次传播,让用户带来用户,极大降低营销成本,形成口碑营销。如果该社群的成员是核心消费者群体,出版机构可以基于群内成员的基本信息,建立用户数据库,实现精准营销。中信出版社出版的《世界上最大的蛋糕》

童书,借助"童书出版妈妈三川玲""爱读童书妈妈小莉""凯叔讲故事"等第三方社群进行推介和营销,同时自建20多个妈妈社群进行活动推广,这些社群都具有明确的用户定位,即"妈妈群体",实现精准定位。这些第三方社群是以个人身份发展起来的社群平台,群内成员出于对KOC、KOL的信任,自发进行口碑传播,减少宣传成本。该书上市一周售出1.2万本,一跃进入三大电商新书榜前十位,每天的销量达到200余本。

(3)形成社群的价值认同与共鸣,充分发挥社群的利他效益。

社群的商业本质是利他,核心用户群成员在一次次话题讨论中输出自己的价值观,在思维的交流和碰撞中产生相同价值观,形成社群的价值认同与共鸣,这时就能充分发挥社群的利他效益。当用户参与到产品出版中,从选题策划、内容修改到封面设计等全流程,因投入更多的情感而黏性提升,最终给产品带来品牌溢价;而品牌在市场中提前测试,收到更真实的反馈,提升经济效益,最终实现价值共创。广西师范大学出版社的会员群参与"特装本"的设计,一起在群里讨论,工作人员在群里公布设计效果与设计进度,最终确定产品《结社的艺术》。该书一出版,在1小时内售出3000本。从过去的"你生产我消费",到今天的"我参与我消费",社群营销实现C2B模式下的电商社交化。

2. 社群营销需要注意的地方

自建群是出版机构专属的私域流量,若想在自建群中做好社群运营,要注意以下几个方面。

(1)明晰社群属性。

在社交媒体上,不同的平台和社区有着不同的用户群体。出版机构需要根据自己的图书类型和读者群体选择合适的社交媒体平台和社区。例如,对于文学类图书,可以选择在微博、知乎等平台上建立读书社群;对于专业类图书,可以选择在LinkedIn、豆瓣等平台上建立专业社群。上海译文出版社根据平台做到了差异化营销,针对不同平台的用户,定制符合其调性的不同的图书周边。选好平台后,应更进一步划分读者,一是可根据书籍类型划分,如广州购书中心建立了100多个群聊,包括科技图书交流、人文社科读者群和亲子类读者群等;二是根据用户的忠诚度划分,可分读者交流群、图书内购群和会员群等。会员群聚集忠诚度高的用户,出版社通过设置一定的门槛,如收取会费,筛选出这批粉丝。2018年"广西师大出版社会员家"正式上线,为会员提供优质的图书产品和会员服务并每年收取会员费99元,2022年上半年的付费会员人数超过2500人。针对"会员家"社群,可对其销售珍藏版图书,包括作者签名本、上款本和毛边

第九章　数字出版产品分销渠道与策略

本等。广西师范大学出版社在"会员家"社群销售1998年版《西域考古图记》，定价5500元，售出183套。除此之外，社群营销还有针对机构下某个签约作家的粉丝群、特定的活动群、文创群等进行营销的多种形式。

（2）保持用户参与感。

很多出版社建立社群后不认真经营，最后会出现无人回应的情况。只有提升用户参与感，保证群活跃度高，才能实现营销转化。临沂书城定期在群内开展书籍主题营销活动，提升社群互动的热度，先在群内介绍某一本图书，当读者了解后，临沂书城会根据图书本身及内容设置3个问题，例如《云中记》一书，问题分别是"《云中记》的作者是谁？他的哪部作品获得茅盾文学奖？""该书的故事背景来源于什么？""该书中某位主人公的名字是什么？"由群内读者回答，回答正确的前2位读者可免费获得图书。临沂书城经过后台查询发现这一活动对销售有不错的转化作用。除此之外，还可连接社会热点与社群属性，推销特定图书。广州购书中心结合当时"黄磊在节目里黑脸"这一网络议题，在社群中发布话题"你觉得什么是无效社交"。当群内读者表达与讨论时，运营人员提取某些书中关于社交的观点，再进行群体订购，实现软性营销。

（3）提供知识付费内容。

社群是通过内容来连接用户的，出版机构在内容上具有天然的优势。如今数字阅读成为主流阅读方式，传统出版社进入知识付费领域，出版社可在群内销售数字产品，如课程、讲座、训练营等。广西师范大学出版社在2015年建立"知更社区"这一根植于读书社群的知识平台，其主要产品有音频课程、线上直播、线下深度游学、读书会等。"知更社区"采取"内部社群做产品孵化，外部付费平台做产品分发"的模式，产品来自内部社群，在长期的读书会、讲座活动、微信公众号中通过大量的公益活动积累用户而形成社群，在群内发现与听取用户的真实需求，从而设计出付费产品，在群内做小范围测试。当用户反馈成熟后，在社群内部和外部平台分发推广。

在社群营销中售卖知识付费产品最成功的是"罗辑思维"，它的壮大历程离不开社群营销。其早期在公众号中打造爆款产品"每日语音60秒"，吸引了许多用户群体，之后开设"得到"App，将知识产品整合到平台中，做好社群运营、销售数字出版产品。创始人罗振宇认为他做了出版社最应该做但却不愿意去做的事情，所以自己倒成了一个"超级出版社"。传统出版社应利用好社群这一工具，把握好知识付费这一领域。

本 章 小 结

本章参考营销学对于分销渠道的定义和分类方法,定义了数字出版产品分销渠道的概念、类型及其构成。在此基础上,具体分析了电子书分销模式、数字科技期刊和数字消费类期刊的分销模式。最后,本章还介绍了数字出版产品分销策略,包括多渠道分销策略、构建自媒体营销矩阵和社群营销策略。

□ 思考与练习题

1. 什么是数字出版分销渠道?
2. 数字出版分销渠道有哪些类型?
3. 面向个人读者的电子书分销模式有哪些?面向机构用户的电子书分销模式有哪些?
4. 数字科技期刊有哪几种分销模式?
5. 数字消费类期刊有哪几种分销模式?
6. 数字出版机构如何构建自媒体营销矩阵?
7. 什么是社群营销?社群营销的优势和劣势有哪些?

第十章　数字出版产品促销

> **教学目标与教学重难点**

目标：了解数字出版促销的基本内涵与方式，理解促销手段对于数字出版产品销售的重要性，能够分析、运用部分常规出版促销方式，能够根据数字出版产品和互联网的特点制定创新促销策略。

重难点：掌握常规促销策略的方式和特点，能够灵活运用，创新数字出版促销策略。

凭借着数字出版的东风，亚马逊 Kindle 电子阅读器及其电子书销售在过去 10 年内取得了巨大的成功。早在 2010 年 7 月，亚马逊总裁杰夫·贝佐斯（Jeff Bezos）就曾提到，过去 3 个月内，亚马逊每卖出 100 本精装书的同时，也有 143 本数字图书卖出。在数字出版时代，电脑、手机、iPad 等各类电子阅读平台都在数字出版产品阅读领域占据了一席之地。面对新的销售平台、产品特性和阅读习惯，数字出版产品是否能够适应局面，做好市场定位、市场细分，进行有效而准确的产品促销，是数字出版产品获得市场认可，延长其生命周期的关键之一。

"要么宣传，要么灭亡。"在数字出版时代，出版成本降低，出版产品爆发式增长。这样的局面下，"酒香也怕巷子深"，一个产品只有能够走到公众面前，吸引公众的购买欲望，刺激公众的购买行为，才能够不被浩如烟海的产品市场所埋没。

第一节　数字出版产品促销概述及组合

数字出版产品具有商品属性，获得商业价值是其重要意义之一。促销是为了提高数字出版产品销量而进行的一系列策划和活动。好的促销活动可以延长数字

出版产品的生命周期,增加数字出版产品带来的效益。同时,好的促销活动是灵活易操作的,需要打组合拳而不是单打独斗。

一、数字出版产品促销概述

1. 数字出版产品促销的内涵与意义

促销即促进销售,是指企业为了引起消费者或用户的关注和兴趣,激发其购买意愿而采取的一系列产品宣传、购买说服活动。美国市场营销协会定义委员会这样解释促销——"以人员或非人员的方式,帮助或说服顾客购买某种商品或劳务,或者使顾客对卖方的观念产生好感。"

根据促销的定义,可以将数字出版产品的促销理解为:数字出版产品促销是企业或者出版平台通过各种各样的产品宣传、优惠活动,向读者及公众传递数字出版产品的信息,引起读者对该产品的关注和兴趣,从而激发其购买意愿、促进其购买行为的一种活动。把握数字出版产品促销的内涵,应注意数字出版产品促销的出发点和目的是激发购买意愿、促进购买行为,其实质在于提高企业和出版平台的销售利润。所以在进行促销活动时,投入—收益比应当是考虑的重点。除此之外,还需注意的是,数字出版产品促销需要把握促销的产品特性——数字出版产品的形式不是实体的、纸质的,而是电子的、在线的。面对这样的数字出版产品,传统的签名售书、上门推销等方式已经不再完全适用,需要根据产品独有的产品特性创新促销活动形式。

2. 数字出版产品促销的基本方式

现代企业产品促销主要有四大基本方式,即广告、人员推销、销售促进和公共关系,数字出版产品促销也不例外。

(1) 广告。

广告是帮助每一种数字出版产品走进公众视野的重要促销策略。一个美国商人曾经说过,商品不做广告犹如女人在一间漆黑的屋子里向她的情人抛媚眼。这个比喻非常形象。一个产品再好,如果没有消费者了解它、肯定它,那么它的价值也无法得到实现。在广告中,提炼出数字出版产品的卖点,进行多渠道、多平台的宣传,将产品的特色和价值快速有效地传递给公众,可以提高知名度,获得肯定,提高销量。美国书商针对图书宣传广告提出的"5W原则",包括宣传方式(way)、宣传内容(what)、为什么这么宣传(why)、宣传时机(when)、宣传地点(where),也值得数字出版产品促销借鉴和学习。

第十章　数字出版产品促销

（2）人员推销。

人员推销是企业的推销人员寻找到潜在的产品顾客，直接与之交谈，推荐其购买产品的一种促销方式。这种促销方式在发达国家历史悠久，且极受重视。在20世纪90年代，美国就有各种推销人员600多万，这些人分布于各个行业，挨家挨户地上门推销。营销学家认为人员推销比柜台、商家的销售模式更为先进和有效。数字出版产品的促销，应该重视和利用人员推销的优势。然而，需要注意的是，数字出版产品的人员推销与传统出版有很大不同，在数字出版时代，仅有针对企业的促销会采用实地人员推销的方式，针对消费者的人员推销则更多的是借助在线平台，例如社交媒体平台、Q&A智能机器人等24小时直接"面对面"地加强与读者的沟通，进行数字出版产品需求和使用行为调查等。

（3）销售促进。

美国促销协会总裁威廉姆·A.罗宾逊曾经说过："广告创造有利的销售环境后，销售促进就可以将商品推进输送管中。"销售促进又被译作"营业推广"，是指企业利用各种短时间存在的诱因，例如打折特价、附送赠品、展览表演等，鼓励消费者购买产品，提高产品销售数量的促销方式。

销售促进运用到数字出版产品，可以通过中间商、读者两个方面来促进销量，后文会进行具体介绍。

（4）公共关系。

公共关系是指企业在促销活动中，促进企业或出版平台与读者和公众之间的相互了解和合作，建立起与社会公众的良好关系，从而树立起企业或出版平台在公众心中良好的形象，提高公众对该企业或出版平台产品的信任感和购买欲。公共关系的重点在于树立良好的企业形象，这对于企业来说，是一笔无形的资产，有利于形成品牌效应，获得更大的收益。出版行业本身就具有极强的公共和文化特征，这种促销方式成本低，也与数字出版企业努力建立的社会形象相符，因此，近年来，公共关系成为数字出版产品最为重要的促销方式之一。

二、数字出版产品促销组合

上述四种基本促销方式各有优势，也各有不足。通常来说，一次成功的产品促销活动绝不只是单单使用某一种促销方式，而是结合产品特色、促销目标、市场情况等因素综合运用多种促销方式。这就是产品促销的组合策略。

数字出版产品的促销组合就是数字出版企业或出版平台在进行促销时，同时

运用两种或两种以上的促销方式，提高促销效益。例如中信出版社在推广数字图书《史蒂夫·乔布斯传》时，就综合运用了公共关系、广告、人员推广的多元促销组合策略。首先，中信出版社利用乔布斯离职和去世这两大重磅新闻，借助公众对事件的关注开展宣传，激发社会公众对乔布斯生平经历的好奇和兴趣，再顺势推出中文版数字图书《史蒂夫·乔布斯传》。其次，中信出版社邀请了一批有影响力的公众人物发布读后感，在网络平台上与大众进行交流，推荐此书。然后，中信出版社还在新浪微博、各门户网站、各视频网站投放了相应的广告和纪录片。最终，这本书大受欢迎，还登上了卓越亚马逊畅销排行榜第一名，为出版社带来了丰厚的效益。

　　二元或多元促销组合的策略可以使不同促销方式进行优势互补，从多个方面为产品营销打下坚实的基础，对于企业效益来说非常有利。但是采用多种促销方式，随之而来的就是促销成本的上升，如果使用不好，则容易得不偿失。因此，选择促销组合策略时，理应采用差异化的促销组合策略。差异化主要表现在两方面。首先是根据不同产品类型制定不同的促销组合策略。数字出版产品包括面向大众、内容较为通俗的电子图书、电子杂志，也包括面向专业领域人士、内容较为专精的电子期刊、数据库等。前者市场广阔，适宜采用广告、销售促进等方式进行大量宣传，而后者的市场较窄，若仍大量投入广告，就容易出现成本过高、难以盈利的状况，因此更适合采用人员推销、口碑营销等模式。其次，在数字出版产品的不同生命阶段，也应采取不同的促销组合策略。例如，在数字出版产品诞生之初，产品缺乏知名度和市场，应该进行广告和公共关系宣传，打开名气。而在产品销售后期，则应该大大减少这两项促销的支出。

第二节　常规促销策略

　　常规促销策略主要包括上述所讲的广告、人员推销、销售促进和公共关系，无论是对于传统出版图书还是数字出版产品，这几种促销方式都能发挥出重要作用来提升其销量。因此，这四种促销方式在不同的数字出版产品的促销中通常都会或多或少地被使用到。本节选择其中三种：广告、销售促进与公共关系，进行简要介绍，这三种方式的灵活运用可以囊括数字出版产品全周期的整合促销。

第十章 数字出版产品促销

一、广告

广告传播力强,可触达人群广,对于数字出版产品的信息传递、形象建立、购买说服都有着重要的作用。广告的根本目的是促进数字出版产品的销售,属于促销活动的一种。广告方案的提出与管理则是对于广告的发布时间、发布平台、内容形式等方面的策划,这些策划的合理性直接决定着广告推销目的达成程度。因此,广告方案的提出和管理至关重要,直接关系到销售结果,应该综合考虑多方面因素,制定出利益最大化的广告策划方案。数字出版产品的广告策划需要注意的两点。

1. 确定目标受众,找准广告定位

艾·里斯和杰·特劳特(Jack Trout)是广告定位理论的创始人,他们提出"广告已经进入以定位策略为主的时代""想在我们传播过多的社会中成功,一个公司必须在其潜在顾客的心智中创造一个位置"。广告定位的基本目标就是在庞杂的信息屏障中,进入潜在用户的心里,并找到一个位置,而这个位置就是用户的购买理由。数据库、电子图书、电子期刊和电子报等数字出版产品的形式和内容都有所不同,面对的目标受众也不同,恰当地认识不同产品在自己所在的市场中的位置,才能成功走入目标受众心中。例如,电子图书网站亚马逊的定位是"只要是已出版的书,我们这都有"。而网络文学网站盛大文学的定位则是"版权运营商",其董事侯小强在采访中说:"我们希望建立一个完善的、规模最大的小说库,出售小说影视版权、动画版权,开发文学的衍生产品。"此外,数字出版产品和传统图书的广告定位也应做到差别化,让数字出版产品受众心中有一个区别于传统图书的定位,才会激起受众的购买意愿。例如,电子书公司 ebook-india 的广告词"纸质书损耗地球"就强调了电子书的绿色、环保出版的特点。

2. 选择合适的广告媒体平台

广告的媒体平台类别很多,包括报纸、电视、户外广告、邮件、门户网站、搜索引擎等等,不同的平台在送达率、影响度、触达人群方面都有着较大的差异。数字出版产品要根据产品的广告定位以及形式内容,选择与之相契合的媒体平台,才能发挥出广告的最大作用。

二、销售促进

广告吸引消费者，激发消费者的购买意愿，而销售促进则提供激励，推动消费者的购买意愿发展成为购买行为。销售促进运用到数字出版产品上，可以通过中间商、读者两个方面来进行。

1. 面向读者的销售促进策略

面向读者的销售促进策略主要是指直接鼓励消费者购买产品的方式，例如试读、限时特价、赠送优惠券等。亚马逊Kindle电子书城就做了一系列面向读者的销售促进活动：每天推出两本精品图书作为"Kindle今日特价书"，"Kindle荐书人"中所推荐的经管类图书低价出售（3.99元起），每周有"Kindle每周精选特惠书，周日0:00～周六23:59限时特价"，每月开展"Kindle电子书本月特价专场0.1元起"活动。可以看出，面向读者的销售促进活动通常比较有新意，能够快速地吸引眼球，打动读者的心。此外，还可以推出晒图返现、作者互动等活动，从多方面鼓励读者购买，从而提高产品的销量。

2. 面向中间商的销售促进策略

面向中间商的销售促进和面向读者的销售促进不同，更加注重价格上的优惠。企业给予数字出版产品的分销商以低价的优势，鼓励中间商将产品放到显眼位置大力售卖，达到薄利多销的目标。京东电子书就与拇指阅读进行了这样的深度合作，签署了电子书合作协议。拇指阅读作为一个电子书阅读平台，本身的电子书内容并不多，其重点服务在于一款电子书阅读打开软件、阅读社交平台。京东将拥有销售权的近30万种电子书放到拇指阅读平台上进行销售。对京东来说，拇指阅读不仅能提供一个新的销售渠道，还能整合电子书读者的寻找、获取、阅读、交流互动行为，为用户提供更优质的阅读体验，有利于用户对京东电子书的质量、价值的肯定，形成偏好，并且有可能长期重复购买它的产品。而对于拇指阅读平台来讲，也弥补了内容不足的短板，实现双赢。

三、公共关系

数字出版产品的公共关系主要目的是促进读者、媒体、竞争对手等公众对产品和企业的认知、理解和支持，提升产品和企业在公众心中的地位，树立良好的社会形象。传统的公共关系方式通常有用户调研、媒体传播、专题策划、事件活

第十章　数字出版产品促销

动等。在互联网环境下，公共关系方法还有网站传播、社交媒体交流、虚拟社区等。公共关系活动的主题较为广阔，只要是和企业和产品相关领域的、能体现产品和企业良好社会形象和社会责任感的活动，都可以根据数字出版企业产品特点和需要积极开展。

1. 注重环保，发展绿色出版

绿色出版即是考虑环境和谐的一种出版理念，符合健康节约、生态文明的社会要求。2000年，绿色和平组织首先在加拿大呼吁绿色出版理念，欧美各国的环保人士也迅速响应，支持这一行动。很快，绿色出版成为一股社会风潮。读者和公众都对企业有了绿色出版的期待和要求，企业如果积极响应，则会受到读者和公众的好评与信赖，对树立企业良好的社会形象有着重大的作用。例如哈珀·柯林斯意识到环境的重要性，因此开展了哈珀绿色出版项目（Happer Green），采取了一系列重要步骤去降低能耗和对环境的负面影响。哈珀绿色出版项目包括哈珀·柯林斯全球图书纸张采购政策（Harper Collins Global Book Paper Procurement Policy），即哈珀·柯林斯规定其全球图书纸张采购要使用可持续使用的纤维，减少污染和浪费，实现其保护自然资源的环保目标。哈珀·柯林斯图书纸张来自米尔斯，该地的森林管理实践获得了独立的、国际公认的可持续的森林管理委员会认证。哈珀·柯林斯还规定，如果纸张供应商的木材资源来自第三方供应，则必须提供证据证明该纸张获得了相关环保认证。2013年，哈珀·柯林斯美国购买的用于生产印刷图书的80%的纸张都获得了产销监管链认证，哈珀·柯林斯美国在亚洲印刷的童书和成人图书95%的纸张都得到了森林管理委员会认证，哈珀·柯林斯英国印刷的图书获得了产销监管链认证和森林管理委员会认证。此外，哈珀·柯林斯还积极与供应商合作，最大限度地提高纸张的有效利用，减少浪费。

2. 积极参与阅读推广

阅读推广活动通常是针对公众或者某些特定人群（例如儿童）开展的一系列阅读活动，其目的是向公众或特定人群推广阅读方式，培养阅读习惯。企业积极参与阅读推广，既可以树立其有社会责任感、有理想、有情怀的出版企业形象，又可以将阅读推广活动所触达的人群作为自己拓展市场的对象，对企业的健康持续发展非常有益。但是目前国内外较为大型的阅读推广活动，如"地铁丢书"、读书日活动等，主要策划和参与者都是专门的阅读推广社会组织和图书馆。无论是传统出版业，还是数字出版企业，都在阅读推广活动方面参与不够，没有很好地发挥其作用。一个比较好的由许多数字出版商参与的广受欢迎的阅读推广

活动是美国数字阅读平台 OverDrive 赞助的数字图书流动车。数字图书流动车是传统流动图书馆的新科技升级,在社区之间流动,以推广电子书、有声读物和数字目录。所有年龄的读者都可以学习和接触数字图书流动车里的数字图书。自 2008 年以来,这辆车游走在美国和加拿大,行程超过了 12 万千米。从 2010 年起,在美国的国家流动图书馆日这一天,粉丝们会通过写信或者电邮的方式来表达对它的感谢和支持。

3. 向经济文化落后地区捐助图书

向经济文化落后地区捐助图书是出版企业结合自身优势与社会需求所做的公益活动。公益活动通常媒体曝光率高,社会反响好,是最有利于企业树立自身形象,赢得公众信赖和喜欢的公共关系方式之一。成立于 2008 年的网络文学公司掌阅科技参与了捐书活动,为河北某小学送去了近千册图书、部分有声读物以及人手一套的学习用品等,得到了媒体报道和网友点赞。此外,掌阅科技还开展了"掌阅图书馆"活动,为 20 所偏远贫困地区学校的孩子们捐书助学。掌阅科技承诺,网友每捐 1 本书,掌阅科技将配捐 5 本书;网友每捐 1 元钱,掌阅科技将配捐 10 元钱。这样的捐助活动,可以调动广大网友参与进去,建立起网友和掌阅科技的关系与情感,给掌阅科技带来更多的社会肯定和品牌效益。

第三节 创新促销策略

全民数字化阅读时代的到来,涉足数字出版产品的企业越来越多,数字出版市场一时风光无限。但如何在一片红海中夺得市场的一席之地,实现预期的收益,是数字出版企业面临的头等难题。数字出版市场竞争激烈,盈利模式不够成熟,对数字出版产品促销策略的创新要求越来越高。就当前市场环境来看,传统出版物的促销思路已经不再完全适用,必须立足数字出版产品,从数字出版产业全链条出发,充分了解和运用互联网特点,进行战略性全局性促销创新。

一、服务策略

现代市场经济条件下,企业在产品生产之前、产品售卖之后的整个过程中,都伴随着一定的服务项目。服务是市场经济交易活动中必不可少的组成部分,能够促进市场更为有效和谐地运转,提高消费者和公众对于产品和企业的满意度。

第十章　数字出版产品促销

美国营销专家莱维特（Levitt）曾经讲过："产业是一个顾客满意的过程，而非产品制造过程——一个产业始于顾客和需求，而不是专利、原材料或推销书。"这一说法强调了顾客满意度对于产品和企业的重要性，而服务质量、服务形式都直接决定着产品满意度。当服务所带来的利益和感受超过了消费者的预期，就会提高消费者的满意度。

1. 为作者提供各项增值服务

作者是出版企业的主要内容来源，为作者提供各项增值服务，可以增加作者对企业的认同感和归属感，为企业笼络、培养更多的优秀作者。有了这些优秀的作者，企业才能够拥有更多优秀的作品，并收获一批忠实粉丝，提高企业的核心竞争力。此外，企业通过各种增值服务为作者营造出一个适合创作的氛围，还可以激发作者的创作热情，促进优秀作品的产生。哈珀·柯林斯认为内容行业是服务行业的一个分支，出版企业的核心价值是为其作者和读者服务，成为二者之间沟通的桥梁。哈珀·柯林斯为其作者提供多项服务，如其建立了在线视频播放平台 HCTV。该平台主要用于发布与其图书和作者相关的原创视频内容，包括作者访问、涉及哈珀·柯林斯图书的电视节目内容等。除此之外，为了让作者能够更好地与读者沟通，增加作者的魅力和价值，哈珀·柯林斯专门建立了一个为作者开办的内部出版讲座机构——哈珀·柯林斯演讲者委员会（HarperCollins Speakers Bureau）。哈珀·柯林斯是全球第一个为作者提供这种服务的出版机构，其聘请了大量经验丰富的演讲者，包括主持人、领导型的演讲者、商业演讲者、著名演员、畅销小说家等，组成实力雄厚的演讲培训团队，每年定期为其旗下作者进行演讲培训。除了这两项服务外，近年来，哈珀·柯林斯出版集团还开启一项新的针对作者的服务——为作者及其版权作品建立电子书店。英国 20 世纪著名的文学家、学者、杰出的批评家，也是公认的 20 世纪最重要的基督教作者之一——C. S. 路易斯，是第一个享受该服务的作者。哈珀·柯林斯建立的这个全新的电子书平台，汇集了 C. S. 路易斯在 cslewis.com 和 Narnia.com 两个网站上销售的作品，这个平台将直接面向读者销售电子书。

2. 以用户需求为导向创新服务

为作者提供增值服务是发生在产品生产周期内的服务，而为用户提供各项增值服务则是发生在产品售卖周期的服务。前者可以为企业生产出好作品，吸引一批粉丝，而后者则是留住这批粉丝并继续扩大市场的关键。以用户需求为导向的创新服务首先要求企业要做好用户了解和调研，知道用户在阅读和产品使用过程中有哪些具体的需要和要求。其次则是根据这些需求，提供优质、低价甚至免费

的相应服务。当用户的需求得到满足之后,会增强用户对企业的满意度和情感认同,增加用户黏性,进而出现二次传播和口碑营销的效果。例如,Kindle、iPad等电子阅读器都免费内置了翻译词典,满足用户在阅读外文作品时的实时翻译需求。快速摘录、划线、笔记等功能也是不少电子阅读器都可以免费使用的增值服务。多看电子书阅读器还设立了在线笔记共享功能,读者在阅读时,可以看到别人上传的对这本书的笔记和批注,划线人数较多的文章片段会出现系统提示。通过这种方式,读者可以与同样读过这本书的人进行交流讨论,还可以在留言区进行互动,满足了读者在阅读过程中的交流需求,通过建立读者之间的联系加强了读者对于产品和平台的黏性。此外,多看电子阅读器还利用数字产品的特性,设立了点击注释序号即可出现注释内容的功能,省去了读者翻找注释的时间,为读者阅读提供了极大的便利性和舒适性。

二、体验营销

1. 体验营销的含义

伯德·施密特(Bernd H. Schmitt)博士在 1999 年出版《体验式营销》(*Experiential Marketing*)一书中指出:"体验营销是指企业以服务为舞台,以商品为道具,为消费者创造出难忘的感受。传统经济要注重产品的使用和价格。随着体验经济的到来,生产及消费行为已有了如下变化:从生活与情景出发,塑造感官体验及心理认同,以改变消费行为,为产品和服务找到新的生存空间。"所谓体验,就是让消费者对产品的功能、特色进行部分的使用和享受。消费者通过这种体验深刻地认知和感受产品,从而产生购买的欲望和行为。体验需要消费者的直接观察和参与,学者们对于体验的维度有不同的说法,但大多是从感官和心理两个方面出发,包括消费者在体验活动中产生的感官体验、情感体验和认知体验。

2. 免费让读者体验部分内容

让读者免费阅读部分内容的方式是在传统出版行业时期就有的一种体验营销。这样的方式可以让读者沉浸到图书内容里,被内容所吸引,对后面的情节或阐述产生强烈的好奇感,从而促进读者购买全部内容的行为。但是传统出版产品由于受到纸质实体书的限制,很难掌控免费体验部分内容的程度,若读者可以打开一本新书,在体验部分内容的过程中阅读了全部内容,则这本书对读者的阅读价值将会有所降低,从而导致读者放弃购买。对于数字出版产品来说,控制免费

第十章　数字出版产品促销

阅读内容的多少是非常便利的，可以通过在线技术，实现一部分内容可以免费打开，而后续内容则需要付费打开。因此，让读者免费体验部分内容的形式在移动互联网环境下被使用得非常广泛，几乎每一个阅读平台、每一本书，都可以让读者免费体验部分内容之后再决定是否购买。谷歌图书让读者免费体验图书 20% 的内容，科技期刊的阅览摘要、关键词、参考文献等可免费阅读，都属于此列。这种免费体验部分内容的方式还可以通过多种平台和渠道实现，吸引读者转到阅读平台进行购买。例如，部分网络文学作品会通过微博大 V、微信公众号推出部分内容，吸引读者阅读，然后在情节精彩、悬念处截断阅读，引导读者跳转到相应平台购买全部内容。

3. 利用 AR、VR 技术增强读者体验

AR，即增强现实技术（augmented reality），可以无缝连接虚拟影像和现实影像，将虚拟的物体叠加到真实的环境之中，从而达到超越现实的感官体验，即通过电脑技术让人类可以感知到真实环境中不存在的虚拟物体。这种感知包括视觉的、声音的、味道的、触觉的等等。VR，即虚拟现实（virtual reality）技术，是利用计算机模型模拟一个三维立体的完全虚拟的世界，用户通过 VR 设备，可以完全感知这个虚拟世界，达成以假乱真的沉浸感。AR 和 VR 的共同特征是，都通过计算机技术将虚拟的影像展示出来，并让用户产生相应的视觉、听觉等感官体验。这种虚拟技术运用到数字出版领域，可以增强体验营销的丰富性和趣味性，对读者来说，吸引很大。当读者通过虚拟技术真实体验到书中世界，就会对产品更加感兴趣。同时，AR、VR 作为新技术，广受欢迎和追捧，企业通常会开发一些相关的付费体验项目，使之既能推广出版产品，又能成为一项附加收益。

中信出版社的儿童读物"科学跑出来"系列图书就是一个利用 AR 技术成功营销的例子。当读者把智能手机等移动设备的相机镜头，对准《恐龙跑出来了》（"科学跑出来"系列之一）实体书时，多种类型的恐龙就会活灵活现地出现在眼前，还会奔跑、打架、发出吼叫；对准《太阳系跑出来了》（"科学跑出来"系列之一），则会出现转动着的八大行星，还可以手动操作；对准《龙卷风跑出来了》（"科学跑出来"系列之一），便仿佛置身于沙尘暴、海啸、龙卷风中，真实地感受这些极端自然现象。此外，读者还可以与场景特效合影，进行分享和传播。这样的沉浸式阅读体验使得该系列图书仅上市半年售出的图书就超过 50 万册。

高质量的 3D 效果、互动性、参与感是这款 AR 体验获得巨大成功的关键，这种方式让阅读变得立体、可感知，让读者可以亲身探索、亲自体验，使阅读过程增加了很多趣味性和交互性。

三、互动营销

1. 互动营销的含义

互动营销是指消费者和企业进行相互交流、沟通,从而建立起双方的联系,达到双赢的促销模式。移动互联网时代,互动营销通常借助社交媒体平台来进行。社会化媒体也称为社交媒体、社会性媒体,是人们彼此之间用来分享意见、见解、经验和观点的工具和平台,其允许大批网民自发贡献、提取、创造新闻资讯,然后实现传播。社会化媒体正以几何式的增长势头发展,也成为出版商与读者互动的重要平台。这样的互动方式摆脱了时间和空间的限制,成本更低,互动更即时,沟通更直接,效率更高,所以,互动营销成为移动互联网时代的重要营销手段之一。移动互联网时代的互动营销不仅包括出版商和读者的互动,还包括读者和读者的互动、作者和读者的互动、读者和出版商的互动。其打通了互动壁垒,在作者、读者、出版商三方之间建立起紧密的联系,从而建立起读者对出版商产品的信赖和长期关注,带来效益。根据互动的内容和时间,可以将互动营销分为阅读体验互动和创作过程互动。

2. 阅读体验互动

阅读体验互动是在数字出版产品出现之后,出版商、作者及读者进行阅读体验的交流和分享。这种互动包括读后感交流、摘录分享、推荐理由分享等。阅读体验的互动可以增加已买用户对产品的好感度和分享率,达到二次传播和口碑营销的目的;同时,与作者和出版商的直接沟通可以促使读者对出版商和作者产生情感连接,进而对出版商和作者的其他作品产生较多的关注和较好的印象。兰登书屋在社会化媒体兴起伊始,就在 Facebook、Twitter、YouTube 等社会化媒体平台开设自己的"社区",与读者进行互动、交流。兰登书屋坚持以读者为中心的原则,根据不同细分的目标读者群,建立不同的网站,用以吸引他们的目光,为不同用户提供一个网上交流平台,并根据用户的反馈意见及时更新内容。由于报纸上的图书评论逐渐减少和流失,影响力也日渐萎缩,兰登书屋会针对用户意见进行数据分析,明确地了解自己的读者群,通过较低的成本接近读者,鼓励读者给他们留言、提建议,打造互动、售书和营销的多元化平台。兰登书屋还在网上创建自己的页面,向读者介绍旗下某本图书的内容和定价,读者可通过这一界面与作者对话,摘录书中的一些精彩内容与其他读者共享,这是兰登书屋进行营销的最佳方式。由于摘抄出来的内容都比较短小,十分便于阅读和传播。一旦作者在 Facebook 上的"粉丝"与别人分享了这些内容，实际上就起到了宣传和营销的作用。同时，兰登书屋在 Twitter 上开通了账号，截至 2014 年 6 月，相比其他大众出版商，兰登书屋拥有最多 Twitter 粉丝数。2013 年 11 月 14 日，兰登书屋宣布与图片分享网站 Pintrest 合作。这一合作使得兰登书屋可以将独特的 Pintrest 整合到其官方网站中——官网访问者将会通过 Pintrest 活动更快地发现最受欢迎的图书和作者，如果他们发现了他们喜欢的内容，也可以直接将图片发布到 Pintrest 平台上。

3. 创作过程互动

创作过程互动是指在数字出版产品的创作过程中，读者参与进来，出版商或作者通过和读者交流、沟通，来改进或者调节产品的创作，或者直接将读者的想法和创作作为产品的一部分。这样可以加强读者和作品之间的联系，也增强了读者的购买意愿和行为。例如，由美国出版商协会、企鹅兰登书屋集团以及推特共同发起的推特小说节的主题活动（#Twitter Fiction Festival），就是一种邀请大家进行共同创作的互动活动。由部分著名作家撰写 140 字的故事，同时邀请其他人在一定时间期限内加入到创作行列。这个活动给所有人提供一个推特上创作故事和微小说的机会，同时这些作者还将公平竞争。创作过程的互动在网络小说的出版领域运用广泛，因为网络小说的出版通常采取连载更新的方式，作者和读者可以通过连载页面或者读者交流群进行实时的交流，讨论小说的后续情节发展，作者也会根据读者对人物的喜好和期待来进行故事的调整和创作，从而使得读者更为喜爱该书。

四、打造 Publish + 的数字化营销模式

信息搜索和与人分享是信息时代的两大消费特征。因此，仅仅向读者进行理念灌输和信息宣传，是很难形成全面立体的营销模式的。Publish + 的数字化营销新模式正是把握住信息时代的消费特征，突破传统的出版思维定式，寻找数字和网络形式下将作者、书商、消费者的范围不断扩大的新出版模式。在这种新模式下，企业依靠在版书的长尾效应和互联网的营销潜力制定推广方案。相比起一本书的畅销而言，Publish + 的数字化营销模式更加注重的是通过阅读互动和体验，识别和了解潜在顾客，分析读者了解图书信息的渠道，根据这些数据制定出更为精准和差别化的数字营销策略。

哈珀·柯林斯就制定了打造 Publish + 的数字化营销模式的计划。在这一计划

的指导下，2006年哈珀·柯林斯英国公司推出了"Browse Inside"测试版，这也成为该集团当前重要的图书营销模式。"Browse Inside"允许用户在线浏览图书的几页内容，同时也向各图书零售店、MySpace等社交网站及亚马逊、Google等网站及HC英国网站提供数字仓库中的图书内容。消费者在以上网站以及作者网站点击"Browse Inside"按钮即可进入出版社网站浏览图书封面、目录和前两章前三页内容。经过一年的调试，2007年8月，哈珀·柯林斯正式版的"Browse Inside"网站亮相了，正式版在技术和功能上都有所拓展。使用者在博客和个人网页上点击"Browse Inside"按钮，就会出现插件形式的图书页面，浏览图书时不会关闭博客或其他网页。2007年12月，又增加了"站内搜索"功能，读者可获得哈珀·柯林斯网站上与该书内容相关的节选内容及链接。此外，注册的读者还可享受会员优惠，在"作者追踪"（author tracker）栏目下，获得喜欢的作者的最新动态。到2007年底，已经有几千种图书制成电子版被放入"Browse Inside"库中，读者可在线浏览喜爱作家的20%的作品内容。哈珀·柯林斯还于2006年建立了"数字媒体咖啡厅"，在该平台读者可以免费下载作者的访谈文件，或通过手机、阅读器等付费收听或阅读图书内容，目前，哈珀·柯林斯已经在该项目的基础上建立了视频平台HCTV。哈珀·柯林斯在2006年底以5.8亿美元的低价收购了世界流量最大的MySpace论坛网站，也为哈珀·柯林斯旗下图书的口口相传及营销造势建立了强大的人脉和喉头。不得不说，哈珀·柯林斯有着非常长远的发展眼光，早就注意到客户数据对于图书推广的巨大价值，因此，很早就开始建立自己的数字图书仓库，并将读者从搜索引擎引到自己的数据库，基于其数字图书仓库，哈珀·柯林斯已经建立了一个有数百万客户的档案数据库，在大数据技术的支持下，其不用担心数据的问题，得以更好依托这一数据库开展目标营销。

五、大数据营销策略

在这个信息爆炸的时代，大数据已经成为出版业不可或缺的重要资源，它不仅是一种海量的数据构成，更是一种思维方式，重构着传统出版业。而在营销层面，大数据为出版商和书店提供更广阔的市场机会和更精确的消费者洞察，并在整个营销环节发挥着重要的作用。

首先，从选题策划环节来看，大数据能为出版社提供市场导向方面的信息，大数据技术能整合市场中的碎片化海量信息，并基于此展开数据分析。一方面，

第十章　数字出版产品促销

分析目标受众和潜在目标受众的阅读习惯、人口信息和在社交平台上的言论，能够洞察受众心理，测量受众态度，捕捉受众情绪，进而展开行为预测。企鹅兰登书屋建立 Persona 的内部网页端工具，基于消费者的阅读动机、媒介接触习惯和购买路径等信息构建用户画像。在推广一部历史题材的小说中，企鹅兰登的营销人员发现部分非历史读物的读者群体对此表现出了兴趣，于是使用 Persona 进行深入洞察并调整了营销策略，实现销售额的增长。阿歇特出版集团则是瞄准社交平台，跟踪消费者和潜在消费者的线上评论等内容，了解和分析消费者对图书产品的评价、获取信息渠道及兴趣爱好等信息。

另一方面，大数据还能获取行业动态、竞争对手和产业链等行业数据，以及出版社内部的业务信息，打破信息壁垒。2016 年，社会科学文献出版社通过 Smartbi 大数据分析平台，对上游出版社和下游书店以及读者的数据进行分析，根据不同需求寻找到业内关注度较高的图书选题。中国妇女出版社有限公司一直非常重视数据的采集、分析和使用，无论是最初的内部业务数据统计，还是目前的社、店、第三方平台公司定期收集、汇总和分析。常用的数据包括内部数据和外部数据，内部数据有中国妇女社发退回汇总、账期汇总、库存表、重点品分析等；外部数据有市场占有率、中国妇女出版社重点板块竞争社及其市场排名变化、同类品销售排行和线上线下大客户销售排行榜等。

除此之外，大数据还可以寻找市场空白点，抢占空地。美国 Callisto 传媒公司利用大数据技术每月分析 6000 万条读者数据，从中寻找在亚马逊上搜索无果的产品，即"市场空白点"，再进行选题策划。在这种模式下，Callisto 传媒公司仅用了两三年时间就实现公司营业额的八倍增长，并被美国《出版商周刊》评为发展速度最快的独立出版商。

其次，从营销推广环节来看，大数据帮助营销极限动态化、精准化和细分化。在形式层面，大数据技术应用在"千人千面广告"中，其在瞬间制作出针对每一个用户的广告，也就是每个用户看到的广告是不一样的。大数据对每个用户的自然属性、消费属性和社交属性进行分析，形成精准的用户画像，再结合用户进入营销页面的所处场景，展示用户最需要的信息。亚马逊与中国 4KMILES 服务商合作进行电子邮件营销，先对买家进行画像组建与分类，再选择合适的邮件主题，比如感谢购买、提供客户服务等；接着根据内部模板，替换关键信息，编辑好邮件内容；最后根据用户的 IP 信息和生活习惯，智能选取合理的发送邮件时间。阿里巴巴的"鹿班"智能广告设计系统能够生成多主体、多主题、多配色和多尺寸的"动态广告"。"鹿班"智能广告设计系统在 2018 年双十一当天

设计出 4 亿张海报,其首先对视觉内容进行结构化理解,如分类、量化、特征化,再通过一系列学习、决策,变成满足用户需求的数据,最后将数据转化成可视的图像或视频。

在内容层面,大数据帮助出版社实现利基市场的细分营销,过去,出版社只营销和推介可能成为爆款的热门书籍,且受众获取信息渠道少,难了解和买到自己真正感兴趣的书籍种类。而大数据解决了这一系列问题。由于大数据推荐的电子书种类或营销信息与用户需求高度匹配,所以一些冷门或不畅销的小众书籍也有机会呈现在受众面前,且大数据能够很好地解决库存问题,就算是实体书也可根据小众书籍的每月销量备货。中国妇女出版社的"全世界孩子最喜爱的大师趣味科学"系列图书与今日头条平台合作后,将"趣味""俄罗斯"标为热词,将该系列图书精准推荐给众多用户,搜索量被不断刷新,线上渠道对该系列图书的关注度提升,通过今日头条的影响将产品推广扩大到三、四线城市,市场销售量激增。

同时,出版社还可以根据大数据选择合适的 KOL、KOC 和社群进行推广。数字时代 KOL、KOC 合作营销与社群营销已成为推广数字出版产品的重要方式,利用大数据技术能够找到同一领域与营销预算合适的选择,快速找到目标受众和潜在目标受众,提升销售转化率。由化学工业出版社推出的《有机化学:结构与功能》专业书,主要面向有机化学相关专业本科生、研究生、科研人员以及高中化学教育工作者。有了明确的目标受众后,出版社利用大数据筛选出粉丝活跃量在 3 万以上的系列公众号,实现精准营销。而社群营销所指的社群是第三方社群,在前文中提到中信出版社在推销童书时,瞄准"妈妈"社群,与"童书出版妈妈三川玲""爱读童书妈妈小莉""凯叔讲故事"展开合作,最终实现销量增长。

此外,从销售服务环节来看,大数据能够快速处理反馈信息,并提供专业知识语料,提升服务质量。接力出版社通过"喵咪酱"、读库通过"小六"等统一的客服 ID 提供服务环节,客服工具先汇总读者在不同平台发起的请求信息,一方面,对"请求"的时间、优先级、读者基本情况等进行标识和整理;另一方面,为客服人员提供回复读者问题的相应知识和专业语料,并支持模板化和个性化的快捷回复。

从营销优化环节来看,因为大数据是实时更新的,出版社可根据市场动态、舆论风向和突发事件及时调整营销策略,优化营销环节,响应市场变化,并在每次营销活动结束之后,对营销表现复盘,收集市场动态与用户意见。中国妇女出版社的亲子家教类图书销售额占据其销售额的大头，2017年发行量比2016年多30%，但销售额却基本不变，出版社通过分析该种类产品的销售数据，发现线上低价销售作为引流的方式越来越多，盗版图书扰乱市场，造成销售页面价格越来越低，严重影响市场秩序。在进一步对数据进行分析后，出版社决定规范销售渠道，并进行控价管理，严厉打击线上盗版。经过近1年的努力，该系列图书2018年销售额和毛利润均得到增长。

六、情感营销策略

情感营销就是基于社会需要和精神需要而开展的营销活动，是当今社会的一种重要的营销方式。从技术层面来看，电子阅读使"读书"变成一种公开化的活动，用户通过网络平台进行交流，建立关系。视听时代的来临使人们以更感性的方式消费信息，人们的精神需求愈发强烈。从文化层面来看，消费社会下，消费由具体的物转移到物品所代表的符号上，平台中的用户用符号表达自我，融入圈层，寻找群体的认同感。社交媒体的兴起强调了人与人之间的连接，在后真相时代中，诉诸情感比陈述客观事实更能影响民意，"情绪化"传播更容易引起共鸣。

互联网是数字出版产品宣传与分销的主要渠道，而情绪已成为互联网的主题词。因此，出版社需做好情感营销，具体策略如下。

1. 捕捉社会情绪，满足情感需求

互联网中的热点话题往往具有极高的情绪能量，出版社应结合社会热点，捕捉这一社会情感，以引起读者共鸣或满足读者情感需求的方式展开营销，来引起读者的注意力。在疫情初期，隔离防控政策严格，整个社会处于焦虑、担忧与恐慌的情绪中，线下实体店面不得不歇业，许多出版社和实体书店都没有了收入来源，部分书店通过自媒体向社会发出"求救"，如单向街书店在同名公众号上发布"众筹"推文《走出孤岛 保卫书店｜坚持了15年的单向求众筹续命》，"求救信"以店长的"求救"语音开头，苦难叙事引起了人们的共鸣，许多用户因感同身受而选择出一份力，该篇推文在朋友圈的点击率超过10万，并引起微博热议，#走出孤岛，保卫单向#阅读量超过2500万。钟书阁书店在2020年春节，连续开设直播"无人书店直播卖书"，店长亲自为大家介绍书籍，"云逛书店，卖多少书不是目的，主要还是陪伴大家一起度过这段日子"，钟书阁捕捉到了受众的不安、孤独情绪，通过直播给予情感陪伴，安抚受众。但捕捉社会情绪颇具

难度,各出版社可与舆情监测机构合作,借用技术识别与分析社会热点中的情感因子,依据此提前展开营销策划,占取流量高地。

2. 寻找情感关系纽带,实现裂变传播

在新媒体时代,信息的传播与扩散需要意见领袖的助推,他们与其追随者建立信任关系,意见领袖对某一事件或产品的看法往往影响追随者对这一事件或产品的态度,因此在社交平台中他们也扮演着"情感领袖"的角色。在影像传播成为主流,用户对信息的消费重心从内容转向人的时代,直播电商行业迅速崛起。在直播营销中,主播通过讲述自己与图书的故事以及促销折扣等手段调动着用户的情绪,而用户通过与主播的准社会互动也建立起信任关系。出版社可以与 KOL、KOC 展开合作,利用用户对他们的信任与喜爱,进行情感营销。如果麦通过心理领域 KOL 的"种草"和豆瓣 KOL 及优质书评人撰写评论,在销售前期快速将《蛤蟆先生去看心理医生》带入读者视野。果麦上市不久后,负责人申请与"小嘉啊"自媒体合作推广,但排期已经到了一个月之后。《蛤蟆先生去看心理医生》上线抖音"小嘉啊"短视频后,四小时销出 5000 册。接着果麦营销团队与"小嘉啊"账号类型相似的"哈佛学长 LEO"合作,直播当天再次卖断货。同样,出版社也可与更具影响力的明星进行合作,因为粉丝经济本质上是一种情感经济,大部分粉丝会热衷购买明星推荐的产品。

3. 虚拟或真实在场,提升用户体验感

"在场"是情感生发的重要基础,无论是像游戏、AR 和 VR 的"虚拟在场",还是线下活动的"真实在场",都能有效激发读者新奇、惊奇的情感体验效应,提升体验感,在互动中产生独特的情感感受,产生情感共鸣。2011 年兰登书屋与游戏公司 Fairbetter Games 合作,在 Facebook 和 Twitter 上对《夜晚的马戏团》展开在线营销。其中兰登书屋基于图书情节设计了一款游戏,让潜在受众参与到其中,受众搜集完 5 个角色的记忆后,就能分享个人阅读日记,并有机会与作者互动。随着 AR、VR 技术的成熟与普及,科技类图书可利用该技术展开营销活动。德国百科与海豚传媒推出《什么是什么》AR 系列《海底小纵队 AR 情景互动书》,其系列之一《宇宙》AR 图书中带有二维码,读者扫码后能看到有故障的国际空间。读者通过学习航天器、宇航服等相关知识,可将其修复。这种虚拟在场的方式让读者身临其境,带来了丰富的交互式情感体验,提升读者的阅读兴趣。"线下在场"也是重要的营销方式,2016 年北京的字里行间书店的 19 家直营店与不同的文人名家进行合作,并以其姓名冠名书屋,比如有刘心武书屋、周国平书屋和张嘉佳书屋等。19 家门店重新改造,打造"名家书房",书店

第十章　数字出版产品促销

内部布置和设计围绕名家展开，展示名家的生平履历和优秀作品，并建立推荐书目专家表，通过打造"名家书屋"和"作家客厅"两个场景，营造浓厚的阅读氛围。这种阅读场景和差异化场景的打造，既满足大部分读者的读书需求，又满足不同作家的读者的情感需求，建立图书、书店、读者三者之间良好的情感关联。

4. 维系用户关系，实现情感连接

出版社还需重视读者群体的需求，做好与读者间的情感连接。前文中提到，社群营销已成为数字出版产品重要营销策略，其意义在于帮助出版社更好地与读者建立联系，而在情感营销中，出版社自建社群即品牌社群是维系用户关系的核心渠道。社群成员们因认可出版社的产品和服务而具有相同的情感，同时也认可出版社品牌的文化观念和价值观念，品牌社群成为他们的情感寄托。读者通过与出版社的互动，从社群中获得情感归属，对出版社品牌的情感逐渐加深，成为出版社的忠诚客群。哈珀·柯林斯是全球最大的英文书籍出版商之一，它在YouTube 上分类打造了"史诗读物""第 16 放映室""哈珀青少年""哈珀少儿"四个短视频品牌社群，在 Facebook 上创设了"哈珀·柯林斯""哈珀图书""哈珀少儿""哈珀商业""哈珀学术""哈珀有声"等系列专业细分社群，出版社为不同群体的读者提供差异化的定制社群，满足读者多样化的需求。读者进入社群后，能够与出版社工作人员沟通并参加各种社群活动。除此之外，前文中提到的会员群也是需要重点维系的客户群，这些忠诚消费者往往能为出版社带来巨大的经济利益。

5. 挖掘产品故事，引起情感传递

比起对数字产品本身内容的宣传，受众更爱看人与书籍的故事。一方面受众更易接受故事化叙事，另一方面人与书籍的故事具有温度，更易引起受众共鸣。最常见形式为"幕后故事"，其逐渐成为大家爱看的题材，像几乎每部电影都会制作幕后故事一样，出版社也可以挖掘图书背后的故事，打破静态的读书场景，聚焦书籍的设计、校对和出版等环节。2019 年哔哩哔哩播出《但是还有书籍》人文类纪录片，2022 年推出第二季，两季共 11 集，它记录了与书籍打交道的图书编辑、翻译、藏书人和旧书店店主的故事，工作者们对书籍纯粹的热爱和坚持不懈的精神打动了受众，纪录片独有的文化深度与情感温度，让人们看到了书籍的美好，引发广泛的情感传递，唤起受众对书籍的渴望，并对片中提到的书籍起到营销推广的作用。除了纪录片，在日常销售数字产品时，可构建特定场景，通过讲故事的方式进行推广，如得到 App 营销的知识产品会融入创始人罗振宇自身

的人生故事与理念，以求增加销售量。

<h2 style="text-align:center">本 章 小 结</h2>

数字出版产品的促销策略既有着其他产品的一致性，又有着基于特有产品的特性和互联网环境的特殊性。掌握其常规促销策略的规律和优势，灵活运用组合促销策略，能够提高数字出版产品销量。而创新促销策略则需要根据企业、市场、产品有针对性地推陈出新，达到吸引消费者的目的。

□ 思考与练习题

1. 简述数字出版产品的常规促销策略。
2. 数字出版产品和传统出版图书的促销策略有何异同？
3. 促销对于数字出版产品销售有何意义？
4. 数字出版产品的创新促销方式有哪些？
5. 请为VR版《十二生肖》制定促销策略。
6. 什么是情感营销？数字出版产品的情感营销策略有哪些？

第十一章　数字出版产业管理

> **教学目标与教学重难点**

目标：了解数字出版法律管理现状；了解数字出版行政和行业管理现状；了解数字出版标准化管理的现状。

重难点：能够全面理解《中华人民共和国著作权法》（2020修正）的一些法律管理条文；提升数字出版法律素养；能够全面理解我国数字出版行政管理和标准化管理的体制。

数字出版技术以及数字出版产业的迅速发展对数字出版管理提出了巨大的挑战。西方从20世纪七八十年代就开始探索数字出版的管理问题，在20世纪末，更是出台了一系列数字出版法规。我国2020年第三次修订了《中华人民共和国著作权法》，建立数字版权管理规范。目前我国数字出版行政管理的力量较强，行业管理力量和水平相对较弱。在标准化管理方面，虽然近年来已经有了很大进步，但是仍然有很多空白的地方，而且获得国际认可的数字出版标准相对较少，这对于我国数字出版产业参与国际竞争颇为不利。

第一节　数字出版法律管理

数字出版产业已经成为我国新闻出版产业发展的必然趋势和新的经济增长点，但如何加强数字版权保护也成为新的挑战。近年来发生的"阅文集团'霸王合同'争议和纠纷""知网版权纠纷"等事件已经表现出创作者、权利人、数字出版商、作品使用者等群体间存在利益冲突，这些案件在审理过程中的困难和面临的争议也表明数字版权法律管理面临巨大的挑战。

2020年11月11日全国人大常委会通过了《中华人民共和国著作权法》修

改决定,这是自 1990 年《中华人民共和国著作权法》颁布至今,我国基于国情和现实需求第三次修订《中华人民共和国著作权法》。新《中华人民共和国著作权法》彰显了著作权的私权理念,加大了对著作权的保护力度。本节主要基于新修订的《中华人民共和国著作权法》,探讨数字出版法律管理问题。

一、数字出版法律关系

法律关系,是指法律规范在调整人们的行为过程中所形成的具有法律上权利义务形式的社会关系。法律关系是现实社会关系的主观形式。就其主观形式特征而言,它属于上层建筑范畴;就其社会内容而言,它包括政治、经济、文化等各个领域的社会关系。其构成要素有三项:法律关系主体、法律关系内容、法律关系客体。要了解我国数字出版法律管理的情况,首先需要厘清数字出版法律关系。

1. 数字出版法律关系主体

通常情况下,数字出版涉及三大法律关系主体:数字内容著作权人、数字出版商以及数字内容用户。这三者分别充当了数字内容创造者、传播者和使用者的角色。

(1) 数字内容著作权人。

著作权人(Copyright Owner)又称"著作权主体",是指依法对文学、艺术和科学作品享有著作权的人。根据《中华人民共和国著作权法》第九条规定,著作权人包括:作者,其他依照本法享有著作权的自然人、法人或者非法人组织。著作权人可分为原始著作权人和继受著作权人。原始著作权人指创作作品的自然人和依照法律规定视为作者的法人或者非法人组织;继受著作权人指通过继承、受让、受赠等法律许可的形式取得著作权财产权的自然人、法人或者非法人组织。在实践中,著作权人可能是作者、出版社、网络内容提供商或者影视作品制作商。在传统出版时代,作者是数字内容著作权的主要拥有者,而在数字出版时代,数字内容的著作权往往被作者授予传统的出版社、网络内容提供商或著作权集体管理组织。因此,在解决数字出版法律问题的时候,需要对作者授权的过程以及获得授权的数字出版机构行使相关权利的过程进行了解和分析。

(2) 数字出版商。

数字出版商是连接作者和数字内容用户的桥梁。数字出版商是从事数字出版业务的合法经营主体,既包括传统出版单位下设置的数字出版机构,也包括专门

第十一章　数字出版产业管理

从事数字出版的网络经营主体。网络经营主体既包括内容提供商,也包括技术提供商。实践中这些主体可能不单单提供内容或技术,其往往涉及多重身份,从事多种业务。

(3) 数字内容用户。

数字内容用户也就是数字内容的消费者,其通过有偿或无偿的方式获得或使用数字内容。数字条件下,内容复制更加便利,甚至在用户非故意的情况下,系统会自动复制内容。因此,用户对数字内容的使用也需要受到一定的管理和限制,否则必然会限制权利人权利的实现。数字技术环境下用户擅自使用的侵权行为多有发生,中华书局为维护"二十四史"的数字版权而在全国范围发起多起诉讼,百度文库侵权时有发生,用户合理使用的边界需要进一步明确才能优化用户和数字内容著作权人之间的关系。

2. 数字出版法律关系客体

数字出版的客体是指将各种信息以数字形态存储在磁、光、电等介质上,通过计算机网络进行海量高速传递,并用计算机终端或其他电子设备进行阅读的出版产品。《中华人民共和国著作权法》第三条明确了"作品"的定义:本法所称的作品,是指文学、艺术和科学领域内具有独创性并能以一定形式表现的智力成果,包括文字作品;口述作品;音乐、戏剧、曲艺、舞蹈、杂技艺术作品;美术、建筑作品;摄影作品;视听作品;工程设计图、产品设计图、地图、示意图等图形作品和模型作品;计算机软件;符合作品特征的其他智力成果。不是所有的数字出版产品都受著作权法保护,只有具有原创价值,符合《中华人民共和国著作权法》作品定义的数字出版产品才受到著作权法保护,才能成为数字出版法律关系的客体。

值得提出的是,2020年修正的《中华人民共和国著作权法》对"作品"的界定做了两项调整。

(1) 将"作品类型法定"调整为"作品类型开放"。

《中华人民共和国著作权法》(2020修正)将《中华人民共和国著作权法》(1990年)实行的"作品类型法定"调整为"作品类型开放"。2010年的《中华人民共和国著作权法》第三条在列举作品类型时,最后一类是"法律、行政法规规定的其他作品",虽然具有兜底性质,但该"兜底"有严格的限定,即必须由"法律、行政法规规定"。《中华人民共和国著作权法》(2020修正)将第三条列举的最后一类作品类型改为"符合作品特征的其他智力成果"。这就意味着"作品类型法定"被改为"作品类型开放"了。

当前,加强著作权保护,加大著作权保护力度,促进文化创新是国家公共政策的主旋律,而且技术的发展突飞猛进,导致新的作品创作手段和作品形态层出不穷,基于人的认识能力及客观现实所限,立法难以对将来有可能产生的新的作品种类预先进行规定,相比之下,"作品类型开放"模式更有利于维护法律的稳定性,同时为在立法时未曾预料的新型表达留下适用的空间,能有效克服"作品类型法定"有可能导致的作品侵权无法找到法律依据的问题。

(2)新增了"视听作品"。

2020年修正的《中华人民共和国著作权法》将"电影和以类似摄制电影的方法创作的作品"改为"视听作品"。第十七条将视听作品分为"电影作品、电视剧作品"(以下简称"电影电视剧作品")和"其他视听作品",并分别对这两类视听作品的著作权归属进行了不同的规定。具体而言,"电影电视剧作品"的著作权由制作者享有,编剧、导演、摄影、作词、作曲等作者享有署名权,并有权按照与制作者签订的合同获得报酬。对该款规定进行文义解释,可以得出,"电影电视剧作品"是由编剧、导演、摄影、作词、作曲等作者合作完成的合作作品,但在著作权归属上不遵循一般合作作品的著作权归属规则,而是将其著作权统一归属于制片者,编剧、导演、摄影、作词、作曲等作者只享有署名权和报酬请求权。因为"电影电视剧作品"的拍摄制作往往耗资巨大,这样的归属规则设计主要是为了方便电影电视剧作品著作权的行使,以便及时回收投入,符合经济理性,如果对电影的利用需要经过全体合作作者的共同许可,势必带来电影作品在利用方面的诸多纷争和极大不便,也与很多国家的立法规定不一致。对于"电影电视剧作品"之外的"其他视听作品"著作权的归属,则采用了"约定优先,无约定时归制作者"的规则,体现了对当事人意志的尊重,能够兼顾各方利益。

2. 数字出版法律关系的内容

数字出版法律关系的内容指的是数字出版所涉及的各项权利和义务。数字出版作品权利人应当享有《中华人民共和国著作权法》赋予其的全部权利内容,包括著作权法第十条列明的人身权和财产权。其中人身权包括发表权、署名权、修改权、保护作品完整权;财产权包括复制权、发行权、出租权、展览权、表演权、放映权、广播权、信息网络传播权、摄制权、改编权、翻译权、汇编权、应当由著作权人享有的其他权利,以及依照约定,通过许可或转让这些权利获得报酬的权利。在我国著作权保护体系中,除法定许可和合理使用两种制度规定的情形外,任何人都必须按照"授权—使用"的模式利用他人作品。在数字出版中,权利人通常是以合同的形式将以上三种权利授予版权代理机构、著作权集体管理组织等单位代为管理，数字出版商再从代为管理的机构获得授权，或者是著作权人将其权利直接授予数字出版商。无论采用哪种方式，使用者都必须履行相应义务，尊重权利人权利，以合法的方式获得使用作品的权利。

二、数字版权授权模式

在目前的司法体系中，数字版权的授权方式主要有法定授权模式、代理授权模式以及个人授权模式3种。这三种模式有不同的适用范围，在实际的应用过程中也面临着一些困境。

1. 法定授权模式

法定授权模式指以法律法规强制实施的授权模式，法定授权模式主要分为法定许可模式、默示许可模式和著作权补偿金模式。

（1）法定许可模式。

法定许可，是指在某些特定情况下，著作权法明确规定无须经过著作权人同意，只需向著作权人支付报酬就可以实施的某种原本为著作权所控制的行为。法定许可与普通许可的主要区别为作品使用的权源，普通许可是一种意定授权，即著作权人或其代理人授权他人使用作品，而法定许可是一种法定授权，即著作权法基于对著作权的限制考虑，对符合一定条件的作品直接规定许可。法定许可模式下，著作权法代替权利人向行为人发放了使用作品的授权。包括数字出版作品在内，被"法定许可"的作品一般具有以下特点：多为涉及表演者、唱片制作者、广播组织者等作品传播者的情形，且只能是已发表的作品，同时应向著作权人支付报酬，并不得将这样的法定许可使用权转让给他人。

（2）默示许可模式。

默示许可，是指在著作权人没有明确表示许可他人使用其作品的情况下，如若著作权人的行为或者法律的规定可以推定其对他人使用该作品不会给予反对，那么使用者的行为就不构成侵权。除了著作权法及相关条例之外，来源于传统民法理论，尤其是合同法的规定也拓宽了默示许可适用的范围。譬如，在特定的数字网络环境中，网络服务提供者等中间媒介机构在用户注册时要求其点击同意的使用协议，而该协议特别明确了作品发表在该中间媒介机构提供的空间中时允许其他用户免费浏览并进行传播，只要不违反诚实信用原则，使用者就可以被推定自动获得了使用授权。在搜索引擎领域，无论国内还是国外，默示许可更是被作

为行业惯例和通用规则广为认同。

(3) 著作权补偿金模式。

另一种被认为带有"法定许可"色彩的授权模式是著作权补偿金模式,又称为版权补偿金制度。著作权补偿金模式并非数字出版时代的新创,其首见于1965年德国的著作权法,其设计初衷是为了应对当时日益普及又难以控制的私人复制,通过从极可能被用以侵害复制权的录音机、录像机、复印机、计算机等复制工具或者录音、录像磁带等存储设备销售中收取一定费用,用以补偿私人复制行为可能给相关著作权人带来的超过合理限度的经济损失。著作权补偿金模式有效缓解了权利人与使用人之间的紧张关系,被美国、法国、俄罗斯等40多个国家的法律实践引入,其制度价值得到了相当程度的认同。数字出版时代,美国哈佛大学威廉·费舍尔(William Fisher)教授对著作权补偿金模式进行了改进,提出一种行政补偿模式。该模式的运转机制为:著作权人获得行政补偿的前提是,在准备将作品授权他人之前,先在版权行政管理部门登记作品;为便于后续查询该作品的传播、使用和演绎情况,管理部门将会为其分配特定的文件名;政府部门通过对消费者使用的特定设备或服务来对数字产品进行征税,然后以该数字作品的使用率或收视率等为基础计算并给予著作权人以相应的税收收益补偿。

2. 代理授权模式

代理授权模式是著作权人把作品委托给中介服务机构来管理和行使著作权的方式,其包括出版商代理授权、技术服务提供商代理授权和集体管理组织授权三种模式。

(1) 出版商代理授权模式。

出版商代理授权模式延续了在非数字出版环境下著作权授权的传统做法,将信息网络传播权等一并交由出版商代为授权。出版商凭借其自身的专业运营能力和长期的著作权管理经验积累,可以较为便利地将权利的许可延伸至数字出版领域。而随着越来越多的传统出版商向以数字出版为导向的复合型出版商转变,其自身也有动力和愿意协助著作权人进行网络授权。许多数字出版商已经能够在技术上实现准确计算每部作品的点击率,然后再按照点击率确定使用费,以便定期向作者等著作权人支付版税,这样的授权模式显现出较高的可信度与可行性。特别是对数字图书等作品而言,出版商代管著作权不失为一种缓解授权困难的可行方式。

(2) 技术服务提供商代理授权模式。

如果说出版商代理授权模式属于传统出版授权模式在数字网络时代的延展,

第十一章　数字出版产业管理

那么技术服务提供商代为授权模式中,数字出版中间媒介技术服务提供商的参与,无疑加大了代理授权主体间的竞争。作为数字时代出版产业链上新兴的一类行业利益主体,技术服务提供商掌控着数字出版的流通渠道,其在网络授权方面的技术和受众优势显然强于传统出版商。同时,技术服务提供商较为中立、单纯的角色形象,也能够吸引更多非职业性作者或者对传统出版商心存顾虑的作者将自己的作品交由技术服务提供商代为管理、授权。

（3）集体管理组织授权模式。

集体管理组织授权模式通过统一收集、管理和发放成员著作权许可,极大地降低了授权成本和处理纠纷的成本,是一种较被推崇的授权方式。通过著作权集体管理组织统一收集、管理和发放成员的著作权许可,可简化权利人与使用者之间的授权成本,便于在发生纠纷或侵权时进行快速处理与高效应对。

我国著作权集体管理制度建立于数字出版行业产生初期,尚未就海量授权对集体管理组织的冲击予以充分应对,仅仅将集体管理权利范围限定于对会员已授权内容的管理,未引入在北欧一些国家运行已久的著作权延伸性集体管理制度,这直接造成了其不能很好地适应数字出版对内容授权的海量需求,也不能真正发挥其作为数字版权中介的价值,而仅仅只能充当一个具有较大存量的版权内容提供商,其价值与大型版权代理机构无异。除此之外,我国著作权集体管理组织尚未建立起一套完整顺畅的著作权信息管理系统,更不用说利用这套信息管理系统来服务数字复合出版需求。在数字出版过程中,由于大量作品的作者身份难以确定,获得授权往往存在一定障碍,没有一个可靠、相对完整的著作权信息汇总、查询途径,大大削弱了集体管理对数字出版的价值。

3. 个人授权模式

个人授权模式,即主要通过作品的权利人自行实施的授权模式,一般都是以签订授权合同的方式来实现。典型的授权模式如技术保护措施+合同授权模式、设备依托授权模式和开放授权模式等。

（1）技术保护措施+合同授权模式。

信息社会迫使各行业迅速转向基于网络通信的分销框架,以保证其产品的安全。除了在电子网络上受到损害的版权之外,版权持有人和其他作品发行商也开始依赖至少两种保护：合同和技术保护措施。如果用户希望通过正式渠道消除对作品预置的技术保护措施,那么就必须先行点击确认一个电子格式合同,即所谓的"点击许可协议",它规定了作品所有权、使用、限制、责任、反向工程等授权相关事项,使用者要么接受,要么放弃,不允许讨价还价。

有学者指出,作品发行中的合同和技术的结合对版权制度本身构成了严重威胁。一些人预测,合同法与技术保护措施相结合,可能会使版权法过时。由于互联网是交互式的,它特别适合版权持有者、生产者、中介机构和最终用户之间的许可交易。多年来一些作品的发行商,如软件公司或数据库生产商一直在开发基于与用户的此类许可交易的商业模式。这种模式正在将作品纳入其整体,在这种融合的背景下,现在每一种文化产品都有可能转换为数字形式并以数字形式分发。事实上,在现实世界中,当个人用户决定使用作品时,很少有人与合同许可证建立正式联系(当然,制片人也提供订阅合同,但用户是否接受这些合同,以及这些合同的有效性,都会带来问题)。另一方面,在数字网络上,电子许可证极有可能成为规则。无论是报纸、音乐、数据库中的信息、软件还是书籍,只要点击"通过"或点击"包装合同",就可以访问文化内容和信息,同时表示同意许可合同。这些合同可能会规避某些规则,例如禁止用户行使法律承认的豁免权,从而破坏版权的平衡。因此,软件程序的作者可以根据合同禁止他人制作备份,科学类文章的作者可以禁止使用者对其作品进行引用或评论。由于用户在电子合同框架内通常没有什么谈判影响力,而电子合同的签署——实际上只是点击——是访问作品的条件,因此无法保证法律规定的豁免的执行。

尽管技术保护措施+合同授权模式存在着变相延长著作权保护期限、可能侵占公有领域资源、架空合理使用等诸多隐患,但是该模式依然被著作权法所认可,成为数字出版时代主流的保护手段和商业模式。

(2)设备依托授权模式。

设备依托授权模式,主要是指一些在市场上具有较大影响力的企业,以自己所生产、销售的硬件设备为依托,进行相关数字出版作品的对外授权。设备依托授权模式的最大特点在于,用户对数字出版作品的授权使用必须依赖设备销售公司提供的硬件才能实现。销售公司通过数字出版文件格式和硬件设备本身的技术措施限制用户的自由使用,既带动了硬件设备的市场销售,又可以促进数字出版作品的正版化,因此一度成为不少阅读器厂商青睐有加的保护模式,例如掌阅iReader、亚马逊Kindle等都是采用这种模式。

(3)开放授权模式。

开放授权模式的发展最早可以追溯到通用公共许可证(general public license,GPL)授权模式。劳伦斯·莱斯格(Lawrence Lessig)基于"一些权利保留"(some rights reserved)之新理念,建立起"知识共享"组织,同时推出CC(creative commons)系列许可协议。这套协议以"姓名标识""非商业性使

第十一章　数字出版产业管理

用""禁止改动"和"相同方式分享"为授权要素，通过选择组合出多种具体适用的授权形式。著作权人一旦根据自己的意愿确定了协议的组合授权形式，所有的使用者就只需要在符合著作权法律规定和不超越该授权形式约定的情况下公开地使用、分享和传播相关数字出版作品。此种模式兼顾了对著作权人权利的保留与尊重和对使用者们知识共享与演绎，充分体现了开放共享与权利自由的精神，因此被称为"开放授权模式"。开放授权模式在数字出版领域受到权利人和使用者的普遍认可，"维基百科""百度百科"等知识共享社区都是开放授权模式的典型代表。

三、数字出版环境下的著作权利益平衡原则

数字版权的保护，主要参考《中华人民共和国著作权法》等法律政策。1990年9月7日，第七届全国人民代表大会常务委员会第十五次会议通过《中华人民共和国著作权法》。其后，我国著作权法经历了三次修订，最新的一次是2020年11月11日，第十三届全国人民代表大会常务委员会第二十三次会议通过《全国人民代表大会常务委员会关于修改〈中华人民共和国著作权法〉的决定》，对《中华人民共和国著作权法》进行第三次修正，自2021年6月1日起施行。《中华人民共和国著作权法》第一条开宗明义地指出了制定著作权法的目的："为保护文学、艺术和科学作品作者的著作权，以及与著作权有关的权益，鼓励有益于社会主义精神文明、物质文明建设的作品的创作和传播，促进社会主义文化与科学事业的发展与繁荣，根据宪法制定本法。"当今作品都是在借鉴前人优秀成果的基础上发展起来的，它虽然可以视为作者的人格标志和财产权利，但是更是整个社会精神财富的一部分，任何人包括作者都不应对之绝对垄断，以免妨碍全社会文化、艺术和科学事业的整体进步。

1. 权利人适度保护原则

《中华人民共和国著作权法》的立法目的就是保护创作者的合法权益，以便调动广大创作者的创作积极性，进一步繁荣我国社会主义科学文化事业。因此，一方面，要对著作权利人的合法权利，包括人身权和财产权进行保护，禁止他人未经许可，以抄袭、剽窃、歪曲篡改等不法行为使用其作品；另一方面，对著作权人的保护又要适度并加以限制，不仅要保护著作权人的合法权益，同时也要对作品的传播者及社会公众的合法权益进行保障，让科学技术文化成果可以在全社会中共享。因此，著作权法对版权保护的时间和地域进行限制，同时也增加了关

于"合理使用""法定许可"等对著作权进行限制的条款。

2. 使用者适度利用原则

使用者适度利用原则就是对著作权权利人的专有权利进行合理保护的同时，又要对作品的使用者的合法权益进行保障，让各类使用者尤其是社会公众对具有著作权的作品能够适度加以利用。换言之，就是让社会公众对具有著作权的作品进行合理利用，并从中受益。

3. 技术中立原则

技术中立原则指的是无论作品附着于何种媒介，著作权人均享有同等的著作权保护，其标的物不仅含有书籍、期刊、录音带、电子存储媒介（如CD、DVD）等事物，也包括沟通或娱乐系统（如广播媒介）、表达模式；与此同时，传播者可以用一定技术手段出版发行，使用者可以借助一定技术手段合理使用。因此，就技术本身而言，它是中立的，是客观存在的，是不以人的意志为转移的。当然，在网络时代，技术中立原则并不是无条件和无限制的。例如，处理网络服务商与版权人纠纷，解决的核心原则——"避风港"规则，规定网络服务商对网民上传至网络的信息没有事先审查的义务，原则上网站不为网民的版权侵权行为负责，但是版权人向服务商提示网络中存在版权侵权行为后，服务商应采取必要措施保护权利人合法权益；如果网络服务商接到版权人提示后仍不采取必要措施，那么就需要承担相应责任。

总体而言，《中华人民共和国著作权法》作为知识产权法律体系的重要组成部分，遵循"二元价值目标"，强调权利人的私权与社会公众的公权之间的利益平衡。具体而言，《中华人民共和国著作权法》调整的法律关系因作品创作而产生，表现为作者与传播者、作者与读者、传播者与读者、作者与社会之间的相互关系。一方面，对于著作权的保护与限制不能让权利人过分垄断而妨碍信息资讯的传播、利用和交换；另一方面，又不能否认著作权的私权性质，如果不赋予作者以著作权，不对其给以法律保护，那么放纵任意的侵害行为不仅会使作者的劳动成果被他人攫取，也会从根本上遏制创造和革新，严重影响创作的积极性和主动性。

四、著作权的法律限制

1. 作品内容限制

著作权保护的对象是"作品"，关于什么是"作品"，《中华人民共和国著作

第十一章　数字出版产业管理

权法》第三条对其做出了明确规定,同时第五条,又对不适用于著作权法的作品内容进行了规定,主要包括法律、法规,国家机关的决议、决定、命令和其他具有立法、行政、司法性质的文件,以及其官方正式译文;单纯事实消息;历法、通用数表、通用表格和公式。依法禁止出版、传播的作品,不受著作权法保护。

2. 保护期限和地域限制

(1) 保护期限。

为了让科学技术文化成果可以在全社会中得到共享,《中华人民共和国著作权法》对版权保护的时间和地域进行了限制。在我国,著作权是从创作完成之日起产生的,人身权利中除了发表权外,其他各项权利,包括署名权、修改权、保护作品完整性不受保护期的限制。其中,《中华人民共和国著作权法》第二十三条规定,自然人的作品,其发表权以及第十条第一款第五项至第十七项规定的权利(主要是著作人的物质权利或者说财产权,包括复制权、发行权、出租权、展览权、放映权、广播权、信息网络传播权、摄制权、改编权、翻译权、汇编权和其他依法享有的权利)的保护期为作者终生及其死亡后五十年,截止于作者死亡后第五十年的 12 月 31 日;如果是合作作品,截止于最后死亡的作者死亡后第五十年的 12 月 31 日。

另外,法人和其他组织视为作者的作品以及电影、电视、录像作品和摄影作品和作者身份不明的作品,其保护期都是作品首次发表之日起 50 年,创作完成 50 年内不发表,该作品就不再受保护。软件著作权的保护期限为 25 年,截止于软件首次发表后第 25 年的 12 月 31 日。保护期满前,软件著作权人可以向软件登记管理机构申请续展 25 年,但保护期最长不超过 50 年。

(2) 地域限制。

著作权的地域限制主要包括以下几个方面的含义:其一,一项精神成果能否取得著作权,完全根据各国或者各地区法律决定;其二,某一个国家或者地区授予或者认可的著作权,只受该国或者该地区的法律保护,只在该国或者该地区有法律效力,其他国家或者地区对此没有保护的义务;其三,著作权在某一个国家失效丝毫不影响该著作权在其他国家的效力。著作权的这一地域限制告诉我们,要使我们的某项作品在其他国家和地区得到保护,就必须依据共同参加的有关保护著作权的国际公约或者双方签订的协定,到请求保护国去提出申请或者依照有关国际条约提出国际申请,否则该项精神成果无法得到外国法律的保护。因此,我国 1992 年正式加入《世界版权公约》《伯尔尼公约》,1996 年加入《世界知识产权组织表演和录音制品条约》,这就使得一方面,我国发表的作品按照国际条

约提出申请,也能获得缔约国的版权保护;另一方面,缔约国发表的作品按照国际条约提出申请,也可以受到我国法律的保护。《中华人民共和国著作权法》还规定:"外国人、无国籍人的作品首先在中国境内出版的,依照本法享有著作权。""首先在中国境内出版的",是指外国人、无国籍人的作品的第一次出版是在中国境内,如果外国人的作品已在中国境外出版过,只是在中国境内再次出版,那么就不能作为在中国境内首先出版的作品。如果外国人的作品第一次发表是在中国境内,那么中国就是其作品的起源国,中国按照本法的标准保护其作品的著作权。不过,外国人享有的著作权,未在我国提出申请或者按照有关国际条约提出申请,那么我国法律对该外国著作权也不予以保护,我们可以对其自由使用。

3. 合理使用和法定许可

(1) 合理使用。

著作权合理使用是重要的著作权限制机制,它是指在特定的条件下,法律允许他人自由使用享有著作权的作品,而不必征得权利人的许可,不向其支付报酬的合法行为。著作权法中的合理使用,从著作权人方面来看,是对其著作权范围的限定;从著作权人以外的人(即使用者)来看,则是使用他人作品而享有利益的一项权利。

《中华人民共和国著作权法》将合理使用制度规定放在第二十四条,指出在下列情况下使用作品,可以不经著作权人许可,不向其支付报酬,但应当指明作者姓名或者名称、作品名称,并且不得影响该作品的正常使用,也不得不合理地损害著作权人的合法权益:①为个人学习、研究或者欣赏,使用他人已经发表的作品;②为介绍、评论某一作品或者说明某一问题,在作品中适当引用他人已经发表的作品;③为报道新闻,在报纸、期刊、广播电台、电视台等媒体中不可避免地再现或者引用已经发表的作品;④报纸、期刊、广播电台、电视台等媒体刊登或者播放其他报纸、期刊、广播电台、电视台等媒体已经发表的关于政治、经济、宗教问题的时事性文章,但著作权人声明不许刊登、播放的除外;⑤报纸、期刊、广播电台、电视台等媒体刊登或者播放在公众集会上发表的讲话,但作者声明不许刊登、播放的除外;⑥为学校课堂教学或者科学研究,翻译、改编、汇编、播放或者少量复制已经发表的作品,供教学或者科研人员使用,但不得出版发行;⑦国家机关为执行公务在合理范围内使用已经发表的作品;⑧图书馆、档案馆、纪念馆、博物馆、美术馆、文化馆等为陈列或者保存版本的需要,复制本馆收藏的作品;⑨免费表演已经发表的作品,该表演未向公众收取费用,也未向

第十一章　数字出版产业管理

表演者支付报酬，且不以营利为目的；⑩对设置或者陈列在公共场所的艺术作品进行临摹、绘画、摄影、录像；⑪将中国公民、法人或者非法人组织已经发表的以国家通用语言文字创作的作品翻译成少数民族语言文字作品在国内出版发行；⑫以阅读障碍者能够感知的无障碍方式向其提供已经发表的作品；⑬法律、行政法规规定的其他情形。

与之前的著作权法相比，《中华人民共和国著作权法》（2020修正）将合理使用制度对以下内容进行了修改。

①在概括条款中强调了"两不"原则。《中华人民共和国著作权法》（2020修正）在概括条款中仅规定了合理使用不得侵犯著作权人享有的其他权利，其将《著作权法实施条例》第二十一条的规定体现在概括条款中，规定合理使用不得影响该作品的正常使用，也不得不合理地损害著作权人的合法权益。

②由封闭式列举向开放式列举转变。《中华人民共和国著作权法》（2020修正）第二十四条除了规定12种合理使用的具体情形外，还将"法律、行政法规规定的其他情形"作为兜底情形规定在其中，囊括了可能出现的其他情形。

③扩大了合理使用的范围。《中华人民共和国著作权法》（2020修正）不仅增加了兜底情形，对于与现行著作权法对应的情形也进行了部分调整，从而扩大了合理使用的范围。具体体现为将第六项课堂教学或者科学研究中演绎他人已经发表作品的演绎行为范围从原来仅有的"翻译"扩大为"翻译、改编、汇编、播放"；在第八项中加入了"文化馆"，删除了第十项中的"室外"，取消对公共场所分为室内和室外的限制；将第十一项中"汉语言文字"扩展为"国家通用语言文字"；将第十二项修改为"以阅读障碍者能感知的无障碍方式向其提供已经发表的作品"。

④严格规定免费表演的合理使用构成要件。修改后的第九项关于免费表演的合理使用规定中，明确规定该种表演应当"不以营利为目的"，相较于过去著作权法对免费表演的认定，加入了对表演者主观因素的考量，构成要件上更为严格。

⑤规范法律规定中的用语。现行著作权法从体系化的角度调整了法律规定中的用语，使用语更为严谨，体现为将第三项中"为报道时事新闻"修改为"为报道新闻"，将第四项中的"作者"修改为"著作权人"，将第十一项中的"中国公民、法人或者其他组织"修改为"中国公民、法人或者非法人组织"，保证了《中华人民共和国著作权法》与《民法典》用词的一致性。

2. 法定许可

著作权的法定许可制度是指在一些特定的情形下，对未经他人许可而有偿使用他人享有著作权的作品的行为依法不认定为侵权的法律制度。著作权的法定许可是对著作权人权利的一种限制措施。与著作权的合理使用一样，著作权的法定许可一般也需要符合以下条件：第一，使用的作品是已经发表的作品；第二，使用必须符合《中华人民共和国著作权法》规定的具体情形；第三，著作权人发表不许使用声明的不得使用；第四，使用者须向著作权人支付报酬，这是著作权的法定许可与著作权的合理使用最主要的区别之一。

《中华人民共和国著作权法》第二十五条、第三十五条第二款、第四十二条第二款、第四十六条第二款中对著作权的法定许可作了明文规定。符合法定许可的情形如下：

（1）教科书的法定许可。

《中华人民共和国著作权法》第二十五条规定："为实施义务教育和国家教育规划而编写出版教科书，可以不经著作权人许可，在教科书中汇编已经发表的作品片段或者短小的文字作品、音乐作品或者单幅的美术作品、摄影作品、图形作品，但应当按照规定向著作权人支付报酬，指明作者姓名或者名称、作品名称，并且不得侵犯著作权人依照本法享有的其他权利。"该项法定许可必须符合以下条件：首先，使用目的必须是为实施义务教育或国家教育规划而编写、出版教科书，不属于义务教育的大专院校的教科书就不适用法定许可；其次，使用的内容只能限于已发表的作品片段或者短小的文字作品、音乐作品或者单幅的美术作品、摄影作品、图形作品。

（2）报刊转载的法定许可。

《中华人民共和国著作权法》第三十五条第二款规定："作品刊登后，除著作权人声明不得转载、摘编的外，其他报刊可以转载或者作为文摘、资料刊登，但应当按照规定向著作权人支付报酬。"

该项法定许可必须符合以下条件：首先，被转载、摘编的是发表在报刊上的作品；其次，能够转载的主体仍然是报社、期刊社。其他媒体如出版图书的出版社不适用法定许可。另外，有权发表不得转载、摘编声明的是著作权人，而不是刊登作品的报刊。因此，实践中，许多报刊发表的声明："未经本刊同意，不得转载和摘编本刊发表的作品"，除非得到了著作权人的授权，否则不具备法律效力。

第十一章　数字出版产业管理

（3）制作录音作品的法定许可。

《中华人民共和国著作权法》第四十二条第二款规定："录音制作者使用他人已经合法录制为录音制品的音乐作品制作录音制品，可以不经著作权人许可，但应当按照规定支付报酬；著作权人声明不许使用的不得使用。"

（4）播放已发表作品的法定许可。

《中华人民共和国著作权法》第四十五条规定："将录音制品用于有线或者无线公开传播，或者通过传送声音的技术设备向公众公开播送的，应当向录音制作者支付报酬。"

《中华人民共和国著作权法》第四十六条第二款规定："广播电台、电视台播放他人已发表的作品，可以不经著作权人许可，但应当按照规定支付报酬。"

该项法定许可必须符合以下条件：首先，播放的主体是广播电台、电视台；其次，播放的内容是已经出版的录音制品以及已发表的作品，但是不包括电影作品和录像作品。

与其他国家著作权法关于法定许可的规定相比较，我国著作权法规定了一个前提条件，即作者声明保留权利者除外，这是我国著作权法对法定许可的特殊规定。

较之合理使用，除要支付使用费以外，法定许可还有这样一些特点：

首先，从设定目的看，合理使用的设定主要是从个人使用的角度出发，满足使用者个人对于文化产品的需求，允许其小范围地使用他人作品，而法定许可是为了简化著作权许可手续，为促进作品广泛而迅速地传播而设定。

第二，从使用的对象看，合理使用绝大多数情况下限定在已发表作品，个别情况也可以是未发表作品，而法定许可的对象只能是已经发表的作品，因为法定许可使用的范围通常较大，一旦使用他人的未发表作品，将严重侵害著作权人的发表权。

第三，从使用目的看，合理使用通常要求是非营利性，而法定许可对使用目的未做出要求，既可以是非营利性，也可以是营利性，营利性居多。

第四，从权利限制看，合理使用中，著作权人的各项财产权利均受到限制，而法定许可则在精神权利外又为著作权人保留了获得报酬的权利。

法定许可制度主要有如下优点：

（1）在一定程度上合理地分配了著作权人与社会公众的利益。

著作权的法定许可规定使用人事先不必征得著作权人许可，即可使用其作品，但事后必须支付法定的报酬。这一制度虽然限制了著作权人的许可权，但仍保护了其获得报酬权,使著作权人的经济利益得到满足。

这一制度的优点在于既使公众广泛利用作品的愿望成为现实,又使著作权人的经济利益得到保障,鼓励了其创作和投资的积极性,从而在一定程度上合理地分配了著作权人与社会公众的利益。

(2)法定许可使用方式效率高,降低作品使用成本。

许可使用简便易行的特点,大幅度地降低了传播作品、使用作品的成本,提高了使用者的经济效益,节约了社会财富。就著作权人而言,由于省去了签约的麻烦,也能集中精力进行创作,产生出更多更优秀的作品,因而这也节约了其投入成本,提高了经济效益。

第二节　数字出版行政与行业管理

数字出版技术和数字出版产业的迅速发展,给数字出版管理带来了巨大的挑战。相对而言,美国、日本、欧洲等发达国家和地区关于数字出版的政策法规更为完善,尤其是在行业标准的制定和知识产权的保护方面,有许多值得我国借鉴的经验。截至2017年,我国适用数字出版物管理的法律法规仍然比较缺乏。尽管在行政管理方面,原新闻出版总署设立了"科技与数字出版司"等部门,启动了"24小时网络内容实时动态审读监管"机制,地方政府也纷纷成立数字出版行政管理机构,初步形成了数字出版行政管理体制,但是"多头管理"等问题仍然对我国数字出版行政管理提出了不小的挑战。

一、数字出版行政管理

1. 数字出版行政管理体制

我国数字出版行政管理实行中央和地方分级管理的方式。国务院行政部门中对数字出版业具有主要管理职责的部门包括中宣部、国家新闻出版署、国家广播电视总局、文化部、工业和信息化部、国务院新闻办公室等。

其中国家新闻出版署是数字出版宏观调控的主要职能部门。2018年3月,中共中央印发《深化党和国家机构改革方案》,明确指出:"为加强党对新闻舆论工作的集中统一领导,加强对出版活动的管理,发展和繁荣中国特色社会主义出版事业,将国家新闻出版广电总局的新闻出版管理职责划入中央宣传部。中央宣

第十一章　数字出版产业管理

传部对外加挂国家新闻出版署（国家版权局）牌子。"2018年4月16日，国家新闻出版署（国家版权局）正式揭牌。2020年5月7日，国家新闻出版署门户网站"如约"上线试运行。其在数字出版产业的主要管理职责包括：拟定全国数字出版机构总量、结构、布局，数字出版中长期规划、重点工程项目等；拟定全国统一的数字出版产业标准；负责对电子出版和网络出版服务单位资格的审批和出版内容和质量的审查；负责管理网络游戏实名认证服务等。

作为文化产业的重要组成部分，文化和旅游部也对数字出版产业具备一定管理职责，包括负责文艺类产品网上传播的前置审批工作，2013年以后，原国家广播电影电视总局动漫（不含网上出版前置审批影视动漫和网络视听中的动漫节目）管理的职责，原国家新闻出版总署动漫、游戏产业管理以及相关产业规划、产业基地和项目建设、市场监管的职责也被划入文化和旅游部；其还负责拟订文化科技发展规划并监督实施，推进文化科技信息建设。

作为信息产业的重要组成部分之一，工业和信息化部也对数字出版具备一定的管理职责，其涉及数字出版产业的管理职责主要包括：拟定信息产业规划、政策和标准并组织实施，推进信息服务业发展；统筹推进国家信息化工作，促进电信、广播电视和计算机网络融合；统筹规划公用通信网、互联网、专用通信网，依法监督管理电信与信息服务市场等。

国务院新闻办公室对数字出版产业的职责主要集中在互联网新闻事业发展规划和互联网新闻报道工作的指导和协调以及世界主要媒体及港澳台舆情分析和掌握方面。国家互联网信息办公室是国务院新闻办公室的组织机构之一，主要负责与数字出版产业相关的互联网信息方面的管理，包括：推动互联网信息传播法治建设，负责网络新闻业务及其他相关业务的审批和日常监管；指导有关部门做好网络游戏、网络视听、网络出版等网络文化领域业务布局规划；负责重点新闻网站的规划建设；依法查处违规网站等。

除了这几大部门以外，国务院其他与数字出版产业管理相关的行政部门还包括教育部、科技部、公安部等。以上这些部门按照国务院规定的职责分工，负责有关的数字出版产业发展以及监督管理工作。

各省、自治区、直辖市设立的新闻出版广电局的职责是拟定本省、自治区、直辖市、数字出版机构总量、结构、布局、行业中长期发展规划、重点工程建设项目并组织实施，以及负责本省、自治区、直辖市的数字出版产业发展和监督管理工作。省级以下的市、县级新闻出版广电行政部门主要负责本行政区域内的数字出版市场的经营管理和内容监督工作。

2. 数字出版行政管理规定和范围

(1) 数字出版行政管理规定。

目前,我国对数字出版的行政管理主要体现在行政部门发布的数字出版管理法规、政策方面,包括原新闻出版总署颁发的《出版管理条例》(2002 年颁发,2016 年第四次修订)、《电子出版物出版管理规定》(2008 年)、《广播电视管理条例》(1997 年颁发,2017 年第二次修订);原国家新闻出版广电总局颁发的《网络出版服务管理规定》(2016 年);原国家版权局 2006 年颁发的《信息网络传播权保护条例》(2013 年修订);国家互联网信息办公室根据《中华人民共和国网络安全法》《互联网信息服务管理办法》《国务院关于授权国家互联网信息办公室负责互联网信息内容管理工作的通知》制定并颁发的《互联网新闻信息服务管理规定》(2017 年)、《微博客信息服务管理规定》(2018 年);原工信部颁发的《中华人民共和国电信条例》(2000 年颁发,2016 年第二次修订)等。

(2) 数字出版行政管理范围。

数字出版单位设立的前置审批制度。我国数字出版单位的设立由省级新闻出版管理部门审核,审核通过后再报国家新闻出版署审批,国家新闻出版署对出版单位的布局和数量进行总体控制。

数字出版物重大选题备案制度。出版物的审批一般为省级新闻出版管理部门核批,报国家新闻出版署备案。图书、音像制品、电子出版物和互联网出版物的重大选题应当经所在地省级新闻出版管理部门审批后报国家新闻出版署备案,国家新闻出版署批准方可出版。重大选题是指内容涉及国家安全、社会安定等方面,对国家的政治、经济、文化、军事等会产生较大影响的选题,包括中国共产党、中华人民共和国及其领导人方面的重大选题,与我国领土、主权和"一个中国"原则有关的选题;与我国军事有关的选题;与国际关系有关的选题;其他重大选题,包括涉及"文化大革命"的选题、大型古籍白话今译的选题(500 万字以上)、引进版动画读物的选题、以单位名称及通信地址等为内容的各类"名录"的选题等。

关于数字出版范围的规定。《出版管理条例》《电子出版物出版管理规定》《广播电视管理条例》《网络出版服务管理规定》《互联网新闻信息服务管理规定》《微博客信息服务管理规定》等行政条例均对国家支持和禁止的数字出版的内容做出了明确规定。例如,根据《互联网新闻信息服务管理规定》第三条,提供互联网新闻信息服务,应当遵守宪法、法律和行政法规,坚持为人民服务、为社会主义服务的方向,坚持正确舆论导向,发挥舆论监督作用,促进形成积极

第十一章　数字出版产业管理

健康、向上向善的网络文化,维护国家利益和公共利益。《互联网信息服务管理办法》第十五条则规定了禁止互联网传播的内容,指出互联网信息服务提供者不得制作、复制、发布、传播含有下列内容的信息:反对宪法所确定的基本原则的;危害国家安全、泄露国家秘密、颠覆国家政权、破坏国家统一的;损害国家荣誉和利益的;煽动民族仇恨、民族歧视、破坏民族团结的;破坏国家宗教政策,宣扬邪教和封建迷信的;散布谣言、扰乱社会秩序,破坏社会稳定的;散布淫秽、色情、赌博、暴力、凶杀、恐怖或者教唆犯罪的;侮辱或者诽谤他人,侵害他人合法权益的;含有法律、行政法规禁止的其他内容的。

(3) 数字出版知识产权保护。

目前,我国仍然没有制定专门的数字出版知识产权相关法律,关于数字出版知识产权保护仍然主要采用《中华人民共和国著作权法》(下称《著作权法》)。其中,国家版权局 2017 年正式印发《版权工作"十三五"规划》(下称《规划》)。《规划》提出:要推进《著作权法》第三次修改,适时研究建立表演、美术等领域的著作权集体管理组织,支持企业开发数字版权保护技术,解决网络盗版门槛太低的问题。具体目标中还包括修订《著作权法实施条例》《信息网络传播权保护条例》《著作权集体管理条例》等配套行政法规,完善著作权法律法规体系。

二、数字出版行业管理

非营利性的社团组织是企业联系政府管理部门的桥梁和纽带,在出版界也有这样的非营利性组织,如出版者工作协会、中国音乐著作权协会等,它们参与制订行业标准和行业发展规划,承担出版队伍的教育、培训工作,开展行政权保护工作,是政府管理补充部分。不过需要指出的是,目前我国出版界的非营利性组织大都有管理部门的背景。

目前我国数字出版行业管理的范围主要包括数字出版人才资质管理、数字出版市场管理等。

1. 数字出版人才资质管理

人才资源是第一资源,数字出版人才也是我国数字出版产业发展的中坚力量。随着数字出版产业的专业性越来越强,数字出版产业也效仿法律、会计、金融等行业,建立从业人员职业资格管理制度。其中,2015 年初,北京市新闻出版广电局颁布了《北京市新闻系列数字传播(数字编辑)专业技术资格评价办

法》，按照其规定，数字出版技术人员包括在国家有关行业主管部门批准开展数字内容传播相关业务的单位中，利用计算机技术、通信技术、网络技术、存储技术和显示技术等数字技术手段，从事文字、图像、音频、视频等作品选题策划、稿件资料组织、编辑加工整理、校对审核把关、运营维护发布等工作的专业技术人员，分为数字新闻编辑、数字出版编辑、数字视听编辑三个领域，专业技术资格设置为正高级、副高级、中级、初级（助理级）四个等级，各级别专业技术资格名称分别为高级编辑、主任编辑、编辑、助理编辑。其中中级、初级（助理级）采用考试的方式，高级采用专家评审的方式。

2. 数字出版市场管理

数字出版行业组织关于数字出版市场的管理主要包括内容监管和市场竞争规范的建立等。

（1）内容监管。

内容监管包括自组织模式的用户审查机制和他组织模式的专人审查机制。在新媒体环境下，传统"把关人"的缺失对生产内容的质量监管提出了很大的挑战，在开放的网络环境中如何保证信息内容的质量成为发展的重中之重。国家法律法规监管是内容监管的最低准则，具有普适性，而行业内部的自律则更为具体。通过对现有研究进行总结，内容监管可以分两种情况讨论，一种是自组织模式下的用户审查机制，另一种是他组织模式下的专人审查机制。在自组织模式下，网站内容的监督与管理全权依靠广大用户群体，维基百科正是自组织模式的典型代表。维基百科的知识就是由用户来定义并且监督的，用户不再被动地接受信息，而是可以主动地创造并审查信息。维基百科这种自组织模式下的自治管理，没有传统百科全书的总编辑，完全依靠维基百科用户相互监督和自我约束，形成了自己独特的内容管理机制。而在他组织模式下的专人审查机制不仅需要用户的自律，还需要专业人员对内容进行监督、管理，与用户审查机制相比，此种审查机制更加严格，其代表主要有原盛大文学、豆瓣阅读、微博等。原盛大文学旗下的起点中文网在内容审查方面除用户自律外，还有后台监测，而且网站还安排客服进行内容监控。豆瓣阅读也有自己的阅读团队负责对用户内容的审核。

（2）数字出版市场竞争规范的建立。

在数字出版市场竞争规范的建立方面，除了遵守国家关于数字出版经营管理的法律规定外，更多的管理依赖行业自律。例如第八章提到的2013年我国网上书店的价格战，最后还是只能通过行业自律去消除，否则只会造成两败俱伤的局面，损害的是整个电子书产业的利益。另外，国外数字出版业利用开放版权（内

第十一章 数字出版产业管理

容)许可协议对网络著作权进行事前保护的方式也得到了我国学者的关注和支持,还有中文网站发布隐私声明也是数字出版行业自律的一种方式。

第三节 数字出版标准化管理

近年来,在政府的大力支持和行业的积极推进下,数字出版标准化工作也确实取得了一定进展。2010 年 8 月,原新闻出版总署颁布的《关于加快我国数字出版产业发展的若干意见》中指出:"加快数字出版产业发展的主要任务之一,就是要加快推进数字出版相关标准研制工作,在生产、交换、流通、版权保护等过程中形成符合行业规范的数字出版标准化体系,创造公平的市场竞争环境。"国家标准化管理委员会已经于 2010 年 12 月 13 日下达了国家标准化公益科研项目《电子书标准体系研究》。《新闻出版业科技"十二五"时期发展规划》中也指出:"要及时制定新业态核心标准,推进数字出版业态的快速发展。"2012 年,新闻出版标准化技术委员会成立。2014 年,原国家新闻出版广播电影电视总局发布了《新闻出版行业标准化管理办法》,对数字出版标准化的重要性及其统筹设计等问题进行了精细安排。

一、数字出版标准的含义和范畴

根据《标准化工作指南》(GB/T 20000.1-2002),标准指的是为了在一定范围内获得最佳秩序,经协商一致制定并由公认机构批准,共同使用的和重复使用的一种规范性文件。标准的编制、发布、实施过程被称为标准化。数字出版标准是在国家范围内或新闻出版行业内及相关企业内经协商一致制定并由公认机构批准,共同使用的和重复使用的一种规范性文件。其中,数字出版国家标准由国家标准化管理委员会发布,行业标准由国家新闻出版管理部门发布。

伴随着数字出版标准研制工作的深入,我国业已出台的数字出版标准在样态上涵盖了电子书标准、元数据、标志研制、MPR 出版物(数字有声出版物)、手机出版标准、数字版权保护标准、发行信息流通标准、研制标准等多元标准,数字出版标准化的整体框架已初步形成。

根据数字出版标准的基本内容,数字出版标准体系包括数字出版基础术语标准、数字出版资源的分类标准、数字出版资源的标识标准、数字出版参与方的标识标准、

数字出版格式标准、数字出版质量标准、版权保护标准、平台标准、统计标准等。

二、我国数字出版标准化管理体制与机构

1. 我国数字出版标准化管理体制

《中华人民共和国标准化法》规定，国务院标准化行政主管部门统一管理全国标准化工作，国务院有关行政主管部门分工管理本部门、本行业的标准化工作。省、自治区、直辖市标准化行政管理部门统一管理本行政区域的标准化工作，有关行政部门分工管理本行政区域本部门、本行业的标准化工作。因此，我国数字出版标准化管理体制是国家标准化管理委员会统一管理全国标准化工作，国家新闻出版署作为国务院有关行政管理部门分工负责新闻出版业的标准化工作，省、自治区、直辖市新闻出版管理部门管理本行政区域的新闻出版业的标准化工作。

2. 我国数字出版标准化管理机构

（1）国家标准化管理委员会。

国家标准化管理委员会（中华人民共和国国家标准化管理局）简称"标准委"，为国家质检总局管理的事业单位，是国务院授权的履行行政管理职能，统一管理全国标准化工作的主管机构。

（2）全国新闻出版标准化技术委员会。

全国新闻出版标准化技术委员会简称"标委会"，是在原国家新闻出版广电总局、国家标准化管理委员会领导下从事全国性新闻出版标准化工作的技术组织，负责提出新闻出版标准化的工作方针、政策和技术措施，管理书、报、刊、音像、电子出版物、数字出版物、网络出版物等领域国家标准、行业标准的制（修）订及宣贯、实施工作。

（3）全国新闻出版信息标准化技术委员会。

2015年4月10日成立的全国新闻出版信息标准化技术委员会，简称"出版信标委"。出版信标委作为原国家新闻出版广电总局直接领导的专业技术标准化工作机构，其定位是总揽全行业信息标准化工作全局，承担并协调新闻出版行业信息化建设中的标准体系建设、标准立项和标准制（修）订等管理工作。

（4）全国版权保护标准化技术委员会。

2013年年底成立的全国版权保护标准化技术委员会填补了我国版权标准化建设领域的一项空白。标志着我国版权标准化专家队伍初步建立，版权标准工作

第十一章　数字出版产业管理

开始步入新轨道。

三、我国数字出版标准建设发展的原则

陶玉霞在《数字出版标准建设发展研究》一文中指出了我国数字出版标准建设的三大原则，分别是标准先行、预见性体系制定以及合格评定。

1. 标准先行

在我国数字出版标准建设发展过程中，首先应当遵守标准先行原则。要严格按照标准化要求进行数字出版建设，努力实现多元化的数字出版标准建设目标，实现最大化的经济利益。正是由于我国的数字化出版标准体系还不完善，因此更需要遵循先行原则，研制基础建设标准，大大提高数字出版标准建设发展的水平，并积极参与到标准的国际化中来，多借鉴外国的先进技术和有效经验，实现国际战略发展模式的有效转化，保障产业健康、可持续发展，积极投入到国际竞争中去。

2. 预见性体系制定

在我国数字出版标准建设发展过程中，还需要严格遵循预见性体系制定原则。要利用先进的数字出版标准，完善我国数字出版标准建设发展体系，采取有效的措施实现利益平衡化。必须严格遵循国际化标准要求，满足国际化经济需求，利用国际技术来提高数字出版标准建设水平，完善我国数字出版标准建设体系。

3. 合格评定

在我国数字出版标准建设发展过程中，还需要严格遵循合格评定原则。要正确评估我国数字出版标准建设效果，通过正确的评定程序，提高评定准确性。在数字出版标准建设效果评定中，使建设效果达到标准要求、符合法规要求是最终的目标。另外，在完善我国数字出版标准建设体系过程中，还要加强市场培育和项目合理设置。

本 章 小 结

本章首先基于《中华人民共和国著作权法》（2020修正）分析了我国数字出版法律管理的现状，包括数字出版法律关系、数字版权授权模式、数字出版环境下的著作权利益平衡原则和著作权的法律限制。其次，分析了数字出版行政与行业管理现状，包括数字出版行政管理体制、管理规定和管理范围以及行业管理的范围等。最后，介绍了我国数字出版标准化管理现状，明确了数字出版标准的含

义和范畴，介绍了数字出版标准管理的体制以及我国数字出版标准建设发展的原则。

□ **思考与练习题**

1. 什么是著作权的利益平衡原则？
2. 著作权的法律限制有哪些？
3. 我国数字出版行政管理体制是怎样的？
4. 请分析我国数字出版行业管理现状。
5. 我国数字出版标准化管理体制是怎样的？

第十二章　数字出版前沿探讨

> **教学目标与教学重难点**

目标：了解大数据技术、虚拟现实技术、人工智能技术的含义和范围；了解大数据技术、虚拟现实技术、人工智能技术产生的背景以及由此驱动的出版业变革；了解社交阅读的含义和发展趋势。

重难点：能够明确哪些新兴技术会深刻影响出版业的发展，哪些新兴技术只是出版业创新的"噱头"；能够分析大数据技术、虚拟现实技术、人工智能技术应用于出版业面临的挑战；能够提出出版业大数据技术、虚拟现实技术、人工智能技术等新兴技术应用的建议；能够预测技术推动下的未来出版业和阅读的发展趋势。

近年来，云计算、大数据、社交媒体、物联网、人工智能、AR 和 VR 等新兴信息技术不断发展，其中，一些新兴技术已经开始应用于数字出版业，影响和引导着数字出版业的未来发展方向。

第一节　大数据技术在数字出版业的应用

2012 年美国政府发布《大数据研发倡议》，这一举措使得大数据（big data）成为 2012 年最热门的名词。事实上，"大数据"这个概念并不是近年才出现，早在 20 世纪 80 年代就有美国学者提出。30 多年来，随着各领域数据量的爆炸式增长，这个名词开始受到越来越多的关注，并成为众多国家、政府、产业和企业的发展战略。大数据并非一个确切的概念，最初，这个概念是指需要处理的信息量过大，已经超出了一般电脑在处理数据时所能使用的内存量，目前，其强调的是在多样或大量数据中快速收集数据并对这些数据进行有效分析的能力。大数据引

发信息技术（information technology）变革的重点由"T"（技术）逐渐转向"I"（信息），必然也将会对以"信息"为主要工作对象的出版业形成直接而巨大的冲击。

一、基于大数据的传统出版模式变革

1. 大数据环境下我国传统出版产业面临的困境

（1）出版信息交流和共享缺失使得图书库存量居高不下。

目前，我国既未建立真正的全国性的图书发行平台，也没有覆盖全国的图书发行数据监测机构，新华书店、网络书店、民营书店这三类图书发行渠道中，尽管前面两种的销售库存信息都已做到准确和及时，但新华书店系统的地区壁垒很高，各省新华书店之间未能做到信息共享，网络书店系统更是竞争激烈，缺乏基本的信息交流，民营书店的销售信息，尤其是占据民营书店主体的中小书店的销售信息则更是无从获取。准确的销售、库存信息的缺乏使得出版社无法准确地预测市场需求，确定图书印数，往往只能凭借经验甚至靠"猜"，而这种感性的决策方式往往又容易放大读者需求，造成大量无谓的库存图书。原新闻出版总署的统计数字显示，2012年全国新华书店系统、出版社自办发行单位纯销售67.69亿册（张、份、盒），营业额达688.48亿元，与上年相比，数量增长2.90%，金额增长5.34%。其年末库存总量与销售总量相比，仅少了6.47亿册（张、份、盒），达到61.22亿册（张、份、盒），金额甚至远远高于销售额，达到880.94亿元，库存增长率更是远远高于销售增长率，与上年相比，库存数量增长9.60%，金额增长9.56%。我国图书库存量居高不下在很大程度上是由于出版行业缺乏信息交流和共享。

（2）读者需求预测失效引发图书供给结构性矛盾。

2012年，我国图书出版品种达到332 042种，已经成为当之无愧的出版大国。然而，与图书出版品种的增长不符的是，我国国民阅读情况却有些不尽如人意。根据中国出版科学研究所发布的《第十次全国国民阅读调查》，2012年，我国18～70周岁国民图书阅读率却仅有54.9%，人均纸质图书阅读量也仅为4.39本，很多读者表示，尽管市场上销售的图书品种很多，但是能够引起阅读兴趣的书却非常少。这表明，我国图书供给与需求不相匹配，产生了结构性矛盾，而读者需求预测失效是产生这种现象的最为直接的原因。准确的读者需求预测是出版产业供应链运转的基础，其能保证供应链以最快的速度为读者提供最佳的服务。

第十二章　数字出版前沿探讨

但实际上，由于图书出版产业客观环境的复杂性和认识能力的局限性，读者需求预测本身带有明显的不确定性。一方面，与其他产业不同，图书出版行业全新产品所占比例非常高，例如 2012 年我国出版的图书中，初版书有 223 125 种，占到 67.20%，这就增加了需求预测的难度，使得出版企业很难基于过去的经验判断市场需求；另一方面，我国出版业的退货政策也是造成读者需求预测失效的重要原因。我国图书出版业长期由出版社单方面承担退货成本，这就使得图书分销商的退货成本远远低于销售利润，所以分销商很容易放大图书市场需求，超量采购，这也就造成了读者需求预测的困难。当然，出版社和读者直接沟通渠道的匮乏也使出版社很难真正准确了解和预测读者需求。读者需求预测的困难和频繁失效，引发图书供给结构性矛盾，既无法充分满足读者的阅读需求，又无法实现出版社的经济和社会效益。

（3）数字化思维缺乏导致出版业数字化转型遇困。

尽管数字浪潮席卷出版业已逾十年，但是我国传统出版社和出版人仍未真正建立数字出版思维，在选题策划和组稿阶段未能充分利用数字阅读平台和软件以及社交网络所提供的读者需求偏好和读者阅读行为方面的数据；在编辑出版纸质图书的过程中也未自觉考虑到后续的向数字出版延伸的问题，建立并保存一份易于转换为电子书的数据源；在销售电子图书的过程中未能与销售商以及其他出版社之间建立深度战略合作关系，共享读者数据，实现精准营销。数字化思维的缺乏也使得我国出版业虽然早已开启数字出版项目，也将大量的人力、物力和财力投入数字出版的建设中，但是，时至今日，我国出版业的数字化却仍然处于初步探索阶段，尚未走出一条适合自己的数字化转型发展道路。

2. 大数据对传统出版模式的变革

（1）用户行为数据而非编辑经验主导图书生产。

作为文化发展趋向和出版市场需求的"把关人"，编辑过去一直是图书生产的中心，编辑环节也是图书生产的核心环节。编辑通过调研，了解市场需求，并结合社会的文化导向，发现选题，再经过严格的论证和审核流程，确定选题，进行组稿。完成这一套流程，不仅会花费较长时间和精力，而且效果还经常不尽如人意，如前所述，我国图书市场存在巨大的供给结构性矛盾就是例证。事实上，在传统图书生产环节中，尽管有调研环节，然而这种调研方法多采用的是随机抽样问卷调查和访问的方法，大多数图书选题的产生甚至没有经过市场调研，完全基于编辑的感性经验。因此，一直以来，出版业也被许多人视为一个强调艺术追求、专业经验而缺乏科学实证的行业。大数据则可以改变这种现状，其将理性的决策工具和方法引入到图书生产的核心环节,以用户行为数据整合与分析为基础指导图书生产。例如编辑可以基于社交网站、搜索引擎、电子阅读平台以及个性化阅读应用搜集海量读者行为数据,在这些海量数据中挖掘出关于读者阅读偏好的数据集,包括喜欢搜索哪种类型的图书内容,喜欢哪些作者,喜欢哪个平台等,把这几者结合起来,就会产生一项甚至一系列理性的选题决策。大数据还会对组稿环节产生影响。过去,当编辑向作者提供某些建议的时候,总是因为没有足够的证据去支持自己的判断和建议而无法得到作者的认可。在大数据技术的支持下,编辑可以以数据为基础向作者提供建议,例如其可以基于图书评论数据,向作者展示其他作者引起书迷不满的原因,作者想要建立并保持相关读者群对自己的品牌忠诚度,有哪些需要避免和加强的部分,以更加科学的方式提出相关建议,建立更加融洽的作者关系。除了组稿环节外,印数的确定也非常重要。然而出版业的核心价值是满足人们的精神需求,而精神需求一直是非常难以量化的,因此,这也成为一项非常困难的工作。在大数据技术的帮助下,编辑则可以收集相关内容图书的销量、库存、读者分布、读者评论等数据集,发现市场的真实需求,准确确定图书印数,避免图书库存和资源浪费。

(2)全国性发行平台而非分散渠道整合图书销售。

大数据对图书发行环节的影响就更为深远了。我国因为缺乏全国性的图书发行平台,长期存在图书销售数据不明的情况。出版社主要依赖分销商的报告,例如新华书店和网络书店的相关销售信息以及某些商业媒体的畅销书排行榜来获取销售信息。且不论我国出版业的"买榜"现象非常普遍,数据真实性堪忧,即使这些数据都是真实的,出版社也只能获得自身生产的图书的相关销售信息,无法了解竞争对手或其他同类图书的市场销售数据。然而,要取得商业成功,了解相关竞争对手以及整个行业的发展情况是至关重要的。当然,如果一个出版社对某一本书特别感兴趣或者很关心某一本书的销售情况,其可以通过其区域发行人员对这本书的销售全程进行跟踪调查,然而,这些发行人员通常只能获取这个地区的少数书店的销售信息,而且,要获得真实的信息,发行人员通常要去做实地调查,这就意味着出版社最终获得这些数据反馈需要花费大量的时间,而图书本身是一种生命周期非常短的商品,这些也许已经失去了时效性的销售数据很难让出版社真正准确地了解全国性的图书销售情况。大数据技术则可以改变这一现状,基于大数据技术建立的全国性图书发行平台具备图书销售数据整合与分析职能,可以让出版社实时了解全国图书发行情况。民营出版商"新经典文化"就基于大数据技术,开启了"私有云"平台建设项目,在"云"上成立提供出版

第十二章 数字出版前沿探讨

信息服务和物流服务的全国出版发行网络平台,以改变图书发行信息不透明的现状,项目总投资需要 10 亿~15 亿元,目前已经获得国际风险投资巨头红杉资本 1.5 亿元的投资,这也是迄今为止民营书业获得的最大单笔投资。"私有云"平台建立起来后,将不仅承担收集、整理图书销售数据这样的基础性工作,而且还要利用数据可视化的技术将海量销售数据中隐藏的有价值的知识揭示、展现出来,不仅可以帮助出版社全面了解图书销售信息,而且还能帮助其更加准确地预测图书市场需求。

(3)"需求"而非"供应"或"直觉"驱动图书营销。

过去,出版社直面的是销售渠道,以 B2B(business to business,企业到企业)的商业模式运行,因此,出版社的营销多基于"供应"驱动,大量的诸如作者签售、渠道推广等营销活动旨在吸引销售渠道,向其供应更多的图书。随着数字出版和网络传播技术的发展,出版社开始直面读者而不是企业,传统的以"供应"驱动图书营销的方法逐渐不再适用。然而,"直觉"又逐渐成为出版社营销活动方案的驱动因素。因为缺乏图书营销效果监测工具,传统出版社经常采用的作者见面会、媒体访问、广告、价格促销等营销策略耗费了大量的成本,可是这些营销活动是否真的对图书销售起到了作用,或者其中哪一项活动促进了图书销售,哪一项活动毫无价值,出版社却一无所知。在大数据技术的帮助下,出版社则可以很清楚地监测其开展的营销活动的效果,迅速取消那些没有价值的营销活动,转而策划更有效的营销活动。美国出版巨头哈珀·柯林斯就积极利用大数据技术,挖掘读者需求,科学制定图书营销方案。2013 年,哈珀·柯林斯的数字出版部门专门成立了数据部门。其数据部门基于其自有的数据库和图书销售平台,采用大数据技术获取其消费者数据,包括一手和二手数据,整合和汇集数字销售和定价的相关数据,并初步尝试通过数据分析和可视化技术向其员工提供数字销售影响因素以及需求弹性的可视化数据分析报告,帮助其员工发现图书营销中哪些因素在发挥作用,分享成功的图书营销实践经验。目前其已经开始将分析结果综合运用到市场战略和定价战略中,解释为什么品牌 X、图书 X 或系列 Y 未能获得成功。当然,目前哈珀·柯林斯对大数据技术的应用还在起步阶段,非常遗憾的是,它只是事后分析,尚未能真正起到预测的作用,但是它仍然有效,并且可以对下一个图书项目营销活动的策划提供一些参考。除了哈珀·柯林斯外,美国还产生了专业的出版数据挖掘公司,例如图书观察者(Bookseer)、封面蛋糕(Covercake)等,这两家公司目前在出版大数据方面的实践也主要集中于图书营销领域,主要是基于社会媒体的用户阅读行为和图书评论进行图书营销效果的追踪和

利用，前者目前还获得了兰登书屋、阿歇特、哈珀·柯林斯和企鹅的投资。

（4）知识而非技术推进我国出版产业的数字化转型。

过去谈到出版业的数字化转型的时候，一直在强调技术的推动作用。柳斌杰提出要"运用高新技术和先进设备改造传统基础设施""积极采用数字、网络等高新技术和现代化生产方式，改造传统创作、生产和传播模式，建立新型内容生产方式和数字化传播载体、传播渠道""以新技术新业态提升出版业的核心竞争力和整体"。大数据技术是以技术为手段，以知识的提纯、重组和有效利用为内核，推动我国出版产业的数字化转型向知识驱动的方向持续演进。在大数据的影响下，出版产业将会改变以往依托数字出版技术，以书、文献的数字化生产和传播为发展方向的数字化发展路径，转向以知识要素为单位，通过对出版内容和读者需求数据的深入了解，将内容分化为一个个高度浓缩的知识要素，并将其与读者的知识需求紧密结合，实现专属内容智能定制和精准推送的发展方向。这并不是由计算机制定决策，而是由知识驱动的人类与机器协作制定出版决策，推动出版产业向知识服务型转变。

二、出版业运用大数据面临的挑战

1. 海量数据的获取难题

海量数据是实现大数据应用的基础，然而与其他行业相比，出版业很少拥有大数据和高度结构化数据形成的数据集。这一方面是因为出版内容，也就是俗称的创意并不是大数据，它更容易被描述，而不是被分析。另一方面则是因为出版业过去长期采用B2B的商业模式运行，出版企业直面的是销售渠道，而不是读者，因此出版商处于一个被锁定的数据管道中，无法获得全面的数据，他们并不拥有读者，所以他们也不了解他们的读者。亚马逊、苹果、谷歌、当当网、京东商城等网络书店的兴起和销售量的增长，为通过网络渠道更好地了解读者创造了机会，然而遗憾的是，出版企业并不是那些了解读者的人，读者数据被锁定在这些网络图书销售平台手中，这些平台掌握着海量的读者需求和阅读行为数据，而出版企业从这些网络平台上只能获取被四面墙围起来的数据——企业内部的数据。这些数据当然也是有价值的，可以让出版企业了解企业内部的情况，然而却无法了解其竞争者以及整个读者群体的情况。阅读体验和阅读行为数据是出版数据中的"黄金"，其看到了人们消费和体验图书产品的过程，也看到了人们讨论图书产品的过程。在代表着未来数字出版的亚马逊大举进军"陈旧"的出版业，

第十二章　数字出版前沿探讨

收购传统出版企业的时候,很多传统出版人乐观地认为这说明传统出版仍然前途光明。事实上,这是因为亚马逊非常善于寻找和挖掘出版数据中的"黄金",能够据此发现读者真正的需求,但是他们不愿与出版企业分享"黄金",因此,为了联系最受欢迎的作者,掌握书源,亚马逊以其认为最佳的出版发行方式和最合适的价格将内容送到读者手上,他们才反其道而行之,进入传统出版。如果无法获取并控制海量读者数据,大数据对于出版业而言只能是一个伪命题,不仅不能因此得利,反而将在大数据时代受到更多的竞争和冲击。

2. 专业的出版数据挖掘和分析人才缺乏

正如美国《出版商周刊》所言:出版业开发利用大数据需要依靠专业的"数据科学家"。所谓"数据科学家",是指同时兼具传统的数学、统计技能及编程技术、企业家本能与调查天赋的复合型专家。然而,目前出版业非常缺乏具备专业出版数据挖掘和分析能力的"数据科学家"。编辑需要理解技术视角,技术人员则需要理解商业和文化生产、营销的相关问题。例如,美国著名出版商阿歇特、西蒙·舒斯特和企鹅共同出资建立的书呆网(www.bookish.com)致力于利用大数据技术成为"图书发现工具",还聘请了麻省理工学院的毕业生卡伦·桑(Karen Sun)负责监督"万亿计算"。然而,从目前的实际运作情况来看,传统的书评人推荐仍然是书呆网的读者发现图书的主要方式,利用机器学习(machine learning)和大数据(big data)技术帮助读者找到下一本适合的图书的理想还未能实现。产生这种情况的重要原因就是卡伦·桑还未能真正理解出版业大数据应用需要,尚未成长为出版业的"数据科学家"。

3. 难以平衡商业价值和文化价值

与以商业价值为核心的其他行业不同,出版业是一个强调内容积累、文化语境与知识传承的行业,除了经济功能外,文化传播和积累也是其至关重要的功能之一。大数据时代来临后,已经有出版人实现了这样的设想:量化读者阅读题材、场所、时长、鼠标移动痕迹、标注章节及重复浏览内容等,据此定制内容,例如,专为亚马逊 Kindle 提供浪漫小说的电子书公司根据对浪漫小说读者阅读状态的统计分析,"勾勒出读者眼中完美男人的标准——有着纯正欧洲口音、30岁上下、黑头发、绿眼睛",并以此来指导浪漫小说作者对于男主角的塑造。尽管在大数据环境下,定制生产模式精确到将每一个用户视作独立的细分市场是对读者真实需求的最大尊重,但是,过于强调读者阅读行为数据分析很容易形成对读者的曲意奉迎,干扰作者的创作和文化风格。如果欧美所有浪漫小说的男主角都是"欧洲口音、30岁上下、黑头发、绿眼睛",这一定会成为对以文化传承为主

要责任的出版业的莫大讽刺,同时,也会极大地影响文化的多样性,形成"媚俗"的大众文化环境。因此,在大数据热潮兴起伊始,诗人徐江就提出"文化的根本性价值,在于维系一个社会精神层面的平衡与推进。文化中的不同分支,属性差异极大,不能强行将其全部导入市场化思维。还是让它和大数据离婚吧"。这种倡议虽然有些因噎废食,但是,如何在利用大数据技术深掘出版业的商业价值的同时坚持出版业的文化品位和价值,确实是出版业运用大数据面临的重大挑战。

三、欧美传统出版企业大数据应用策略探析

1. 大众出版企业:联合建立大数据分析平台,促使需求驱动图书营销

与教育出版和专业出版企业不同,大众出版企业面临的读者较为分散,依靠单个企业获取海量读者数据几乎是一项不可能完成的任务。面对这种情况,欧美大众出版企业加强合作,联合建立大数据分析平台,网络书店书呆网就是其合作的产物。

除了阿歇特、西蒙·舒斯特和企鹅三家企业外,书呆网还包括霍顿·米夫林·哈考特(Houghton Mifflin Harcourt)、哈珀·柯林斯、麦克米伦、兰登书屋等大众出版巨头和编年史书出版社(Chronicle Books)、孤独行星出版社(Lonely Planet)、普林斯顿大学出版社(Princeton University Press)等中型出版企业。书呆网的核心是其图书推荐平台,该平台采用编辑独立的方针,聘请了六名经验丰富的编辑,每天根据不同主题从大量出版企业中挑选优秀的图书和作者,为其撰写书评,并向读者推荐相关好书。书呆网以图书为中心,结合读者的个性化体验,利用机器学习和大数据技术帮助读者找到下一本适合的图书。"机器学习"指的是读者可在个性化推荐页面、新书推荐页面、常销书推荐页面和畅销书推荐页面分别给出的五本不同类型和风格的图书中选择自己最喜欢或最想读的一本,点击该书后,页面就会新增一栏,左边"你的图书(Your Book)"一栏显示挑选的图书,右边"我们的推荐(Our Recommendations)"一栏则是网页基于所选图书的类别、作者和内容新推荐的与该书有关联的四本图书。读者多次选择图书以后,平台就能根据读者提交的信息改善算法,推荐更符合读者要求的书籍。书呆网还将大数据技术应用到图书知识中,试图模仿人们提出建议的方式,收集关于图书的所有描述,包括作者、类别、出版日期、风格等以及流行的至关重要的评论,利用现代信息技术挖掘出图书相关的所有重要主题,提供一个强大的功能

第十二章 数字出版前沿探讨

数据集。书呆网的图书数据库中一共收藏了30余万种图书，横跨18个类别，并且数量每天都在增加，其还内置了与亚马逊、巴诺、鲍德斯、苹果iBookstore、库伯（Kobo）等大型图书零售商官网的链接，读者也可以通过这些平台购买图书。因为书呆网建立的时间较晚，因此，其一开始并没有读者的个人数据，直到读者选择图书后，平台将自动根据相关元数据（例如作者、标题、种类等）推荐类似图书。书呆网还聘请了麻省理工学院的毕业生卡伦·桑（Karen Sun），负责监督"万亿计算"，这些都使得书呆网的"大数据"功能逐渐变得更加强大。

书呆网以及美国大众出版商支持建立的其他出版大数据应用平台，例如封面蛋糕等，运作时间都较短，从目前实际运作情况来看，均主要着力于图书营销环节的变革，尚未触及图书内容生产环节，包括选题策划、组稿等环节。而事实上，这个环节对于将原有的直觉和经验驱动图书生产变革为数据驱动图书生产的需求更加强烈，且目前大数据在图书营销环节的应用也更多倾向于事后分析。因此，欧美大众出版商想要建立足以与亚马逊、苹果、谷歌相抗衡的出版大数据分析平台，未来还有很长的路要走。

2. 教育出版企业：基于内容和用户需求数据，开发个性化教学方案和智能学习平台

在数字化浪潮席卷出版业的时候，很多人认为教育出版领域的数字化前景是比较灰暗的，甚至有些大型出版企业出售了教育出版板块，例如爱思唯尔2001年7月收购哈考特教育，2007年便将其出售给培生教育集团；汤姆森集团也于2007年7月5日以77.5亿美元出售了其一直运行良好的教育出版公司与书籍网络资讯公司，转而与路透合并，成立汤姆森路透集团。然而，随着2013年培生教育集团以93.33亿美元的收益超越爱思唯尔72.88亿美元的收益，成为世界排名第一的出版集团；圣智学习出版公司（Cengage Learning, Inc.）在2013年7月宣布破产后，2014年4月甩掉40亿美元债务，完成财务重组，登上2014年全球出版业50强榜单，并获得第11名的好成绩，且其数字产品及服务的收益在总收益中的比重均超过50%时，我们有理由相信，教育出版业同样有着光明的数字化前景，事实上，欧美教育出版企业的数字化转型卓有成效。因此，当大数据浪潮席卷到教育出版领域，欧美教育出版企业在已经具备数字化基础的情况下，也开始基于已有的内容和用户需求资源，利用大数据技术，开发个性化教学方案和智能学习平台。

作为世界最大的教育出版集团，培生拥有最为丰富的教育内容资源。其首先将大数据技术运用于内容数据的优化方面。为了满足不同群体的海量知识信息需

求，培生教育依托传统内容资源优势，将海量信息资源数字化，建立起方便读者随时取用的在线信息资源库，并增加附加值服务。培生开发的伊葵勒（EQUELLA）就是一个专业的教育内容数字在线仓储，该资源库可以方便读者随时随地获取需要的内容，同时还从读者需求的角度出发，提供各种在线内容的搜索、创建和管理等功能。除此以外，2013年4月培生还收购了美国哈佛大学开发的基于云计算的学习分析与管理系统学习催化剂（Learning Catalytics），该平台使得教师能够向学生发布开放式的问题，并且实时获得学生提交的答案，帮助教师确定哪些知识领域需要进一步深入讲解，以便更早地干预来提高学生的记忆和学习成果，帮助教师更加灵活、便捷地管理学生的学习进度和学习效果。近年来，培生还和多家大学和研究机构合作，积极开发智能学习平台。例如与海洋社区学院、印第安纳州卫斯理大学和罗格斯大学、阿德菲大学、维拉诺瓦大学和马里兰大学等全球200多所大学合作，开发了在线教育平台亚利桑那州立大学在线（Arizona State University Online）、电子大学（E-College）、温吧网（Embanet）等智能学习平台。这些平台可以对学习者的学习行为自动进行提示和评价。例如，通过记录鼠标的点击和光标停留的位置，平台可以记录学习者在某个页面上停留的时间，判断学习者对知识点的掌握情况，从而总结出哪些知识点是教学难点和重点，哪种学习工具在哪种情况下最有效等规律。该平台之所以如此强大，正是因为其有大数据技术做后盾，将混乱的个体学习者的学习行为数据收集起来，当这些数据积累到一定程度时，群体的行为就会在数据上呈现一种秩序和规律，然后有的放矢，对不同的学习者提供有针对性的帮助。

3. 专业出版企业：开发大数据分析技术，推动客户数据的智能化和知识数据的可视化

专业出版是欧美出版业中数字化程度最高的部门，这一点可以从欧美各大出版集团2013年的销售数据中得到佐证。六大大众出版集团中，数字化程度最高的兰登书屋，其2013年数字产品收益占总收益的比例仅为24%，最低的阿歇特图书出版集团，其数字产品收益甚至仅占总收益的10%；教育出版企业中，数字化程度最高的培生教育集团，其2013年数字产品和服务销售额占集团总销售额的58%；专业出版企业中，爱思唯尔、斯普林格、自然出版集团（Nature Publishing Group）、沃尔特斯·克鲁维尔等，其数字化收益占总收益的比重均在60%以上，其中爱思唯尔出版集团的数字产品收益更是占到集团总收益的66%。对于出版业而言，大数据的本质是更为广阔、深入的数字化以及全社会范围内的数据的互联互通，从这个意义上来说，数字化程度最高的欧美专业出版企业在大

第十二章　数字出版前沿探讨

数据应用方面显然具备更多的优势和能量，事实也正是如此。欧美专业出版企业在大数据应用的路上走得更远，其利用已有的技术基础和内容优势，积极开发新的大数据技术，推动客户数据的智能化和知识数据的可视化。

爱思唯尔集团旗下的律商联讯（Lexis Nexis）就投资开发了高性能计算集群（high-performance computing cluster systems，HPCC）技术，推动客户数据的智能化。目前 HPCC 技术已经成为该部门的核心产品，并广泛应用于爱思唯尔开发的各种数字化产品和服务中。HPCC 在其主要产品科学指导（Science Direct）数据库，帮助其向研究者推荐更需要的相关文章，该应用有效帮助科学指导增加了 65% 的点击率。作为目前最先进的大数据处理技术，HPCC 技术帮助爱思唯尔集团共享各大细分市场的数据资源及其分析结果，有效实现数据的互联互通，应对数据的海量增长给数据分析带来的挑战。该技术结合成熟的数据处理方法以及爱思唯尔专有的连接算法，推动了客户数据的智能化。除了自己投入巨资开发新的大数据分析技术外，爱思唯尔还和一些大学和研究机构开展合作，资助其技术创新。例如，2013 年 12 月 18 日，爱思唯尔和伦敦大学学院（University College London，简称 UCL）宣布共同建立 UCL 大数据研究所。UCL 的研究范围非常广，近年来，其在大数据和研究分析方面积累了丰富的成果。为了充分认识和实现二者在资源共享方面的协同作用，UCL 将访问爱思唯尔的世界级的研究数据和企业技术，为大数据在更广阔的范围内得到应用开辟出新的可能性。爱思唯尔还收购了门德里公司（Mendeley），该公司位于东伦敦科技创业园中心，是一款免费的跨平台文献管理软件和在线学术社交网络平台，向用户提供基于社交网络的学术成果分享和合作服务，可追踪论文引用记录等。斯普林格科学与商业媒体集团公司也与伦敦的新创业公司社会媒体指标公司（Altmetric）合作，为其旗下的斯普林格在线平台（Springer Link）上的每篇文章的摘要页中加入衡量研究成果影响力的社会媒体指标信息，对围绕学术文献的线上活动加以追踪和分析，这一方面可以更好更全面地追踪到用户阅读行为数据，另一方面可以使用户更容易获得论文的社会媒体影响力信息。

除了将大数据技术用于客户数据智能化外，欧美专业出版企业还将其应用于知识数据的可视化。例如，2014 年 1 月 30 日，泰勒·弗朗西斯就与在线知识分享平台"图表分享"（Figshare）达成合作协议，帮助研究人员安全地建立、发布和分享其研究成果。"图表分享"是专门为研究者、学术研究机构和出版商服务的研究数据管理工具，该平台允许浏览器对任何形式的文件可视化，因此，图表、数据集、媒体报道等各种在传统学术出版模式下不允许传播的内容均可以在这里传播。泰勒·弗朗西斯与在线知识分享平台"图表分享"的合作将会帮助泰勒·弗朗西斯1700多种期刊中不同类型的数据实现可视化,使其期刊论文的补充材料有了新的传播渠道。从此,泰勒·弗朗西斯网络在线平台(Taylor & Francis Online)也可以即时阅读图表、数据集、文件集、视频等期刊论文的补充材料,这些材料还可以被"图表分享"主办的搜索引擎轻松地检索到。这项技术合作可以帮助期刊论文作者使用"图表分享"的技术发布其补充数据,这使得作者不仅可以看到其论文的补充材料,还可以很方便地与其他研究者分享这些材料,并通过"图表分享"的度量函数追踪到用户的使用情况。上传到"图表分享"的每一份文件都很容易被引用,与此同时,"图表分享"上的每一项数据都将链接回泰勒·弗朗西斯在线平台相应的文章,这样,研究者不仅更容易发现补充材料,也更容易关注到相应的文章,帮助研究者非常便利地通过搜索引擎找到更加丰富的研究材料,同时也会提高作者及其研究文献的知名度。

四、出版业大数据应用策略建议

1. 从"小数据"做起,逐步推进

数据战略家马克·波切克(Mark Bonchek's)2013年在《哈佛商业评论》(*Harvard Business Review*)发表了《小数据让大数据更加强大》(*Little Data Makes Big Data More Powerful*)一文。文中指出,小数据是大数据的基础,二者结合起来的效用远远大于大数据单独应用的效用。大数据可以通过分析数百万计的社交媒体交互行为,让出版企业更深入地了解读者的情感和需求,可以通过分析百万计的读者消费行为,让出版企业实现精准推广,其实质是帮助出版企业更好地了解其读者。而小数据(little data)包括数字出版系统中的出版系统、发行管理系统和作者管理系统中存储的生产记录、财务记录、资源消耗统计等数据以及图书销售商分类数据、销售数据和库存数据等,这些数据可以让出版企业增进对自身的了解。目前,我国大多数出版企业尚未充分利用和挖掘这些"小数据",对自身尚且了解不足,又何谈大数据应用?美国出版业也是随着2001年尼尔森图书观察(Nielsen Bookscan)项目的启动以及数字化程度的日益提高,建立了能够让出版企业对自身及其竞争对手的了解更加深入的"小数据"分析能力的基础,才能顺利开启大数据应用的探索。跨越"小数据"的大数据应用是不现实的,只能沦为概念炒作。笔者建议国内出版企业学习湖南科学技术出版社的做法,其在大数据尚未到来之时,就开始重视相关资源数据档案的整理和利用,目前已经

第十二章 数字出版前沿探讨

建立了多元的数据信息体系,具备了较强的"小数据"分析基础和能力,为大数据的应用奠定了坚实的基础。

2. 增加与读者直接接触的机会,提高数据共享能力

因为缺乏与读者直接接触的机会,出版界完全不了解其图书的销售和阅读情况,而这些知识几乎都可以通过数据分析得知。对于传统出版企业而言,除非它们能够建立与消费者的直接接触渠道,否则它们就会被大数据给抛弃。因此,出版业要想利用大数据技术完成产业转型升级,就必须增加与读者直接接触的机会。欧美出版企业通过在自己的网站上增设售书业务,自建数字图书仓库,将读者从谷歌图书搜索(Google Book Research)页面拉回自建的数字图书页面,并且联合建立图书大数据分析平台书呆网等,增加与读者直接接触的机会,逐步收回对出版大数据的控制权。目前我国也有很多出版企业自建和联合建立了图书网络销售平台,只是这些平台覆盖面和流量都较低,未能为出版业提供大数据应用所需的海量数据源。建议出版企业首先还是要加强数字图书仓库的建设以及与搜索引擎和社交媒体的合作,利用这些平台增加图书信息被读者发现的机会,再通过这些媒体提供的链接,将读者拉回自建的数字图书仓库。同时,还要尽可能地加大合作范围,建立一个尽可能覆盖全行业出版企业产品及其信息的平台,提高数据共享能力。

3. 强化文化把关人角色和文化价值标准,在依托专业团队的基础上加强出版大数据专业人才的培养

在大数据环境下,人们的阅读体验第一次可以被观察。有了这些观察,出版企业不仅能够改进发行和营销决策,而且可以改进其作者和产品,以更好地满足读者的需求,更好地实现出版业的商业价值。因此,可以肯定的是,出版业确实非常需要大数据。但是我们不能忘记了出版业还承担着重要的文化功能,出版工作是一项独特的文化活动,出版人在这一活动中进行文化选择、优化和传播,扮演着文化把关人的角色,其依据社会公认的文化价值标准,发挥着把关人所应发挥的选择、建构、传播和增值作用。因此,出版业在大数据应用过程中必须强化文化把关人角色和文化价值标准,这样才不会在数据中迷失。当然,将大数据应用于出版业,推动出版业由"数据"驱动而非"直觉"驱动,并不意味着计算机将会取代出版人制定出版决策,而是需要具备大数据技术能力和视野的专业出版人与机器协作做出决策。目前,大数据技术已经日趋成熟,然而,出版大数据专业人才却非常缺乏。要解决这一问题,一方面可以借助外部从事图书大数据挖掘与分析的专业公司的力量;另一方面,也可以采取校企合作或建立出版大数据

博士后流动站等方式，培养拥有大数据技术且了解知识文化信息生产和传播规律的人才。这种新型人才应当是大数据技术和出版业的"中间人"，由他们来推动出版业尽快融入大数据时代。

第二节 虚拟现实技术在数字出版业的应用

据2015年数字投资（Digi-Capital）的研究报告，2015年VR/AR共获得6.86亿美元投资。然而，2016年，该领域投资爆发式增长，仅2016年第一季度这个数字已达12亿美元，因此2016年被许多学者和业内人士称为"VR元年"。

虚拟现实技术是仿真技术与计算机图形学人机接口技术、多媒体技术、传感技术、网络技术等多种技术的集合。虚拟现实技术是仿真技术的一个重要方向，包括实时三维计算机图形技术，广角（宽视野）立体显示技术，对观察者头、眼和手的跟踪技术，以及触觉/力觉反馈、立体声、网络传输、语音输入输出技术等。2006年国务院颁布的《国家中长期科学和技术发展规划纲要》就将VR技术列为信息领域优先发展的前沿技术之一。随着近年来软硬件技术的突破，虚拟现实和增强现实技术与云技术、移动互联技术迅速结合，推动了VR（和AR）的发展和普及，逐渐从游戏体验延伸到行业应用。该技术已经广泛应用于医学、军事航天、工业仿真、文物古迹展示、设计等工业和艺术领域，目前也开始应用于数字出版业，不过，目前VR直接用于出版业还处于起步阶段，还在摸索中，但市场上已有此类图书出现。美国谷歌公司申请了两项专利，一为"交互式图书"（interactive book），一为"媒体增强立体书"（media enhanced pop-up book），其目的就是让书本"活"过来，可以与读者互动，或者通过电脑实现更多功能。国内也有"图书＋VR眼镜"式销售。对AR和VR的合理运用，将为出版业开启一个与纸质阅读和传统电子阅读不同的全新"视界"。

一、虚拟现实技术在各个出版领域的应用

1. 虚拟现实技术在大众出版领域的应用

虚拟现实技术在大众出版中的应用可以增加为大众讲解文学作品中的相关知识的机会，有效增强电子书信息呈现和传播的趣味性与创新性。目前已经有出版商利用VR技术打造全新出版物。例如出版商Tigger Global在书籍中结合增强

第十二章　数字出版前沿探讨

式 VR 系统应用，读者在下载应用后，用 iPad 对准正在阅读的书籍，屏幕上就会呈现出书中所描述的场景以及对应的章节。索尼公司与《哈利波特》的作者 J. K. 罗琳合作，用虚拟现实技术打造了《神奇图书》；迪士尼 2015 年在国际增强现实和混合现实研讨会上展示过一个把 AR 同图书上色结合起来的研究性项目。具体效果是这样的：当孩子们在给纸上的卡通形象上色的时候，智能设备里的移动应用（App）会通过摄像头根据纸上绘画的颜色和形状创建一个相应活动的 3D 模型。也就是说，如果孩子给一头小象上色，那么他能在 iPad 或者手机上看到自己涂的小象变成立体的，站在桌面上或者自己手背上，还会做些小动作。涂什么颜色，它就是什么颜色，还没上色或图中被遮挡的部分，App 在创建 3D 模型时会通过算法猜测并填充相应的部分——就像是简单的特效制作。

现在国内部分出版社开始将平民化的初级 VR 技术运用于图书内容补充，做一些简单的立体图或者全景图。例如山东教育出版社 2015 年出版的"恐龙大世界"系列图书，既能实现前述 AR 技术所营造的效果，又能利用硬纸板（cardboard）眼镜提供类似 VR 效果的沉浸式体验。另外还有一本书《梵高地图》，采用 AR 还原书中经典梵高画作，通过手机能观看立体效果。编辑们还用 VR 影像拍摄还原《梵高地图》书中内容，并制作虚拟现实纪录片随书发行。这种艺术类的书籍确实也非常适合 VR 技术，因为其带给读者的感觉就是走进美术展馆，或者到艺术家的家乡虚拟旅游一番。VR 在大众出版领域的应用进一步扩大了大众出版物的受众领域，实现了科技时代科技发展与文字的完美对接。媒体、三维立体内容等自由阅读和互动，使读者获得全新的信息阅读体验。

2. 虚拟现实技术在专业出版领域的应用

专业出版的目的是向专业人士提供专业知识查询与学习的服务，早在 21 世纪初，国外大型专业出版集团纷纷定位为专业信息及其服务提供商。然而，在很长的一段时间内，专业研究成果的主要展示方式都是文字。文字限制了专业技术成果的展现，将虚拟现实技术应用到技术类领域中，一方面为技术行业的知识构架提供了模拟知识的模型，增强了应用专业知识的立体效果，能够激发人们对专业知识的学习兴趣和创新能力，进一步提升其专业能力。另一方面，虚拟现实技术能够为演示专业技术的实际操作提供良好的模拟演练环境。随着数字化时代到来，VR 技术的发展和成本的进一步降低，多媒体传播和实现交互阅读是专业出版的发展方向。专业出版商可以在提供传统纸质文献以及专业资源数字化的基础上，运用 VR 使二维的、平面的信息资源变为三维的、立体的信息资源，并拓展信息及技术咨询服务的方式与服务内容。虚拟现实技术还可以虚拟实验设备展示、实验过程展示、实验结果对比等场景和过程，增强读者对专业知识的理解。可视化的虚拟现实制作技术还可以快速生成与论文关联的 3D 知识，通过与论文关联的虚拟现实数字信息，自动构建论文与论文、论文与图书、论文与在线数据之间的知识关联体系。同时，虚拟现实技术可以加强知识组织、知识导航和知识评价等知识链接服务功能，形成基于知识链接的专业出版数字化集成服务平台。

3. 虚拟现实技术在教育出版领域的应用

相较专业和大众出版领域而言，虚拟现实技术在教育出版领域的应用更深入。目前，国外一些教育出版商已经进行了一些与 VR 技术相结合的尝试。例如，2016 年培生和霍顿·米夫林·哈考特集团（HMH）都加入了谷歌的虚拟现实课程教学应用（App）项目"谷歌远征"（Google Expeditions）。目前，VR 技术在幼儿教育出版、中小学教育出版、高等教育和职业教育出版领域都获得了应用。其中，在幼儿教育出版领域，多元化的幼儿教育虚拟现实内容产品已经出现，如《迷幻大象仿真》《幸运传说》《童话森林》和《邦尼兔的故事》等。澳大利亚联邦银行（Commonwealth Bank of Australia）推出的一本名为《魔法门冒险记》的儿童故事书以及其相应的虚拟现实应用就是一个经典案例。在《魔法门冒险记》中，主角是一只名叫萨米的考拉，它穿行在银河系之中，希望可以为奶奶找到一份神奇的生日礼物。阅读这本书并配合使用 App 的小朋友会进入一个虚拟现实世界，并在其中围绕金融学中的供需关系进行学习。这样的组合结合了传统故事书和虚拟现实世界的优势，建立起一个沉浸式的故事叙述新平台，对儿童进行既有趣又有效的知识教育。在中小学教育出版领域，VR 与教育游戏相结合，提供虚拟现实内容体验层，让中小学学生更快、更好地吸收文化知识。例如 2016 年 6 月，尤尼莫丝弗（Unimersiv）更新了一款历史教育类应用——"历史老师去哪儿了"。游戏背景设定在一个热闹的小镇上，有一名历史老师在公园里失踪了。参与游戏的学生要通过老师留下来的线索对现场进行调查，推理出历史老师失踪的真相。这款产品与一般的教育类游戏相比，不仅需要玩家有一定的历史知识储备，还需要有一定的逻辑分析能力，因此能够真正地实现寓教于乐。在高等教育和职业教育出版领域，虚拟现实产品和服务都不多，但还是有部分高校已经开始使用虚拟现实技术进行教学。例如德州理工大学健康学中心、圣地亚哥州立大学开始使用培生的混合现实护理教育产品，美国宾州著名的百年名校布林茅尔学院也开始让其学生在物理、生物、考古学课堂上试用培生的混合现实产品。

第十二章　数字出版前沿探讨

4. 虚拟现实技术在书店的应用

自 2000 年起，在历经多次倒闭潮后，实体书店走上了转型升级的道路。与其说实体书店是售卖图书的场所，不如说是体验文化的空间。虚拟现实技术可以根据设定的虚拟环境进行环境还原，为再现现实提供完整的场景设定；然后向用户提供仿真的 H 维视觉、听觉、触觉、力觉等感知体验，让用户在特定的场景中进行互动行为，从而给用户创造沉浸式的体验，该特点正好与实体书店面向用户体验的转型之路相契合。因此，一些实体书店开始尝试应用 VR 技术。"VR+书店"的初步体验要追溯到 2008 年，甚至更早。在初步体验时期，"VR+书店"更多是一种概念性的想法，当时只有祖米易（Zoomi）虚拟书店将这种概念性的想法付诸实践。与现在的虚拟现实书店不同，当时的技术水平只能将祖米易做成可视化的在线虚拟书店，它参照实体书店的布局设定界面，可使用方向键、图书分类、图书查找和图书购买等交互功能。"VR+书店"的推广体验大致是在 2014 年 VR 技术如火如荼发展后兴起的。在推广体验阶段，"VR+书店"融合发展大多是体验馆入驻，它更多是一种 VR 场景营销手段，为读者用户提供最新的技术体验。如沪州西西弗书店拍摄制作了全景 VR 影像版，供全国各地的读者用户通过手机在线体验。"VR+书店"的发展体验是在 2016 年 VR 技术被大众普遍认识后，国内有不少实体书店引入 VR 设备为读者提供 VR 体验，而国外则更多是通过 VR 技术把它设定为满足读者用户交互体验的平台。如沃克斯特（Voxtor），通过 VR 技术开发的 VR 书屋 App，为读者用户提供在线体验 VR 书店的平台。

二、VR 应用于出版业面临的挑战

虚拟现实技术在大众出版、专业出版、教育出版和书店中的应用，改变了图书的出版形态、阅读方式和消费方式，顺应了文化传播与新媒体相结合的发展趋势，实现了传播效果最大化。然而，VR 应用于出版业也面临着不少困难和挑战，主要包括以下方面：

1. VR 技术有待进一步成熟

目前 VR 技术和产业的发展还远未成熟。从技术体系来看，近眼显示的颗粒感强、分辨率低。基本的计算、传输难以支持完美的用户体验。例如 VR 配套设备容易造成用户的身体不适，其中最主要的问题是引发佩戴者的眩晕感。克服眩晕已经成为 VR 真正进入图书出版市场的基本条件。在 VR 技术应用最广泛的少

儿出版领域，很多家长都会质疑这种技术是否成熟，是否会影响视力以及晃动的画面引起眩晕感的问题。要妥善处理 VR 图书引起的眩晕、眼部疲劳等用户体验问题，必然要借助 VR 软硬件，不断完善升级诸如 VR 一体机的研发推广。

2. 对传统的阅读方式形成了挑战

阅读的本质是获取知识，VR 是一种调动阅读兴趣的方式，但是同时也是新媒介对阅读的干扰，不利于思考，并不是每本书都适合做成 VR 图书，目前多应用在少儿科普类图书上，科普类的图书更适合使用 AR 或 VR 技术，一些经典著作就不太适合使用 VR 技术，它会影响深度阅读和思考。目前部分运用 VR 技术的图画书其实不太适合应用 VR 技术，市场上做得好的 VR 图书其实并不太多。

3. VR 技术应用的成本有待进一步降低

通过 VR，数字出版业得以将二维世界提升到三维世界，操作和交互方式将更为人性化也更为复杂化，这对于数字出版而言，意味着开发成本的上升。根据产品复杂程度不同，VR 图书花费的资金要大大高于普通图书。电子工业出版社综合管理部主任王钰就指出，这种用了 VR 技术的图书，成本一般比普通图书要高上 3~5 倍。因此，一般只有资金比较雄厚的出版社才能尝试，暂时没办法大范围应用。即便如此，资金雄厚的数字出版企业也普遍面临着 VR 技术应用于本领域之后进一步研发升级的压力，控制成本要求行业本身就内容、人力、技术等进行务实性的资源整合。"大开眼界"丛书责任编辑李玉帼认为，VR 图书需要出版社与合作的技术公司一起负担 VR 内容制作成本、硬件软件成本，这导致 VR 图书的成本计算方式与传统图书的成本计算方式完全不同。制作 VR 图书投入的财力、人力、精力比制作常规图书更大。布局 VR 图书需要从出版社层面进行统筹，此外，数字出版业自身要注重优化产业链的资本投入结构，在内容与技术层面的资金注入务必双管齐下，追求优质内容资源需要与追求高质量场景沉浸同步进行，在互相匹配中塑造 VR 出版的竞争优势。

4. VR 图书的技术标准有待制定

VR 图书的制作牵涉很多技术标准和行业标准问题，非常多的东西需要进行标准化管理。VR 在数字出版产业的有效应用，需要国家加强战略布局和政策规划，带领产业发展；制定包括概念、标识、技术、管理在内的 AR 出版物标准，研发和完善行业标准体系；充分发挥行业协会、机构的作用，在实践中不断完善行业管理。同时，还需要数字出版业在行业内部的竞争机制中推动 VR 技术标准的出台，通过建立行业协会进行社会公示，以解除图书消费者的使用顾虑。

第十二章　数字出版前沿探讨

三、VR 出版的发展趋势

1. 内容资源的整合是关键

新技术就像外星人，带着巨大的力量冲进它们并不熟悉的内容产业。然而根据人们使用谷歌硬纸板（google cardboard）的反馈，观看设备的门槛降低之后，虚拟内容的质量就成为关键。读者不想看分辨率极低、虚拟物体有棱有角像一堆几何体的堆砌、反应速度慢、没有创意的内容，他们并不会因为自己看的是图书的附加内容而不是电影和游戏就降低标准。因此，在数字出版企业开发 VR 出版产品，与科技联姻的过程中，还需要注意，内容仍然是发展的重中之重，优质的内容必须坚守。对于数字出版业而言，VR 的运用在本质上将对出版作品内容质量与主题的表达提出更高的标准，优质的内容需要具有持久的吸引力并与针对性的用户引导相结合，通过 VR 场景呈现程度的合理调度，给予受众有限的自由，其目的是让受众与作者来到更为平等的位置，在同一频道上实现更为有效的交流与互动。出版与 VR/AR 的结合，实际只是为内容提供了一种新的展现方式，所有技术都必须搭载一定的内容提供给读者。做出版，不是出版一种技术，扎实的内容以及实用的功能，再结合技术应用，才是产品的生命力所在。所有技术应用都应该是服务于产品内容的。

2. 从提供信息到提供服务是出版业利用 VR 技术转型的重要方向之一

VR/AR 进入内容以后是以服务来完成的，VR/AR 更重要的是用户体验。过去出版商始终把重点放在产品上，然而，VR 出版不光是卖一个产品，还要延伸提供相应的服务。因此，从提供信息到提供服务是出版业利用 VR 技术转型的重要方向之一。VR 出版平台应根据内容供应方的需求提供个性化服务，服务费用与服务需求相挂钩，服务级别越高，服务内容也越丰富。对于出版商而言，数字出版业目前只是停留在平台管理上，出版商可以在平台上进行销售，销售的利润由出版社和出版企业共同分享，但风险主要由出版企业承担，这就容易造成 VR 出版商不敢轻易在新领域尝试产品开发。基于此，为了实现多元化的盈利，要确定合理的利益分配方式，同时注重 VR 出版内容版权的保护，相关的出版企业需要对出版社征收必要的费用。

3. VR 教育将成为出版社转型重点

在数字化教育领域，出版社不仅存在行业内部竞争，还要与众多互联网公司同台竞技，争夺市场。因此，从争取核心竞争力和先发优势考虑，出版社涉足

VR 教育，势在必行。VR 教育结合的学科不仅有物理、化学、工程技术等理工类学科，还包括人文、历史、语言学习等，凡是可视化的学科都可以通过 VR 实现。这为出版业开拓教育领域的 VR 化发展进一步开拓了思路。

4. AR 和 VR 融合，MR（Mixed Reality，混合现实技术）进一步发展

虚拟现实是一种用于创建人造世界的计算机系统，在这个世界里，使用者有沉浸于其中的感觉，能在其内漫游并能操纵其内的物体。AR 是指将计算机生成的虚拟信息叠加到真实场景上，并借助感知和显示设备将虚拟信息与真实场景融为一体，最终呈现给使用者一个感官效果真实的新环境。AR 和 VR 虽然是两个不同的概念，但到虚拟现实技术和增强现实技术普及的时候，兼容两者的 MR 将是未来的发展方向。无论是虚拟现实技术还是增强现实技术，二者都是为了将真实空间和虚拟世界结合起来。因此，理想状态是可以把多个设备整合成一款产品，通过一个设备就能实现两个技术的效果。

第三节　人工智能技术在数字出版业的应用

人工智能（Artificial Intelligence，AI）是计算机学科的一个重要分支。这个名词最早是由约翰·麦卡锡（John McCarthy）于 1956 年在达特茅斯（Dartmouth）学会上正式提出，是研究、开发用于模拟、延伸和扩展人的智能的理论、方法、技术及应用系统的一门新的技术科学。就像每一次大的技术浪潮一样，人工智能的发展伴随着掌声和批评，然而，其应用越来越广泛也成了不争的事实。对于出版业而言，亚马逊是大数据和人工智能应用的先行者，在过去的 10 年里，也有越来越多的传统出版商和数字出版商开始增加人工智能技术应用方面的投资。而今，这些努力已经初见成效，人工智能推动出版业的决策权从编辑经验主导转换为算法主导，其应用已经成了出版模式创新的巨大推动力。

一、人工智能驱动的出版模式创新

1. 选题策划：从经验判断到实证测量

出版一直都是建立在全球编辑和出版代理人的学识、经验、直觉的基础上，他们努力在数百万书稿和文章中进行筛选，判定哪一本书稿有可能成为畅销书，哪一篇文章可能更有影响力。但是这种传统模式并不是完全可靠，人脑不可避

第十二章　数字出版前沿探讨

免地产生偏见，自然地不愿承担风险。J. K. 罗琳"哈利波特"系列第一部《哈利波特与魔法石》被不同出版社的编辑拒绝了 12 次；美国著名惊悚小说家斯蒂芬·埃德温·金（Stephen Edwin King）的成名作品《嘉丽》在出版前被编辑拒绝了 30 次，尽管在此之前他已经出版了两部作品；2001 年度诺贝尔生理或医学奖获得者蒂姆·亨特（Tim Hunt）博士的那篇让其得到诺贝尔奖的论文也曾经被顶级期刊拒绝，另外一份期刊虽然表示会接受论文，但是要求其在没有任何新数据的情况下全部重写；2004 年另一位诺贝尔生理或医学奖获得者保罗·罗特博（Paul Lauterbur）获得诺贝尔奖的论文也曾被顶级科技期刊《自然》拒绝，直到其抗议被拒绝后才让论文得以发表。西班牙的一位物理学家的统计显示，至少 20 位诺贝尔奖获得者的获奖论文曾被多家期刊拒绝。然而，在很长的一段时间内，编辑除了靠学识、经验、直觉筛选图书，一直没有其他方法。有多少伟大的小说和科学发现，由于行业专家的决定，从来没有机会出版和发表呢？在最初的几次拒绝之后又有多少作者就此放弃了？

　　2014 年以来出版商开始大规模增加基于人工智能的投资阅读分析，以确保畅销书、经典作品、有影响力的文献不因编辑的直觉、偏好、知识局限而被放弃。选题策划环节的人工智能应用能起到平衡器的作用，为每位作者提供公平、平等的出版机会。总部在德国柏林的数据驱动出版商英科特（Inkitt）通过制定算法分析用户的阅读模式，从畅销书中选出最佳的内容生产和编辑模式。艾琳·斯旺（Erin Swan）的作品《明星》（*Bright Stars*）是首批通过英科特推荐出版的小说之一，被麦克米伦的出版品牌"托尔图书"（Tor Books）系列收录，在亚马逊上销售，很快就占亚马逊前 100 位畅销书排行榜。位于美国得克萨斯州的数字出版创新企业"作者．我"（Authors. me）使用机器学习软件来分析书籍手稿，并将其与畅销书的特点进行比较，它的"智能编辑分析"可以帮助作者、出版商和文学代理人确定最有市场的出版项目。2016 年底，白羊座系统公司（Aries Systems Corporation）宣布将元计量智能（Meta Bibliometric Intelligence）集成到其编辑经理（Editorial Manager）这一学术刊物稿件和同行评审跟踪系统中，旨在帮助科技出版商和编辑在同行评审期间利用人工智能估算一篇稿件的未来引用次数和影响。多项测试表明，该人工智能在新稿件影响力评估的速度、准确性和一致性方面远远超过了人的能力，可以帮助编辑做出更加准确的论文出版决策。

　　2. 内容生产：复杂的人工劳动到自动化创作与审稿

　　内容创作和生产是出版活动的原点，传统的内容创作和生产都是由作家、专

家学者和编辑等专业人士完成，计算机仅仅作为工具辅助作者和编辑进行记录和审校工作。近年来，随着人工智能的发展，不仅可以将语音实时正确地转录成文字实现速记和录入，还能通过神经网络学习掌握文学、科学和教学文本的写作规则和技巧，进而自主写出内容产品。例如喜马拉雅 FM 早就采用人工智能技术自动将语音实时转换成文字。龙源期刊网旗下的为自媒体人提供多媒体素材的高效编创工具"知识树"则是一个人工智能写作平台。在知识树的帮助下，个人或企业用户可以利用龙源背后数千万篇文章的积累，按照不同主题和关键词，将知识聚合，编辑成一本书。当编辑定义了一部分内容以后，系统会自动帮他组成剩下的内容，大大提高图书编写的效率。咪咕阅读的人工智能程序不仅可以语音录入文字，而且还可以将文字转化成音频文件，并对人的语言进行模仿，设置了多个声音模板文件，实现了多场景、多角色的个性化智能配音。除了这些相对简单的内容编创工作，近年来，人工智能还侵入到真正的创造性文本的生产环节，在修辞、剧情和结构复杂的小说和诗词等高级文本创作上进步神速。2016 年，日本松原仁教授（Hitoshi Matsubara）领导的团队创作的由人工智能与人类合作完成的短篇小说《当有一天电脑写起了小说》（Konpyuta ga shosetsu wo kaku hi）成功通过了《日本经济新闻》星新一文学奖（Nikkei Hoshi Shinichi Literary Award）的初审。微软亚洲研究院开发的多个诗词创作机器人也已经出版了诗歌集，为文学文本的创作积累了丰富的经验。在科学论文写作上，人工智能可以根据上下文进行引文推荐、观点提示，甚至可以自动创作文献综述。计算机创作的学术论文也早已骗过审稿人，被正规学术期刊接受。

　　除了自动化创作外，人工智能在审稿环节的应用更加普遍。国内最大的原创文学集团——阅文集团面对巨大的文学作品量，单凭人工编辑不仅成本高，而且难以完成海量内容的审核。因此，其在编辑环节开发和运用了人工智能来进行反剽窃以及政治、社会敏感内容和涉黄内容的挖掘和审查，极大地提高了机械、反复的审稿工作的工作效率。目前国内外的很多科技出版机构都在使用自然语言处理，采用可以识别整个句子或段落的算法和软件进行剽窃内容的审查。近年来，人工智能还帮助期刊编辑从所有相关学科在线学者资源库中找出潜在的同行评审人，确定研究的重要组成部分是否缺失以及所运用的统计数据是否有缺陷、论文中的实验数据是否被修改等，简化了同行评审流程，提高了科技论文审查效率。

第十二章　数字出版前沿探讨

3. 内容营销：从以供应方为导向的营销活动到以终端读者为对象的"精准营销"

过去，出版商直面的是销售渠道，因此，出版社的营销多基于"供应"驱动，尽管几乎每一家出版商都专门配备了营销费用，但是这些费用大部分用在了诸如图书订货会、国内和国际图书展览。还有一部分用于图书营销信息推送网络平台的返点、作者见面会、媒体访问、赠书营销、价格促销等常规内容产品营销活动中。大多数出版社营销编辑的工作就是发营销通稿、联系媒体赠书发文、刷排行榜、组织作者开讲座和进行签售活动等。可是对于这些营销活动是否真的对内容产品销售起到了作用，哪一项活动促进了图书销售，哪一项活动毫无价值，畅销书的销量与哪一项营销活动产生关联，出版商和营销编辑自身都一无所知。

确定读者的阅读需求，才是所有图书营销活动的起点，为每一位读者精准推荐其需要的内容产品才是图书营销活动真正的目标，然而这是一项艰巨的任务，因为不可能大规模地追踪读者的偏好，尽管图书俱乐部的普及和焦点小组座谈的使用为发现读者需求提供了方向，但因为参与人数有限，且难免存在群体偏差，因此无法确定读者的广泛偏好。因为技术和营销成本的限制，为每一位读者生成个性化的内容推荐就更困难了。电子阅读器和在线阅读论坛的引入极大地增加了出版商可以获取的数据量，人工智能技术则可以帮助出版商对这些珍贵的、庞大的读者阅读、评论等行为数据进行分析，帮助出版商了解读者的阅读习惯和真实需求，并能推断出他们可能购买的下一个内容产品的数据，以便于出版商做出个性化的产品推荐。例如西蒙·舒斯特旗下的机器学习时代的出版业先锋品牌——艾特瑞亚图书（Atria Books），采用人工智能技术创建了一个定制的分析仪表板，以帮助定位和推销出版社的重要图书。智能推荐公司英特罗格（Intellogo）利用大数据分析图书内容和读者行为，通过机器学习掌握已有图书的主题、写作风格、节奏、情感等，以便更精准地为读者推荐图书。其创新性地采用用户与机器的自然对话来推荐图书，在对话过程中，读者可以对机器人提出要求，机器人也会根据自己的理解和对话情景提出进一步的问题。最终，机器人只会向每一个读者反馈最合适的、唯一的图书，而且会说明推荐这本图书的原因。如果读者对图书不满意，可以通过和机器人反复对话来完善推荐的书目。人工智能可以在与读者的不断沟通中完善自己对内容和读者的理解，变得更加聪明和高效，越来越精准地为每一个读者推荐最需要的内容产品。

4. 内容消费：从文本、多媒体阅读到定制化、体验式阅读

李德成在《阅读辞典》中将阅读定义为"是人们从书面语言和其他书面语

言符号中获得意义的社会行为、实践活动和心理过程"。史蒂文·罗杰·费希尔（Steven Roger Fisher，2009）将阅读定义为"从任何编码系统中获取视觉信息并理解其相应意义的能力"，包括"对书写在物体表面上的连续文本符号的理解"，迄今，"亦包括从电子屏幕上获取编码信息的能力"。尽管二者对于阅读的定义有所不同，但是都认为阅读是对文本符号的理解。事实上，正如两位学者所言，在很长的一段时间内，以阅读为主题的内容消费行为就是以文本阅读为主要特征的。在数字技术的推动下，多媒体阅读逐渐开始受到读者的青睐，集合了文本、图像、声音、视频的多媒体内容产品的出现在一定程度上拓宽了人们的阅读体验。而人工智能的信息筛选方式则为个性化信息消费创造了便利的条件，进一步推动读者的内容消费行为变革，促进了定制化、体验式阅读的发展。例如咪咕阅读让不同的用户可以选择自己所喜欢的语音语调，"让1000个读者读出1000个哈姆雷特"。斯科特博士（Dr. Scott）创建的内容技术有限公司（Content Technologies, Inc.）运用人工智能技术创建的人机交互解决方案帕利特（Palitt）可以让读者创建自定义的讲座系列、教学大纲或教科书。另一项产品克拉姆101（Cram101）利用人工智能技术让读者可以自由地抽取公司所有取得授权的教科书的任何章节，将其整合成一个独一无二的学习指南。项目工厂（The Project Factory）创始人盖·加德利（Guy Gadney）正在进行将"以人工智能驱动的故事"整合到其平台作家的作品中的实验。该实验让作者写出人物角色、基本框架以及几个叙事片段，将读者行为和社会化元素统筹纳入故事创作，人工智能支持读者以类似网络游戏的方式，与故事或角色进行互动，让每一个读者可以根据自己的需要读到独一无二的故事，例如当不同读者阅读同一本书时，其看到的笑话和其他读者看到的笑话完全不同，使"阅读"过程更具个性化，让读者在阅读中体验到沉浸和代入感。

二、人工智能为出版业带来的发展机遇

人工智能给出版业带来不少发展机遇，主要包括如下方面。

1. 促进出版大数据向出版大机遇的转化

正如科学、专业和学术出版领域的内容分销商因健特（Ingenta）首席执行官大卫·蒙哥马利（David Montgomery）指出的，在云计算和大数据技术的推动下，出版商日益认识到数据对于出版的重要性，纷纷开始投资建立数据基础设施，以获取有关消费者和产品的海量信息。这些信息可以帮助出版商更好地了解

第十二章　数字出版前沿探讨

其读者,告诉出版商读者的阅读动机和阅读行为。毫无疑问,这类"大数据"可以帮助出版商在出版产品策划、销售和营销方式上做出更睿智的决策。然而,数据如此庞杂,单凭人类自身的力量无法对如此巨量的信息做出快速有效的处理,因此,出版大数据中蕴藏着的"知识"并没能得到充分挖掘。人工智能技术则可以帮助出版商解决这个问题,帮助出版商将出版大数据转化为出版大机遇。作为人工智能技术的分支,机器学习从大量数据开始,学习算法解析数据,做出预测或决策,然后在不断改进的系统中提高其分析的准确性。

2. 简化出版流程,提高出版生产效率

人工智能还是提高出版运营速度和效率的重要手段。科技出版商早就开始使用初级的人工智能技术简化工作流程,将同行评审所涉及的工作任务自动化。例如全球最大的科技出版商爱思唯尔的新的编辑系统"伊威瑟"(EVISE)就运用人工智能技术检查论文的重复率;根据内容在海量作者资源库中发现和建议同行评审;审查同行评审人员的研究状况、科学表现以及和论文作者可能存在的利益冲突;自动给作者、同行评审撰写和发送邮件;提醒同行评审工作进度,如果在一定时间内没有得到回复,则删除该同行评审,邀请备用审阅者;自动向作者发送论文录用、修改或被拒绝的通知;自动给审稿人发送感谢信。除了科技出版领域外,大众出版领域也开始应用人工智能技术进行稿件审查。例如阅文集团就在编辑环节开发和应用了人工智能来进行反剽窃以及政治、社会敏感内容和涉黄内容的挖掘和审查,极大地提高了机械、反复的审稿工作的工作效率。在创造性要求相对较低的内容产品编创环节,也开始利用人工智能提高内容编创效率。例如龙源期刊网旗下的人工智能写作平台"知识树",就支持个人或企业用户自行按照不同主题和关键词,将知识聚合,定义图书一部分内容,其后系统会自动帮用户组成剩下的内容,大大提高图书编写的效率。在"知识树"的帮助下,编辑用一个半小时就可以完成一本书的编创工作,极大地提高了内容生产效率。

3. 增强图书发现

根据贝瑞特-科勒(Berrett-Koehler)在2016年9月发布的报告,2015年美国出版的书籍数量比2006年上升了400%,达到了大约100万种。2016年,我国图书出版的数量也达到499 884种,与2007年的248 283种相比上升了200%。然而,尽管图书出版种类上升速度如此之快,读者却表示其发现自己需要的图书变得更加困难,出版社也发现越来越难为其出版的图书找到合适的读者,图书发现成为制约出版业发展最大的问题之一。作者和出版商赔钱,读者则浪费了大量时间寻找他们需要的内容产品。这个问题单靠人力资源一直无法解决,而人工智

能则可以有效增强图书发现。人工智能可以提供有意义的分析来为采购决策提供信息，了解一本书的全部市场潜力，并创建一个有效的机制，将书籍与最喜欢它们的读者连接起来。英科特（Inkitt）通过制定算法分析用户的阅读模式，基于读者的阅读模式为其推荐图书。美国国家科学基金会（National Science Foundation, United States）资助的出版创新项目布克斯比（Booxby）则与英科特不同，其教计算机模拟每本图书读者的阅读行为，基于文本本身进行识别，量化和预测读者的经验，通过分析内容本身并将其与读者体验联系起来。这两种方法哪种更有效目前还没有明确的结论，但是其预测准确度远超编辑和图书营销人员是已经通过实验验证了的。

三、人工智能应用于出版业面临的挑战

人工智能在出版业的应用也面临着诸多挑战，一方面，数据获取仍然面临着困难；另一方面，人工智能的预测需要出版元数据的确定和提取。然而，目前并没有能够发现和分析出版规律性元数据，这使得各个机构采用的预测和分析算法各不相同，且准确性都远远达不到真正"智能化"的要求。另外，人才的缺乏也是制约出版业人工智能应用的一个重要挑战。

1. 读者数据的获取难题

第三次人工智能浪潮最明显的特征是：以大数据为基石。正是由于大数据和深度学习技术的结合，才促使了第三次人工智能热潮的出现。当人工智能成为生产力时，数据就成了重要的生产要素。尽管近年来出版商已经在着力于建立自己的数据基础设施，也获得了数倍于以往的数据，但是由于出版业过去长期采用B2B的商业模式，出版企业直面的是销售渠道，而不是读者，因此，出版商并不拥有读者，也缺乏广泛的读者数据。读者数据被锁定在亚马逊、苹果、谷歌等内容分销平台手中，而这些海量的读者需求和阅读行为数据才是人工智能进行畅销书机器预测、智能化推荐等出版业应用的基础。如何从这些企业获取数据，这是出版商面临的一个相当大的难题。

2. 出版规律性元数据的发现和分析难题

2016年，朱迪·阿切尔（Jodie Archer）和马修·乔克斯（Matthew L. Jockers）合作出版了《畅销书代码：轰动小说解析及其如何适用于作者》（*The Bestseller Code: Anatomy of the Blockbuster Novel*）一书，该书作者从市场上选取5000本畅销书，抽取畅销书文本和亚马逊、脸书等网上书店和社交网络平台对

第十二章　数字出版前沿探讨

该书主要内容的描述和评论作为元数据，建立了畅销书预测算法。出版人当然希望这本书成为畅销书发现的元数据，然而，尽管测试表明其预测的准确性高于普通人类编辑，但是准确性仍然非常低，未能完全发现畅销书的真正基因和密码。英科特宣称其为"数据驱动的出版商"，其采取的发现畅销书的方法是让作者将他们的手稿上传到英科特，供英科特平台上的读者免费阅读部分或完整内容，根据读者阅读量、评论和投票等参与行为确定未来的畅销书。换句话说，他们的模型是以电子方式发布新书，看看有没有读者喜欢它，这种方式未免过于简单，而且因其平台读者有限，数据的偏差也是一个问题。亚马逊的智能化推荐则主要基于读者的历史阅读数据，然而，泰勒·毕肖普（Tyler Bishop）组织的一项读者调查显示，几乎没有人对亚马逊的书籍建议感到满意，而且读者不信任或者完全忽略亚马逊的书籍建议。如果不理解读者为什么读某本书，不能真正发现出版业的规律性的知识，就很难利用人工智能建立一个有效的系统去发现下一本畅销书，或使其具有个性化的精准推荐。

3. 具备出版经验的智能科学家人才缺乏

《畅销书代码：轰动小说解析及其如何适用于作者》的两位作者都是计算机专业出身，英科特的创始人兼首席执行官阿里·阿尔巴扎（Ali Albazaz）的专业是计算机科学，另一位联合创始人琳达·加芬（Linda Gavin）的专业方向是设计艺术。他们不了解出版，他们不知道一个编辑的工作是什么，他们没有对内容价值和合法性的把握，他们甚至不知道如何发布或出售一本书，又怎么可能开发出一套适合出版业的人工智能应用呢？目前，专业出版人不懂人工智能技术，而那些进行人工智能出版业应用技术开发的人又大多缺乏出版经验。具备出版经验的智能科学家人才的缺乏，极大减缓了出版业人工智能合理应用的步伐。

四、出版业人工智能应用建议

人工智能在出版业的应用并非要完全取代人类编辑、营销和销售人员的工作，而是要成为出版业升级发展的有效工具，这需要将人类和人工智能的优势结合起来。

1. 数据驱动而非代替人类决策

对于出版业而言，确定读者的需要是一项艰巨的任务。因为不可能大规模地追踪读者的偏好。传统上，出版业的选题、组稿、营销和销售决策一直都是建立在编辑和出版代理人的学识、经验、直觉的基础上，他们根据经验和直觉选择出

版他们认为会引起读者共鸣的小说。然而各国出版业广泛存在的"滞胀"现象就是这种决策失败的体现之一。艾瑞克（Erik Ose）发表的一篇文章《制浆是出版业的肮脏小秘密》指出，传统出版商每年由于市场预测失败，至少要将其25%的库存化为纸浆。这是巨大的浪费，也是出版业人工智能应运而生的原因之一。在选题策划方面，人工智能可以根据社会和文化热潮、互联网热点、销售数据等对选题进行智能分析；在营销决策方面，人工智能可以根据网络书店和阅读平台的销售数据、阅读数据、评论数据，帮助出版社制定有效的营销决策；在销售决策方面，基于大数据的智能分发和个性化推荐，人工智能可以做到千人千面，将读者真正需要的内容送到读者面前。然而，数据驱动决策并不代表着数据代替人类决策，人工智能只是为人类提供一个更科学的方法，完全依赖数据决策，也许会使出版业生产更多同质化的产品，最终还需要在数据驱动决策和对市场的直觉和判断中达到平衡，出版的最终决策权仍然应当掌握在人类手中。

2. 提高出版专业素养，识别出版市场规律

目前，人工智能已经入侵到了出版业的各个环节，无论是选题策划环节的畅销书机器预测、创作环节的自动化写作和审稿，还是营销环节的智能化推荐。然而，除了一些简单而繁杂的工作，比如审稿和内容的简单整合编辑，在人工智能的帮助下确实实现了生产效率的提高以外，其他应用大多还处于实验阶段，尚没有哪个出版企业的人工智能应用真正能够有效预测或创造出一本畅销书。技术在出版业中的可能性是无止境的，但是这个可能性还要依赖人类的知识才能实现。如果出版人对于图书在市场上获得成功或失败的原因一无所知，那又如何指导机器学习的方向呢？人工智能的发展是一面镜子，人工智能并不会创作，也并不会判断、预测，它们只会通过学习模拟人类的某一个方面。而我们则需要决定"要让人工智能像人类的哪一个方面"，这一决定需要我们对读者本身、对出版和文化本身有更深的了解。因此要让人工智能在出版业的应用更加有效，出版商和编辑还需要进一步提高专业素养，找出使人们爱上一本书的所有可能的原因和规律，这也是出版业人工智能应用所需的元数据。人工智能可以将所有的元数据映射到读者身上，并通过训练自己的算法不断完善和调整，创作出更接近人类创作规律的作品，提高预测的准确性，以及不断优化性能来处理更加复杂的出版工作。

3. 训练人机交互，实现人机协同

由于人工智能的侵入，以前以人为主导的出版物创作、选题、组稿、编校、营销和销售过程逐步发展成智能机器参与度越来越高的人机协同的信息生产和传

播过程。在人工智能技术浪潮下，人类编辑不会完全被人工智能取代，但是在人工智能承担部分基础职能之后，人类也需要重新思考和提升自身独有的优势，将文化创作者的情怀与工程师的严谨结合起来，实现价值的"向上升级"。通过允许机器进行复杂和耗时的工作，人类作者和编辑可以缩短认知周期，将精力专注于更高价值的项目。人类将处于出版过程的控制中心，指示机器遵循编辑和业务规则。机器将执行和分析大量数据，基于这些数据实时预测和辅助决策。在未来，让人做人擅长的事，让机器做机器擅长的事，训练人机交互，实现人机协同，才能让出版人的专业优势和人工智能的高效智能生产更为完美地结合在一起。

第四节　融合与连接：Web 3.0 时代社交阅读升级的"两翼"

移动互联网的普及与智能终端的兴起无疑加速了阅读载体的更新迭代，从习惯读"书"到适应读"屏"，阅读行为逐渐突破媒介束缚呈现出移动化与数字化特征。进入 Web 2.0 时代，随着社交媒体崛起，作为个体的阅读行为开始借助社交关系链向他人扩散传播，独特的个性化阅读体验与互动分享式的社群阅读在社交媒体中有机统一，阅读与社交的融合也促进阅读价值的社会属性日益凸显。站在通往 Web 3.0 的路口，社交阅读仍将是大势所趋，5G 通信技术、人工智能、虚拟现实将成为推动移动阅读、数字阅读向智能阅读进化的重要力量。实现媒介技术与传统阅读的智能融合，依托社交关系网丰富并深化阅读社群的连接形式，是未来社交阅读发展不可回避的两大关键话题。

一、"社交＋阅读"模式的兴起与反思

作为人类获取信息、传承经典、文化交流最为古老的方式之一，阅读在当今社会生活中占有重要地位。随着时代变迁与传播技术的不断进化，阅读载体呈现出移动化、数字化特征，逐渐从读书时代步入读屏时代，突破时空限制的阅读活动已成为当下人们参与文化生活、汲取精神营养不可或缺的途径。近年来，"倡导全民阅读，建设书香社会"等字眼已连续多次出现在国务院年度政府工作报告中。2017 年 6 月，国务院法制办审议并通过《全民阅读促进条例（草案）》，首次以立法形式从国家层面大力推动全民阅读推广工作。

进入基于移动互联网的 Web 2.0 时代，社交媒体迅速崛起，"移动社交+"的理念很快融入购物、娱乐、旅游等生活各个场景中，阅读场景同样不例外。当数字阅读与社交网络逐渐融合，传统阅读活动中一直被忽视的社交属性开始被唤醒，并形成以社交关系为纽带，以内容的互动、分享为核心，融入个体阅读体验与群体共享价值双重属性的新型阅读方式——社交阅读。当文本内容沿社交关系链流动时，越来越多的读者亲身参与到内容传播甚至再创作活动中，不同群体间丰富多元的互动交流成为推动价值共享与阅读增值的关键力量。2015 年 8 月，主打"让阅读不再孤独"标语的微信读书 App 正式上线，依靠微信平台强大的熟人关系网络以及用户高活跃度与留存率迅速成为阅读类 App 中的佼佼者，一方面微信读书背靠阅文集团，为读者提供了海量的数据资源；另一方面微信读书与微信好友关联，允许用户查看好友的阅读动态，参与读书分享、评论互动等阅读社区活动，旨在为用户提供个性化阅读极致体验。

融入社交元素的阅读活动不仅为用户带来分享互动式社群阅读的独特体验，变革了人们参与阅读行为的方式，还推动了阅读思维的转变，传统阅读思维在社交阅读前受到严峻挑战。但越来越多的学者开始批判社交阅读的弊病：杜耀宗等认为社交阅读的盛行不可避免地导致了人们深度阅读的缺失，停留在浅表层面的读屏行为消减了阅读的价值；刘艳对于社交阅读时代的流于形式的个性化推荐行为导致读者阅读品位固化的问题同样表示担忧。但是随着新一轮技术浪潮的普及，可以预见，Web 3.0 时代的社交阅读对于如何还原深度阅读场景、平衡阅读与社交的关系将有新的探究路径。

二、智能融合：万物皆媒，生活无处不阅读

进入 Web 3.0 时代，大数据、云计算、人工智能、虚拟现实等新一轮技术飞速发展，出版领域呈现内容与技术智能融合的特征，技术赋能下的融合出版再次改变了人们对阅读的认知，临场感阅读、深度交互式阅读无疑将掀起一场"阅读革命"。

1. 情境融合：空间界限模糊，临场感阅读的兴起

VR 是一种借助计算机系统及传感器等多源信息接入，生成交互式三维动态场景和实体行为仿真模型，为用户带来临场感、沉浸感体验的智能技术。2015 年起，随着硬件设备不断完善，"VR 阅读"的概念开始进入公众视野，但由于传输速率的限制，VR 阅读一直处于不温不火的状态。2019 年 6 月，随着工信部

第十二章　数字出版前沿探讨

正式发放 5G 牌照，在高速率、低延时传输保障下的 VR 阅读又一次迎来发展新机遇。

传统碎片式、浅表阅读不仅缺乏内容价值，往往还裹挟大量无关信息干扰读者，极大降低了阅读体验的舒适度，而 VR 阅读要求读者保持高度注意力，协同多种感官实时接收来自四面八方的信息，可以培养读者深度阅读与独立思考能力。VR 技术加持下的阅读不再是单纯视觉感官的延伸，而是能为读者提供视觉、听觉、触觉等多感官综合延伸的临场感体验。临场感是指读者身处模拟环境时所感受到身临其境的真实程度。当读者戴上特定设备后立刻参与到全屏交互中，其媒介使用行为无限逼近于真实世界的行为模式，现实世界与虚拟世界的边界逐渐模糊，呈现在眼前的是一个由抽象文本信息构建成的可观可感的全景世界，直接从传统的二维图文阅读模式升维到三维空间阅读场景中，给读者带来全身心沉浸式、临场感体验。当前 VR 阅读在旅游、科普类杂志上尝试较为丰富，如 Vivepaper 为中国 VR 旅游云数据服务平台开发了 11 本全新的 VR 旅游杂志，读者可以将昔日平面的照片转换成三维全息景象的欣赏，让人仿佛置身于风景名胜中，"读万卷书"与"行万里路"巧妙地融合在 VR 阅读的体验中。

VR 阅读不仅能给个体带来在场式体验，还能为多人阅读提供人机交融的场景，对整体上提升群体阅读能力大有裨益。传统的医学教材中，大量晦涩难懂的专业术语和复杂的人体图片严重阻碍了读者的阅读效率，令许多阅读理解能力较低的医学生望而却步。当 VR 融入医学教材并走进教学课堂后，这种局面大为改变，学生对理论知识的理解效率显著提升。学生借助 VR 构建的人体模型开展外科手术、医疗抢救等实战训练，不仅将理论与实践有机结合，还能充分发挥高维度媒介的包容优势，大大降低不同群体间的阅读差距。

2. 叙述融合：从线性文本叙事到立体化故事整合

根据《2018 年中国网络文学报告》，我国网络文学用户规模达 4.3 亿，其中 80% 以上的读者对改编电视剧、动漫和主题衍生音乐类型的文学作品有较高关注并愿意为 IP 衍生内容付费。由此可见，我国网络文学 IP 是一个相当庞大的市场，但目前对于优质 IP 的开发仍然集中于影视改编、大型网游等领域，许多作品不可避免地陷入同质化竞争的泥潭中，导致原著读者审美疲劳。2019 年开始，一种网络阅读与游戏相结合的互动式阅读作品开始盛行，并凭借强交互、轻量级、富媒体化等特征迅速走红。对于小说爱好者和游戏爱好者来说，试玩交互游戏类作品是一个不错的尝试，新颖独特的阅读方式留给读者更大的想象空间，读者可以根据小说的人物性格和场景剧情的发展进行开放式合理改编，丰富阅读作

品的价值内涵，真正实现"一千个读者有一千个哈姆雷特"。

值得注意的是，交互游戏式阅读并非一个简单的跨界组合，而是文本内容与叙事形态的全新架构与深度融合，因此不能从传统单一的游戏视角过度强调其消遣娱乐属性，交互式阅读本质上仍是以优质文学内容为核心，通过情节选取、人物塑造、场景设置等新媒介技术手段，深度挖掘阅读价值、优化阅读体验的融合型阅读作品。相比于传统阅读，交互式游戏阅读的表现形式则更加多元，将单一枯燥的文本解构成由精致的动画、悦耳的音效组成的一系列立体化互动游戏，通过角色扮演赋予读者更强烈的代入感，从而实现以往"静"读到交互"动"读的转变。在叙述结构式上，无论传统纸质阅读或数字化的移动阅读，读者都只能遵循固定的线性文本叙述方式进行封闭式阅读，而融入游戏元素的交互式阅读则能更加巧妙地设计关键情节，以插叙、倒序，甚至树状叙事或网状叙事等非线性叙事结构对文本内容进行增值创作与优化，这种开放式阅读将主动选择的权利交还给读者，不同的情节走势增强了作品的耐读性，并留下深层次思考的空间。

不同于传统阅读时代人们以打发时间为目的的被动式阅读，交互式阅读通过富媒体呈现调动读者多感官主动参与并享受阅读带来的满足感，潜移默化地利用平台自身社交关系链逐渐传播，在互动阅读基础上整合社交模块。用户在互动阅读的过程中，可以扩大自己的圈子，认识更多志同道合的朋友并保持联系，对于一些较强逻辑推理类的交互式叙事作品，甚至可以允许邀请好友协助完成，开辟一条团队合作式社交阅读的新路径。2019年初，网易游戏宣布同 Quantic Dream 游戏工作室开展全面合作，抢占"互动式叙事游戏"的新风口。2020年1月2日，腾讯全平台开放公测首款沉浸式互动叙事合辑 App《一零零一》，该平台涵盖了互动视觉小说、互动剧、互动漫画等多种交互阅读作品，该平台上线后不久就凭借强交互的沉浸体验、丰富优质的故事题材受到年轻读者群体的青睐和业界的广泛关注。可见在"强交互"成为各类视听媒介未来发展趋势的当下，已经有越来越多的平台开始挖掘互动叙事作品的深层价值，开拓交互式游戏阅读的蓝海。

3. 数据融合：分众识别驱动个性化阅读

近年来，新闻领域的算法推荐机制备受诟病，其原因正是不够智能的内容推送将读者长时间封闭在一个信息与意见均高度同质化的狭小空间，读者在选择性接受信息中丧失了对其他领域内容与异议的兴趣，即"回声室效应"。出版领域同样如此，一方面渴望实现"千人千面"的个性化阅读，另一方面又担心算法推荐的质量堪忧，不敢轻易尝试。然而，Web 3.0 时代的到来尤其是 5G 网络的

第十二章　数字出版前沿探讨

发展或许为这一问题的解决带来新思路。

移动互联网时代,各类终端设备存储着大量的用户行为数据并上传至云端。基于内容的算法推荐机制的关键在于将云端的人口统计学信息(性别、偏好、地域等)与阅读数据(阅读量、点赞量、收藏量、评论文本)整合并构建算法模型,为读者提供推荐服务。万物互联时代,随着传感器遍布于各个角落,阅读场景更加丰富,读者的行为数据实现跨屏流动,云服务器对读者在不同时间、不同地点的兴趣与偏好能更迅速、全面地捕捉,从以往单一场景下仅聚焦读者本身扩大到"异质读者+海量内容+多元场景"三方数据融合,进而构建更加清晰完整的用户画像与用户标签,为优化基于用户特定场景下阅读需求的推荐算法提供海量数据支持。

"云端直连+智能算法"双螺旋下的数据融合一方面从需求端上顺应了异质群体的个性化、分众化阅读趋势,拓宽了读者的阅读边界,避免陷入"信息茧房"的单一兴趣点阅读情境;另一方面也刺激了供给端的个性化内容生产。随着读者阅读兴趣边界的扩张,越来越多的人会在智能算法的推荐下与曾经无人问津的小众题材作品邂逅一场"信息偶遇"。这些尾部内容通过云端反馈进入到用户偏好数据的闭环中并释放需求信号提供给出版平台,为培养新一轮兴趣阅读点引发内容"聚变"以飨读者,当内容"聚变"与读者的社交关系"裂变"相结合,越来越多的用户将主动连入平台,创造出更加丰富海量的个性化阅读需求,加速大众阅读进一步向分众阅读转型。

三、深度连接:从孤立封闭走向开放共享

社交的本质即连接,社交阅读的关键正是读者之间的交互。在社会关系网更加复杂的 Web 3.0 时代,社交阅读不仅要深化读者群体的互动,平衡阅读与社交的关系,构建基于内容流动的阅读共同体,更要打通线上线下阅读场景,营造实体公共读书空间,实现阅读价值共享。

1. 连接读者:回归弱连接,构建异质化阅读社群

格兰诺维特根据人们认识时间长短、互动频率高低、亲密性远近、互惠性服务多少,将日常关系分为"强关系"与"弱关系","强弱关系"原理揭示了不同社交媒体平台用户连接的底层逻辑,基于强关系的社交媒体为想要创建长期、稳定的社会关系人群提供了交往的平台,而基于弱关系的社交媒体则更关注社会关系到达的广泛性以及连接的即时性。从强弱关系视角纵观整个 Web 2.0 时代的

社交媒体进化趋势，不难发现这是一部强关系社交崛起，而弱关系社交日渐式微的历史。随着越来越多的内容平台借助强关系社交媒体扩张，如今互联网上无论人与人的连接还是人与内容的连接，都已进入到"过度连接"阶段。高频次与强密度的互动消耗了用户大量精力，公共平台信息对私人空间的强势挤兑也让个体陷入持续"自我呈现"的疲倦与焦虑之中。

Web 3.0 时代的社交阅读如何平衡社交性与阅读体验之间的关系，强连接型的阅读社群显然无法给出满意的答案，回归弱连接式的社交关系或许更加靠谱。无论承认与否，强连接社群仍是一种狭义封闭的系统，成员因为生活环境、地理位置或兴趣爱好而聚集，这种单一场景与同质化角色的属性将社群封闭在窄化的线上空间，如微信读书借助微信的社交人脉传播，互动的对象也不外乎家人、朋友和同学同事，尽管前期能迅速扩张，但也难逃后劲不足的困境。而弱关系社群则是一个允许信息大范围内得到广泛传播的社会结构框架，个体在思想、收入、爱好、社会地位等方面存在着很大的差异，因此是一种多元场景与异质群体并存的社群。

弱关系在跨越社会界限与兴趣圈层之间构建了联系桥梁，社交阅读中寻求弱关系更能激活不同群体的思维碰撞与创意想象，为阅读带来价值增值。弱连接社群成员的异质性天然地消解了用户的兴趣偏好屏障，因此群体成员可以很容易找到与自己有相同阅读兴趣的挚友，但弱关系社交阅读更大的价值在于通过与其他偏好的成员交流互动而撬动自身新的阅读兴趣点，从而避免陷入阅读品位固化的陷阱。试想当某个新的兴趣点在读者的互动分享上泛起涟漪，从以读者为核心的社交阅读圈迅速散开，其他读者通过阅读分享动态上的评论获得更加深层次的思考，这一条条来自不同角度的解读与感想，推动了阅读内容的精加工，也共同促进了阅读主体知识体系的再度增值。

相比于强连接时代的社交阅读高频次与实时性互动，弱连接的社交阅读更注重互动功能的工具属性与互动的质量，将互动频次与密度的选择权交还给读者。不同人群的阅读速度往往存在差异，读者可以在阅读某本书期间开启"勿扰模式"，但并不影响标记、备注与书签等阅读行为数据上传至云端，当完成阅读后，读者再重启互动功能。这种"先阅读，再社交"的设计理念不仅为读者创造了不受外界干扰的深度阅读环境，避免重蹈"社交"侵占"阅读"的覆辙，同时也为读者留足品味与思考的时间对内容精细加工，防止互动交谈停留在内容浅表层。即通过提高读者互动的质量来降低互动频次，寻求"社交"与"阅读"的相对平衡。

第十二章 数字出版前沿探讨

2. 连接内容：阅读共同体的情感共振与价值认同

德国社会学家滕尼斯在著作《共同体与社会》中将人类社会集合的演进趋势概括为"血缘共同体——地缘共同体——精神共同体"的路径，其中"精神共同体"是具有相似信仰与价值追求的人们为满足自身思想、观念、情感、意志等精神层次需求而集合形成的"真正的人的最高形式的共同体"。数字阅读早在Web 2.0时代就已突破了时空限制，如今的社交阅读也不再是简单基于兴趣偏好的集合，而是更加注重成员间的情感互动与身份认同，因此借助"精神共同体"的理念启示Web 3.0时代的社交阅读，构建基于情感共振与价值认同的阅读共同体，对社交阅读品质升级具有重大意义。

阅读共同体首先是兴趣共同体，读者因趣结缘。首先，文字作为情感的载体，很容易激发读者的情感共鸣，这些文字来源于书本身的内容表达，或是来自于读者对于某一句、某一章节的细致点评，抑或是读者对于整本书的深入长评。阅读共同体以基于共同阅读兴趣的文本内容为纽带，集结了一大批读者群体，读者之间通过评论留言等互动形式建立起对于某一章节或是整书的共同关注与赏析，话题内容的同一性强化了群体的归属感，同时也为共同体提供了联系情感的共享基础。其次，作为读者表达自我、获取身份认同等重要方式的"转、赞、评"功能对于凝聚集体情感、激发读者互动具有重要意义。阅读共同体对于同一文本内容的讨论与交流中不乏鞭辟入里的金句点评，根据"转、赞、评"等指标遴选出的精彩评论本身正是集体赋权下票选出的"权威解读"，读者围绕精彩评论再次展开深入讨论，一方面满足自身信息或情感补充的需求，另一方面也强化了自身助推阅读增值带来的成就感与价值认同。再次，共同体始终有一种无形的理念支撑所有个体主动维系集体的稳定秩序，滕尼斯将其描述为"统一意志"。无论是书籍的公开评论留言区，还是读者之间的私下探讨与互动，阅读共同体都倡导所有成员遵循"思想开放、多元包容、自由表达"的精神展开社交阅读活动，共同营造"理性沟通、友好表达、温情活跃"的社交阅读氛围。相同内容的共享基础、精彩评论的权威解读、社区精神的统一意志，三者相互交融，为构建基于情感共振与价值认同的阅读共同体提供了可能。

3. 连接场景：线下阅读场景的嵌入

基于弱连接的社交阅读尽管能跨越社会界限营造更加多元广泛的异质化阅读环境，但也不可避免带来读者之间联系微弱甚至"脱群"的风险。线上聊千遍，不如线下见一面，将线上社群与线下场景打通，能让单薄的线上关系在实体阅读环境中真正持久稳定下来。线下阅读场景的嵌入往往忽视选题内容的精心策划，

导致线上社群与线下空间严重脱节,进而导致社群成员无法充分融入实体空间展开深入交流,唤起情感共鸣。试图改变这种尴尬的线下阅读局面,仍需要将阅读的内容真正融入场景,将场景也营造为阅读内容与公共讨论的一部分。

近年来,各城市纷纷响应"全民阅读"的号召,加大公共文化基础设施建设,北京、杭州等地打造的城市公共阅读空间成为不少市民汲取精神营养的好去处。相比于图书馆,公共阅读空间以数字资源为依托,不仅提供轻量化的借读服务,同时还为各种线下文化活动的开展提供免费场景。如北京的798艺术区遍布多个公共阅读空间,北京同城读书会定期邀请名人学者在此开展主题阅读活动,在一期以"治愈系"为主题的线下阅读分享中,主办方精选不同书籍中的暖心治愈系短句及图片张贴在会场墙壁上,然后从这些短句入手展开对每一本书籍的分享,分享者结合个人经历与其他读者展开深入讨论,温馨人文场景设计与生活化的阅读视角相结合,令这场线下的主题阅读活动具有更加独特的体验。由此可见,线下场景的嵌入,关键在于阅读场景与活动内容的精心设计和策划,以大流量的线上阅读社群为依托,并与名人学者、出版商、专业策展人展开联动协作,打造一场高品质、沉浸式体验的分享交流盛宴。

在"融合"中推动内容智能升级,在"连接"中平衡读者关系,Web 3.0时代的社交阅读无疑是一次阅读品质与阅读体验的重要升级。从阅读内容来看,随着虚拟现实、人工智能、算法优化等技术逐渐成熟并与出版行业联系紧密,阅读内容将继续保持指数级增长的态势,基于多元场景的行为数据推送将会提供更加智能的个性化阅读内容,此外,沉浸式的临场感阅读也将引发阅读形式与阅读思维的变革,这正是Web 3.0时代智能网络与三维空间在社交阅读上的全新应用;从读者关系来看,反思Web 2.0社交阅读暴露出的"重社交、轻阅读"现象,Web 3.0时代的社交阅读首先将平衡二者的关系,更多依靠以弱关系为纽带,以情感共振和价值认同为支撑的阅读共同体驱动,并嵌入线下生活化的阅读场景,打通线上社群与线下空间,营造无处不在的阅读闭环。

本 章 小 结

本章前三节主要分析了大数据技术、虚拟现实技术、人工智能技术这三大目前媒体最为热门的技术在出版业的应用。具体而言,主要分析了这三大技术驱动的出版业变革、国内外出版业运用这三大技术的现状、这三大技术应用于出版业面临的挑战,并在现有的情况下提出了出版业运用这三大技术的策略。最后一节分析和预测了Web 3.0时代社交阅读的崛起和特征。

第十二章　数字出版前沿探讨

□ 思考与练习题

1. 大数据和人工智能技术有哪些联系和区别？
2. 欧美传统出版企业的大数据应用策略给我国出版业的数字化转型带来了哪些启示？
3. 你阅读过 VR 出版物吗？你如何看待 VR 技术在出版业的应用？
4. 人工智能技术主要在哪些方面驱动出版业变革？
5. 你认为未来哪种新兴热门技术对出版业的影响最为深远？为什么？
6. 什么是社交阅读？你认为社交阅读的主要推动力是什么？

参 考 文 献

[1] [美]威廉·E.卡斯多夫.哥伦比亚数字出版导论[M].徐丽芳,刘萍,译.苏州:苏州大学出版社,2007.

[2] 中国出版科学研究所.编辑实用百科全书[M].北京:中国书籍出版社,1994.

[3] 罗紫初,汪林中,宋少华.出版发行学基础[M].太原:山西经济出版社,2000.

[4] 新闻出版总署.新闻出版总署关于加快我国数字出版产业发展的若干意见[R/OL].[2013-08-13] http://www.gov.cn/gongbao/content/2011/content_1778072.htm.

[5] 王东临.数字出版的现状与对策[C].中国编辑学会电子与网络编辑专业委员会主编.首届电子与网络出版发展暨学术研讨会论文集,武汉,2003.

[6] 刘隽.传统出版向数字出版发展的思考[J].中国科技纵横,2013(1).

[7] 周海英.数字新媒体论[D].长沙:湖南师范大学,2009.

[8] 徐丽芳.数字出版:概念与形态[J].出版发行研究,2005(7).

[9] 谢新洲.数字出版技术[M].北京:北京大学出版社,2002.

[10] 张立.数字出版相关概念的比较分析[J].中国出版,2006(12).

[11] 匡文波.电子与网络出版教程[M].北京:中国人民大学出版社,2008.

[12] 黄凯卿.电子出版学科建设浅议[J].出版科学,2003(3).

[13] 朱伟峰.网络出版的概念界定及发展中存在的问题[J].中国出版,2005(8).

[14] 沈彬.Internet时代的网络出版[J].电子出版,2003(9).

[15] 张志刚.网络出版技术概述[M].北京:印刷工业出版社,2004.

[16] 陈仲原.浅析网络出版的发展模式[C].中国编辑学会电子与网络编辑专业委员会主编.首届电子与网络出版发展暨学术研讨会论文集,武汉,2003.

[17] 刘鲁川,孙凯.移动出版服务受众接纳的行为模式——基于信息技术接受模型的实证研究[J].国际新闻界,2011(6).

[18] 朱音.移动阅读点亮出版未来[J].中国出版,2008(6).

[19] 隅人,保华.数字出版的使命与特征[J].现代出版,2011(4).

[20] 谢国敏.我国数字出版法律问题研究——以数字版权交易为视角[D].北京:中国政法大学,2012.

[21] 夏萍.我国数字出版产业的问题及政府监管研究[D].武汉:湖北大学,2013.

[22] 张新华.数字出版产业的经济特质分析[J].科技与出版,2011(1).

[23] 李宗闻.出版数字化转型中科technology文化融合特征研究[D].北京:北京印刷学院,2014.

[24] 张新新.数字出版概念述评与新解——数字出版概念20年综述与思考[J].科技与出版,2020(7).

[25] 陈丹,章萌,侯欣洁.数字出版概念的演化与界定[J].数字出版研究,2022(1).

参 考 文 献

［26］ 华鹰. 数字出版版权保护法律制度研究［M］. 北京：科学出版社，2018.

［27］ 贺子岳. 数字出版形态研究［M］. 武汉：武汉大学出版社，2016.

［28］ 刘银娣，宋晖. 从开放存取到开放出版：学术出版全流程开放路径探析［J］. 中国出版，2021（6）.

［29］ 杨扬，孙可佳. 多维创新与业态重构：欧美有声书产业发展的新趋势和新策略［J］. 科技与出版，2020（7）.

［30］ 杨航. 我国听书产业在网络下的发展和标杆性策略分析［J］. 编辑之友，2011（8）.

［31］ 鲍远福. 中文网络文学二十年：基本概念、意指特征与研究范式［J］. 南京邮电大学学报，2015，17（6）.

［32］ 王一鸣，张洁. 网络文学出版研究的概念、框架和范畴［J］. 出版科学，2023，31（3）.

［33］ 王江红. 网络文学概念内涵演变［J］. 安庆师范大学学报（社会科学版），2019（6）.

［34］ 王震. "网络文学"概念之争：回顾与反思［J］. 网络文化研究（辑刊），2023：115－130.

［35］ 周百义，芦珊珊. 传统文学出版企业开展网络文学出版业务路径探析［J］. 出版发行研究，2013（3）.

［36］ 李记旭. 网上三大西文书目数据库的比较和利用［J］. 现代情报，2009（6）.

［37］ 陈越. 三种中文书目数据库及其 CNMARC 数据的比较研究［J］. 图书馆理论与实践，2003（4）.

［38］ 翟中文. 中美引文数据库比较研究［J］. 图书馆工作与研究，2011（9）.

［39］ 莫雪. 浅谈多媒体数据库管理系统及应用［J］. 科学之友，2010（3）.

［40］ 胡志鹏. 按需印刷：未来发展大趋势［J］. 印艺，2004（7）.

［41］ 练小川. 企鹅重金"协助"自助出版［J］. 出版参考，2011（12）.

［42］ 姜新祺. 知识服务：时代的产物［J］. 出版广角，2000（9）.

［43］ 卿志琼. 产品与服务关系探析［J］. 经济论坛，1999（17）.

［44］ 徐丽芳，陈铭，赵雨婷. 数字出版概论［M］. 武汉：武汉大学出版社，2022.

［45］ 穆宏志. 2020 全国国民阅读调查报告权威发布［EB/OL］.（2021－04－26）. http://www.cbbr.com.cn/contents/499/63966.html.

［46］ 袁小群. 基于知识库的出版知识服务实现［M］. 武汉：武汉大学出版社，2021.

［47］ 董颖. 知识服务机制研究［D］. 合肥：中国科学院研究生院，2003.

［48］ 王明亮. 科技期刊出版的知识服务化［J］. 中国科技期刊研究，2004，15（1）.

［49］ 吴赟，孙梦如. 中国出版业发展知识服务的路径思考——从爱思唯尔 ClinicalKey 超级医学平台谈起［J］. 出版广角，2017（13）.

［50］ 季素英. 国茶崛起：数智时代的颠覆与重塑［M］. 北京：企业管理出版社，2022.

［51］ 王建. 数字教育出版物及其形态变化研究［D］. 北京：北京印刷学院，2012.

［52］ 施勇勤，唐继文. 电子书包领域的教育出版发展策略［J］. 中国编辑，2015（6）.

[53] 邓涛. 数字化背景下出版内容融合模式浅析［J］. 中国报业，2022（6）.

[54] 赵婧. 增强现实技术赋能数字出版高质量发展［J］. 文化产业，2023（10）.

[55] 夏少琼. 探析增强现实技术在儿童出版物中的应用［C］. 广东省高校美术与设计教育专业委员会2014年学术年会论文集，191–194.

[56] 万安伦，吕英培. 沉浸、互动与构想："VR＋出版"的现状、困境与纾困［J］. 出版参考，2022（7）.

[57] 张雷. 混合现实（MR）出版的理论与实践探索［J］. 出版广角，2017（12）.

[58] 史惠斌，郭泽德. 迈向智能：AIGC内容生成模式引发的出版变革［J］. 数字出版研究，2023（2）.

[59] 匡文波，姜泽玮. Chat GPT在编辑出版中的应用、风险与规制［J］. 中国编辑，2023.

[60] 翁昌寿. 人工智能与人类创意：AIGC创新扩散中出版上市公司采纳实践与布局——基于出版上市公司2023半年年度报告及2022年度报告的分析［J］. 中国出版，2023（18）.

[61] Porter A. APA Cites 12–Percent 2020 US Audiobook Revenue Growth［EB/OL］.（2021–06–01）. https://publishingperspectives.com/2021/06/audio-publishers-association-12-percent-audiobook-revenue-growth-in-2020-covid19/.

[62] 郭全中，袁柏林. 媒介技术迭代下的用户权利扩张：基于Web 1.0到Web 3.0演进历程中的观察分析［J］. 新闻与写作，2023（2）.

[63] 迈克尔·波特. 竞争优势［M］. 陈小悦，译. 北京：华夏出版社，1997.

[64] 刘银娣，唐敏珊. 欧美大型学术出版机构营销战略研究［M］. 广州：华南理工大学出版社，2011.

[65] 康芒斯. 制度经济学（上册）［M］. 于树生，译. 北京：商务印书馆，1983.

[66] 方卿. 论科技出版的制度竞争力［J］. 科技与出版，2007，15（2）.

[67] 吴江文. 我国数字出版产业政策内涵与体系［J］. 科技与出版，2016（9）.

[68] 班子嫣. 我国出版业宏观管理体系研究［D］. 北京：北京印刷学院，2009.

[69] 黄先蓉，赵李寿，刘玲武. 数字技术环境下的出版产业政策调整——基于2000—2010年数字出版的政策分析［J］. 编辑之友，2011（7）.

[70] 姚德权，曹海毅. 新闻出版业融资模式：国际比较与现实选择［J］. 湖南财经高等专科学校学报，2005，21（6）.

[71] 姜占峰. 数字出版类财政资金项目申请探析［J］. 科技与出版，2013（6）.

[72] 李华成. 数字出版业专项资金制度探析［J］. 科技与出版，2015（3）.

[73] 全国国民阅读调查课题组，魏玉山，徐升国，拜庆平，田菲，高洁. 第十四次全国国民阅读调查主要发现［J］. 出版发行研究，2017（5）.

[74] Pew Research Center. Book Reading 2016［R/OL］.［2016–09–01］. http://www.pewinternet.org/2016/09/01/book–reading–2016/.

参 考 文 献

［75］潘福达. 多少人愿意付费阅读？［N］. 北京日报，2015 – 01 – 27（12）.
［76］周海英. 我国数字出版产业竞争状况分析［J］. 中国出版，2008（7）.
［77］陈静，张凌. 数字出版机构与数字图书馆的竞争关系及相互合作的探索［J］. 图书馆，2015（4）.
［78］黄孝章. 数字出版产业发展研究［M］. 北京：知识产权出版社，2011.
［79］罗良道. 国外电子期刊的发展研究［J］. 图书情报工作，2001（3）.
［80］Paul Ginsparg. Winners and losers in the global research village［EB/OL］.［2018 – 01 – 25］. https：//www.tandfonline.com/doi/pdf/10.1300/J123v30n03_13.
［81］赵一丹. 电子报刊一瞥［J］. 出版广角，2001（5）.
［82］陈昕. 美国数字出版考察报告［M］. 上海：上海人民出版社，2008.
［83］杨贵山. 汤姆森集团的经营理念［J］. 大学出版，2004（4）.
［84］The Thomson Corporation Annual Report 2007［EB/OL］.［2008 – 11 – 5］. http：//www.thomsonreuters.com/content/PDF/corporate/07_AR/AR07_Full.pdf.
［85］孙亚飞. 美国数字出版发展现状及启示［J］. 理论前沿，2009（4）.
［86］张立宪. 中国数字出版现状及未来展望［J］. 科技传播，2011（9）.
［87］汤雪梅. 2011—2012 中国数字出版发展述评［J］. 编辑之友，2012（6）.
［88］贺德方. 中外数字出版现状比较给我国出版业的启示［J］. 科技与出版，2006（5）.
［89］张立，李广宇. 数字出版学导论［M］. 北京：中国书籍出版社，2015.
［90］张立. 2015—2016 中国数字出版产业发展报告［R］. 北京：中国书籍出版社，2016.
［91］刘银娣，苏宏元. 国内外出版集团数字化转型路径比较研究［J］. 中国出版，2015（19）.
［92］新闻出版总署科技与数字出版司. 2013 年数字出版转型示范单位公示［N］. 中国新闻出版报，2013 – 06 – 28（专版 07）.
［93］马俊珊，张俊. 我国出版集团的数字出版探索实践［J］. 北京印刷学院学报，2012，20（1）.
［94］何国军. 出版集团数字化转型的特色化路径探析［J］. 编辑学刊，2014（3）.
［95］刘艳，徐丽芳，朱嘉蕊. 兰登书屋数字化发展研究［J］. 出版科学，2012（1）.
［96］孙宝寅. 我国出版集团的组建模式分析［J］. 河北大学学报（哲学社会科学版），2005，30（5）.
［97］匡导球. 二十世纪中国出版技术变迁研究［D］. 南京：南京农业大学，2009.
［98］汪署华. 数字环境下出版传播的变迁研究［D］. 北京：北京印刷学院，2003.
［99］张晗. 文化科技融合创新下的美国数字出版业［J］. 新闻界，2013（20）.
［100］张晓林. 数字对象的唯一标识符技术［J］. 现代图书情报技术，2001（3）.
［101］顾诗. SGML 应用软件与网络出版［J］. 电子出版，2002（4）.
［102］任瑞娟，孙玲玲，赵然，等. DOI 在网络信息资源管理中的应用价值分析［J］. 情报科

学，2010（16）.

[103] 威廉·E. 卡斯多夫. 哥伦比亚数字出版导论［M］. 徐丽芳，刘萍，译. 苏州：苏州大学出版社，2007.

[104] 卫宇辉. 数字出版的元数据标准概况［R］. 全国新书目，2011（9）：32.

[105] 史元春，徐光祐，高原. 中国多媒体技术研究：2011［J］. 中国图象图形学报，2012（7）.

[106] 李元. 统一资源定位器 URL 与 Web 页链接［J］. 上海微型计算机，1997（11）.

[107] 张祖荫. HTML 的缺陷［J］. 现代电子技术，1998（8）.

[108] 裴庆祺. 数字版权管理关键技术及应用研究［D］. 西安：西安电子科技大学，2007.

[109] 王美华，范科峰，岳斌，等. 数字媒体内容版权管理技术标准研究［J］. 广播与电视技术，2007（6）.

[110] 俞银燕，汤帜. 数字版权保护技术研究综述［J］. 计算机学报，2005（12）.

[111] 吕井华. 移动数字出版版权保护使用控制技术研究［D］. 北京：北京邮电大学，2013.

[112] 张伟，王立，李岩. 数字版权管理中的访问控制研究［J］. 计算机技术与发展，2011（7）.

[113] 门建华. 元数据在数字图书馆中有效利用关键技术分析［J］. 现代情报，2008（11）.

[114] 李艳欣. 搜索引擎中中文分词的研究［J］. 电脑知识与技术（学术交流），2007（8）.

[115] 陈洪猛. 全文检索技术的研究与实现［D］. 北京：北京工业大学，2008.

[116] 薛学彦. 标记语言和数字出版的内容加工［EB/OL］.（2012 – 06 – 05）http://www.bookdao.com/article/40156/? type = 103.

[117] 朱时良，王震. 浅谈 EPUB 3.0 电子书格式［J］. 出版与印刷，2015（1）.

[118] 施勇勤，须海茵. EPUB 3.0 电子书格式标准的启示［J］. 出版发行研究，2012（3）.

[119] 冯项云，肖珑，廖三三，等. 国外常用元数据标准比较研究［J］. 大学图书馆学报，2001（4）.

[120] 周洪元. 浅谈流媒体技术［J］. 科技信息，2007（12）.

[121] 冯正勇，苏美玲. 流媒体传输技术简述［J］. 电子世界，2017（24）.

[122] 卢明欣，来学嘉，肖国镇，等. 基于 DNA 技术的对称加密方法［J］. 中国科学：技术科学，2007（2）.

[123] 蒋春凤. 非对称加密算法［J］. 内江科技，2012（8）.

[124] 方卿，姚永春. 图书营销学［M］. 太原：山西经济出版社，1998.

[125] 戴维·W. 克雷文斯，奈杰尔·F. 皮尔西. 战略营销［M］. 7 版. 韦福祥，译. 北京：机械工业出版社，2004.

[126] 菲利浦·科特勒. 营销管理［M］. 11 版. 梅清豪，译. 上海：上海人民出版社，2003.

[127] 张贯一. 现代市场营销［M］. 武汉：华中师范大学出版社，2007.

[128] 宝利嘉顾问组. 细分：从客户区隔中牟取利润［M］. 北京：社会科学出版社，2003.

参 考 文 献

[129] 甘碧群. 市场营销学［M］. 3版. 武汉：武汉大学出版社，2002.

[130] 周建新. 中外出版集团经营特点比较［J］. 出版经济，2002（2）.

[131] 肖怡. 市场定位策略——找准顾客心［M］. 北京：企业管理出版社，1999.

[132] Al Ries, Jack Trout. Positioning：The Battle for Your Mind［M］. New York：Warner Books，1982.

[133] 刘银娣. 数字出版启示录：西方数字出版经典案例研究［M］. 广州：世界图书出版公司，2014.

[134] 梁奋东. 图书馆数字资源建设与服务［M］. 深圳：海天出版社，2007.

[135] 章云兰，万跃华，舒炎祥. 数字资源检索教程［M］. 北京：科学出版社，2006.

[136] 张国强，沈菁. 浅谈数字出版资源的结构化［J］. 出版与印刷，2017（2）.

[137] 方卿，陶莉. 论科技出版的资源竞争力［J］. 编辑之友，2007（5）.

[138] 方卿. 资源、技术与共享：数字出版的三种基本模式［J］. 出版科学，2011（1）.

[139] 吴一鹏. 论传媒集团资源整合与管理［D］. 长沙：湖南师范大学，2004.

[140] 秦洁雯. 我国出版市场体系建设研究［D］. 武汉：武汉大学，2014.

[141] 王佳，卫军英. 双边市场促动的社会化数字出版平台趋向［J］. 中国出版，2015（18）.

[142] 姚林青，杨文. 双边市场下数字出版产业赢利模式［J］. 新闻界，2012（14）.

[143] 黄奇奇，颜先卓. 数字出版的内容聚合研究［J］. 出版发行研究，2015（12）.

[144] 崔海教，王飙，李广宇. 2022－2023中国数字出版产业年度报告［M］. 北京：中国书籍出版社，2023.

[145] 中国出版集团副总裁谈内容如何数据化［EB/OL］.（2018－09－23）. https：//www.sohu.com/a/253565553_661185.

[146] 谢亚可，伏羲云. 数字出版融入文化数字化战略的现实意义与实践进路［J］. 出版发行研究，2023（1）.

[147] 袁媛，尹雯慧. 社交媒体中的数字阅读行为研究［J］. 编辑学刊，2023（11）.

[148] 林环. 数字出版产业价值链与商业模式创新研究［J］. 中国出版，2017（14）.

[149] 刘银娣. 我国数字内容产业价值链建设初探［J］. 编辑之友，2011（10）.

[150] 查先进. 物流与供应链管理［M］. 武汉：武汉大学出版社，2003.

[151] 张敬文. 供应管理中"牛鞭效应"的成因分析及弱化［J］. 企业管理，2007（23）.

[152] 迈克尔·波特. 竞争优势［M］. 李明轩，邱如美，译. 北京：华夏出版社，2005.

[153] 迈克尔·波特. 竞争战略［M］. 陈小悦，译. 北京：华夏出版社，2005.

[154] 迈克尔·波特. 竞争论［M］. 北京：中信出版社，2003.

[155] 赵子忠. 内容产业论［M］. 北京：中国传媒大学出版社，2005.

[156] 韩洁平. 数字内容产业成长机理及发展策略研究［D］. 长春：吉林大学，2010.

[157] 郭毅夫，李玉苾. 文化创意产业商业模式创新研究［J］. 商场现代化，2009（7）.

[158] 王刚,张福莉. 互联网时代出版产业链整合模式探析——以盛大文学为例[J]. 新闻前哨,2015(4).

[159] 文化上海滩. 上海张江文化创意产业园区:无限可能的"梦想之城"[EB/OL]. (2023-02-10) https://new.qq.com/rain/a/20230203A02NXH00.

[160] Petrovic O., Kittl Teksten R. D., Developing Business Modelsfor E-business [C]. International Conference on Electronic Commerce. Vienna, Austria. 2001.

[161] 鲍舟波. 未来已来:数字化时代的商业模式创新[M]. 北京:中信出版社,2018.

[162] 顾金亮. 数字出版商业模式研究述评与展望[J]. 现代出版,2014(3):46-50.

[163] 张晓薇. 我国数字出版商业模式探讨[J]. 鄂州大学学报,2018(3).

[164] 张新雯,陈丹. 微版权概念生成的语境分析及其商业模式探究[J]. 出版发行研究,2016(3).

[165] 董娟娟,彭培成. 基于物联网的数字出版商业模式构建[J]. 新闻战线,2019(3).

[166] 余大杭. 基于共享经济商业模式视阈下的出版模式探究[J]. 出版发行研究,2018(1).

[167] 卜祥云. 出版行业共享经济商业模式比较研究[J]. 出版参考,2018(4,下).

[168] 郑甜. 共享经济的启示——出版行业的新机遇?[J]. 出版广角,2016(7).

[169] 荣霞. 数字出版时代微版权的科学运营[J]. 传媒,2017(9).

[170] 约翰·B. 汤普森. 数字时代的图书[M]. 南京:译林出版社,2014.

[171] 菲利浦·科特勒. 营销管理[M]. 上海:格致出版社,2009.

[172] 陈生明. 数字出版概论[M]. 南京:南京大学出版社,2011.

[173] 袁勤俭,孙秀翠,侯治,等. 数字出版物的营销模式研究[M]. 北京:清华大学出版社,2014.

[174] 方卿,曾元祥,敖然. 数字出版产业管理[M]. 北京:电子工业出版社,2013.

[175] 彭向阳. 专业出版社的内容资源数字化管理——以哲学社会科学专业出版社为例[J]. 出版参考,2012(27).

[176] 肖洋. 我国数字出版产业发展战略研究[D]. 南京:南京大学,2013.

[177] 杨昭茂. 谈出版社作者资源的经营管理[J]. 出版发行研究,2004(5).

[178] 杨东来. 数字出版 目见不如足践——专业出版数字产品建设在实践中求变[J]. 出版参考,2014(21).

[179] 张祥合,王丹. 数字出版的概念、特征及相关技术分析[J]. 长春师范学院学报(人文社会科学版),2013,32(9).

[180] 肖洋,谢红焰. 数字出版产业生命周期研究[J]. 中国出版,2014(20).

[181] 余庆. 数字出版产品的用户体验研究[J]. 编辑之友,2012(10).

[182] 蒋成龙. 出版社全媒体出版研究[D]. 西安:陕西师范大学,2012.

[183] 马文娟,陈珂. 大学出版社作者资源的客户关系管理[J]. 编辑学刊,2013(4).

参考文献

[184] 方卿，王清越. 关于数字出版模式的思考（一）——内容资源主导模式［J］. 中国出版，2011（17）.

[185] 张豫. 论出版社作者资源的开发［J］. 吉首大学学报（社会科学版），2005（3）.

[186] 国家新闻出版广电总局出版专业资格考试办公室. 数字出版基础［M］. 北京：电子工业出版社，2015.

[187] 周发明. 市场营销学［M］. 长沙：国防科技大学出版社，2001.

[188] 林泽瑞. 人工智能时代的数字出版创新探析：内容场景应用与服务能力提升［J］. 出版与印刷，2022（5）：8－16.

[189] 万安伦，张小凡，曹培培. ChatGPT浪潮下的数字出版：模式创新与行业挑战［J］. 中国编辑，2023（10）：14－20.

[190] 吴炜华，黄珩. 智能创作、深度融入与伦理危机——ChatGPT在数字出版行业的应用前景新探［J］. 中国编辑，2023（6）：40－44.

[191] 邱然. 出版业大数据应用策略探究［J］. 科技与出版，2021（10）：79－83.

[192] 杨扬，张学骞. 大数据时代国际出版业的创新实践［J］. 编辑之友，2018（12）：5－9，19.

[193] 机器之心. AIGC时代已来，跨模态内容生成技术发展得怎么样了［EB/OL］.（2023－01－21）. https：//www.thepaper.cn/newsDetail_forward_21645171.

[194] 腾讯网. 讯飞翻译机4.0上市，科大讯飞重走霍尼韦尔的百年技术路［EB/OL］.（2022－08－08）. https：//new.qq.com/rain/a/20220808A04YT400.

[195] 新华智云. 新华智云发布AI模型产品"妙笔·生花"，重塑内容创作方式［EB/OL］.（2023－07－11）. https：//mp.weixin.qq.com/s/gLfviud5Jw1C72QqQEx67Q.

[196] ALTER A. Your E-Book Is Reading You［N］. The Wall Street Journal，2012－07－19（005）.

[197] 株式会社日経ラジオ社. 出版業界が激震？ベストセラーを予測するAIを備えた出版プラットフォームが登場［EB/OL］.（2017－11－09）. http：//rn2btt.radionikkei.jp/topics/002132.html.

[198] 刘银娣. 中美电子书价格现状与定价制度比较研究［J］. 编辑之友，2015（4）.

[199] 刘银娣. 我国电子书定价的影响因素及方法探析［J］. 华南理工大学学报，2014（6）.

[200] 刘银娣. 电子印本仓储——arXiv运营情况研究［J］. 出版科学，2009（3）.

[201] 刘银娣. 我国电子书定价现状及模式探究［J］. 中国出版，2014（8）.

[202] 中国新闻出版研究院. 第十一次全国国民阅读调查［R/OL］.［2014－04－29］. http：//site.douban.com/210084/widget/notes/13276908/note/346734454/.

[203] StatShot. BOOKSTATS 2013［R/OL］.（2014－04－25）http：//www.publishers.org/press/103/.

[204] Pew. E-Reading Rises as Device Ownership Jumps［R/OL］.（2014－01－16）. http：//

www. pewinternet. org/2014/01/16/e-reading-rises-as-device-ownership-jumps/.

[205] 大卫·卡普兰.《纽约时报》推出团体数字订阅服务［J］. 中国报业，2011 (23).

[206] 孙志刚，吕尚彬.《纽约时报》付费墙对中国报纸的启示［J］. 新闻大学，2013 (3).

[207] 王颖，龙旭梅. 国外网上电子期刊定价模式分析及对采购工作的建议［J］. 图书馆学研究，2003 (11).

[208] 李淼，郝鑫岐. 数字阅读内容质量令读者最"闹心"［N/OL］.［2014 - 06 - 14］. http://www. chinaxwcb. com/2012 - 03/15/content_239321. htm.

[209] 练小川. 电子书应该如何定价？［J］. 出版参考，2011 (9).

[210] 石剑峰，庄春晖. 京东商城高调开卖付费电子书［N］. 东方早报，2012 - 02 - 21 (A40).

[211] 胡兴球，曲文凤. 电子书定价的价格歧视策略探讨［J］. 科技与出版，2013 (8).

[212] 刘晖. 电子书定价难题之解：引入读者主体的定价机制［J］. 编辑之友，2010 (10).

[213] 朱珊. Kindle 部分用户抗议电子书定价过高［N］. 中国新闻出版报，2009 - 04 - 13 (003).

[214] 陈露. 电子书价格策略对消费者购买意愿影响研究［J］. 现代商业，2012 (5).

[215] 蓝齐. 苹果电子书分成模式遭诉病美国司法部暗中帮扶亚马逊［J］. IT 时代周刊，2012 (9).

[216] 张养志，叶文芳. 电子书的固定价格制度研究［J］. 现代出版，2013 (4).

[217] 刺猬公社. 中国漫画，迎来"免费"时代？［EB/OL］. (2022 - 12 - 30). https://mp. weixin. qq. com/s/YEo2_pIyg_DzdLp6033KeA.

[218] 品牌部老周. 免费小说还有机会吗？七猫、番茄免费阅读 App 调研［EB/OL］. (2021 - 01 - 25). https://zhuanlan. zhihu. com/p/346780033.

[219] PM 小白. 腾讯动漫 App 功能简析［EB/OL］. (2022 - 05 - 13). https://mp. weixin. qq. com/s/muKS - tYDBpRLDKRCDH0YCw.

[220] 少数派. 线上借阅平台都能读到什么？这是我拥有的八张"借书卡"［EB/OL］. (2020 - 03 - 08). https://sspai. com/post/59713#!.

[221] Vista 看天下.《Vista 看天下》推荐你一款能阅读 150 种好杂志的 App［EB/OL］. (2018 - 06 - 22). https://mp. weixin. qq. com/s/0TEcdIAddEp4wWbCuPLirg.

[222] 网易科技. 网易蜗牛读书上线，意图变革数字阅读方式［EB/OL］. (2017 - 03 - 08). https://www. 163. com/tech/article/CF0H958700097U88. html.

[223] wuhu 小精灵. 全球最赚钱的漫画平台做对了什么？［EB/OL］. (2023 - 01 - 18). https://mp. weixin. qq. com/s/EbpkexqXFPtWg8E7suthnQ.

[224] 掌阅. 书香抗疫，阅读相伴！掌阅 App 推出 14 天会员卡免费领取活动［EB/OL］. (2022 - 03 - 19). https://mp. weixin. qq. com/s/jTm0rkcwjsarXfFINMqZ2g.

[225] 知乎. 长期使用 Audible 是一种怎样的体验？［EB/OL］. (2021 - 12 - 07). https://

参 考 文 献

www.zhihu.com/question/329673212.

[226] 知乎. 一款免费借阅外语电子书/有声书的 App[EB/OL].(2018-06-28). https://zhuanlan.zhihu.com/p/38569405.

[227] 知乎. 一文看懂 Kindle Unlimited,一起来薅羊毛[EB/OL].(2019-09-09). https://zhuanlan.zhihu.com/p/81888490.

[228] 陈辉. 数字出版营销渠道分析[J]. 华章,2013(25).

[229] 塔娜. 电子书分销模式例谈[J]. 内蒙古教育,2015(3).

[230] 贺子岳,张天竹. 电子书发行模式研究[J]. 科技与出版,2012(10).

[231] 朱婧婷. 电子书发行模式探究[D]. 上海:复旦大学,2014.

[232] 徐丽芳. 网络科技期刊发行模式研究[J]. 出版科学,2009(6).

[233] 王晓光,何姣,李巧明,等. 消费类期刊数字化发行模式研究[J]. 出版科学,2010(3).

[234] 韩国华. 论数字出版的营销演化[J]. 出版参考,2023(9).

[235] 韩枫朔. 新媒体时代图书出版跨界营销路径研究[J]. 出版参考,2020(9).

[236] 马玉伶,王法文. 论出版社自媒体营销矩阵的应用[J]. 中国传媒科技,2021(7).

[237] 王一佼. 出版业私域流量运营初探——以"华理日语"新媒体矩阵为例[J]. 现代出版,2021(2).

[238] 张磊. 专业出版社培育微信公众号路径探究[J]. 新闻研究导刊,2021,12(24).

[239] Anderson,C.,The long tail. Wired,No.12. 10,Oct. 2004.

[240] 博士店长. 京东流量渠道来源详解[EB/OL].(2021-10-18). https://mp.weixin.qq.com/s/Bk—TAbrusdMlfDPNhgUrA.

[241] 出版人杂志. 打造出版品牌,人文社的抖音矩阵是如何搭建的?[EB/OL].(2022-09-21). https://mp.weixin.qq.com/s/ljqK4EsoqWQ7SN0n8dnk0g.

[242] 出版商务周报. 出版机构如何玩转私域流量?这两家社是这样做的![EB/OL].(2023-03-12). https://mp.weixin.qq.com/s/Z6ZHVcpBOieM7Fu_VMlfXA.

[243] 媒介发行. 图书社群营销模式的利与弊——以中信出版社《世界上最大的蛋糕》营销为例[EB/OL].(2017-03-22). https://mp.weixin.qq.com/s/eUxHly4vF5KJwCHjboa_ug.

[244] 深度文娱. 深度观察丨一个 IP 如何矩阵布局——以《哈利·波特》为例[EB/OL].(2021-11-14). https://mp.weixin.qq.com/s/s6VKRzTXOc4ahqBKDUGAWg.

[245] 天津人民美术出版社."双11"直播间图书销售火爆 读者满载而归[EB/OL].(2023-11-17). https://mp.weixin.qq.com/s/_tyIz-UXwmhBU6LQP5d5Cw.

[246] 西安方所. 西安方所x珀莱雅丨性别不是边界线,偏见才是[EB/OL].(2022-03-05). https://mp.weixin.qq.com/s/EnRfYV_tpfSjnRv_OeiYUA.

[247] 中国出版传媒商报. 出版圈自媒体运营不完全调查:自媒体生态矩阵怎么造?[EB/OL].(2019-08-05). https://mp.weixin.qq.com/s/3dtdA7rRG42OAWS32jBkyA.

[248] 中国出版传媒商报. 出版机构纷纷入驻小红书,"种草"效果怎么样?[EB/OL]. (2022-07-19). https://mp.weixin.qq.com/s/I0iiPwEf7tq97pbqtIA7OA.

[249] 中国出版营销周报. 淘宝取消"双12",平台电商带不动大促了?[EB/OL].(2023-11-25). https://mp.weixin.qq.com/s/gVw_ryeXvNiIFSuRcxuXng.

[250] 中国新闻出版广电报. 广西师范大学出版社:如何运用B站营销打开年轻市场[EB/OL].(2022-10-11). https://mp.weixin.qq.com/s/V2g7JIrHmeilPjfEF1upWg.

[251] 中国新闻出版广电报. 图书社群营销的再探索[EB/OL].(2022-08-23). https://mp.weixin.qq.com/s/quUKEkQkkJX4dYAZkGGHog.

[252] 中国出版营销周报. 推荐图书、发红包、问早……书店社群如何运营拉高"变现值"?[EB/OL].(2019-07-18). https://mp.weixin.qq.com/s/liJcc8py_4GU-fRI7l0spQ.

[253] 中国新闻出版广电报. 广西师范大学出版社:在小红书平台上探索新蓝海[EB/OL].(2023-04-17). https://mp.weixin.qq.com/s/j8EvNZGEVh9gMQ2WyFVamg.

[254] 150幂."互联网+"出版,知更社区用社群带来深刻人文生活[EB/OL].(2016-08-03). https://mp.weixin.qq.com/s/YZqZhPps2doQW_-g5zFXyg.

[255] 刘拥军. 现代图书营销学[M]. 苏州:苏州大学出版社,2003.

[256] 李先国. 促销管理[M]. 北京:中国人民大学出版社,1998.

[257] 彭星闾. 营销管理学[M]. 北京:中国统计出版社,1995.

[258] 胡莉莎. 体验营销在商业设施中运用的研究[D]. 上海:华东师范大学,2017.

[259] 武晓鲁. 数字图书的营销策略[D]. 郑州:郑州大学,2011.

[260] 韩元春. 浅议互联网时代图书出版的网络互动营销——以《豆瓣网》为例[J]. 出版广角,2016(4).

[261] 张炯. 试析数字出版营销的战略创新[J]. 今传媒,2010(10).

[262] 孙启东. 大众图书策划与社交媒体营销[J]. 新闻传播,2014(9).

[263] 张翠. 浅议网络时代出版物的数字化营销[J]. 编辑学刊,2015(5).

[264] 蔡立媛. TSCR:大数据时代数字出版的"利基营销"[J]. 科技与出版,2015(7).

[265] 孙华. 大数据时代图书电子商务营销模式研究——以京东图书平台为例[J]. 出版广角,2020(16).

[266] 吴殿义,周艳. 数字化营销工具在图书营销中的发展与应用研究[J]. 出版发行研究,2021(3).

[267] 赵家仪,王涵. 媒体融合背景下大数据技术对数字出版业发展的影响探究[J]. 传播与版权,2020(11).

[268] 阿里云开发者. AI设计师"鹿班"核心技术公开:如何1秒设计8000张海报?[EB/OL].(2018-05-09). https://zhuanlan.zhihu.com/p/36628830.

[269] 出版大数据实验室. 精准"造"出畅销书 大数据还能这么玩![EB/OL].(2017-11-02). https://mp.weixin.qq.com/s/6NF5cb-2zPiaEqbfFEE2YA.

参 考 文 献

［270］中国信息化周报. 中国妇女出版社｜探索出版社信息化路径［EB/OL］.（2020-10-09）. https：//mp. weixin. qq. com/s/X82BFIRojzhs5LA_N5gJ5A.

［271］中国出版传媒商报. 精准营销和管理为什么需要大数据思维［EB/OL］.（2019-02-05）. https：//mp. weixin. qq. com/s/EGXwGEkk_Tx9mGjhwAZJ_w.

［272］4KMIES. 高转化的亚马逊卖家邮件玩法全面解读［EB/OL］.（2018-11-30）. https：//mp. weixin. qq. com/s/4rFm-YZNJmivqdJAZwH3hg.

［273］陈矩弘. 美国图书出版业短视频营销探析——以哈珀·柯林斯出版集团为例［J］. 出版发行研究，2019（2）：46-51.

［274］程素萍，林慧莲. 心理学基础［M］. 北京：高等教育出版社，2011.

［275］何华征，盛德荣. 论图书消费主义及其社会影响［J］. 出版发行研究，2017（3）16-20.

［276］李珮，蔡林杉. 后现代语境下数字出版营销情感策略研究［J］. 中国出版，2022（15）：30-35.

［277］隗静秋. 新消费时代下图书营销：情感链接、价值输出与品牌塑造［J］. 编辑之友，2022（8）：55-61.

［278］百道网. 半年60万册，一个蛤蟆的爬坡之路——《蛤蟆先生去看心理医生》之营销篇［EB/OL］.（2021-01-29）. https：//mp. weixin. qq. com/s/5O4LDJRfSi7RofOdFbNbEA.

［279］CDRC2011.《但是还有书籍》：聚焦书籍垂类圈层下的小众群体［EB/OL］.（2020-11-25）. https：//mp. weixin. qq. com/s/RTH-JJwVllQeT4z_p1LYSA.

［280］IT时报. 一场直播卖书50万能为独立书店续命吗？［EB/OL］.（2020-03-13）. https：//mp. weixin. qq. com/s/NLcXobDNeQzavN2JVZ4Olw.

［281］中国新闻出版广电报."海豚绘本花园数字馆2"：销量400万册的科普AR产品怎样炼成［EB/OL］.（2020-04-01）. https：//mp. weixin. qq. com/s/fJe5x2yaFFfCBaOQtkI_MdQ.

［282］字里行间BELENCRE. 文化回馈生活的一份至美之礼［EB/OL］.（2017-07-27）. https：//www. sohu. com/a/160403449_18154.

［283］刘胜红. 新《中华人民共和国著作权法》实施的意义与相关内容解读［J］. 出版参考，2021（3）.

［284］王迁. 知识产权法教程（第五版）［M］. 北京：中国人民大学出版社，2016.

［285］王鑫，宋伟. 数字出版的著作权授权模式研究［J］. 科技与出版，2019（6）.

［286］盛杰，崔金贵，徐云峰，等. 数字出版版权保护的困境与解决路径探索［J］. 中国传媒科技，2022（10）.

［287］吴汉东，胡开忠，董炳和，等. 知识产权基本问题研究［M］. 北京：中国人民大学出版社，2010：40.

［288］郭威. 版权默示许可制度研究［M］. 北京：中国法制出版社，2014：4.

［289］曹世华. 论数字时代的版权补偿金制度及其导入［J］. 法律科学，2006（6）：147.

[290] 张韬略. 数字环境下版权授权方式研究 [J]. 网络法律评论, 2005 (7): 6.

[291] 詹启智. 论新著作权法合理使用的"其他情形"——兼与王迁、蒋舸、刘佳欣同志商榷 [J]. 三峡大学学报, 2023 (3).

[292] 王鑫, 宋伟. 虚拟现实出版物的著作权法律保护——基于 2020 年《中华人民共和国著作权法》修订前后的比较研究 [J]. 科技与出版, 2021 (9).

[293] 胡知武. 数字出版行政管理探析 [J]. 今日中国论坛, 2008 (6).

[294] 陈敬良, 张冉, 宗利永, 等. 数字出版管理机制研究综述——基于社会化内容生产 [J]. 出版发行研究, 2016 (10).

[295] 黄先蓉, 郝婷. 数字出版标准与法规体系建设研究 [J]. 科技与出版, 2012 (3).

[296] 黄玉寅, 陈思. 浅析我国数字出版标准化现状与出路 [J]. 中国出版, 2014 (8).

[297] 边莉. 出版发行——数字出版的标准体系 [J]. 知音励志, 2016 (19).

[298] 陶玉霞. 数字出版标准建设发展研究 [J]. 中小企业管理与科技, 2015 (13).

[299] 刘一鹏. 中国数字出版的版权问题研究 [D]. 北京:北京邮电大学, 2011.

[300] 苏静. 基于补偿金制度的数字版权管理模式新探究 [D]. 北京:北京邮电大学, 2013.

[301] 毕琼媛. 数字出版视野中的版权集体管理制度创新 [J]. 出版广角, 2016 (17).

[302] 王金凤. 我国出版社数字出版的版权问题与对策研究. 合肥 [D]: 安徽大学, 2011.

[303] 刘银娣. 数据驱动出版:基于大数据的传统出版模式变革研究 [J]. 中国出版, 2014 (15).

[304] 刘银娣. 大数据时代图书出版业面临的机遇与挑战 [J]. 科技与出版, 2015 (1).

[305] 刘银娣. 欧美传统出版企业大数据应用策略探析 [J]. 中国出版, 2014 (23).

[306] 张丹. 虚拟现实技术在出版领域的应用及展望 [J]. 新闻研究导刊, 2016 (7).

[307] 张瑞静, 王冉, 李金城. 虚拟现实技术在出版领域的应用 [J]. 出版发行研究, 2015 (5).

[308] 李广欣, 武锐燚. 虚拟现实技术与童书出版发展 [J]. 现代出版, 2017 (4).

[309] 徐玲英. 基于虚拟现实技术的学术期刊出版研究 [J]. 山东理工大学学报(社会科学版), 2017 (3).

[310] 徐丽芳, 王钰, 陈铭. 国外 VR 教育出版发展现状与趋势 [J]. 出版参考, 2017 (3).

[311] 莫剑琴. VR 场景在实体书店中的应用研究 [D]. 南京:南京大学, 2017.

[312] 周敏, 李一男. 虚拟现实技术(VR)视野下的数字出版发展探究 [J]. 科技与出版, 2016 (6).

[313] 王扬. VR+:出版融合发展的新方向 [J]. 出版参考, 2017 (3).

[314] 中国新闻出版广电网. VR/AR 来袭,"撬动"传统出版变革 [EB/OL]. (2016-12-15). http://www.xinhuanet.com/zgjx/2016-12/15/c_135906945.htm.

[315] 刘银娣. 从经验到算法:人工智能驱动的出版模式创新研究 [J]. 科技与出版, 2018 (2).

参考文献

[316] 刘银娣. 出版业人工智能应用面临的机遇与挑战[J]. 出版科学, 2018 (7).

[317] 刘艳. 在场缺席与虚拟在场：社会化阅读主体网络身份特点及其数字足迹——兼论社会化阅读的困境与突围[J]. 图书馆论坛, 2019 (4).

[318] 杜耀宗, 孔正毅. 社交阅读：转向、特征与路径[J]. 编辑之友, 2018 (8): 12-15.

[319] 刘艳. 社会化阅读：涵义、形态、功能、缺陷及其启示[J]. 图书馆建设, 2018 (9): 4-12.

[320] Marie-Laure Ryan. Narrative as Virtual 2: Revisiting Immersion and Interactivity in Literature and Electronic Media [M]. Baltimore: Johns Hopkins UP, 2015.

[321] 荀丽芳. VR阅读探析[J]. 图书馆建设, 2018 (8).

[322] 中国音像与数字出版协会. 2018年中国网络文学发展报告[R/OL]. [2020-4-12]. https://www.useit.com.cn/thread-24146-1-1.html/.

[323] 曾祥敏, 方雪悦. 新闻游戏：概念、意义、功能和交互叙事规律研究[J]. 现代传播（中国传媒大学学报）, 2018 (1).

[324] 胡泳. 新词探讨：回声室效应[J]. 新闻与传播研究 2015 (6).

[325] 李海东, 许志强. "数据价值+人工智能"双轮驱动下媒体智能化变革路径探析[J]. 中国出版, 2019 (20).

[326] Granovetter M. The Strength of Weak Ties [J]. American Journal of Sociology, 1973 (78).

[327] 彭兰. 连接与反连接：互联网法则的摇摆[J]. 国际新闻界, 2019 (2).

[328] 刘艳. 赛博空间语境中的社会化阅读：身体重构、游牧空间、传播进路及其迷阵与反思[J]. 图书馆理论与实践, 2019 (1).

[329] 滕尼斯. 共同体与社会：纯粹社会学的基本概念[M]. 林荣远, 译. 北京：北京大学出版社, 2010.

[330] 欧阳照, 刘通. 精神共同体：理解"音乐社交"的一种可能[J]. 传媒观察, 2019 (4).